总 主 编：苏文菁
副总主编：许 通 陈 幸 曹宛红 李道振 谢小燕

闽商发展史

·海外卷

本书为2010年度福建省社会科学规划重大项目《闽商发展史》（2010Z004）的结题成果

廖大珂 辉 明 著

图书在版编目(CIP)数据

闽商发展史.海外卷/廖大珂,辉明著.—厦门:厦门大学出版社,2016.6
ISBN 978-7-5615-6088-4

Ⅰ.①闽…　Ⅱ.①廖…②辉…　Ⅲ.①商业史-福建省②对外投资-商业史-福建省　Ⅳ.①F729

中国版本图书馆CIP数据核字(2016)第119938号

出 版 人	蒋东明
责任编辑	薛鹏志　章木良
装帧设计	李夏凌　张雨秋
责任印制	朱　楷

出版发行　厦门大学出版社

社　　址	厦门市软件园二期望海路39号
邮政编码	361008
总 编 办	0592-2182177　0592-2181253(传真)
营销中心	0592-2184458　0592-2181365
网　　址	http://www.xmupress.com
邮　　箱	xmupress@126.com
印　　刷	厦门集大印刷厂

开本	889mm×1194mm　1/16
印张	17
插页	4
字数	380千字
印数	1~2 000册
版次	2016年6月第1版
印次	2016年6月第1次印刷
定价	69.00元

本书如有印装质量问题请直接寄承印厂调换

厦门大学出版社
微信二维码

厦门大学出版社
微博二维码

《闽商发展史》
编纂委员会成员名单

编委会主任：雷春美　张燮飞　王光远　李祖可
编委会副主任：翁　卡　臧杰斌　王　玲　张剑珍　陈永正
编委会成员：

陈爱钦	陈春玖	陈　飞	陈国平	陈建强	陈鉴明	陈景河	陈其春
陈秋平	陈少平	陈祥健	陈小平	邓菊芳	冯潮华	冯志农	傅光明
郭锡文	洪　杰	洪仕建	胡　钢	黄海英	黄健平	黄　菱	黄如论
黄　涛	黄信燺	黄忠勇	黄子曦	江尔雄	江荣全	景　浓	柯希平
雷成才	李海波	李家荣	李建发	李建南	李　韧	李新炎	连　锋
林国耀	林积灿	林荣滨	林素钦	林腾蛟	林　云	林志进	刘登健
刘用辉	欧阳建	阮开森	苏文菁	王亚君	王炎平	翁祖根	吴国盛
吴华新	吴辉体	吴泉水	徐启源	许连捷	许明金	杨　辉	杨仁慧
姚佑波	姚志胜	游婉玲	张琳光	张轩松	张祯锦	张志猛	郑玉琳
周少雄	周永伟	庄奕贤	庄振生				

专家指导组成员：

苏文菁　徐晓望　王日根　唐文基　王连茂　洪卜仁　郑有国　罗肇前
黄家骅

总　主　编：苏文菁
副总主编：许　通　陈　幸　曹宛红　李道振　谢小燕

总　　序

　　闽商是孕育于八闽大地并对福建、中国乃至世界都具有巨大贡献和影响的商人群体，是活跃于国际商界的劲旅，是福建进步和发展的重要力量。千百年来，为了开拓新天地，闽商奔走四方，闯荡大江南北；漂洋过海，足迹遍及五大洲，是海上丝绸之路最重要的参与者与见证者。他们以其吃苦耐劳的秉性，超人的胆略，纵横打拼于商海，展示了"善观时变、顺势有为，敢冒风险、爱拼会赢，合群团结、豪爽义气，恋祖爱乡、回馈桑梓"的闽商精神，赢得了世人的尊敬。

　　盛世修史，以史为鉴，利在当下，功在千秋。为了不断丰富闽商文化内涵，更好地打造闽文化品牌形象，持续提升"世界闽商大会"品牌价值，凝聚人心、汇聚力量，推进福建科学发展、跨越发展，我们把《闽商发展史》研究编纂工作作为闽商文化研究的重大工程，并于2010年8月正式启动。《闽商发展史》全书十五卷，除"总论卷"之外，还包含福建省九个设区市，港、澳、台、海外以及国内异地商会分卷，时间上从福建目前可追溯的文明史开始。2013年6月，我们在第四届世界闽商大会召开前夕出版了《闽商发展史·总论卷》，并以此作为献给大会的贺仪。今天，呈现在各位读者面前、还带着淡淡的油墨芳香的是《闽商发展史》各分卷。《闽商发展史·总论卷》和《闽商发展史》各分卷都是《闽商发展史》的重要组成部分。《闽商发展史·总论卷》的总论注重闽商发展历史的普遍性和统一性；设区市卷和港、澳、台、海外、国内异地商会卷侧重展示闽商发展历史的特殊性和多样性，以丰富的史料与鲜活的案例，为福建的21世纪"海上丝绸之路"核心区文化建设增添了厚实的基础，为中国海洋文化、商业文化建设提供了本土的文化基因。

　　欣逢伟大的时代，是我们每个八闽儿女的幸运；实现伟大的梦想，是我们每个八闽儿女的责任。今后，我们仍将一如既往地深入开展闽商文化研究，以闽商文化研究的优秀成果激励广大闽商，引领弘扬闽商精神，让广大闽商更加积极主动地把爱国热情、创业激情和自身优势转化成实际行动，融入"再上新台阶、建设新福建"的伟大实践中，为全面建成小康社会、实现中华民族伟大复兴的中国梦做出更大贡献！

中共福建省委常委
省委统战部部长　　雷春美

前　言

福建位于我国东南,境内多山,素有"八山一水一分田"之称,不利于农耕,但濒临浩瀚的太平洋,海岸曲折,港湾众多,岛屿星罗棋布,具有发展航海贸易得天独厚的条件。因此,自古以来,福建人民以船为车,以海为田,以贩番为命,不惜冲冒鲸波,浪迹天涯,闯荡异域,不仅孕育了福建人坚韧不拔、勇于漂洋过海打拼的海洋意识,而且催生了海外闽商这一特殊的群体。

海外闽商发轫于汉唐,兴起于宋元,是海上丝绸之路重要的开拓者和建设者。明清时期,随着新航路的开辟,古老的海上丝绸之路将世界五大洲联系在一起,海外闽商沿着海上丝绸之路,创造了东渡日本、北达欧亚、西至非洲和美洲、南抵东南亚和澳洲的辉煌历史,逐渐形成遍布世界各国的闽商社会和闽商网络,促进了真正意义上的全球化时代的到来。

在海外闽商2000年发展的过程中,他们历尽艰险,与居住国各族人民一道,为当地的经济发展和社会进步做出了重大贡献,为中外经济和文化交流架起了友谊桥梁,同时也促进了中国的社会经济发展。时至今日,海外闽人总数达1386万人,海外闽商遍布于全世界160多个国家和地区。可以说,有海水的地方,就有华人;有华人的地方,就有闽商,闽商已经发展成为海外华商中最活跃、实力最强大的一个群体,是推动世界经济发展的一支重要力量。

然而,综观海外闽商发展史,它不单纯是一部闽商的海外商业史,更重要的是它反映了中华民族从陆地走向海洋、从内陆走向世界,从而逐步实现全球化的历史进程。在这一历史进程中,海外闽商弘扬"开放、和平、合作"的精神,率先走向海洋、走向世界,与世界各国人民平等交流,和睦相处,互通有无,彼此了解,互相学习,以包容的胸怀吸收各国民族物质文化和精神文化的精华,促进了中外经济文化的交流,增进了中外人民的友谊,从而极大地丰富了中华文化;与此同时,也源源不断地向世界输出和弘扬中华文化,对世界各国产生了深远的影响,在人类进步和世界文明发展史上占有重要地位。

2013年10月,习近平总书记在出访东盟国家时提出,中国愿同东盟国家发展好海洋合作伙伴关系,共同建设21世纪海上丝绸之路。这是党中央站在历史高度、着眼世界大局,通过中国与东盟合作,以点带线,以线带面,增进同沿边国家和地区的交往,将串起连通东盟、南亚、西亚、北非、欧洲等各大经济板块的市场链,发展面向南海、太平洋和印度洋的战略合作经济带,以亚欧非经济贸易一体化为发展的长期目标。这一重要战略构想,对于深化区域合作、促进亚太繁荣、推动全球发展具有重大而深远的意义。

由于历史的原因,海外闽商主要分布在海上丝绸之路沿线的国家与地区,在居住国拥有强大的经济实力和社会影响,同时他们与祖籍国又有着血脉相连的天然关系,是联结中国和居住国的重要桥梁,以及建设新海上丝绸之路的宝贵资源。因此,在国家推进21世纪海上丝绸之路建设的新形势下,编写一部《闽商发展史·海外卷》,以蓝色海洋文明为背景,追寻海外闽商的历史足迹,科学评价他们的历史贡献,对于增强海外闽商的民族自豪感和对祖国的向心力,发挥他们与海外国家历史联系的优势,以推动海上丝绸之路建设,无疑有着现实的意义。

导言/1

第一章 历史上的海外闽商/2

第一节 明中叶之前海外闽商发展状况/2
一、海外闽商的初兴/2
二、海外闽商的发展/3
三、海外闽商社会的初步形成/7

第二节 明中叶以后海外闽商的发展变化/8
一、明中叶闽商海外活动的变化/8
二、西方殖民者东来对海外闽商发展的影响/17
三、郑氏集团的海外贸易活动/22

第三节 鸦片战争后海外闽商的发展状况/28
一、鸦片战争后西方列强对福建的侵略/28
二、福建的契约华工/30
三、鸦片战争后福建华侨出国的状况/35
四、闽商社会经济的发展变化/39

第二章 东北亚的闽商/41

第一节 日本的闽商/41
一、日本闽商发展的历史/41
二、日本闽商社会经济/47
三、日本闽商社团/59

第二节 朝鲜的闽商/63

第三章 中南半岛的闽商/67

第一节 越南的闽商/67
一、越南闽商发展的历史/67
二、越南闽商社会经济/70

三、越南闽商社团/74

第二节　柬埔寨的闽商/76
　　一、柬埔寨闽商发展的历史/76
　　二、柬埔寨闽商社会经济/77
　　三、柬埔寨闽商社团/77

第三节　泰国的闽商/79
　　一、泰国闽商发展的历史/79
　　二、泰国闽商社会经济/86
　　三、泰国闽商社团/89

第四节　缅甸的闽商/90
　　一、缅甸闽商发展的历史/90
　　二、缅甸闽商社会经济/91
　　三、缅甸闽商社团/96

第四章　马来群岛的闽商/97

第一节　菲律宾的闽商/97
　　一、菲律宾闽商发展的历史/97
　　二、菲律宾闽商社会经济/105
　　三、菲律宾闽商社团/116

第二节　马来西亚的闽商/127
　　一、马来西亚闽商发展的历史/127
　　二、马来西亚闽商社会经济/130
　　三、马来西亚闽商社团/145

第三节　新加坡的闽商/160
　　一、新加坡闽商发展的历史/160
　　二、新加坡闽商社会经济/162
　　三、新加坡闽商社团/171

第四节　文莱的闽商/181
　　一、文莱闽商发展的历史/181
　　二、文莱闽商社会经济/182
　　三、文莱闽商社团/184

第五节　印度尼西亚的闽商/186
　　一、印度尼西亚闽商发展的历史/186
　　二、印度尼西亚闽商社会经济/196
　　三、印尼闽商社团/214

第五章 其他地区的闽商/224

第一节 美国的闽商/224
一、美国闽商发展的历史/224
二、美国闽商社会经济/226
三、美国闽商社团/229

第二节 加拿大的闽商/230

第三节 拉丁美洲的闽商/232
一、古巴的闽商/233
二、秘鲁的闽商/234
三、巴西的闽商/235
四、阿根廷的闽商/237
五、委内瑞拉的闽商/239
六、牙买加的闽商/239

第四节 欧洲的闽商/239
一、意大利的闽商/241
二、荷兰的闽商/243
三、英国的闽商/245
四、西班牙的闽商/247
五、法国的闽商/249
六、德国的闽商/250
七、匈牙利的闽商/250
八、俄罗斯的闽商/252
九、丹麦的闽商/253

第五节 非洲的闽商/253
一、毛里求斯的闽商/253
二、留尼汪的闽商/255
三、马达加斯加的闽商/255
四、南非的闽商/256

第六节 澳大利亚和新西兰的闽商/258
一、澳大利亚的闽商/258
二、新西兰的闽商/261

后　记/264

导　言

福建是我国著名侨乡,海外闽人总数达1386万人,分布在全世界160多个国家和地区,其中东南亚国家占总数的近80%,新移民约占5%。海外闽人占海外华人总数的1/3,仅次于广东省,居全国第2位。

福建人出国历史悠久,早在汉唐时期,福建就有人到海外经商贸易,闽商因此应运而生。随着福建人出国不断增多,逐渐形成遍布世界各国的闽商社会和闽商网络,并对所在国社会经济发挥着重要作用。

20世纪70年代以来,海外闽商的经济有了很大的发展,涌现了一批资力雄厚的大财团、大企业家。根据中新社报道,香港《亚洲周刊》2006年公布的"国际华商五百强",资产总额超过1万亿美元,而海外闽商的经济总量约占世界华商经济总量的六成左右,海外闽商成为海外华商中最活跃、实力最强大的一个群体。[1] 在世界华商500强中,闽商占了1/10多。到2010年,海外闽商的总资产超过1万亿美元,经济总量仍占世界华商经济总量的六成左右。[2] 今天,海外闽商的经济影响力已为世人瞩目。

因此,加强对海外闽商发展史的研究,研究他们对当地的贡献,对中国的贡献,对中国和海外各国之间交往的贡献,对于充分利用海外闽商资源,为福建的经济腾飞服务,无疑是很有意义的。

---

[1] 《聚焦闽商:敢拼敢为　闽商文化正由传统迈向新型》,http://www.chinanews.com.
[2] 《海外闽商:我爱故乡,故乡爱我,难分难离》,http://www.fjsen.com.

第一章

历史上的海外闽商

福建位于我国东南,负山面海,港湾众多,人民善于造船,习于航海,具有悠久的海外经商的传统。早在汉代,就有福建人出海经商。随着海外交通的发展,闽商前往海外贸易也与日俱增,在海外地区的一些通商口岸出现了闽商的聚居区,标志了海外闽商社会的初步形成。明中叶以后,由于私人海外贸易的发展和西方殖民者东来,福建沿海地区人民大量出国,闽商活动范围遂从少数港口扩散到东南亚城乡各地,闽商经济实力也有很大的发展。鸦片战争后,福建沦为半封建半殖民地,导致人民以空前规模移居海外到世界各国。同时,闽商的活动也出现了新的特点。

第一节 明中叶之前海外闽商发展状况

一、海外闽商的初兴

福建商人出海经商历史悠久,较为明确的记载始于汉代。《汉书》记载:西汉初年,江都(治于广陵,即今扬州)王刘建"遣人通越繇王闽侯,遗以锦帛奇珍。繇王闽侯亦遗建荃、葛、珠玑、犀甲、翠羽、蝯熊奇兽,数通使往来,约有急相助"①。珠玑、犀甲、翠羽都是来自海外的产品,据载:"旧交阯土多珍产,明玑、翠羽、犀、象、玳瑁、异香、美木之属,莫不自出。"②旧交阯指的是日后安南、占城之地,即今越南北部和中部,说明在公元前2世纪,福建南与越南、北与江淮都有了海上交通,并且与海外有了初步的贸易往来。

据《后汉书》记载:"建初八年(公元83年),(郑弘)代郑众为大司农。旧交阯七郡贡献转运,皆从东冶泛海而至,风波艰阻,沉溺相系。弘奏开零陵、桂阳峤道,于是夷通,至今遂为常路。"③东冶即今福州,足见至东汉前期,东冶与中南半岛已开辟了定期的贸易

---

① 《汉书》卷五三,《江都易王传》,北京:中华书局,1962年,第2417页。
② 《后汉书》卷三一,《贾琮传》,北京:中华书局,1965年,第1111页。
③ 《后汉书》卷三三,《郑弘传》,北京:中华书局,1965年,第1156页。

航线,海外贸易相当频繁,是当时东南海运的枢纽和对外贸易的主要港口,来自中南半岛的海外商品皆在此集散转运。《后汉书·东夷列传》又载:海外澶州,"人民时至会稽市(布)。会稽东冶县人有入海遭风,流移澶州"。① 澶州即菲律宾群岛的古称,可见当时已有福建人前往从事商业活动。三国时,当时的海舶,"弘舸连舳,巨槛接舻……篙工楫师,选自闽禺",②换言之,即吴国优秀的航海家和技术人员都是来自福建。可见福建的航海技术在全国是居于领先地位的,这为福建人开展大规模的航海商贸活动打下基础。从晋至南朝,福建与海外诸国仍保持交往,如日本。《文献通考》曰:"倭人初通中国,实自辽东而来……至六朝及宋,则多从南道浮海入贡及互市之类,而不自北方。"故《南史》云"扶桑(指日本)与晋安通";梁时也"有晋安人渡海",为风所漂,抵达日本。③ 陈朝时,印度僧人拘那罗陀(即真谛)返国,也先后到晋安郡(今福州)和梁安郡(今泉州),欲从此泛舶经马来半岛的楞伽修国返回印度,④表明当时福建与南海诸国和印度的海上交通仍然频繁,福建商人乘驾大舶漂洋过海不绝于途。但是,在唐代以前,沿海土地尚未开发,福建人口不多,海外交通处于初兴阶段,福建人出海经商还只是零星的、偶然的。

二、海外闽商的发展

进入唐代以后,海外交通勃兴,尤其是福州发展成为东南大藩,⑤对外贸易蒸蒸日上,进入了鼎盛时期,成为中国最大的贸易港口之一。⑥ 早在唐初,人们就称福州(当时福州名为泉州)"境接东瓯,地邻南越,言其实利,则璚瑁珠玑"。⑦ 璚瑁和珠玑都是从海外进口的商品,于此可见,当时福州的海外贸易相当繁盛,海外贸易的收入已构成地方经济和财政的重要来源。

唐代闽商的通商地区不断扩大,国家日益增多。海外经商地区除了传统的中南半岛、马来半岛诸国,还开辟了新的地区如朝鲜、日本、印尼、印度和阿拉伯等。

尤其是日本成为当时闽商最重要的贸易地区。天宝三年(744年),鉴真和尚第四次东渡日本,先期派人到福州置办粮船,准备由此出洋,⑧说明福州已是对日交通的重要口

---

① 《后汉书》卷八五,《东夷列传》,北京:中华书局,1965年,第2822页。
② 左思:《三都赋·吴都赋》,载萧统编,李善注:《文选》卷五,北京:中华书局,1974年,第21页。
③ 《梁书》卷五四,《扶桑传》,北京:中华书局,1983年,第808页。
④ 释道宣:《续高僧传》卷一,《拘那罗陀传》,载《历代高僧传》,上海:上海书店出版社,1989年,第430页。
⑤ 颜真卿:《送福建观察使高宽仁序》,载《全唐文》卷三三七,上海:上海古籍出版社,1990年,第1511页。
⑥ 廖大珂:《论唐代福建的对外贸易港》,《福建史志》1996年第2期。
⑦ 杨炯:《盈川集》卷七,《唐恒州刺史建昌公王公神道碑》,台湾商务印书馆影印文渊阁四库全书本,第1065册,第243~244页。
⑧ 真人元开:《唐在和上东征传》,北京:中华书局,1979年,第58页。

岸。中唐之后，中日民间贸易兴起，福建对日海上交通更趋兴盛，闽商赴日商舶往来如梭。仅据日本方面的记载就有：宣宗大中六年（852年），唐朝商人钦良晖的商舶自日本肥前国值嘉岛扬帆归国，在海上航行6天，于闽江口的福州连江县登陆，随船而至的还有日本僧人圆珍、丰智、闲静等人；①圆珍等人在福州居留达6年之久，于大中十二年（858年）才搭乘唐商李延孝的船返回日本。懿宗咸通六年（865年）六月，"（李）延孝舶，自大唐福州得顺风，五日四夜，著值嘉岛"。② 以上表明，福建已开通了对日交通的固定航线，闽商赴日贸易非常繁盛，故唐人有诗赞曰："海水旋流倭国野，天文方戴福州城。"③

闽商海外贸易的发展，严重冲击着传统的封建自然经济，极大地改变了福建沿海地区的社会风气。唐末闽人黄滔亦有诗赞曰："大舟有深利，沧海无浅波。利深波也深，君意竟如何？鲸鲵齿上路，何如少经过！"④可见唐时的福建商贾驾驶大舶，出没大洋，随波逐利，渐成风气。

沿海人民前往海外经商，甚至永久定居，海外闽商社会逐渐萌芽。据清代蔡永蒹记载："唐开元八年（720年），（晋江）东石林知祥之子林銮，字安东。曾祖父林智慧航海群蛮，熟知海路。林銮试舟至渤泥（今文莱），往来有利，沿海畲家人俱从之去，引来番舟。蛮人喜彩绣，武陵多女红，故以香料易彩衣。晋海商人竞相率航海。""林銮引蛮舶泊东石，沿海航舟遂相率至蛮。"⑤又载："涂公文轩与东石林銮航海至渤泥……涯之北，有陈厝、戴厝，俱从涂之操舟人。"⑥后唐同光三年（925年），"闽王王延翰（王审知子）立，有中国大沙船一艘，在爪哇三宝垅附近沉没，船货漂流至岸，其管舱者献宝物于直葛（Tegal）王，得王之允许，招集余众，定居其地，受优良之待遇，是为中国人民定居爪哇之始"。⑦由此可知，当时在东南亚地区已渐形成闽商聚居区。

宋代由于经济重心南移以及北方人民大量南迁，一方面加速了福建的经济开发和海外交通贸易的繁荣，另一方面造成福建出现"地狭人稠，为生艰难"的状况，自此出海谋生遂成为沿海人民的一条重要出路。与此同时，宋代中国封建经济繁荣，文化发达，素为海外各国所景仰，他们对中国人的到来，不仅甚表欢迎，而且给予优厚待遇。如高丽王"重投化唐人，择臣僚第宅与之"，⑧以为招徕之计，因此吸引了不少福建人到高丽贸易。时

---

① 木宫泰彦：《日中文化交流史》，北京：商务印书馆，1980年，第111页。
② 《头陀亲王入唐略记》，转引自《入唐五家传》，《统群书类从》第8辑，東京：経済雑誌社，1904年，第107页。
③ 周朴：《福州神光塔》，载《全唐诗》第10函第5册，上海：上海古籍出版社，1986年，第1692页。
④ 黄滔：《黄御史集》卷二，《贾客》，台湾商务印书馆影印文渊阁四库全书本，第1084册，第105页。
⑤ 蔡永蒹：《西山杂记》，《林銮宫》、《池店》。
⑥ 蔡永蒹：《西山杂记》，《麦园》。
⑦ 坎贝尔（Campbell）：《爪哇的过去和现在》（*Java：Past and Present*），转引自李长傅：《南洋华侨史》，上海：暨南大学海外事业文化部，1929年，第50页。
⑧ 《朝鲜史略》卷五，《高丽纪·光宗大成王》，《钦定四库全书》史部。

"王城有华人数百,多闽人因贾舶至者,密试其所能,诱以禄仕,或强留之终身"。① 其中著名者如胡宗旦,"宋福州人,尝为太学生,聪敏博学能文,游两浙,乃寄商船而来,(高丽)王宠顾优厚,骤登清要",被任为"权知直翰林院"。② 还有泉州商人欧阳征被任为左右拾遗。安南统治者也对华侨实行招徕的政策,诱以官禄。"闽人附海舶往者,必厚遇之,因命之官,咨以决事。"③ 故"交趾所任,乃多是闽人",④ 其"公卿贵人多闽人也"。⑤ 阇婆对中国"贾人至者,馆之宾舍,饮食丰洁"。⑥ 占城则对留居于此的中国人予以保护,"唐人被土人杀害,追杀偿死"。⑦ 真腊亦优遇华人,"蕃杀害唐人,即依蕃法偿死,如唐人杀蕃至死,即罚重金,如无金,则卖身取金赎"。⑧

在国内外两个方面的因素作用下,福建人出国经商亦随之成为普遍的社会现象,出现了一个世代相袭,以海商为业的社会阶层。如泉州大商柳悦、黄师舜"世从本州给凭,贾贩高丽"。⑨ 闽商贸易规模亦迅速扩大,出现许多著名的海外巨商。如:北宋时泉州的傅永亮,"此大商,家业数万缗"。⑩ 南宋福州的"皇叔崇庆军节度使知西外宗正事(赵)士街、建宁军节度使知南外宗正事(赵)士剧","强市海舟",下海贸易。⑪ 南宋绍兴六年(1136年)"诏,蕃舶纲首蔡景芳特与补承信郎。以福建路提举市舶司言,景芳招诱贩到物货,自建炎元年至绍兴四年(1127—1134年)收净利钱九十八万余贯,乞推恩故也"。⑫ 泉州巨商王元懋即以僧寺祗役起身,贩舶南海,寓居占城,后遂"主舶船贸易,其富不赀"。⑬ 蒲寿庚,"其先西域人,总诸番互市,居广州",⑭ 宋末年迁居泉州,任太守,"以善贾

---

① 《宋史》卷四八七,《高丽传》,北京:中华书局,1977年,第14053页。
② 《古今图书集成》方舆汇编边裔典卷一九,《朝鲜部》,上海:中华书局,1934年影印本。
③ 范成大:《桂海虞衡志》,转引自马端临:《文献通考》卷三三〇,《四裔考七》,杭州:浙江古籍出版社,2000年,第2594页。
④ 《续资治通鉴长编》卷二四七,熙宁六年(1073年)九月丙申,北京:中华书局,1995年,第6031页。
⑤ 司马光:《涑水纪闻》卷一三,北京:中华书局,1989年,第248页。
⑥ 赵汝适:《诸蕃志》卷上,《阇婆国》,北京:中华书局,1996年,第54页。
⑦ 赵汝适:《诸蕃志》卷上,《占城国》,北京:中华书局,1996年,第8页。
⑧ 陈元靓:《事林广记》前集卷五,《方国杂志·真腊国》,北京:中华书局,1963年影印本。
⑨ 《历代名臣奏议》卷三四八,《夷狄》,台北:学生书局,1985年,第4534页。
⑩ 苏辙:《龙川略志》卷五,《王子渊为转运以贱价收私贩乳香》,北京:中华书局,1982年,第28页。
⑪ 《建炎以来系年要录》卷一八八,绍兴三十一年(1161年)二月甲子,北京:中华书局,1988年,第3151页。
⑫ 《宋会要辑稿》职官四四之一九。
⑬ 洪迈:《夷坚三志己》卷六,《王元懋巨恶》,北京:中华书局,1981年,第1345页。
⑭ 何乔远:《闽书》卷一五二,《畜德志》引《泉志》,福州:福建人民出版社,1994年,第4496页。

往来海上,致产巨万,家僮数千",①曾任提举泉州市舶。元军南下时,蒲以城降元,被任为福建行省中书左丞,元世祖授予金符,赋以掌管泉州市舶大权,其权势益加煊赫,而在泉州海外贸易中独占鳌头。据说,"泉之诸蒲,为贩舶作三十年,岁一千万而五其息,每以胡椒八百斛为不足道"。②蒲寿庚之婿佛莲"凡发海舶八十艘","其家赀见在珍珠一百三十石,他物称是"。③故史称,蒲寿庚"擅蕃舶利者三十年"。④元代又有"孙天富、陈宝生者,皆泉州人也……约为兄弟,乃共出货泉,谋为贾海外。天富曰:尔母一子惟尔,吾不忍尔远尔母,涉海往异域,吾其代子行哉。宝生曰:吾母即若母也,吾即远吾母,惟君以为母,吾行又何忧焉?于是两人相让,乃更相去留,或稍相辅以往。至十年,百货既集,犹不稽其子本,两人亦彼此不私一钱。其所涉异国,自高句丽外,若阇婆、罗斛与凡东西诸夷,去中国亡虑数十万里"。⑤

值得注意的是,这时期闽商在海外定居已经成为海外各国普遍现象。如南宋时,"漳州百姓黄琼商贩南蕃,其父客死异乡"。⑥当时海外闽商不仅有住蕃经商的商人、水手,而且包括了由于其他各种原因而到海外经商寻求发展的社会各阶层人士。如:逃避封建官府科差的船户,南宋初年,"福建路海船频年召募把隘,多有损坏,又拘縻岁月,不得商贩,缘此民家以有船为累,或低价出卖与官户,或往海外不还"。⑦科场和官场失意的士人胥吏,政和二年(1112年),"臣僚言,访闻入蕃海商自元祐后来,押贩海船人,时有附带曾经赴试士人及过犯停替胥吏过海入蕃,或名为住冬,留在彼国数年不回,有二十年者,取(娶)妻养子,转于近北蕃国,无所不至"。⑧安南陈朝的建立者陈日煚,"本福州长乐邑人,姓名为谢升卿,少有大志,不屑为举子业"而到安南,被纳为国相婿,后继承王位,建立陈朝。⑨宋元鼎革之际,还有不少不愿接受元朝统治的南宋遗民遁居海外异邦。福建连江人郑所南记曰:崖山之役后,"曾渊子等诸文武臣,流寓海外,或仕占城,或婿交趾,或别流远国"。⑩其中大多以商为业。

元代福建海外交通之发达不仅迈越前代,且冠于全国,出国经商遂成为沿海地区的

---

① 王磐:《藁城令董文炳遗爱碑》,载李正儒《(嘉靖)藁城县志》卷八,《中国方志丛书》华北地方·第161号,台北:成文出版社,1968年,第231页。
② 方回:《桐江集》卷六,《乙亥前上书本末》第105册,宛委别藏本,第374页。
③ 周密:《癸辛杂识》续集卷下,《佛莲家赀》,第29—30页,文渊阁四库全书,武汉大学出版社原文电子版。
④ 《宋史》卷四七,《瀛国公本纪》,北京:中华书局,1977年,第942页。
⑤ 王彝:《王常宗集》续补遗,《泉州两义士传》,武汉大学出版社原文电子版,第11页。
⑥ 《宋会要辑稿》职官二〇之三〇。
⑦ 《宋会要辑稿》食货五〇之一三。
⑧ 《宋会要辑稿》刑法二之五七。
⑨ 周密:《齐东野语》卷一九,《安南国王》,第9—10页,文渊阁四库全书,武汉大学出版社原文电子版。
⑩ 郑思肖:《心史》,《大义略叙》,《宋集珍本丛刊》第90册,北京:线装书局,2004年,第504页。

一种社会风气。如"昔泉之吴宅,发舶梢众百有余人",到古里地闷贸易。① 其中不少人因各种原因留居海外不归,尤其是许多处于社会下层的劳动者为寻求较好的生活环境往往逗留海外不归。如在缅甸,泉州商人商于乌爹(今缅甸沿海),因获巨利,"故贩其地者,十去九不还也"。② 真腊,"唐人之为水手者,利其国中不著衣裳,且米粮易求,妇女易得,屋室易办,器用易足,买卖易为,往往皆逃逸于彼"。③ 此外,元世祖遣史弼等人率元军从泉州航海,远征爪哇,虽师劳无功而还,有不少士兵因伤病不能归而留居异邦。据载,当元军遭风于勾栏山下时,"有病卒百余人不能去者,遂留山中",其中当有一部分为福建人。④ 由于闽商留居海外不归者越来越多,在元代文人的作品中出现了大量诗词,描写海商的妻子在家独守空房的哀怨和思念浪迹天涯的亲人的情感,就是这种社会现象的反映。⑤ 特别是元代后期,福建沿海的商人因不堪封建政府的压迫和色目商人的排挤,纷纷到海外定居,谋求商业发展,遂形成在海外的闽商集团。其中最著名的是元末朱道山集团。"朱君道山,泉州人也。以宝货往来海上,务有信义。故凡海内外之为商者,皆推焉,以为师。"明朝建立之后,"道山首率群商入贡于朝","海外闻之,皆知道山入贡之荣有如是也,至是海舶集于龙河,而远人之来得以望都城而瞻宫阙"。⑥ 海外闽商虽身在域外,但与国内的商业资本仍保持着密切的联系,如元末著名的泉州海商田胜祖、孙天富、陈宝生等皆系朱道山的亲友。海外闽商集团的出现,意味着闽商资本已开始向世界性的航海商业势力演变。

总之,较大规模的福建人出海经商并定居海外始于宋元时期,并且成为沿海地区日益普遍的现象。然而,当时福建商人在海外各国多与当地人混杂而居,与当地妇女通婚,并入乡随俗,不能保持自身的文化传统。如在龙牙门,"男女兼中国人居之,多椎髻,穿短布衫,系青布捎"。⑦ 因此没有形成一定规模的闽商聚居区,很快就融入当地社会。

三、海外闽商社会的初步形成

元末福建沿海经长期战乱,社会动荡,生产遭到破坏,迫使大量人民流移海外。明朝

---

① 汪大渊:《岛夷志略·古里地闷》,北京:中华书局,1981年,第209页。
② 汪大渊:《岛夷志略·乌爹》,北京:中华书局,1981年,第376页。
③ 周达观:《真腊风土记》,《流寓》,北京:中华书局,1981年,第180页。
④ 汪大渊:《岛夷志略·勾栏山》,北京:中华书局,1981年,第248页。
⑤ 刘仁本:《羽庭集》卷四,《闽中女四首》,第34～35页,文渊阁四库全书,武汉大学出版社原文电子版。高启:《大全集》卷八,《温陵节妇行》,第20页,文渊阁四库全书,武汉大学出版社原文电子版。万石:《退宫人引》,载《元诗选》癸集之庚下,北京:中华书局,2001年,第1033页。林德阳:《商人妇》,载《元风雅》卷三〇,宛委别藏本,第114册,第819页。万德躬:《退宫人引》;陈高:《商妇吟》,载《元音》卷一一,第17、18页,1919年武进董氏诵芬室刊本。
⑥ 王彝:《王常宗集》补遗,《送朱道山还京序》,第6页,文渊阁四库全书,武汉大学出版社原文电子版。
⑦ 汪大渊:《岛夷志略·龙牙门》,北京:中华书局,1981年,第213页。

建立后,又实行海禁,规定"片板不许下海",①禁止私人出海贸易。然而,严厉的海禁政策非但不能阻止沿海人民"私下诸番,贸易番货",而且迫使海外商人难以回归而大量滞留当地,因而流寓海外的闽商人数不断增加,在一些东西方通商口岸已形成颇具规模的福建商人与其他华侨共同聚居的社区。当时爪哇的新村、杜板等地,以及苏门答腊的旧港的华商聚居区达千余家至数千家,估计人口当在5000~20000人之间。为了保护自身的生存和利益,有些海外福建商人团结起来,结成海外闽商集团,如朱道山集团者;②有的与广东商人相联合,建立华商自治组织,如旧港的梁道明、陈祖义者。据说在明代,占城、旧港、思吉港、新村、杜板和岸佩尔等地的华商聚居区都委任了华人首领,"他们具有双重身份,既是这个国家的统治官员,又是华人的父母官",③不但有权管理华商内部事务,而且可以处理本社区的对外事务。《明实录》载:永乐九年(1411年),"爪哇新村村主八弟的蛮等各遣人奉表贡方物",④新村村主即是一名华商。⑤

海外闽商聚居区的出现,尽管仅出现于少数的通商口岸,却意味着闽商在海外获得较稳定的,赖以生息、繁衍的立足之地,使之有可能长期保持和发扬中华文化传统,抵制当地民族的同化,并由此而孕育、发展自身的经济。具有共同的地域、经济和民族心理状态,这是海外闽商社会赖以生存的必要条件。闽商聚居区的出现标志了海外闽商社会的初步形成,福建的海外移民对海外闽商社会的产生和发展起了重要的作用。

第二节 明中叶以后海外闽商的发展变化

一、明中叶闽商海外活动的变化

明中叶以后,福建沿海地区商品经济日益繁荣,闽商海外贸易的发展形成强劲势头,难以阻遏,"闽中巨室皆擅海舶之利,西至殴逻巴,东至日本之吕送(宋)、长崎",⑥海外商业活动范围比前代更加扩大。在此基础上,闽商出国与日俱增,海外活动进入了一个新的阶段,发生了重大的变化,即出洋的主要目的由牟利发展到谋生,大多数人到国外不只是经商牟利,而且也从事各种开发活动,以为生计。这时期闽商出国的原因主要是:

---

① 《明史》卷二○五,《朱纨传》,北京:中华书局,1974年,第5403页。
② 王彝:《王常宗集》补遗,《送朱道山还京序》,第6页,文渊阁四库全书,武汉大学出版社原文电子版。
③ Slametmuljana, *A Story of Majapahit*, Singapore, 1976, p.193.
④ 《明太宗实录》卷一一七,永乐九年(1411年)七月乙亥,上海:上海古籍书店,1983年,第1487页。
⑤ 《明史》卷三二四,《爪哇传》,北京:中华书局,1974年,第8405页。
⑥ 王胜时:《漫游纪略》卷一,《闽游》,申报馆丛书本,第1页。

(一)因经商或渡海谋生而出洋

明中叶以后,福建地区商品经济迅速发展,加上人口的增长和土地兼并日益严重,加剧了沿海地狭民稠的压力。因此,不仅沿海的一些地主和商人为了发展自身的经济,需要前往海外贸易,而且那些破产的农民和手工业者为了生计,也乘槎到海外谋生。明人云:"漳泉沿海居民,鲜有可耕之地,航海商渔,乃其生业。"①《永春州志》也有"嘉靖间,闽之泉郡,田里失丈,册籍混淆,民遭赔累,逃亡者多"的记载。由于上述的原因,尽管明初政府实行严厉的海禁,但违禁出洋者仍不可遏止。明中叶以后,闽商的走私活动与日俱增,难以遏止。沿海人民无视法禁"重以充军处死之条,尚犹结党成风,造舡出海,私相贸易"。② 正统年间,福建巡海佥事董应轸言:"旧例濒海居民贸易番货,泄漏事情,及引海贼劫掠边地者,正犯极刑,家人戍边,知情故纵者罪同,比年民往往嗜利忘禁。"下海通番不绝。③ 嘉靖时走私贸易更加炽盛,下海通番之人遍布沿海各地,走私商舶"往来络绎于海上"。④ 走私活动的规模也越来越大,嘉靖之前,走私船"各船各认所主,承揽货物,装载而还,各自买卖,未尝为群",⑤嘉靖后则成群结队,动辄达数百人,甚至成千上万。如嘉靖二十六年(1547年),"福清冯淑等三百四十人泛海通番";⑥嘉靖二十三年(1544年)十二月至二十六年(1547年)三月的两年多里,仅私到日本贸易而为风漂入朝鲜,被解送回国的福建人就达1000人以上。⑦ 有的地方整个村庄都倚靠走私通番为生。诏安梅岭村,"共一千余家,男不耕作而食必粱肉,女不蚕桑而衣皆锦绮,莫非自通番接济为盗行劫中得之"。⑧ 当时福建出现了许多著名的走私巨商,如:李光头,福建人,与安徽人许栋皆以罪系福建狱。嘉靖十九年(1540年)越狱下海,以浙江定海的双屿港为基地,"出没诸番,分航剽掠",既从事走私贸易,又寇掠闽浙地方。谢老,名谢策,又名谢和,与"王清溪

---

① 徐学聚:《报取回吕宋四简疏》,载《明经世文编》卷四三三,《徐中丞奏疏》,北京:中华书局,1962年影印本。
② 冯璋:《通番舶议》,载《明经世文编》卷二八〇,北京:中华书局,1962年影印本,第2976页。
③ 陈寿祺:《重纂福建通志》卷二七〇,《洋市》,台北:华文书局,1968年,第5127页。
④ 张时彻:《招宝山重建宁波府知府凤峰沈公祠碑》,载《明经世文编》卷二四三,北京:中华书局,1962年影印本,第2542页。
⑤ 范表:《海寇议》,《四库全书存目丛书》集部第77册,济南:齐鲁书社,1996年,第618页。
⑥ 董应举:《崇相集》,《议二·漫言》,《四库禁毁书丛刊》集部第102册,北京:北京出版社,1998年,第214页。
⑦ 《明世宗实录》卷三二一,嘉靖二十六年(1547年)三月乙卯,第5963页。
⑧ 俞大猷:《正气堂集》卷二,《呈福建军门秋崖朱公揭》,1991年据清道光木刻本重印,第62页。

皆漳州人,悉节年贩海通番为奸利者"。① 严山老,"亦月港积年通番巨寇也"。② 洪迪珍,又名洪泽珍,俗称洪老,福建漳州人。"洪迪珍初止通贩。嘉靖三十四、五年(1555—1556年)载日本富夷泊南澳得利,自是岁率一至,致富巨万。尚未有引倭为寇实迹,或中国人被倭虏掠,辄以物赎之,遣还其人,人颇德之。"③ 他曾与王直一起通番贸易,"后直败,其部下残倭,各依迪珍,往来南澳间"。④ 张维,龙溪九都人。嘉靖三十三年(1554年),串通24人造舟下海通番,官府莫能禁,其势渐炽,屡败官军进剿。

闽商走私贸易的兴起严重地冲击着明王朝的海禁樊笼,以至于尽管明政府有令"片板不许下海,艨艟巨舰反蔽江而来;寸货不许入番,子女玉帛恒满载而去"。⑤ 尤其是海澄月港,"正德间,豪民私造巨舶,扬帆他国,以与夷市……所司法绳不能止"。⑥ 据称"私造双桅大船不啻一二百艘,鼓泛洪波巨浪之中,远者倭国,近者暹罗、彭亨诸夷,无所不至"。⑦ 嘉靖时更是"漳闽之人与番舶夷商贸贩方物,往来络绎于海上"。⑧ 月港由此一片欣欣向荣,发展成为闽商海外贸易基地。又如对琉球贸易,嘉靖二十一年(1542年),漳州人陈贵等7人连年率领26船,载货到琉球贸易;⑨ 二十三年(1544年)有漳州民李王乞等39人,二十五年(1546年)有颜容等613人,"容等悉漳泉人",赴琉球贸易,因风漂至朝鲜,而被解送回国。⑩ 万历中,"同安人陈甲者,商于琉球"⑪;又有迁入中山充琉球导贡通事的漳州人王立威,用贡船搭载福建海商许美等及违禁货物至琉球;⑫ 还有林元、阮三良

---

① 《明世宗实录》卷四五三,嘉靖三十六年(1557年)十一月乙卯,第7676页。
② 胡宗宪:《筹海图编》卷八,《寇踪图谱》,台湾商务印书馆景印文渊阁四库全书本,第584册,第228页。
③ 陈瑛:(乾隆)《海澄县志》卷二四,《丛谈志·遗事》,《中国地方志集成》福建府县志第30辑,上海:上海书店出版社,2000年,第703页。
④ 《嘉靖东南平倭通录》,上海:上海书店出版社,1982年据神州国光社1951年版复印,第51页。
⑤ 谢杰:《虔台倭纂》卷上,《倭原二》,《玄览堂丛书续集》本,第7页。
⑥ 梁兆阳:(崇祯)《海澄县志》卷一,《舆地志》,《日本藏中国罕见地方志丛刊》,北京:书目文献出版社,1992年,第318页。
⑦ 谢彬:《剿抚事宜议》,载梁兆阳:(崇祯)《海澄县志》卷一九,《艺文志》,《日本藏中国罕见地方志丛刊》,北京:书目文献出版社,1992年,第526页。
⑧ 张时彻:《招宝山重建宁波府知府凤峰沈公祠碑》,载《明经世文编》卷二四三,北京:中华书局,1962年影印本,第2542页。
⑨ 严嵩:《琉球国解送通番人犯疏》,载《明经世文编》卷二一九,北京:中华书局,1962年影印本,第2301页。
⑩ 《明世宗实录》卷二九三,嘉靖二十三年(1544年)十二月乙酉,第5622页;卷三〇八,嘉靖二十五年(1546年)二月壬寅,第5804页,上海:上海古籍书店,1983年影印本。
⑪ 金安清:《东倭考》,载《倭变事略》,上海:上海书店出版社,1982年据神州国光社1951年版影印,第205页。
⑫ 夏子阳:《使琉球录》卷上,《题奏》,《台湾文献史料丛刊》第3辑,台北:大通书局,2009年,第211页。

等因风漂至琉球。①

还有很多闽人充当外国的使臣与明朝官方进行交易。成化、弘治之世,海外"献贡者日盛",其实大多是闽广之民"椎髻耳环,效番衣服声音,入其舶中导之"。② 如爪哇国派遣到明朝的使臣通事洪茂、马用良、殷南、文旦等人皆为福建龙溪人;暹罗国贡使奈罗亦是福建清流人,③另一名贡使美亚,"乃本朝汀州士人谢文彬也"。④ 又如琉球国使臣,成化时,礼部上言:琉球国,"其使臣多系福建逋逃之徒,狡诈百端,杀人放火,亦欲贸中国之货,以专外夷之利"。⑤ 如成化五年(1469年),其贡使蔡璟言:"祖父本福建南安人,为琉球通事,传至璟,擢长史。"⑥万历年间,肖崇业使琉球,见有不尽类夷人者,问其人,告曰:"祖以上,闽产也。洪武初,稍迁于此,乃其后绵绵蕃衍矣。"⑦由于私贩活动是官方禁止的非法行为,中琉民间贸易处于秘密状态,史书往往或疏于记载,或语焉不详,以上仅是被拿获或因海难才得以保留记载的个别事例,但由此亦可窥见闽商的走私贸易活动之一斑。

许多闽商慑于明朝海禁的严刑峻法,惮于复返,而在外域生根落叶。1556年,葡萄牙人克路士说:"中国法律以死刑禁止中国人出海到别的国家……有的中国人仍不放弃到中国境外进行贸易的机会,但这些人不再返回中国。其中有些住在马六甲,另一些住在暹罗,还有些在北大年。"⑧

隆庆元年(1567年)在漳州月港部分开放海禁后出洋贸易合法化,因此闽商的海外贸易获得迅猛发展。漳籍御史周起元描述当时的情况时说:"我穆庙时除贩夷之律,于是五方之贾,熙熙水国,刳艅艎,分市东西路。其捆载珍奇,故异物不足述,而所贸金钱,岁无虑数十万,公私并赖,其殆天子之南库也。"私人海外贸易进入了全盛阶段,月港也成为中外海商进出海洋的基地和进出口商品的集散地,从这里起航的"洋船多以百计,少亦不下六七十只,列艘云集,且高且深"。⑨ 贩海之商则"视浮天巨浪如立高阜,视异域风景如履户外,视酋长戎王如挹幕尉。海上安澜,以舟为田,兢兢挑衅,导引之禁,有如王赫斯

---

① 《浙江提刑按察司致琉球国咨文》,载《历代宝案》第1集,第182件。《那霸市史·资料篇》第1卷4,第245页。阮良始:《新参阮氏家谱序》,见《那霸·泊系》,昭和五十八年(1983年)3月,第162页。

② 顾炎武:《天下郡国利病书》卷一二〇,《海外诸番入贡互市》,第4页,光绪二十七年(1901年)二林斋藏版,图书集成局铅印。

③ 《明英宗实录》卷四三,正统三年(1438年)六月戊午,上海:上海古籍书店,1983年影印本,第831页。沈德符:《野获编》补遗卷四,《华人夷官》,《四库禁燬书丛刊》史部第4册,北京:北京出版社,1998年,第700页。

④ 罗曰褧:《咸宾录》南夷志卷六,《暹罗》,北京:中华书局,1983年,第149页。

⑤ 《明宪宗实录》卷一七七,成化十四年(1478年)四月己酉,第3198页。

⑥ 《明史》卷三二三,《琉球传》,北京:中华书局,1974年,第8365页。

⑦ 肖崇业:《使琉球录》卷下,《群书质异》,《台湾文献史料丛刊》第3辑,第55册,台北:大通书局,2009年,第115页。

⑧ C. R. 博克舍:《十六世纪中国南部行纪》,北京:中华书局,1990年,第132页。

⑨ 张燮:《东西洋考》卷七,《饷税考》,北京:中华书局,1981年,第137页。

怒,埤未靖之鲸鲵"。① 返航的海舶载来了琳琅满目的海外产品。② 随着对外贸易的兴隆,月港的进出口商品加工等手工业也蓬勃发展,"雕镂犀角巧,磨洗象牙光","家家蔗煮糖",③就是当时情况的真实写照,以故张燮也赞叹月港海外贸易之盛况:"市舶之设,始于唐、宋。大率夷人入市中国,中国而商于夷,未有今日之夥者也。"④

在合法贸易繁盛的同时,福建其他沿海地区商民的走私活动并未停止,尽管他们大都已不像以前那样与倭寇相勾结,从事掠夺骚扰活动,而是采取了走私贩运货物,以逃避政府征收饷税的方式,而沿海民众则为厚利所诱,竞相与之交通接济,"有造一船送贼得银三四百两者,制一篷与贼得银三十两者,一刀价至五两,火药诸物,价亦称是,利厚故人冒死以往,不能禁也"。于是闽江口一带一度成为闽商走私活动的中心。据时人董应举的报告:"海贼乱闽十有三年矣,初皆漳、泉百姓惯通日本者聚众劫船,掳人取赎,得利既多,效尤者众","今则福州府属县沿海奸民及省城内外奸民出海行劫,辇金归而人不敢问,浸成大患",以致闽中"一带三十余里,处处有贼,处处以接济为利。虽蒙当事屡次芟除,旋灭、旋生终莫能绝者"。走私活动范围之广,人数之众,已达到"连村满海,尽为盗区而莫可御止"。其中走私最猖獗的是福清海口至松下一带,"盖贼多彼处人,村村以接济为利。出而遇贼,皆其熟识;佯为被掳,时时运物取赎,而人竟不归。贼得接济以久其毒,彼亦得利以肥其家"。其次是长乐之广石、闽县之琅岐、省城之河口南台,商民内外勾结,"线索相通,铳械、火药、米谷、紬缎,或托兵船,或托粪船,或托荡船,使人不疑,虽关津不得而稽"。⑤王在晋也谈到走私港口的转移:"夫漳泉之通番也,其素所有事也,而今乃及福清。"⑥在漳州海面,为逃避封建统治者的横征暴敛和官吏的侵渔掠夺,海外贸易商的走私活动也很炽盛。如诏安县铜山,"日日有小船,载酒载猪,并绫绢缎,交与贼众",甚至连防海士兵也参与接济走私商人。同安县令曹履泰曾报告说:"职素知此接济之奸,半出于奸民,半出于武弁,奸民酷于射利,武弁但求免祸,海上之事,日坏一日,俱在于此。"⑦

进入清代,福建人口有较大的增长,为生艰难,进一步迫使人民走向海外谋生,推动了海外闽商经济的发展。清人庄亨阳指出:"福建僻在海隅,人满财乏,惟恃贩洋番银,上

---

① 张燮:《东西洋考·序》,北京:中华书局,1981年,第17页。
② 郑怀魁:《海赋》,转引自梁兆阳:(崇祯)《海澄县志》卷一六,《艺文志》,《日本藏中国罕见地方志丛刊》,北京:书目文献出版社,1992年,第483~487页。
③ 徐𤊹:《海澄书事寄曹能始》,转引自梁兆阳:(崇祯)《海澄县志》卷一六,《艺文志》,《日本藏中国罕见地方志丛刊》,北京:书目文献出版社,1992年,第491页。
④ 张燮:《东西洋考》卷七,《饷税考》,北京:中华书局,1981年,第153~154页。
⑤ 以上见董应举:《崇相集》,《闽海事宜》,《答问防海事宜、光泽善后实行保甲、开洋利害诸款》,见《台湾文献史料丛刊》第8辑,第153册,台北:大通书局,2009年,第89~92页。
⑥ 王在晋:《越镌》卷二一,《通番》,《四库禁毁书丛刊》集部第104册,北京:北京出版社,1998年,第498页。
⑦ 曹履泰:《靖海纪略》卷二,《上徐道尊》,丛书集成初编本,上海:商务印书馆,1936年,第30页。

以输正供,下以济民用。"① 蓝鼎元也指出福建人民"望海谋生十居五六,内地贱菲无足重轻之物,载至番境,皆同珍贝。是以沿海居民,造作小巧技艺,以及女红针黹,皆于洋船行销,岁收诸岛银钱货物百十万,入我中土"。②

清初由于郑成功抗清活动,为了打击郑氏势力,开始实行海禁。顺治十三年(1656年),清政府颁布了《申严海禁敕谕》,认为郑成功抗清力量之所以未能剿灭,是因为"有奸人暗通线索,贪图厚利,贸易往来,资以粮物。若不立法严禁,海氛何由廓清",因此敕谕浙江、福建、广东、江南、山东、天津各省督、抚、镇,要求他们"申饬沿海一带文武各官,严禁商民、船只私自出海,有将一切粮食、货物等项与逆贼贸易者……即将贸易之人,不论官民俱行奏闻处斩,货物入官";凡沿海可容船只湾泊、登岸的口子,"务要严饬防守各官,相度形势,设法拦阻,或筑土坝,或树木栅,处处严防,不许片帆入口,一贼登岸",③对于违禁发放贸易印票的官员则严加惩处。此外,还制定了各种海禁律法,以配合海禁的实施。④ 尽管法禁至严,也严重打击了闽商的海外贸易,但闽商的出海贸易却未能禁绝,仍不绝如缕。顺治十四年(1657年),以史顺为首为一伙泉州商人"擅违海禁,载运洋货,希图觅利"。⑤ 据统计,在1662—1672年间,通过走私到日本长崎的福建商船平均每年有4艘。在1673—1684年间,平均每年近2艘。这些海外贸易商有的是通过贿赂海防官,装扮成兵船偷偷出海。据康熙十五年(1676年)到长崎的2号福州船说,浙江之丝织物不能输往福州,只能由山路秘密运出,因经由险阻搬运货物,其不自由程度实非笔墨可以形容,故本船仅装载少许之丝织物航日。⑥ 康熙二十一年(1682年)到长崎的2号福州船亦说,他们因有海防官朱氏的关系,出入港口比较自由,凭借朱氏之力,他们装扮成巡逻捕船,得以偷偷运出少量货物,好不容易才抵达长崎。有的则是征得官府的同意,借到外省贩运为名,却扬帆出洋贸易。⑦ 还有的商人在郑氏集团的保护下从事走私贸易。顺治十四年(1657年),黄陞拿国姓票并船租与李幕霞,李幕霞自任船主,从秦屿揽客通洋,"舡票共用一千二两银租钱打醮"。⑧ 顺治十七年(1660年),福建商人张瑞、翁采、王一、卢措、王旺、魏久等人,搭附船主王自成的船,于当年正月从浙江瑞安开船,到日本长崎买

---

① 庄亨阳:《禁洋私议》,载陈寿祺:《重纂福建通志》卷八七,《海防·海禁》,台北:华文书局,1968年,第1745页。
② 蓝鼎元:《鹿洲初集》卷三,《论南洋事宜书》,载《鹿洲全集》,厦门:厦门大学出版社,1995年,第55页。
③ 《申严海禁敕谕》,载中国科学院编:《明清史料》丁编第2本,上海:商务印书馆,1951年,第155页。
④ 《钦定大清会典事例》卷七七五,《兵律·关津》,宣统元年(1909年)商务印书馆石印本。
⑤ 《福建巡抚残件》,载《明清史料》己编第4本,台北:"中央研究院"历史语言研究所,1957年,第393页。
⑥ 林春胜:《华夷变态》上册,东京:东洋文库,昭和五十六年(1981年),第144页。
⑦ 林春胜:《华夷变态》上册,东京:东洋文库,昭和五十六年(1981年),第342页。
⑧ 《浙闽总督李率泰残揭帖》,载《明清史料》己编第4本,台北:"中央研究院"历史语言研究所,1957年,第396页。

卖,五月回到沙埕。① "彼时船出海外,非得国姓伪票必不能行。"

康熙二十三年(1684年),清政府在统一台湾、郑氏集团覆灭后,宣布开放海禁,沿海人民乘机相率搭附贩洋商船出国,一时福建贩洋船"无分大小,络绎而发,只数繁多",②"漳泉商人贸易东南洋者,逐年而多",③"商舶交于四省,偏于占城、暹罗、真腊、满剌加、渤泥、荷兰、吕宋、日本、苏禄、琉球诸国"。闽商的海外贸易"可谓极一时之盛矣"。④当时出洋商船"多载人民",⑤络绎不绝地移居海外。尽管清政府对人民移居国外采取严格限制、禁止的措施,甚至以严刑峻法来防止人民出洋,然而人民出洋难以遏止,仍以各种方式出国。雍正五年(1726年),闽浙总督高其倬论及开禁以来福建等地的情形:"查从前商船出洋之时,每船所报人数,连舵手、客商总计,多者不过七八十人,少者六七十人,其实每船皆私载二三百人。到彼之后,照外多出之人俱存留不归。更有一种嗜利船户,略载些须货物,竟将游手之人偷载四五百人之多。每人索银八两或十余两,载往彼地,即行留住。此等人大约闽省居十之六七,粤省与江浙等省居十之三四。"⑥

南安石井《曾氏族谱》载:"迨海氛平定复界……家资荡然,不得不涉险经营,爰禀父命,往番邦吕宋生计。"⑦据说,仅在康熙二十七年(1688年)一年中,抵达日本长崎的中国人就达9100人之多。17世纪末,荷兰人达匹尔对印尼亚齐华侨做了如下描述:"所有来该城贸易的商人中,最著名的是中国商人。他们中有些人终年住在这里,有些人是每年自中国航行来此……同来者有若干工匠——木匠、装修匠、油漆匠等。"⑧根据高其倬的报告,当时吕宋、噶喇吧等地的华侨达数万,其中闽人占了绝大多数,并且主要以商为业。

然而,清政府的对外贸易政策摇摆不定,对闽商贸易施加严格控制和限制,严重干扰了海外闽商的发展。如由于把出洋港口限制于厦门一处,迫使福建商人不得不将外贸活动向外省港口转移。"福建客商出疆贸易者,各省码头皆有。"在江苏,"苏州南濠一带,(福建)客商聚集尤多";⑨在浙江,"宁波府洋船"船主亦多有福建泉州人;⑩在广东,也有闽商船只来此贸易,⑪还有一些闽商则于广州开办洋行,如孚德行陈芳官等。另外,限制

---

① 《刑部等衙门尚书觉罗雅布口等残题件》,载《明清史料》丁编第3本,台北:"中央研究院"历史语言研究所,1957年,第258～259页。
② 施琅:《靖海纪事》卷下,《海疆底定疏》,福州:福建人民出版社,1983年,第133页。
③ 连横:《台湾通史》卷二五,《商务志》,上海:上海书店出版社,1946年,第426页。
④ 陈寿祺:《重纂福建通志》卷八七,《海防·总论》,台北:华文书局,1968年,第1760页。
⑤ 施琅:《靖海纪事》卷下,《海疆底定疏》,福州:福建人民出版社,1983年,第133页。
⑥ 《硃批谕旨》第46册,光绪十三年(1887年)上海点石斋缩印本,第26～27页。
⑦ 庄为玑等:《福建晋江专区华侨史调查报告》,《厦门大学学报》1958年第1期。
⑧ 布赛尔:《东南亚的中国人》,《南洋问题资料译丛》1958年第Z1期,第116页。
⑨ 《硃批谕旨》第8册,光绪十三年(1887年)上海点石斋缩印本,第2页。
⑩ 《福建巡抚毛文铨奏请严禁商船偷越禁洋折》,《文献丛编》第17辑,故宫博物院,1930—1934年,第3页。
⑪ 周凯:《厦门志》卷五,《船政略·商船·洋船》,厦门:鹭江出版社,1996年,第129、139页。

商人出洋时间的规定虽然目的是防止国内外反清势力串通一气,但深受其害的却是广大无辜的商人。如雍正六年(1728年),原籍福建龙溪的安南闽商吴德观,冒名顶替已故侄子吴子礼搭船前往浙江台州贸易,被发现后发官究治。① 乾隆十二年(1747年),寓居苏禄的福建商人马光明、陈朝盛以该国贡使的身份来福建朝贡贸易,竟被"著掣回解京,交部拘禁",审拟后"佥解赴配"。② 十四年(1749年),旅居噶喇吧贸易20余年的原龙溪县民陈怡老"辞退甲必丹,携番妾子女,并番银番货,搭谢冬发船回籍,行至厦门盘获",以"照交结外国"等罪名,"发边远充军,番妾子女佥遣,银货追入官,谢冬发照例枷杖,船只入官"③。十九年(1754年),苏禄的福建商人杨大成为该国副使,来闽朝贡,亦被"照例改发黑龙江充当苦差"。④ 如此不分青红皂白地无情打击,致使广大海外闽商不能自由出入祖国,沦为海外孤儿,对闽商资本的发展也是极其不利的。后经福建巡抚陈宏谋的奏请,"凡出洋贸易之人,无论年分远近,概准回籍",⑤但这只限于领照出洋,合法贸易之人,其他大部分留寓海外的商人回国仍在禁令之列。

由于封建政府的严格控制和种种限制,再加上繁重的商税和吏治的腐败,以及外国资本主义势力在远东进行侵略的影响,清代闽商的海外贸易发展举步维艰,只能在夹缝中挣扎求得生存,虽然它在康熙开禁和雍正开放南洋贸易之初都曾呈现出相当的繁荣,但是很不稳定,持续时间不长,从事海外贸易闽商亦"骤富骤贫,容易起落"。⑥ 到乾隆中期以后,则出现了持续的低落,其主要表现为福建最重要的港口——厦门贸易的衰退。到了嘉庆、道光年间,福建海外闽商贸易更是衰落不堪,贩洋船寥寥,⑦嘉庆三年(1798年)上谕称:"近年以来,洋面不靖,商贾往往裹足不前,海船到(海)关者较少。"⑧嘉庆十二年(1807年)以后,从厦门前往暹罗贸易的商船已不足盛时的1/3。⑨ 在对菲律宾群岛的航运上,福建商船也失去了长期以来的主导地位。嘉庆二十三年(1818年),驶往马尼

---

① 《宫中档雍正朝奏折》第11辑,台湾"故宫博物院",1982年,第413页。
② 《清高宗实录》卷三〇〇,第12册,乾隆十二年(1747年)十月辛酉,北京:中华书局,1985年,第923页。
③ 《清高宗实录》卷三六四,第13册,乾隆十五年(1750年)五月乙巳,北京:中华书局,1985年,第1009页。
④ 《清高宗实录》卷四五七,第14册,乾隆十九年(1754年)二月戊戌,北京:中华书局,1985年,第946页。
⑤ 《清高宗实录》卷四七二,第14册,乾隆十九年(1754年)九月乙酉,北京:中华书局,1985年,第1106页。
⑥ 周凯:《厦门志》卷一五,《风俗记·俗尚》,厦门:鹭江出版社,1996年,第512页。
⑦ 《录副奏折》,嘉庆十二年(1807年)五月二十一日阿林保奏。
⑧ 《清仁宗实录》卷四〇,第28册,嘉庆四年(1799年)三月乙丑,北京:中华书局,1986年,第476页。
⑨ 樊百川:《中国轮船航运业的兴起》,成都:四川人民出版社,1985年,第34页。

拉和苏禄的中国商船竟减少到 10 艘。① 至道光元年(1821 年),从厦门起航前往东南亚的合法贸易船只有区区 10 余艘之数,②与乾隆鼎盛时期相比真有天壤之别。

(二)因国内政治或战乱而出国

明中叶以后,中国国内战乱频仍,社会动荡不安,因而也掀起一波又一波闽人出国浪潮。一次高潮是,嘉靖至万历年间,东南沿海的海寇商人开展大规模的反海禁斗争,遭到明朝官军的严厉镇压。为了躲避官军的追捕,一部分走私商人被迫亡命海外。如走马溪之战后,"漳人大恐,有尽室浮海者"。③ 一位西班牙作家谈到早期马尼拉的华侨,亦说:"这些中国人在这些土著之间居住,他们都由于某些事故,带着他们的妻子自本国逃亡。"④尤其是一些海寇商人集团失败后,在国内难以立足,往往以海外为逃逋薮。如张琏:"嘉靖末,广东大盗张琏作乱,官军已报克获,万历五年(1577 年)商人诣旧港者,见琏列肆为蕃舶长,漳、泉人多附之,犹中国市舶官云。"⑤林道乾:"嘉靖末,倭寇扰闽,大将戚继光败之,倭遁居于此(台湾鸡笼),其党林道乾从之。已,道乾惧为倭所并,又惧官军追击,扬帆直抵浡泥(今北大年),攘其边地以居,号道乾港。"⑥林凤:万历二年(1574 年),林凤在闽粤沿海不得志,遂率战舰 62 艘,水陆士兵各 2000 人,妇女 1500 人,南走菲律宾,虽为西班牙殖民者所败,其一部分残部却滞留于当地。林凤失败后,率余部"走逃外夷"。⑦ 另外在吉兰丹,"嘉靖末,海寇余众遁居于此,生聚至二千人"。⑧

明末清初,中国政局动荡,东南沿海又陷入长期的动乱,福建沿海人民饱受战乱和禁海迁界之苦,再一次掀起向外移民的浪潮。"清顺治年,福建同安人多离本地往葛剌巴贸易耕种,岁输丁票银五六金。"⑨晋江金井李氏族谱亦载:"清初战争日烦之时,兄南弟北……奔走于吕宋外夷。"⑩在《安海志》中,根据金墩黄氏、霞亭东房颜氏、有耕堂柯氏、飞钱及鳌丰两村陈氏等 11 个姓氏的族谱统计,仅清代就先后有 285 名先辈客死南洋,其侨居地以印尼、吕宋、马来亚为最多,其他散居于暹罗、安南和柬埔寨等地。⑪ 另外,清军

---

① 田汝康:《17 世纪至 19 世纪中叶中国帆船在东南亚洲航运与商业上的地位》,载《中国帆船贸易与对外关系史论文集》,杭州:浙江人民出版社,1988 年。
② 周凯:《厦门志》卷五,《船政略·洋船》,厦门:鹭江出版社,1996 年,第 141 页。
③ 刘凤:《续吴先生赞》卷六,《朱纨传》;王士骐:《皇明驭倭录》卷五,《续修四库全书》史部第 428 册,第 335 页。
④ E. H. Blair & J. A. Robertson, *The Philippine Islands*, 1493-1898, Vol. 3, Cleveland: Arthur Clark Co., 1903-1907, pp. 167-168.
⑤ 《明史》卷三二四,《三佛齐传》,北京:中华书局,1974 年,第 8408 页。
⑥ 《明史》卷三二三,《鸡笼传》,北京:中华书局,1974 年,第 8377 页。
⑦ 关于林凤在菲律宾的活动,详见 E. H. Blair & J. A. Robertson, *The Philippine Islands*, 1493-1898, Vol. 4, Cleveland: Arthur Clark Co., 1903-1907, pp. 90-152.
⑧ 张燮:《东西洋考》卷三,《吉兰丹》,北京:中华书局,1981 年,第 57 页。
⑨ 《噶喇巴传》,载王锡祺辑:《小方壶斋舆地丛钞》第十帙,台北:学生书局,1975 年。
⑩ 庄为玑等:《福建晋江专区华侨史调查报告》,《厦门大学学报》1958 年第 1 期。
⑪ 新编《安海志》,1983 年,第 146 页。

入关以后,一部分士人不甘沦为清朝臣民而逋亡海外。如福州府长乐县人郑会,因"大清入中国,不堪变服剃头之令,留发南投,客寓边和"。① 漳州府龙溪县人陈养纯,"避难南来(越南承天)生理,衣服仍存明制"。② 海澄县人潘文彦亦因"义不事清"而流亡越南。

二、西方殖民者东来对海外闽商发展的影响

明中叶以后,远东局势发生了重大变化。1511年葡萄牙人占领马六甲,开始了西方人在东南亚殖民统治的新时代。1571年西班牙夺取马尼拉,1619年荷兰人又占领巴达维亚。其后,英、法、美等列强也相继入侵,东南亚大多数国家逐渐沦为西方的殖民地。

西方殖民者的入侵在一定程度上刺激了海外闽商经济的发展。一方面,由于新航道的开辟,欧洲人直接参与东南亚的贸易,以东南亚为中转站,中国与欧洲的贸易往来日益增多,传统的中国与东南亚贸易扩大为除传统贸易之外,中国通过马尼拉与美洲以及通过马六甲或巴达维亚与欧洲的贸易,中国商人把本国的丝、瓷等运到东南亚,再由西方商人转运到有较高消费能力的欧洲和美洲,中国的商品市场扩大,闽商贸易机会增多。另一方面,由于西方殖民者东来,传统的官方朝贡贸易受到前所未有的冲击,一蹶不振,使民间贸易有了更大的发展空间。与西方殖民者的贸易刺激了闽商移居海外和他们商业的扩展。

最早来到福建的西方殖民者是葡萄牙人。自从他们在16世纪初来到福建沿海,"皆以其地胡椒、苏木、象牙、苏油、沉束、檀乳诸香,与边民交易,其价尤平。其日用饮食之资于吾民者,如米、面、猪、鸡之数,其价皆倍于常,故边民乐与为市"。③ 据说嘉靖二十年(1541年),仅留居漳州的葡萄牙商人就达500多人。④

17世纪末初,荷兰人来到远东后,加紧对东南亚殖民扩张,并频频进犯中国东南沿海,企图打开中国贸易的大门。虽然荷兰人的企图没有获得成功,但先后占领了澎湖和台湾,作为对华贸易的据点,极力"开拓与福建的贸易",⑤招引闽商交通市易。由于利之所在,福建"海上奸民,阑出货物与市"⑥,"而漳、泉之商贾集焉",于是台湾日渐称繁。⑦

到了清代,西方商人更加频繁来到福建,开展贸易。在福州,1686年就有4艘荷兰船抵达福州,接踵而来的还有英国人。1689年,有荷兰艘4艘、英国船3艘进入厦门港,

---

① 郑怀德:《艮斋传集·自序》,香港:新亚研究所,1962年,第162页。
② 陈荆和:《承天明乡社陈氏正谱》,《东南亚研究专刊》第4期,香港:香港中文大学新亚研究所,1964年,第41页。
③ 林希元:《林次崖先生文集》卷五,《与翁见愚别驾书》,《四库全书存目丛书》集部第75册,济南:齐鲁书社,1996年,第539页。
④ 小叶田淳:《中世南岛交通贸易史の研究》,东京:刀江书院,1968年,第90页。
⑤ W. P. Groeneveldt, *De Nederlander in China*, Vol.2, The Hague, 1898, p.559.
⑥ 《明史》卷三二五,《和兰传》,北京:中华书局,1974年,第8436页。
⑦ 余文仪:《续修台湾府志》卷一,《建置》引《旧志》,《台湾文献史料丛刊》第1辑,台北:大通书局,2009年,第6页。

他们带来大量白银,在福州购买了大量的丝织品。① 1695年又有1艘英国商船航抵福州的猛崎港,请求贸易。②

在厦门,常来贸易的有西班牙船、荷兰船和英国船,其中英国船最多。英国船第一次来厦门是在1670年。1676年英国东印度公司又派船一艘到厦门,"并建立一间商馆,现在公司才第一次在中国建有立足点"。③ 公司对厦门的贸易寄以很大希望,在1677年8月31日的决议录中写道:"应设法开展厦门贸易。盖在此以优利条件可获得日本货及其他货物。同时亦可售出欧罗巴、印度货物……"④此后,英国东印度公司频频派船来厦门,运来大量的货物和银圆,采购中国的茶叶、丝绸、砂糖等产品。1832年,英国东印度公司派遣"阿美士德(Amherst)"号到达厦门。英船的翻译兼医生、德国籍传教士郭士立(Charles Gutzlaff)也说:"由于港口的优良,厦门早就成为中华帝国最大的市场之一。船只可直接靠岸,起卸货物极为方便,既可躲避台风,进出港口又无搁浅之虞","不论就它的位置、财富,或者是出口的原料来说,厦门无疑是欧洲人前来贸易的最好港口之一"。⑤

另一方面,西方殖民者入侵东南亚,把东南亚作为资本主义的商品销售市场和原料产地。为了获得中国的商品和人力资源,以巩固殖民统治;同时为了掠夺殖民地人民和开发经济,也需要华人中介商和大量劳动力,因此采取种种措施吸引中国移民前往殖民地,不仅对闽商出国形成强大的拉力,而且也使闽商经济从单一商业向种植业和采矿业等生产领域发展,经济实力得到提升。

1565年西班牙人在菲律宾建立殖民统治后,即与来菲贸易的福建商人有了接触。1567年,菲律宾总督黎牙实备(Miguel Lopez de Legazpi)从宿务向西班牙国王菲力普二世报告:"中国商人每年都运生丝、毛织品、钟、瓷器、香料、铁、锡和染色棉布以及其他小商品,到菲律宾群岛出售,贩回黄金和蜂蜡,其中一些人到我们这里来。"⑥福建商人运到菲律宾的货物,不仅供应当地人民和西班牙殖民者的需求,而且其中的生丝、棉布、丝绸还通过"大帆船贸易",大量运销拉丁美洲,甚至转销欧洲市场。与此同时,由于西班牙殖民者所能输出的货物,"没有一样不是中国所已经具备的。所以对华贸易必须向中国输

---

① 林春胜:《华夷变态》中册,东京:东洋文库,昭和五十六年(1981年),第1173页。
② 林春胜:《华夷变态》中册,第1704、1706页;《华夷变态》下册,补遗,第3014页,东京:东洋文库,昭和五十六年(1981年)。
③ 马士:《东印度公司对华贸易编年史》第1、2卷,广州:中山大学出版社,1991年,第45页。
④ 赖永祥:《郑英通商关系之检讨》,《台湾郑成功研究论文选》,福州:福建人民出版社,1982年,第276页。
⑤ 郭士立:《1831年、1832年和1833年三次中国沿海航行日记》第2部,1834年,转引自李金明:《厦门海外交通》,厦门:鹭江出版社,1996年,第70页。
⑥ E. H. Blair & J. A. Robertson, *The Philippine Islands*, 1493-1898, Vol.2, Cleveland:Arthur Clark Co., 1903-1907, p.238.

送白银",①用以购买福建商船载来的货物。因此,前往菲律宾贸易的福建商船回国时都满载着来自美洲的白银,获利非常丰厚,这又进一步刺激了福建商人到菲律宾贸易。何乔远曾指出:"西洋诸国金银皆转载于此。以通商故,闽人多贾吕宋焉。"②隆庆开放海禁以后,福建沿海到吕宋经商居住的人更多。如泉州"安平之俗好行贾,自吕宋交易之路通,浮大海趣利十家而九"。③而"漳人以彼为市,父兄久住,子弟往返,见留吕宋者盖不下数千人"。④ 1574年,西班牙总督拉末沙礼示也向西王报告:"由于我们的热情接待,中国人每年不断地增加他们的贸易,带来许多货物供应我们。"⑤从福建到吕宋不仅有商人,还有农民、渔民、猎户、木匠、铁匠、砖瓦匠、石灰工等。⑥ 当时西班牙殖民者将在马尼拉的华人都强行集中到城外的八连(Parian),即华人称作的"涧内"。何乔远说:"其地迩闽,闽漳人多往焉,率居其地曰涧内者。其久贾以数万,间有削发长子孙者。"⑦张燮亦云:"华人既多诣吕宋,往往久住不归,名为压冬。聚居涧内为生活,渐至数万,间有削发长子孙。"⑧尽管西班牙殖民当局对华人进行多次迫害、驱逐和屠杀,但闽商赴菲仍络绎不绝。

到17世纪末,西方旅行家描写马尼拉的八连:中国商人在几条大街上开着很富丽堂皇的丝绸、瓷器和其他货物的商店,这时有一切的工艺和行业,所以马尼拉的人民所有的东西都要经过中国人的手。在马尼拉的郊外约有3000名中国人,在岛上则更多。这些商人,有一个治理他们的市尹,他们给他丰厚的薪俸,就像对待其他官员一样。⑨

1740年,据英国人的航海日记,在马尼拉城内,华人至少有2万人。⑩ 1749年,全菲华人为4万人。⑪ 华人活跃在菲律宾的手工业、商业、农业和服务业中。一位西班牙官

---

① E. H. Blair & J. A. Robertson, *The Philippine Islands*, 1493-1898, Vol. 3, Cleveland: Arthur Clark Co., 1903-1907, p. 212.

② 何乔远:《闽书》卷一五〇,《南产志》,福州:福建人民出版社,1994年,第4436~4437页。

③ 李光缙:《景璧集》卷一四,《二烈传》,扬州:江苏广陵古籍刻印社,1996年。

④ 许孚远:《疏通海禁疏》,载《明经世文编》卷四〇〇,北京:中华书局,1962年影印本,第4332页。

⑤ E. H. Blair & J. A. Robertson, *The Philippine Islands*, 1493-1898, Vol. 3, Cleveland: Arthur Clark Co., 1903-1907, p. 276.

⑥ E. H. Blair & J. A. Robertson, *The Philippine Islands*, 1493-1898, Vol. 7, Cleveland: Arthur Clark Co., 1903-1907, p. 34.

⑦ 何乔远:《名山藏》,《王享记三·吕宋》,北京:北京大学出版社,1993年,第6227页。

⑧ 张燮:《东西洋考》卷五,《吕宋》,北京:中华书局,1981年,第89页。

⑨ Victor Purcell, *The Chinese in Southeast Asia*, Oxford: Oxford University Press, 1980, p. 523.

⑩ Victor Purcell, *The Chinese in Southeast Asia*, Oxford: Oxford University Press, 1980, p. 503.

⑪ Gregorio F. Zaide, *Philippine Political and Cultural History*, Vol. Ⅰ, Manila: Philippine Education Company, 1957, p. 286.

员说:"居住在菲律宾的华人所表现的勤劳和爱财,使他们得以支配这个群岛的全部手工业和手艺业,以及同新西班牙的贸易之外的贸易。"①从18世纪下半叶到19世纪上半叶,由于大帆船贸易的衰落和殖民当局对华人实行税收、经商、居留等严厉的限制,闽人前往菲岛人数减少,闽商社会发展陷于停滞。

1834年,菲律宾殖民当局宣布开放马尼拉港,菲律宾融入世界资本主义经济体系。1778年又取消了对华侨的"全面驱逐令",后又放宽对华侨居住区域的限制,鼓励输入华工等。西班牙殖民者放宽对华侨的限制之后,闽商的经济活动有了很大的发展,形成遍布全菲的闽商网络。其特点有:(1)闽商的活动范围从马尼拉扩展到菲律宾各地城乡。(2)闽商的活动与菲律宾商品经济的发展更加紧密地联系在一起,主要表现是,1849年,华侨的92%集中在马尼拉,到1894年,仅占48%,其余的扩散到各地;在城市中,闽商的经营形式从零售业扩大到批发、零售兼营并深入内地。到19世纪末,闽商基本上控制着零售业和批发业,从而沟通了各地市场,对菲律宾的经济发展是有利的。(3)闽商建立了大量的公司和工厂,对菲律宾的工业发展起了重要作用,闽商的工厂主要是烟厂、酒厂,在当时是规模相当大的。

1619年荷兰殖民者占领加留吧(雅加达),将其改名巴达维亚,作为其东方殖民帝国的总部和亚洲贸易的中心,并逐步把印尼群岛变为殖民地。荷兰殖民者极力招徕华人,"开拓与福建的贸易"。② 早在明代,闽南就有不少人到那里从事各种活动。《葛剌巴传》写道:"自明朝始及至顺治年,福建同安人多离本地往葛剌巴贸易、耕种,岁输丁票银五六金。此后每有厦门巨槽船载万余石赴葛剌巴及铍马廊埠头。"③入清以后前往巴达维亚的福建商舶日益增多,17世纪20年代平均每年5艘。到17世纪30—40年代,增加到每年6~10艘,其中多来自福建。由于福建与巴达维亚之间海上贸易的频繁,有些侨居巴城的华人充当起中荷贸易的中介人,如华侨巨商杨昆于1630年受荷印公司的委托,将300担胡椒运往福建销售,并采购公司所需的货物。④

康熙开禁(1684年)后至18世纪40年代是兴盛时期。1686年,来自厦门的8艘帆船和中国其他港口的3艘帆船载运了800多个苦力和大量中国商品,驶入巴达维亚。⑤此后,福建与巴达维亚的交通贸易不断扩大,每年估计从厦门出口到噶喇吧的商船在20艘左右。雍正五年(1727年)十月至六年(1728年)三月,共有21艘商船从厦门起航前往

---

① E. H. Blair & J. A. Robertson, *The Philippine Islands*, 1493-1898, Vol.44, Cleveland:Arthur Clark Co., 1903-1907, p.277.
② W. P. Groeneveldt, *De Nederlander in China*, Vol.2, The Hague, 1898, p.559.
③ 阙名:《葛剌巴传》,载王锡祺辑:《小方壶斋舆地丛钞》第十帙,台北:学生书局,1975年,第490页。
④ 包乐史:《巴达维亚华人与中荷贸易》,南宁:广西人民出版社,1997年,第217页。
⑤ 包乐史:《巴达维亚华人与中荷贸易》,南宁:广西人民出版社,1997年,第119~120页。

巴达维亚；雍正六年(1728年)十二月至七年(1729年)三月，则有25艘。① 当时有9位船长给殖民当局的请愿书写道："许多年以来，我们在中国和巴达维亚之间通航往来，从福州、厦门、基隆和宁波，运送中国丝绸、茶叶和瓷器。"② 由于中国帆船的频繁到来，给噶喇吧带来了商业兴盛，格拉曼描述当时的情景："中国与巴达维亚的交通由中国帆船所参与，船上有着中国水手和作为船主的中国商人。这些船来自广州、厦门、宁波以及其他各地，按规律他们出海是在十二月乘北风，而到巴达维亚是在新年的年初，由于他们的到来，给吧城增添了生动的色彩。当他们的船货运到时，中国商店立即繁忙异常，店里以最吸引人的方式陈列着每一件东西。在许多情况下，这种情景使人回想起荷兰的定期露天集市和每年的交易会。"③

福建的商船不仅运来了各种商品，随船而来的还有大批移民，这引起荷殖民当局的忧虑，遂对之进行限制。从1706年起，巴城当局规定：大帆船每艘只能载运搭客100名，小型的"艋舺"限定80名。④ 但是，船主们一直忽视这一命令，如1717年，来自厦门的2艘一大一小的帆船各载440和248名船客到达了巴城，荷兰当局对其罚款了事。⑤ 1754年厦门来的7艘帆船载4608人，但只有1928人登记在册，⑥甚至船主将船客送往无法有效巡视的巴城沿岸地区登岸。

这一时期，印尼的闽商除了经营商业，也大量从事加工业、种植业和采矿业。1710年，巴城有糖厂131间，绝大部分为华商拥有和经营，总生产能力约10万担，⑦雇佣5000华人人以上。18世纪30年代，廖内群岛的华人开垦种植胡椒。1738年，在西加里曼丹有11个华人矿场开采金刚石。1710年，邦加岛发现了锡矿，华人即前往开采，一直到20世纪初，邦加的锡矿基本上以华人开采为主。⑧

马来半岛的大泥（今北大年）是一个东西方贸易港口，17世纪后荷兰人东来，成为荷兰人与东印度、中国和日本贸易的大本营，被称为"中国和日本的门户"。⑨ 因此"华人流寓甚多，趾相踵也"。福建人来此经商定居者很多，"澄人李锦者，久驻大泥，与和兰相习。

---

① 《硃批谕旨》第46册，雍正六年(1728年)八月初十日、七年(1729年)三月二十七日福建总督高其倬奏，光绪十三年(1887年)上海点石斋缩印本，第46页。

② 包乐史：《巴达维亚华人与中荷贸易》，南宁：广西人民出版社，1997年，第123~124页。

③ Kristof Glamann, *Dutch-Asiatic Trade*, Gopenhagen, 1958, p.215.

④ 《巴城布告集》Ⅲ, pp.566-567，转引自包乐史：《巴达维亚华人与中荷贸易》，南宁：广西人民出版社，1997年，第127~128页。

⑤ 包乐史：《巴达维亚华人与中荷贸易》，南宁：广西人民出版社，1997年，第132页。

⑥ 《巴城布告集》Ⅵ, p.666，转引自包乐史：《巴达维亚华人与中荷贸易》，南宁：广西人民出版社，1997年，第150页。

⑦ Kristof Glamann, *Dutch-Asiatic Trade*, 1620-1740, Kopenhagen, 1958, p.164.

⑧ 《三宝垄殖民地展览材料》，载厦门大学南洋研究院辑：《资料辑存》第596期。

⑨ Llbert Hyma, *A History of the Dutch in the Far East*, Michigan: G. Wahr., 1953, p.150.

而狡商潘秀、郭震亦在大泥,与和兰贸易往返"。① 有的闽商还当上当地的首领,如"漳人张某为哪口督,哪口督(即马来语Datu的译音)者,大酋之号也"。②

在马来半岛其他地区,18世纪20年代,"有1000户华人家庭在马来半岛的柔佛种植胡椒"。在丁家奴,一半以上的华人种植胡椒。③

出于西方殖民者对中国劳动力掠夺的需要,16世纪后出现了一种强制移民的形式,即"契约华工",又称为"苦力"或"猪仔"。所谓"契约华工",主要是指中国劳动者与外国资本家的代理人或华人工头订立契约,到海外出卖劳动力,成为失去人身自由的苦力。另外,还有一种"赊欠单工",是向工头借支旅费,漂洋过海,抵达目的地以服役方式偿还债务的苦力。实际上"赊欠单工"同样也没有人身自由。如17世纪20年代,荷兰殖民当局从福建沿海招募华工,至17世纪中叶,他们又通过华商到闽南招募善于种蔗制糖的农民到爪哇开发蔗糖生产。虽然契约华工不是商人,但他们契约期满后一部分人留在异国他乡,从事商业为生计,成为海外闽商的一个重要来源。如巴城的"中国居民只要付出60里尔的赎金就能赎买一个俘虏(指华工),赎金要在15个月内分期摊付,赎金付清以后,这些俘虏就可以获得和其他中国移民同等的地位"。④

与前代相比,这一时期海外闽商的发展有以下的特点:

一是海外闽商侨居地不再限于少数的通商口岸,而扩散到海外各地城乡,形成众多的闽商聚居地。除了占城、旧港、新村、杜板等原有的聚居区外,新的闽商聚居地有如雨后春笋地出现于海外各地,如日本的长崎、菲律宾的马尼拉、越南的会安、暹罗的阿瑜陀耶、马来半岛的马六甲、爪哇的巴达维亚、万丹等都是福建商人较为集中的聚居地。二是海外闽商的职业构成产生了根本性的变化,以前海外闽商主要从事商业及其辅助性的行业,而这一时期闽商多从事手工业与开发矿业和种植业,商业反退居其次。三是海外闽商的经济实力有了长足增长,从而为海外闽商社会的稳定发展奠定了经济基础。

三、郑氏集团的海外贸易活动

明末清初因政治原因而从事海外贸易最著名的是郑氏集团。

郑芝龙,南安县石井村人,年轻时"性情荡逸,不喜读书,有膂力,好拳棒"。明天启元年(1621年),郑芝龙潜往广东香山澳寻找行贾的母舅黄程,"程留之"。⑤ 当时的香山澳为葡萄牙人所窃据,是中外贸易的中心,"聚海外杂番",不仅"西洋之人往来于中国者,向

---

① 张燮:《东西洋考》卷六,《红毛番》,北京:中华书局,1981年,第127页。
② 张燮:《东西洋考》卷三,《吉兰丹》,北京:中华书局,1981年,第57页。
③ D. K. Basset, *British Trade and Policy in Indonesia and Malaysia in the Late Eighteenth Century*, Hull, 1971, p.122.
④ H. T. Colenbrander, Jan Pieterszoon Coen, *Bescheiden Omtrent Zijn Bedrijf in Ihdie*, dl. 3. bl. 304-311.
⑤ 江日昇:《台湾外记》卷一,福州:福建人民出版社,1983年,第3页。

以香山澳中为舣舟之所"，①而且"爪哇、渤泥、暹罗、真腊、三佛齐诸国俱有之"。② 因此这里"高栋飞甍，栉比相望，闽粤商人趋之若鹜"，③热闹非常。郑芝龙到香山澳后，参加了一些海上贸易活动，并广为接触中外商人，学会了葡萄牙语，蓄积了一些资本，积累了从事航海贸易的经验，为他今后大规模的航海贸易活动打下初步的基础。

天启三年（1623 年），黄程派遣郑芝龙搭附海商李旦的海船赴日本贸易，从此依附李旦。李旦，泉州人，曾到马尼拉经商，后到日本，成为当地的华商领袖，"无论是长崎、平户还是其他地方的华人都听候其命令"。④ 他拥有大批船只，从事从日本到中国和东南亚的海上贸易，"积累巨万，无子"。郑芝龙帮助李旦做生意，大得信任，被收为义子，"又为取日本长崎王族女，多载珍奇还东石，富甲八闽"。⑤ 李旦死后，其资财和部众多归郑芝龙。

时有海澄人颜思齐"为势家所凌，殴其仆致毙，虑罪逃入日本，久之，积蓄颇饶"。⑥颜和船主杨天生、洪升、张宏、林福、李俊臣、陈衷纪等人结为契友，众拜思齐为盟主，分为十寨，形成较强大的海寇商人集团。有一次，郑芝龙航行于海，"至中途为海盗劫夺，芝龙只身随舰，货作千金分与主寨之首领颜振泉（即思齐）"，从而入伙。不久，颜思齐亡故，众奉郑芝龙为首领，芝龙"兴贩琉球外国等物，沿海州县抢掠一空，官兵莫能抗"，⑦逐渐形成一股拥有千只海船，较具实力的海上武装力量。⑧

崇祯元年（1628 年），郑芝龙接受福建巡抚熊文灿的招抚，被委为海防游击，⑨三年（1630 年）升都督。在明朝政府的支持下，先后消灭了李魁奇、杨六、杨七、钟斌和刘香等海寇集团，兼并了他们的人船，实力大为膨胀，从而控制了东南沿海的制海权。此后"海舶不得郑氏令旗，不能往来。每一舶，列（例）入三千金，岁入千万计；芝龙以此富敌国，自筑城于安平，海梢直通卧内，可泊船径达海"。⑩ 顺治四年（1647 年），清兵入闽，郑芝龙降清，被挟持北上软禁在北京，至顺治十八年（1661 年）为清廷所杀。

郑芝龙降清后，其子郑成功以安平为据点，起兵反清，并吞了属于郑氏的郑彩、郑联系，占领漳、泉、厦、金等地，继承了郑氏家业。他遥奉南明政权为正朔，以"忠君报国，中

---

① 王临亨：《粤剑编》卷三，《志外夷》，北京：中华书局，1987 年，第 91 页。
② 王士性：《广志绎》卷四，《江南诸省》，北京：中华书局，1981 年，第 100 页。
③ 《明史》卷三二五，《佛郎机传》，北京：中华书局，1974 年，第 8433 页。
④ Richard Cocks, *Diary of Richard Cocks*, 1615-1622（《理查德·科可思日记，1615—1622 年》），Tokyo：University of Tokyo, 1978-1980, Vol.2, p.309.
⑤ 沈云：《台湾郑氏始末》卷三，《台湾文献史料丛刊》第 6 辑，第 115 册，台北：大通书局，2009 年，第 26 页。
⑥ 陈寿祺：《重纂福建通志》卷二六七，《明外纪》，台北：华文书局，1968 年，第 5075 页。
⑦ 彭孙贻：《靖海志》卷一，1981 年泰州市图书馆据清乾隆年间抄本传钞，第 1~2 页。
⑧ 董应举：《崇相集》，《福海事》，《四库禁毁书丛刊》集部第 102 册，北京：北京出版社，1998 年，第 198 页。
⑨ 江日昇：《台湾外记》卷一，福州：福建人民出版社，1983 年，第 29 页。
⑩ 邹漪：《明季遗闻》卷四，《台湾文献史料丛刊》第 5 辑，台北：大通书局，2009 年，第 98 页。

兴明室"为己任,坚持抗清的斗争,兵势日盛。郑成功之所以能长期坚持抗清,其经济来源主要是通过开展大规模的海外贸易,以商利养军,于是郑氏的航海贸易活动盛极一时。郁永河在《伪郑逸事》中认为:"成功以海外弹丸地,养兵十余万,甲胄戈矢,罔不坚利,战舰以数千计,又交通内地,遍买人心,而财用不匮者,以有通洋之利也。"当时清朝大臣亦认为:"盖厦门一窟,素称逆寇郑成功之老巢,商贾泊洋贩卖货物之薮也,想诸臣之垂涎,已非一日。"① 即使在清政府厉行海禁期间,郑成功与内地的联系不仅没有被切断,反而乘机垄断了海外贸易。一些从事走私活动的海外贸易商,也"厚赂守口官兵,潜通郑氏以达厦门,然后通贩各国。凡中国各货,海外皆仰资郑氏。于是通洋之利,惟郑氏独操之,财用益饶"。②

在 1646—1658 年之间,郑成功占领福建沿海大部,以厦门为基地,维持着一支庞大的贸易船队,南向取粮于惠、潮,中向取货于泉、漳,北向取材于福、温,因此货物源源不断;③对外则从厦门直航日本和东南亚各国;或者从事海上三角贸易,即从厦门将中国货物运销东南亚,再北上将东南亚商品转运日本,换取所需的军需、物品,然后返回厦门。郑成功对外贸易的范围很广,从日本的长崎至琉球、东京(越南北部)、广南,以及东南亚各地,包括柬埔寨、暹罗、北大年、爪哇、西里伯和吕宋,其中尤以与日本、东京、暹罗以及荷兰殖民者的贸易最为密切。④

日本:早在郑芝龙时期,就把日本作为主要贸易对象,曾"相继发船",交易日本的武器、军需等物品。郑成功也建造大船,通贩日本。⑤ 1656 年,当郑氏势力鼎盛时,据荷兰东印度总督的一份报告,自 1654 年 11 月至 1655 年 9 月,有 57 艘中国船到达日本长崎,即安海船 41 艘,其大部分属于国姓爷;泉州船 4 艘、大泥船 3 艘、福州船 5 艘、南京船 1 艘、漳州艘 1 艘及广南船 2 艘。上述的船满载着生丝、织品以及各种商品,"这殆都结在国姓爷的账"。⑥ 而据日本学者岩生成一的调查,1647—1662 年入长崎港的中国船主要来自郑氏势力范围内的地区。比如 1650 年来港的 70 艘中国船中,来自郑氏势力范围内的福州、漳州、安海的有 59 艘,约占 80%,而且几乎年年如此。⑦

荷兰殖民者:早在崇祯年间,郑芝龙与当时窃据台湾的荷兰长官签订了贸易协定。

---

① 《刑部尚书交罗巴哈纳等残题本》,载《明清史料》丁编第 1 本,台北:"中央研究院"历史语言研究所,1957 年,第 79 页。

② 黄叔璥:《台海使槎录》卷四,《伪郑附略》,《台湾文献史料丛刊》第 2 辑,第 21 册,台北:大通书局,2009 年,第 81 页。

③ 《清世祖实录》卷一〇八,顺治十四年(1657 年)二月丁卯,北京:中华书局,1985 年,第 3 册,第 850 页。

④ Iwao Seiichi, "Japanese Foreign Trade in the 16th and 17th Centuries", *Acta Asiatica*, No. 30,1976, p. 12.

⑤ 江日昇:《台湾外记》卷三,福州:福建人民出版社,1983 年,第 101~102 页。

⑥ 曹永和:《从荷兰文献谈郑成功之研究》,载《台湾郑成功研究论文选》,福州:福建人民出版社,1982 年,第 357~358 页。

⑦ 岩生成一:《关于近世日支贸易数量的考察》,《史学杂志》1953 年第 11 号。

但是荷兰人往往不遵守协定,在海上劫掠中国商船。所以,1655年郑成功下令对台湾实行禁运,①给予荷兰人很大的打击,迫使台湾荷兰长官揆一不得不于1657年"遣通事何斌贡外国珍宝,求通商;愿年输饷银五千两、箭坯十万枝、硫黄一千担",②郑成功才答应恢复与荷兰的通商。恢复通商后,荷兰人从郑氏那里购得大量丝绸、砂糖、瓷器等中国产品,并转运到波斯及欧洲各地。郑氏不仅与台湾的荷兰人贸易,而且还派船到巴达维亚贸易。1654年,他曾派8艘商船到巴达维亚,③第二年也有7艘到巴城贸易。④

除了上述两地外,郑氏与吕宋、暹罗、柬埔寨、交趾等东南亚各国都有大宗贸易。1631—1640年间,即在郑芝龙的"黄金时期",有不少于325艘的中国帆船驶抵马尼拉。⑤1654年郑成功派了1艘商船到柔佛,同时还有6艘以上的商船准备出航到以下几个地方,即3艘到暹罗,余者分赴六坤、宋卡和北大年等地。⑥ 1655年郑成功的商船24艘,"自中国沿岸开去各地贸易。内开:向巴达维亚去七艘,向东京去二艘,向暹罗去十艘,向广南去四艘,向马尼拉去一艘"。⑦ 1656年也有6艘海船到柬埔寨,"收购了很多的鹿皮及其他货物运去日本"。⑧ 1657年到日本贸易的47艘郑氏商船中,有28艘来自安海,余者为从事三角贸易而至,即11艘来自柬埔寨,3艘来自暹罗,2艘来自广南,2艘来自北大年和1艘来自东京。

郑成功经营的海外贸易,主要是以郑氏政权名义经营的官营商业,是直接为其军事政治斗争服务的。它由"户官"具体负责管理,采取五大商的组织形式。所谓五大商,是指设于杭州及其附近各地之金、木、水、火、土等陆五商,与设在厦门及其附近各地之仁、义、礼、智、信等海五商的机构。海陆十大商采取了分工合作的经营方式,即由陆五商先行领取公款,采购丝货和各地土产,交替送交海五商后,再向郑氏公库结账,并提领下次的购货款。海五商则"建置海船,每一字号下各设有船十二只"⑨接收货物后,就装运出洋贸易,将货出售后将货款交与郑氏公库。⑩ 还有一种形式是领取郑氏资本,或单独经

---

① 杨英:《先王实录》,福州:福建人民出版社,1981年,第153页。
② 夏琳:《海纪辑要》卷一,《台湾文献史料丛刊》第6辑,台北:大通书局,2009年,第20页。
③ 李金明:《中国古代海外贸易史》,南宁:广西人民出版社,1995年,第378页。
④ 《热兰遮城日志》,"1655年3月9日"条,转引自曹永和:《从荷兰文献谈郑成功之研究》,载《台湾郑成功研究论文选》,福州:福建人民出版社,1982年,第358页。
⑤ 白蒂:《远东国际舞台上的风云人物郑成功》,南宁:广西人民出版社,1997年,第71页。
⑥ Yamawaki Teijiro(山胁悌二郎),"The Great Trading Merchant—Cocksinja and His Son", *Acta Asiatica*, No.30, 1976, p.108.
⑦ 《热兰遮城日志》,"1655年3月9日"条,转引自曹永和:《从荷兰文献谈郑成功之研究》,载《台湾郑成功研究论文选》,福州:福建人民出版社,1982年,第358页。
⑧ 《巴达维亚城日志》,"1656年12月11日"条,转引自曹永和:《从荷兰文献谈郑成功之研究》,载《台湾郑成功研究论文选》,福州:福建人民出版社,1982年,第358页。
⑨ 《候补都司佥事史伟琦密题台湾郑氏通洋情形并陈剿抚机宜事本》,载《康熙统一台湾档案史料选辑》,福州:福建人民出版社,1983年,第82页。
⑩ 南栖:《台湾郑氏五商之研究》,《台湾郑成功研究论文选》,福州:福建人民出版社,1982年,第199页。

营,或通过内地走私商人接济从事贩运的海外贸易商。如顺治十一年(1654年),泉州商人李楚、杨奎受郑芝龙母所差,各领一万两银子,各一只船,"各又不合冒领同安侯郑府令牌各一张,牌内俱有备写本府商船一只,仰本官即便督驾,装载夏布、瓷器、鼎铫、蜜料等项,前往暹罗通商贸易,就于该地兑换椒、木、绵、蜡、虾米、藤皮、明角等货回澳"。① 顺治十二年(1655年),宁波鄞县商人朱云与朱盛等"潜向交通,各买伪旗一面,收贮舡上",私出外洋贸易。② 顺治十四年(1657年),黄陛拿国姓票并船租与李幕霞,李幕霞自任船主,从秦屿揽客通洋,"舡票共用一千二两银租钱打醮"。③ 顺治十七年(1660年),福建商人张瑞、翁采、王一、卢措、王旺、魏久等人,搭附船主王自成的船,于当年正月从浙江瑞安开船,到日本长崎买卖,五月回到沙埕。④ "彼时船出海外,非得国姓伪票必不能行。"

1662年,郑成功驱逐荷兰殖民者,收复台湾后,即以台湾为大本营,继续发展海外贸易,然不久病故,由其子郑经继承他的基业。郑经继续贯彻乃父的各项举措,重视且善于经营海上贸易,而且很快收到成效,郑氏船舶运行于远东各主要航线,仍然支配海上贸易。⑤ 郑经继续发展与日本和东南亚各国的贸易,"上通日本,下达吕宋、广南等处,火药军器之需,布帛服用之物,贸易具备"。⑥ 据1670年首次抵达台湾的英国船长克里斯普(E. Crisp)说,台湾有大小船只200艘,该年有18艘驶往日本,其中大半为郑经本人所有,他垄断着对日本的鹿皮和糖的贸易,鹿皮在台湾每年可出产20万张,每100张在台湾价值20比索,而在日本可卖到70比索;糖在台湾可生产5万担,每担2比索,在日本则为8比索。⑦ 从台湾航行到日本和东南亚的船只,有的为郑氏本人所有,有的为其部下所有。如康熙二十二年(1683年)闰六月从台湾出航到日本、暹罗贸易的一艘由黄成经管的鸟船,就是属于郑氏官员洪磊所有;另一艘由兰泽经管的鸟船属于刘国轩所有。⑧ 这些船通常从事台湾、日本、东南亚之间的三角贸易。康熙二十年(1681年)郑经去世

---

① 《兵部残题本》,载《明清史料》己编第5本,台北:"中央研究院"历史语言研究所,1957年,第407页。

② 《浙江巡抚秦世桢残揭帖》,载《明清史料》己编第3本,台北:"中央研究院"历史语言研究所,1957年,第286页。

③ 《浙闽总督李率泰残揭帖》,载《明清史料》己编第4本,台北:"中央研究院"历史语言研究所,1957年,第396页。

④ 《刑部等衙门尚书觉罗雅布口等残题件》,载《明清史料》丁编第3本,台北:"中央研究院"历史语言研究所,1957年,第258~259页。

⑤ J. E. Wills, Maritime China from Wang Chih to Shih Lang: Themes in Peripheral History, in L. Spence, J. E. Wills, ed., From Ming to Ch'ing, Conquest, Region and Continuity in 17th Century, New Haven: Yale University Press, 1979, pp.210-213.

⑥ 施琅:《靖海纪事》卷上,《边患宜靖疏》,福州:福建人民出版社,1983年,第48页。

⑦ 《十七世纪台湾英国贸易史料》,《台湾研究丛刊》第57种,《台湾经济史》第5册,台湾银行,1959年,第27页。

⑧ 《部题福督王国安疏残本》,载《明清史料》丁编第3本,台北:"中央研究院"历史语言研究所,1957年,第298页。

后，虽然郑氏在大陆所占的贸易港已丧失殆尽，从大陆沿海去日本的商船明显减少，但来自台湾及东南亚的船只却有所增多，即使在1683年郑氏统治的最后一年，到达长崎的中国贸易船仍有27艘，其中来自南京1艘、广州1艘、广南3艘、暹罗6艘、北大年1艘、巴达维亚2艘、台湾11艘，另外2艘不明来自何处。① 由此可见，郑氏集团仍执东南海上贸易之牛耳。

郑经亦重视与马尼拉的贸易，因为这种贸易被视为台湾生存的主要依靠。郑氏可以从到马尼拉贸易的中国帆船那里购得生丝和丝织物，然后转运到长崎贩卖。郑成功末年，郑氏与对菲律宾的贸易一度中断。郑经上台后派出一名使臣到马尼拉，随之又派李科罗神父（Father V. Ricoi）作为郑氏政权的使者前往马尼拉，② 重开与西班牙人的贸易。一位名叫西蒙·德尔博（Symon Delboe）的英国人于1672年从台湾寄一信给爪哇的英国商馆，说："每年一月，郑经从台湾派5～8艘船到马尼拉，四五月间返航，然后开往日本，从那里出航通常是六七月间，有时在十一二月，有12～14艘船再次到达马尼拉。"③

1683年清军攻取台湾后，又有大批郑氏余部不愿降清，"其魁杰不愿入内地，仍留台湾。而赫赫为清人注目者，均乘船赴小吕宋转往爪哇、马六甲各处，而爪哇岛且有明武德将军郑公明墓之发现"。碑旁书永历年号，"死者殆为延平郑氏旧部，台湾陷落后南来者多也"。④ 另据印尼黄氏所辑资料，清军入台后，3000多郑氏余部携同眷属，分搭9艘帆船前往海外，其中3艘抵吕宋，1艘到暹罗，3艘到爪哇，2艘到马六甲。⑤ 这新一波出国浪潮不仅具有人数众多、规模宏大的特点，而且波及东南亚各地。耶稣教会神父塔卡德（Cuy Tachard）曾于1685年到过巴达维亚和暹罗，"据他估计，地（巴城）及近郊中国人数目约在四千至五千之间，他说其中多数人是当鞑靼人统治中国后因不愿向其臣服到巴达维亚定居下来的"。⑥ 1688年，英国船长蒂莱尔（Captain Tiler）谈及交趾支那大量中国难民时亦称："此等中国难民，皆系鞑靼人征服中国时逃出海外者。因彼等颇受交趾支那人欢迎，并在彼等之中随来不少工匠，故彼等乃向其投靠之将军们传授有益之工艺形式。"⑦

郑氏集团控制东南沿海的海外贸易长达60年，对海外闽商的发展壮大起了很大的推动作用，"正是在郑氏贸易的作用下，在长崎、马尼拉、巴达维亚出现了相当大规模的唐

---

① Tsao Yung-ho,"Taiwan as an Entrepôt in East Asian in the Seventeenth Century", *Itinerario*, Volume 21, Issue 3, 1997, pp. 94-114.

② E. H. Blair & J. A. Robertson, *The Philippine Islands*, 1493-1898, *Vol.* 34, Cleveland: Arthur Clark Co., 1903-1907, pp. 218-260.

③ 《十七世纪台湾英国贸易史料》，《台湾研究丛刊》第57种，《台湾经济史》第5册，台湾银行，1959年，第196页。

④ 温雄飞：《南洋华侨通史》，上海：东方印书馆，1929年，第90～91页。

⑤ 颜清湟：《星马华人与辛亥革命》，台北：联经出版社，1982年，第16页。

⑥ 布赛尔：《东南亚的中国人》，《南洋问题资料译丛》1958年第Z1期，第116页。

⑦ 陈荆和：《十七、十八世纪之会安唐人街及其商业》，《新亚学报》1957年第1期。

人街"。①

第三节 鸦片战争后海外闽商的发展状况

1842年8月29日,英国以武力迫使清政府签订不平等的《南京条约》,福州、厦门被迫开放为通商口岸。从此,外国侵略势力大举进入福建,逐步把福建变为它们的半殖民地,这对闽商出国和在海外的发展产生了深远的影响。

一、鸦片战争后西方列强对福建的侵略

早在鸦片战争之前,英美商人就在福建沿海进行贩运鸦片活动。1827年,由罗伯特·本耐特·福士指挥的美国帆船"奈尔(Nile)"号,随同乔治·比尔和托马斯·颠地,装载了鸦片,航抵厦门贩卖。② 1832年,英国怡和洋行开张,它的第一个行动就是派鸦片快艇"希尔弗"号去遥远的北方,并派"杰姆茜娜"号去泉州湾、厦门和福州。③ 1833年,英船"杰姆茜娜"号从印度贩运价值33万英镑的鸦片至福州、厦门、宁波和中国其他口岸。④ 然而,英国商人并不满足于偷偷摸摸的走私贸易,因为鸦片走私船常遭到清朝水师的拦截和驱逐。⑤ 他们觊觎福建的经济和战略地位,大肆鼓噪侵占福州、厦门等港口,以打开侵略福建的大门。1835年6月2日,格拉斯哥印度协会在致英国外交大臣巴麦尊的信中说:"我会不得不促请陛下政府采取步骤,和中国签订友好通商条约,扫除障碍。如果可能的话,并恢复从前我们享有的对厦门和其他北部口岸通商的特权。"1837年,伦敦东印度与中国协会委员会第一次报告书写道:"本会向陛下政府请求为英商在华获取下列各点……给予英商在厦门、宁波及北部接近北京的另一口岸进行贸易的特权。"⑥ 1839年,东印度与中国协会再次致函巴麦尊:"为了将来通商的进行,我们最好能与中国缔结一通商条约。"要求不惜使用武力,迫使清政府让步,开放广州、厦门、福州、宁波、扬子江等地。⑦ 同年,怡和洋行老板威廉·查甸(William Jardine)面见巴麦尊,要求英国政府尽快出兵中国,并提出,尽可能迫使清政府"开放全部帝国口岸对外通商",至少也要增

---

① 包尔史:《巴达维亚华人与中荷贸易》,南宁:广西人民出版社,1997年,第17页。
② B. Lubbock, *The Opium Clippers*, Glasgow: Brown, Son & Ferguson, 1933, pp. 60-61.
③ B. Lubbock, *The Opium Clippers*, Glasgow: Brown, Son & Ferguson, 1933, pp. 97-101.
④ A. H. Clark, *The Clipper Ship Era*, 1843-1869, New York and London: The Knickerbocker Press, 1911, p. 58.
⑤ (道光朝)《筹办夷务始末》卷六,北京:中华书局,1964年,第26页。
⑥ 严中平:《英国资产阶级纺织利益集团与两次鸦片战争》,载《鸦片战争史论文专集》,北京:三联书店,1958年,第37、43页。
⑦ 《鸦片战争》第2册,上海:神州国光社,1954年,第653～654页。

辟福州、宁波、上海、扬子江等地,以利于他们去和毛织品消耗区与丝、茶产区取得更直接的联系。① 1840年3月18日,英商莫克·维卡在致巴麦尊的信函中又说:"依我看来,超乎一切的一桩紧要的事情是占有一处居留地……要是我们有权选择地点的话,我喜欢厦门、福州或舟山。因为如我所知,这些地方拥有安全的港湾,其地位临近中国最为富庶繁华的省区。"②

其实,英国政府与英国资产阶级早就不谋而合,在制订侵华计划时,把福建列为英军进攻的目标之一。1839年,英国统治集团在讨论侵华战争的一次紧急会议上决定,"采取强硬行动,派出足量的海军,让中国感觉得到海军的威胁。例如封锁珠江口以及珠江到东北一线的沿海,或者还要占领厦门,以便截断台湾米粮的供应——这种供应是福建人所必不可少的"。巴麦尊在致首相迈尔本的信件中,提出了六点"实际问题",其中之一是,"占领沿海几个岛屿,此中包括一个小岛上的厦门镇"。③ 1840年2月,巴麦尊致奉命与清政府交涉的全权公使懿律和义律的信中就把厦门和福州列为"应该许给英国臣民居住和贸易的口岸"。④ 可见,占领福州、厦门是英国蓄谋已久的企图。

1840年6月,第一次鸦片战争爆发,英军在广东受挫,便抽调大批军舰侵犯厦门。7—8月间,英军连续两次发动进攻,但遭到闽浙总督邓廷桢领导的军民英勇抗击,均告失败。于是,英军北上进攻浙江定海,并窜犯天津,企图逼迫清政府与其谈判。1841年8月26日,英国又派遣璞鼎查,率领军舰10艘,轮船4艘,官兵2519人,第三次进犯厦门。⑤ 次日,英军占领了厦门。英军攻占厦门后,"肆行拆烧,抢掳资财,奸淫妇女,焚毁庙宇",⑥然后留下"督伊德"、"排力"、"亚齐仁"3艘军舰和3艘运输船,以及士兵400名,据守鼓浪屿,其余英军北上,进攻江浙。⑦ 英军在进攻厦门的同时,还分兵窜犯福建沿海的闽江口、福清、莆田、漳浦、铜山(东山)等地,进行武装骚扰,各地商船、渔舟在海上的运输和生产受到严重的威胁和破坏。

1842年8月,清政府被迫与英国签订了丧权辱国的《南京条约》,把广州、厦门、福州、宁波、上海等五处港口开放为通商口岸,准许英人携带眷属自由居住,派设领事,通商贸易。继《南京条约》之后,清政府又分别与西方列强签订了中英《五口通商章程》、中美《望厦条约》、中法《黄埔条约》。紧接着,葡萄牙、西班牙、比利时、瑞典、挪威、荷兰、普鲁士、丹麦等国也按照所谓"利益均沾"的原则,取得上述条约所规定的权利。从此,福州、厦门相继对外开放,福建门户洞开,成为资本主义国家倾销商品与掠夺劳动力和原料的

---

① 严中平译:《英国鸦片贩子策划鸦片战争的幕后活动》,《近代史资料》1958年第4期。
② 严中平:《英国资产阶级纺织利益集团与两次鸦片战争》,载《鸦片战争史论文专集》,北京:三联书店,1958年,第54页。
③ 严中平:《英国资产阶级纺织利益集团与两次鸦片战争》,载《鸦片战争史论文专集》,北京:三联书店,1958年,第45、47页。
④ 马士:《中华帝国对外关系史》第1卷,张汇文等译,北京:三联书店,1958年,第714页。
⑤ (道光朝)《筹办夷务始末》卷一四,北京:中华书局,1964年,第448~451页。
⑥ (道光朝)《筹办夷务始末》卷四一,北京:中华书局,1964年,第1569页。
⑦ 包罗:《厦门》,《厦门文史资料》第2辑,1963年,第140页。

前哨基地。

西方资本主义入侵,中国逐步沦为半封建半殖民地。在帝国主义、封建主义和官僚资本主义的统治下,福建自然经济加速解体,土地兼并日益严重,加上连年灾荒,广大农民、手工业者纷纷失业破产。正如恩格斯所说:"对华战争给了古老的中国以致命的打击。闭关自守已不可能……旧有的小农经济制度也随之而日益瓦解……一切陈旧的社会制度,亦随之而崩溃。千百万人将无事可做,将不得不移往国外。"① 与此同时,东南亚各国相继沦为西方的殖民地和半殖民地,美洲、澳洲和南非的经济开发,以及世界资本主义市场的扩大,都需要大量的廉价劳动力。以上多种原因促使福建沿海人民以空前的规模移居海外。

二、福建的契约华工

大量契约华工、自由华工的出国成为鸦片战争后福建华侨出国的显著特点,虽然华工不是商人,但他们契约期满之后,往往留居当地,以经商作为生计,从而成为近代海外闽商的一个重要来源。1840年后,清政府屈服于西方列强的压力,签订了一系列不平等条约,特别是第二次鸦片战争后签订的《招工章程条约》明文规定,允许英、法等国在中国招募华工,使他们拐卖苦力合法化。此后,西方殖民者通过洋行利用"猪仔头"("猪仔"是殖民者对契约华工的侮称)为中介人到沿海各地诱拐契约华工。

在国内,当时社会经济凋敝,社会动荡,清政府为了达到清除"乱萌"的目的,并企图从外国来华招工中获利,因此,统治集团中的"洋务派"也极力鼓吹和提倡华工出国。

自1842年8月福州、厦门开放为通商口岸,西方殖民者纷至沓来,开设洋行,并在列强驻福、厦领事的支持、纵容下,采取诱拐、绑架等手段,大肆掳掠贩卖华工,契约华工制遂兴盛起来,契约华工成为近代福建移民海外的主要形式之一。

当时的厦门是最大的贩运华工中心。从厦门口岸出洋的中国移民有两种:一种是与本国人签订契约的移民,另一种是与外国人签订契约的移民。在前一种契约关系下出洋的移民有一部分是自动的。这类人一般都前往马来半岛或其周围的岛屿,投奔在那里种田或做工而境遇宽裕的亲友。另一部分人则立有契约。一些在海外经商的中国人,受种植园业主的委托,利用回华省亲的机会招到一定人数的做工人手。办法是由商人在回到本乡之后,向自己的亲戚和乡邻宣布愿意提供盘费,邀约一些人随他一起出洋做工。商人和他携带出洋的人们彼此成立协议。商人可以在一年之内支配出洋的人的劳务,以收回他所提供的出洋盘费。② 西方列强在福建直接拐卖契约华工最早就是从厦门开始的。陈兰彬指出:"不谓近数十年通商,竟有葡萄牙人串同西班牙人,专交结中国匪徒,以拐卖

---

① 《恩格斯致在荷菩肯的左尔格》(1894年),载马克思、恩格斯:《论殖民主义》,北京:人民出版社,1962年,第364～365页。
② 《厦门领事馆第一帮办温澈斯特博士关于移民出洋问题的笔记》,转引自陈翰笙主编:《华工出国史料汇编》第2辑,北京:中华书局,1980年,第10～11页。

人口为业。此风倡于厦门,盛于澳门,其羽翼爪牙散布各府州县者,沿海掳拐华人,入猪仔馆,下船运往夏湾拿(哈瓦那)货卖。"①1845年,英国投机商兼西班牙、葡萄牙和荷兰三国驻厦门领事德滴(Tait)在厦门开设"德记洋"(俗称"大德记卖人行"),接着又与另一家英商合办"和记洋行";1850年,西班牙人也在厦门开办"瑞记洋行";还有英商怡和洋行。这些洋行大肆从事贩运华工的活动,把厦门变成福建贩运契约华工的中心,同时也是全国最大的中心之一(另一中心是广州)。1845年年初,法国与厦门的英商和记洋行经理塞姆(F. D. Syme)签订贩卖中国苦力的合同。6月,法船从厦门运了180名华工到印度洋的波旁岛(Bourbon,即留尼汪岛),翌年又运去200名。1847年,英船2艘从厦门运大批华工到古巴,由此"华人前后到此亿万余人"。②"从厦门出国的中国船向外移民甚为活跃,移民们被运往古巴、悉尼、(圭亚那的)德麦拉拉、卡亚俄和檀香山。"③据不完全统计,1845—1853年3月从厦门出口的契约华工人数12261人。

表1-1　1845—1853年3月从厦门出口的契约华工人数表

年份	运往地点	人数
1845	波旁岛	180
1846	波旁岛	200
1847	哈瓦那	640
1848	悉尼	120
1849	悉尼	150
1850	悉尼	406
1851	悉尼	1478
1851	夏威夷	199
1852	悉尼	1077
1852	夏威夷	101
1852	卡亚俄	404
1852	地麦拉拉	1257
1852	哈瓦那	2442
1852	加利福尼亚	410

---

① 陈兰彬:《古巴华工事务各节》第2册,转引自陈翰笙主编:《华工出国史料》第1辑第2册,北京:中华书局,1980年,第655页。

② 陈兰彬:《古巴华工事务各节》第2册,转引自陈翰笙主编:《华工出国史料汇编》第1辑第2册,北京:中华书局,1980年,第657页。

③ 1853年3月25日《美国驻厦门领事布拉德莱致美国驻华特使马沙利函》,转引自陈翰笙主编:《华工出国史料汇编》第3辑,北京:中华书局,1981年,第95页。

续表

年份	运往地点	人数
1853 (3月)	悉尼	254
	卡亚俄	500
	地麦拉拉	320
	哈瓦那	2123
总计		12261

资料来源：《厦门领事馆第一帮办温澈斯特博士关于移民出洋问题的笔记》，转引自陈翰笙主编：《华工出国史料汇编》第 2 辑，北京：中华书局，1980 年，第 12 页；1853 年 3 月 25 日《美国驻厦门领事布拉德莱致美国驻华特使马沙利函》，转引自陈翰笙主编：《华工出国史料》第 3 辑，北京：中华书局，1981 年，第 96 页。

当时契约华工被贩运到古巴的最多，其次是澳洲，其他依次是西印度群岛、秘鲁、美国、留尼汪和夏威夷，这主要是因为西方殖民者在西印度群岛和留尼汪发展甘蔗种植业，需要闽南有甘蔗栽培技术的劳力；其次美洲和澳洲金矿的发现和开发也需要大量的劳工。

然而必须指出的是，上表中的数字不是自厦门出洋契约华工的全部，而只是那些与外国人订立契约的华工，不包括与中国人订立契约的华工。

1876 年后，由于古巴、秘鲁和美国不再输入契约华工，契约华工制开始没落。此后从厦门出口的华工则主要输往东南亚和太平洋岛屿各地。1883 年斐济在厦门招工 400 人去种甘蔗。1887 年苏门答腊日里种植园派员到厦门与巴西德公司(Pasedag & Co.)协议运华工到日里种植。① 荷兰在厦门设立"好时洋行"，深入德化、大田、兴化等地去诱拐华工。据统计，仅 1895 年从厦门运往苏门答腊的中国人就有 1227 人，其中绝大多数是华工。② 外国拐卖华工的活动不断遭到厦门人民的反抗，1889 年厦门曾开展反对拐骗华工往日里的运动，当时流传一句话："日里窟，能入不能出。"

厦门也是最大的华侨出洋中心之一。这些华侨不像华工那样得到移民公司的协助，而是在外国的亲戚、朋友的帮助下出国的。当时在厦门设立的移民客栈，按所接纳的移民天然地分为两类，即去马尼拉的和去新加坡的。去马尼拉的移民客栈接待往返中国和马尼拉及菲律宾其他城市的移民。去新加坡的移民客栈则受到往返中国和英国殖民地、荷属东印度以及印度洋和大洋洲其他岛屿移民的光顾。

---

① P. W. Modderman, *Gedenkboek Van De Deli Planters Vereeniging*（莫德曼：《日里种植园主联合会纪念刊》)，1929 年，第 48 页。

② 《英国皇家亚洲协会杂志》卷三三，第 181~182 页；《南洋问题资料译丛》1963 年第 1 期，第 92 页。

表 1-2　1875—1898 年由厦门到东南亚各地的华侨人数表

年份	海峡殖民地		西贡		马尼拉		爪哇		苏门答腊		其他口岸	
	出	入	出	入	出	入	出	入	出	入	出	入
1875	10189	4190	1350	128	5578	4219	1183	8	—	—	2263	2750
1876	15115	4931	—	370	6675	4876	974	216	—	—	2254	2739
1877	13804	6750	1039	675	5362	5736	1975	169	—	—	3314	3842
1878	15734	6539	980	21	7170	7914	1474	215	—	—	3344	3594
1879	10903	7499	539	180	5210	6679	995	258	—	—	3336	2229
1880	13563	13628	195	—	4101	6031	722	268	—	—	2622	1920
1881	21003	9821	5	62	9472	9295	575	1	—	—	7592	9511
1882	32511	12933	80	—	8572	8080	—	—	—	—	8975	10573
1883	24977	24191	—	202	11098	10599	—	—	—	—	8721	14490
1884	34471	17756	13	—	12871	11583	—	—	—	—	8496	11159
1885	28818	21221	—	—	8726	10437	—	—	—	—	9599	7580
1886	42785	20494	—	—	8365	9714	—	—	—	—	12123	14268
1887	21810	46119	—	—	11761	7409	—	—	—	—	12074	11126
1888	47908	23849	—	23	13269	11540	416	—	—	—	9485	13035
1889	43417	23997	—	—	12029	8873	—	—	—	—	14892	11789
1890	42896	27969	—	—	11559	7995	—	—	—	—	13409	12134
1891	47922	23372	—	—	9836	6938	—	—	—	—	15960	13737
1892	46638	20545	—	—	9702	10060	—	—	—	—	11210	12214
1893	48071	36479	—	17	8855	9842	—	—	—	—	22607	23677
1894	52627	23685	1022	617	7633	2973	—	—	—	—	21794	18295
1895	69159	17992	1637	25	5874	953	—	—	1227	19	29637	29525
1896	52801	29244	971	34	4461	2438	—	—	—	—	10194	10283
1897	35130	26582	375	—	7201	1143	—	—	—	—	12604	15538

资料来源：陈翰笙主编：《华工出国史料汇编》第 5 辑，北京：中华书局，1984 年，第 359 页。

另一贩运华工中心是福州。1845 年，法国在厦门贩运契约华工的同时，即从"福州直接招募华工"到留尼汪岛。① 此后陆续有福建人被运往该岛。1855年2月,英商和记洋行经理塞姆租赁的"齐特兰"号"在福州附近,信奉天主教的南台村"装运苦力。② 1855年,英商在福州招诱了1901名契约华工,由葡萄牙炸舰船运往汕头,再由"等候在那里的卡塔利亚号"转运出洋。③ 早期的契约华工被诱拐后关押在趸船上,待成数后运往厦门或汕头出洋。

1900年,英国在福州招诱169名契约华工,运到北婆罗洲修建铁路。④ 英商乾记行包揽招工,"给资出洋",旋因条件艰苦,死亡颇多,"家属屡向英商滋闹",并提出申诉。⑤

1901年,法国商人魏池在驻福州领事高井和天主教势力的支持协助下,在马江设立了"下北顺洋行"(又译为"喇伯顺洋行"),招募契约华工,并在马江、中岐、马限等地设立招工馆,以马江招工馆为最大,招雇了1500名契约华工,其中1000名"去马大嘎司嘎(马达加斯加)作官工",500名"在海裕呢翁(留尼汪)近岛作农工事"。⑥ 首批契约华工764名于同年6月27日由法国博乐公司的船运抵马达加斯加,修建铁路和从事垦殖劳动,备受虐待。

1905年年底,魏池以修建滇越铁路及墨西哥招工为名,在福州大肆招诱,专门出版招工报《鲤报》进行宣传,并印制《清国福州工人出洋工作合同书》,书后附有《清国福州工人出洋工作地球全图》一幅,图中用红线标明福州契约华工将分别运往墨西哥、巴拿马、布而邦(留尼汪)岛、马达加斯加和云南等五处做工。⑦ 魏池将首批招到的福州人王振新等520人运往墨西哥,再南下加利福尼亚州罗西里(圣罗萨利亚)宝流铜矿公司做工;又招有闽工"前往法属安南之西贡作工,惨被苛虐,逃亡死绝过半"。⑧

魏池借此次招工之机,私招华工往巴西做工,计被招的有长乐、连江、福州、古田、罗源、福安、宁德、福鼎、屏南和温州等地1825人。⑨

1906年,德国人温德司在福州招得三四百名华工往太平洋的萨摩亚岛做工,福建省洋务局发现后拦阻出口。德国公使葛尔士遂致书清外务部,称"在福州招得自备资斧华

---

① 何静之:《华侨志·留尼旺岛》,台北:华侨志编纂委员会,1965年,第16页。
② 《英国兰皮书》,cd-255,1855年,第38号文件附件。《温彻斯特致包令文》1855年2月14日。
③ 《英国兰皮书》,cd-255。《汕头侨史》1985年第1期,第36页。
④ 特里冈宁:《特许公司统治下的北婆罗洲劳工问题》,转引自吴凤斌:《契约华工史》,南昌:江西人民出版社,1988年,第98页。
⑤ 《外务部为闽省屡因招工贻害自难照准事覆和使函》,光绪三十三年(1907年)七月。载陈翰笙主编:《华工出国史料汇编》第1辑,北京:中华书局,1980年,第244页。
⑥ 《法人招收华工事》,中国第一历史档案馆,案卷号1050号。
⑦ 何王秀先:《防止违约招工始末记》,转引自何英:《反美华工禁约文学集》第5卷,北京:中华书局,1960年,第568页。
⑧ 《外交报》光绪三十四年(1908年)四月第9号,第208期。《华侨纪闻》,第13页。
⑨ 《闽督松寿为法商魏池私诱华工赴巴西事奏折》,光绪三十三年(1907年)二月,载陈翰笙主编:《华工出国史料汇编》第1辑,北京:中华书局,1980年,第1236页。

工","并不先付垫款,及抵定明处所,方立作工合同",①并声称在汕头等地已有先例。闽督查明即按粤省章程办理,准予出洋。据中国海关统计,1908年德国还从福州招去450名契约华工运往萨摩亚岛。②

表1-3 从福州口岸出境的契约华工统计表(1900—1908年)

年份	运往地点	人数
1900	北婆罗洲	169
1901	马达加斯加	764
1901	留尼汪	808
1905	墨西哥	620
1906	萨摩亚	300～400
1908	萨摩亚	450
总计		3121

资料来源:中国海关:《通商贸易年册》1900—1908年各册。

据《国际移民》(卷一)的统计,从18世纪到19世纪中期,从我国贩运到世界各地的苦力达600多万名。1845—1853年期间,从厦门贩运国外的契约华工总数达12261名,仅1853年一年就有5556名。

三、鸦片战争后福建华侨出国的状况

19世纪70年代,契约华工制开始走向衰落后,大规模移民海外的趋势并未减弱,甚至还有所加强,出国人数仍有增不已。据福建各海关年报提供的统计资料,1841—1949年福建华侨出入国人数如表1-4所示。

表1-4 1841—1949年福建华侨出入国人数表

年份	出国	回国	净增减数	年平均增减数
1841—1875	525300	251500	+273800	+7823
1876—1880	118960	99559	+19401	+3880
1881—1885	212252	42450	+49545	+9909
1886—1890	277894	215186	+62708	+12542

---

① 《德使葛尔士为在福州所招自备资斧华工被阻出口事致外务部电》,光绪三十二年(1906年)闰四月初八日,外务部档。

② 福州市地方志编纂委员会:《福州市志》第8册,北京:方志出版社,2000年,第217页。

续表

年份	出国	回国	净增减数	年平均增减数
1891—1895	336530	218334	+118196	+23639
1896—1900	350383	246508	+103875	+20775
1901—1905	462331	239411	+222920	+44584
1906—1910	418853	162982	+255871	+51174
1911—1915	490225	294602	+195623	+39125
1916—1920	395764	255308	+140456	+28091
1921—1925	460945	322912	+138033	+27607
1926—1930	703050	457616	+245434	+49087
1931—1935	409861	462235	−52374	−10474
1936—1940	480593	354221	+126372	+25274
1941—1949	150260	181555	−31295	−6259
总计	1593201	3924636	+1868565	+17796

注：戴一峰：《近代福建华侨出入国规模及其发展变化》引海关各年度《关册》，《华侨华人历史研究》1988年第2期，第36～37页。

这个时期的福建移民中，有不少是反清起义的志士及其后代在反抗斗争失败后逃亡海外。如清咸丰三年(1853年)永春爆发了以林俊为首的持续12年之久的农民起义，林俊等曾组织"红线会(初名三点会)"响应太平天国革命。失败后，林俊之子观麟、柔远及部属姚元章一起逃往印尼组织"天地会"，后来并入"义兴会"。1865年，永春州城暴动，被清军镇压，也有成批人民逃到南洋当苦力。爪哇"糖业大王"黄仲涵的父亲黄志信等人也是因参加闽南"小刀会"起义失败后逃往南洋。辛亥革命前夕，新、马地区"三牲馆"领袖戴炎、蔡水应及拳术师傅木器等原来也是逃亡国外的泉州新门外、南门外的三兴会会员。缅甸同盟会分会长、同安籍华侨庄银安也是在此期间出国的。

到海外定居的移民多是沿海地区的破产农民、城镇居民，其中不少人是作为契约华工被拐骗出国而滞留当地。他们大多数在殖民者经营的大种植园、矿山、建筑工地充当苦力，还有的在同乡的小园丘或小商店当帮工、店员、杂役，或者经营零售小贩、搬运等服务性劳动，有的以家族为主经营商业。早年定居当地、有所积蓄的侨商，开始从经营土特产转为为殖民者收购原料并销售工业产品的"中介商"，有的则经营经济作物种植园、土法采矿、碾米、锯木、岛际及内河航运、城市服务等业。英国学者维克多·布赛尔在《东南亚的中国人》一书中指出：印尼和马来亚的华侨，特别是爪哇岛最早的中国移民，主要来自闽南，他们多居住在港口城镇和市郊，除契约华工外，大多数从事零售商、手工业或开荒地种植经济作物；而定居马来半岛的华侨多集中于马六甲、槟榔屿和新加坡，是马来亚的拓荒者和流通商业网的主要构成者。

从辛亥革命到1949年的30多年间,福建战祸连绵,土匪横行,社会秩序混乱,人民纷纷离乡背井,远涉重洋,到海外谋生,出现了又一次华侨出国的高潮。

1923年,晋江金井坑西村因土匪军阀陈国辉骚扰,全村400多人无法安生,四处逃难,其中不少人逃往海外。1927年蒋介石发动"四一二"政变后,许多群众和共产党人被迫流亡海外。加上国民党发动内战,大批青壮年为逃避抓壮丁而出走海外。如石狮钞坑村,因逃避抓壮丁往菲律宾就有40多人。① 据当时报纸透露:"自民国十六年(1927年)以来,中国南方各省对外移民大增,现华侨总数达1200万以上,以中国人口计之,每1000人中有30人侨居于海外。"②

在近代之前,移居海外的福建人主要来自闽南地区,进入近代以后,历史上人民较少移居海外的闽北地区也出现了大规模的移民浪潮。到20世纪20年代末,"闽北(主要是福州十邑各县)华侨总数当在30万以上,侨居地之著者,如婆罗洲、沙捞越、诗巫埠之新福州及各地共约10万余人,马来半岛西部吡叻之实兆远共3万人,新加坡一地2万余人,马来半岛柔佛属之峇株巴辖及永平港各地5000人,马来联邦及非联邦之各地共约1.3万人。爪哇、西里伯、苏门答腊约3万人,缅甸1.5万人,台湾7万人,日本1万人。此外,安南、暹罗各地皆有之"。③

1937年抗日战争爆发后,出国人数大量增加。据1939年5月10日《闽侨》月刊第1期统计:"1936—1939年2月出国总数为44932人,回国人数为22626人","所往目的地以马来亚为最多,荷属东印度次之,菲律宾又次之,缅甸再次之,安南、暹罗为最少"。当时国民政府限制人民出国,福建省政府于1941年公布《福建省战时限制人民出国暂行办法》,规定"年满16~50岁人民限制出洋"。因此抗战爆发以后出国的新客多属妇孺,但偷渡出国的青壮年仍不在少数。

根据中南旅运社1939年5月10日出版的《闽侨》月刊统计,福建省旅居海外的华侨总人数为2249802人,分布情况如表1-5所示。

表1-5 福建海外侨胞分布表(1939年)

地区	全国	闽侨人数	闽侨所占%
总计	6223201	2249802	30.5
暹罗	2500000	376000	15
马来亚	1709392	854695	50
荷属东印度	1232650	739540	60
安南	381417	75265	20

---

① 福建省地方志编纂委员会编:《福建省志·华侨志》,福州:福建人民出版社,1992年,第20页。

② 《福州侨务公报》1929年3月31日。

③ 叶允之:《改进闽北侨务刍议》,《福州侨务公报》1928年10月31日。

续表

地区	全国	闽侨人数	闽侨所占%
缅甸	193548	77400	40
菲律宾	110520	85400	77.3
北婆罗洲	75000	30000	40
日本	20674	6002	30
其他		5500	

1940年,厦门侨务局调查统计东南亚华侨分布情况如下:英属马来亚980386人,荷属东印度806885人,北婆罗洲27214人,菲律宾88400人,缅甸77438人,安南81500人。在备注说明中指出,闽籍旅外华侨95%以上分布在东南亚一带,其他各地为数甚少,故不列举。①

1941年年底太平洋战争爆发,日本先后侵占香港和东南亚各地,福建沿海很少有移民南渡,相反东南亚的闽侨纷纷回国。据国民政论侨务委员会1945年编印的《任务十三年》统计,仅在太平洋战争爆发后的一年半内便有1351655人回国,其中福建华侨就有40多万人。此外,日军侵占东南亚的三年多时间中,杀害了大批华侨。

抗日战争胜利后,大批归侨迫切要求返回侨居国,联合国善后救济总署(简称"联总")和国民政府行政院救济总署(简称"行总")在厦门、福州、汕头和广州四个口岸办理遣送归侨事宜。本省要求出国之归侨符合条件者,到厦门或福州的"联总"所设机构申请登记,由"联总"派轮接运。"到1946年11月20日止,闽南各县归侨向厦门任务局登记申请复员出国的已达28694人,其中缅甸9863人,菲岛8658人,星洲2855人,爪哇2130人,槟城1208人,苏岛652人,西里伯545人,香港99人。"②福州自1946年2月11日起办理归侨出国登记,到9月间共登记8274人。1946年10月29日至1947年9月,厦门出境复员归侨19批,共11494人,其中马来亚4926人,缅甸3476人,新加坡2930人,荷属东印度401人,婆罗洲23人,西贡20人,暹罗16人。福州共遣送归侨出国3000人。③

不久,国民党政府发动了内战,到处抓丁派捐,导致物价飞涨,国民经济濒临破产,人民生活困苦,大批人被迫出洋谋生。据厦门《星光日报》披露,1947年由厦门口岸出国华侨人数为30873人,回国人数为38650人。但到1948年出国人数为37927人,回国人数为21575人,④出国人数大超过了回国人数。1949年虽没有精确的统计数字,但从总的

---

① 福建省地方志编纂委员会编:《福建省志·华侨志》,福州:福建人民出版社,1992年,第21~22页。

② 《福建时报》1946年11月22日。

③ 《福建时报》1947年10月30日。

④ 厦门《星光日报》1949年1月5日。

流向看,出国也较前几年为多。

四、闽商社会经济的发展变化

从鸦片战争后到20世纪中期是海外闽商社会经济发展的重要阶段,这不仅表现在闽商人数的增加、分布地域的扩大,以及各种闽商社团纷纷出现并发挥重要影响,更重要的是,这一时期,世界资本主义进入了资本输出的阶段,加速了殖民地社会自然经济的瓦解,促进商品经济的发展,为海外闽商资本的原始积累和闽商资本主义的发展提供了客观条件。

鸦片战争后,福建人大规模移居国外,特别是大量的契约华工进入海外各国,闽商聚居区不但规模急剧扩大,而且分布地区日益广泛,由沿海延伸至内陆,由都市扩展至乡村。闽商社会和联系网络的扩大,又为闽商经济实力的迅速扩张打下了一定的基础。

鸦片战争前,闽商主要从事海外贸易和在定居地进行商业活动,因此闽商经济中最早出现的资本活动形态是海上商业资本,接着是在当地定居的福建籍商人所经营的城市和农村商业资本,再下来便是与这些商业资本有关的高利贷资本。"这些资本是直接以流通过程作为利润来源的,就其意义上说乃是前资本主义的资本。"①闽商虽然积累了相当的资本,但由于历史条件的限制,闽商资本没有完全转化为产业资本,只有一些对当地农产品和出口经济作物进行加工的工场手工业和小工厂而已,例如当时闽商在爪哇开办的制糖作坊。

到了19世纪中叶以后,西方资本大举入侵,殖民地各国自然经济受到严重破坏,劳动力市场形成,资本主义工业、农业、交通业、金融业等企业得到发展。因此闽商社会中,通过经商放高利贷或通过承包税收积累起来的一部分商业资本,便开始转向工业、种植业、采矿业、交通业、金融业的资本主义经营,使闽商资本的性质和地位都发生了巨大的变化。

在投资工业方面,闽商投资是在19世纪60—70年代后才初步发展,而且受西方殖民政府和西方资本的压迫和排斥,规模不大,大多属于中小型工厂或手工业工场,投资的行业也主要是农产品、食品加工工业,如制糖厂、碾米厂、榨油厂、饼干厂等;出口经济作物加工工业,如木材加工、橡胶加工、木薯粉加工、黄梨加工等;以及为国内地方市场提供消费的制造工业,如纺织工业、卷烟工业、肥皂制造业、花裙业等。

在投资种植业方面,随着资本主义世界市场对甘蜜、胡椒、橡胶等需求增加和价格上涨,一些闽商租借土地,开垦山林,种植经济作物,主要有甘蜜和胡椒种植、甘蔗种植和橡胶种植等。在20世纪以前,闽商以投资甘蜜、胡椒和甘蔗种植为主,20世纪以后,以橡胶、椰子和油棕种植为主。闽商投资种植业的资本不多,但对殖民地经济开发和这些经济作物种植的发展做出了相当大的贡献,而且在当地经济中占有重要地位,一些经济作

---

① 游仲勋:《东南亚华侨经济简论》,厦门:厦门大学出版社,1987年,第28页。

物甚至在世界市场上也占有重要地位。如1926年时,马来亚种植的橡胶园占了世界橡胶园面积的一半以上。

在投资矿业方面,闽商资本主要投资锡矿开采,在19世纪下半叶,世界最大的产锡国马来亚采锡业发展极为迅速,而且主要是由华侨资本包办。1887年,马来亚出产的锡占了世界产量的一半以上,①1905年以后也经常保持世界产量的1/3左右。② 但自20世纪初起,西方资本挟其雄厚的资金和先进的生产技术进入马来亚、印尼等国的采锡业,在不到20年的时间就取得了支配地位。在西方资本的竞争下,闽商资本的采矿业资金短缺、技术落后,很快趋向衰落,不是被西方资本兼并就是沦为它们的附庸。

在投资交通方面,闽商主要投资于航运业,其中以新加坡最为突出。有些闽商进出口贸易,拥有自己的船只,或组织船务公司,川行于新加坡与东南亚各地,甚至远航至中国沿海各港口。

在投资金融业方面,在19世纪末至20世纪初,东南亚的闽商纷纷创办银行,闽商经济开始进入了一个新的发展阶段。其中以新加坡的闽商成绩最为显著,如林秉祥于1912年与闽商陈延谦、林文庆、李俊源等人合作,成立华商银行。1918年,林秉祥又创办了和丰银行,资本达600万叻币。③

总之,19世纪末至20世纪初,闽商从事于各方面的投资企业活动,扩大了经济活动的范围,增强了闽商的经济实力,大大提高了他们的经济地位,为后来闽商资本的多元化和国际化奠定了基础,同时对当地民族经济的发展也起了促进作用。

---

① 骆静山:《大马半岛华人经济的发展》,载林水檺、骆静山:《马来西亚华人史》,马来西亚留台校友会联合总会,1984年,第243~244页。

② Lin Dun Jen, *British Malaya: An Economic Analysis*, Institute for Social Analysis, K. L., 1982, p. 62.

③ 杨进发:《战前星华社会结构与领导层初探》,新加坡南洋学会,1971年,第109页。

第二章

东北亚的闽商

第一节 日本的闽商

一、日本闽商发展的历史

闽商侨居日本由来已久。南北朝时就"有晋安人渡海",为风所漂,抵达日本。① 唐代福建与日本的商业往来已很频繁。宣宗大中六年(852年),唐朝商人钦良晖的商舶自日本肥前国值嘉岛扬帆归国,在海上航行 6 天,于闽江口的福州连江县登陆,随船而至的还有日本僧人圆珍、丰智、闲静等人;②圆珍等人在福州居留达 6 年之久,于大中十二年(858年)才搭乘唐商李延孝的船返回日本。李延孝即多次往返福建与日本之间的闽商。据日本《三代实录》,清和天皇贞观车年(862年)七月,大唐李延孝等 43 人抵日,敕太宰府安置供给。懿宗咸通六年(865年),李延孝等 63 人驾船一艘,③"(李)延孝舶,自大唐福州得顺风五日四夜,著值嘉岛"。④ 北宋咸平五年(1002年),福建建州海商周世昌因风漂至日本,居留七年而返。⑤ 有宋一代,福建与日本之间交通贸易繁荣,福建商人往来日本不绝于道。

13 世纪,在日本兴起"五山文化",迫切需要翻印从中国带去的佛经和文学作品,擅长雕版印刷的福州南台人陈孟千、陈伯寿等,与莆田人俞良甫于元至正二十七年(1367

---

① 《梁书》卷五四,《扶桑传》,北京:中华书局,1983 年,第 808 页。
② 木宫泰彦:《日中文化交流史》,北京:商务印书馆,1980 年,第 111 页。
③ 朱云影:《中国文化对日韩越的影响》,台北:黎明文化事业股份有限公司,1981 年,第 508 页。
④ 《頭陀親王入唐略記》,转引自《入唐五家传》,《続群書類従》第 8 輯,東京:経済雑誌社,1904 年,第 107 页。
⑤ 《宋史》卷四九一,《日本传》,北京:中华书局,1977 年,第 14136 页。

年)东渡日本,在嵯峨从事佛经和中国文学作品的雕版,①为日本雕版事业的发展做出了贡献。木宫泰彦曾这样评价他:"一个亡命异域的人,牺牲自己的财物,辛勤劳瘁,从事刻版事业,为日本文化的发展做出贡献,他的功绩是永远值得纪念的。"②

  明代前期实行严厉的海禁,对日交通受阻,福建与日本的交往以日本来者为多,闽商往者并不多。但自嘉靖以后,福建沿海人民冲破海禁的束缚,私往日本经商和定居者又多了起来。他们往往"于四五月间告给文引,驾驶鸟船,称往福宁……往往私装铅硝等货,潜去倭国"。③葡萄牙殖民者东来后,许多闽商纠引葡萄牙人从事中国—东南亚—日本之间的三角贸易,走私贸易活动更加炽盛。博克舍据葡文记载,说:"1542年,搭乘一只福建船上的三个葡萄牙逃兵偶然发现了日本,由此开辟了一个有利可图的、广阔的新市场,这使葡萄牙人转移了重开与中国官方贸易的迫切努力。"④另"据上虞县知县陈大宾申抄,黑番鬼三名口词,内开一名沙哩马喇,三十五岁,地名满咖喇(应为满剌加)人,善能使船观星象,被佛郎机番每年将银八两雇用驾船;一名法哩须,年二十六岁,地名哈眉须人,十岁时被佛郎机番买来,在海上长大;一名嘛哩丁牛,年三十岁,咖咻哩人,被佛郎机番自幼买来。同口称佛郎机十人与伊一十三人,共漳州、宁波大小七十余人,驾船在海,将胡椒、银子换米布、紬段,买卖往来日本、漳州、宁波之间,乘机在海打劫"。⑤

  随着走私贸易的发展,前往日本经商和侨居的闽商越来越多。据曾任幕府侍讲的林罗山(1583—1657)称:"南京福建商船,每岁渡长崎者,彼此(庆长十五年,1610年)逐年多多。"⑥万历四十年(1612年)兵部估计,前往日本贸易的海商,"合福、兴、泉、漳共数万计"。⑦ 日本"诸岛之外,有地名对海洲,内有大唐街,皆我人所居,中国货至此息肩,入诸岛尚距百里余"。⑧ 天启五年(1625年),福建巡抚南居益云:"闻闽越三吴之人,住于倭岛者不知几千百家,与倭婚媾,长子孙,名曰唐市,此数千家之宗族姻识,潜与之通者,踪迹姓名,实繁有徒,不可按核。其往来之船,名曰唐船,大都载汉物以市于倭。"⑨其中有姓名可考者,如:高寿觉,漳州人,"最初跟随父亲高赞潮来到日本,侍候萨摩侯"⑩,曾一度回国,后又到长崎,任唐通事。欧阳华宇,漳州人,于万历年间航海经商,流寓长崎。许丽

---

① 王辑五:《中国日本交通史》,转引自福建省地方志编纂委员会编:《福建省志·华侨志》,福州:福建人民出版社,1992年,第124页。
② 木宫泰彦:《日中文化交流史》,北京:商务印书馆,1980年,第484页。
③ 许孚远:《敬和堂集》,载《明经世文编》卷四〇〇,北京:中华书局,1962年影印本。
④ C. R. Boxer, *Fidalgos in the Far East*, 1550-1770: *Fact and Fancy in the History of Macao*, The Hague: Martinus Nijhoff, 1948, pp. 2-3.
⑤ 朱纨:《甓余杂集》卷二,《议处夷贼以明典刑以消祸患事》,第43~44页。
⑥ 木宫泰彦:《日中文化交流史》,北京:商务印书馆,1980年,第626页。
⑦ 《明神宗实录》卷四九八,万历四十年(1612年)八月丁卯,第9389页。
⑧ 唐枢:《复胡梅林论处王直》,载《明经世文编》卷二七〇,北京:中华书局,1962年影印本。
⑨ 《兵部题行条陈澎湖善后事宜残稿》,载国立中央研究院历史语言研究所编:《明清史料》乙编第7本,上海:商务印书馆,1936年铅印本,第605页。
⑩ 木宫泰彦:《日中文化交流史》,北京:商务印书馆,1980年,第701页。

寰,泉州商客,天文十年(1607年)前来萨摩经营贸易。林太清,福清人,为海商船主,万历三十七年(1609年)东渡日本鹿儿岛,后移居长崎。欧阳云台,漳州人,亦是富裕的海商船主,万历四十三年(1615年)移居长崎。明末著名的海商首领李旦,泉州人,旅居日本平户,成为当地的华商领袖。郑成功之父郑芝龙即李旦的义子,亦曾居日本,又娶日本长崎王族女。

除了上述因经商而留居日本之外,也有因其他原因东渡日本而成为商人的。如触犯明朝条禁:嘉靖年间,海寇首领王直以日本五岛洲为基地,其同党与部下多漳泉人。如叶宗满、谢和与王清溪皆漳州人。① 沈南山亦漳州人,初屯日本杨哥。② 明末海寇首领颜思齐原系"海澄人,为势家所凌,殴其仆致毙,虑罪逃入日本,久之,积蓄颇饶"。③ 逃避战乱:日本《长崎县志》载:"明万历崇祯年间,中土兵乱大作,人民迫于困厄,多携仆从数辈来长崎,以避危难,此种人民与一般商人迥不相侔。"沙县人卢君玉、龙溪人陈冲一、长乐人刘一水、俞大猷的儿子俞秉权和孙子俞惟和,为避战乱,东渡日本。倭寇掳掠:据郑舜功《日本一鉴》,当时在日本大隅(鹿儿岛)的高诈,民居百余家,有被掳为奴的中国男女二三百人,他们大多是福州、兴化、泉州、漳州人,髡发跣足,衣不蔽体,食不果腹。漳州人蔡四官、孙美等"因倭有作乱于中原,被掳而来"。④ 晋江人施长昆,嘉靖间,年十三,在逃倭乱时被倭掳至日本,欲归无计,居三十九年,娶日本女子,生二子。⑤ 万历年间,"许仪后者,福建人也,被掳入倭国萨摩州,为守将所爱,久留国中"。时任福建巡抚都御史许孚远说:"浙江、福建、广东三省人民被掳日本,生长杂居十有其三,住居年久,熟识夷情。"⑥ 从中可窥见因战乱等原因而流落日本的福建人亦甚众,其中大多以商为业。

清初移居日本的福建人主要是不愿接受清朝统治的明朝遗民,"中日间之交往,几乎由此等流亡义民所掌握",⑦ 以及郑氏集团旗下的闽商。郑氏海商运往日本的大宗商品主要是生丝、丝织品、砂糖和鹿皮。如1649—1655年,6年之间其运往日本生丝45万余斤、丝织72000多匹。⑧ 1656年,当郑氏势力鼎盛时,据荷兰东印度总督的一份报告,自1654年11月至1655年9月,有57艘中国船到达日本长崎,即安海船41艘,其大部分属于国姓爷;泉州船4艘、大泥船3艘、福州船5艘、南京船1艘、漳州艘1艘及广南船2艘。

---

① 《明神宗实录》卷四九八,万历四十年(1612年)八月丁卯,第9389页。
② 谢杰:《虔台倭纂》卷上,《倭媒》,《玄览堂丛书续集》本,第54页。
③ 陈寿祺:《重纂福建通志》卷二六七,《明外纪》,台北:华文书局,1968年,第5075页。
④ 《李朝明宗实录》,转引自福建省地方志编纂委员会编:《福建省志·华侨志》,福州:福建人民出版社,1992年,第125页。
⑤ 周学曾等纂修:《晋江县志》卷五〇,福州:福建人民出版社,1990年,第1261页。
⑥ 许孚远:《请计处倭酋疏》,载张燮:《东西洋考》卷一一,《艺文考》,北京:中华书局,1981年。
⑦ 宋越伦:《日本华侨概况》,台北:正中书局,1987年,第24页。
⑧ 《日本长崎荷兰商馆日记》,转引自林仁川:《试论著名海商郑氏的兴衰》,载《郑成功研究论文选续集》,福州:福建人民出版社,1984年。

上述的船满载着生丝、织品以及各种商品,"这殆都结在国姓爷的账"。① 而据日本学者岩生成一的调查,1647—1662年入长崎港的中国船只主要来自郑氏势力范围内的地区。比如1650年来港的70艘中国船只中,来自郑氏势力范围内的福州、漳州、安海的有59艘,约占80%,而且几乎年年如此。② 当时郑氏集团"又别遣商船前往各港,多价购船料,载到台湾,兴造洋艘、鸟船,装白糖、鹿皮等物,上通日本,制造铜熕、倭刀、盔甲,并铸永历钱,下贩暹罗、交趾、东京各处以富国"。③ 即使在1683年郑氏统治台湾的最后一年,仍有6艘商船从暹罗、1艘从北大年来到日本长崎。④

另外,福建的走私商人也在郑氏的保护下,潜通日本贸易。顺治十七年(1660年),福建商人张瑞、翁采、王一、卢措、王旺、魏久等人,搭附船主王自成的船,于当年正月从浙江瑞安开船,到日本长崎买卖,五月回到沙埕。⑤

康熙开禁后,中日交通贸易迅猛发展。据不完全统计,在开海禁后的40年里,福建赴日商船有640艘,其中从福州发船的有219艘,厦门170艘,台湾130艘,泉州56艘,漳39州艘,沙埕26艘,⑥ 而且大多数是在开禁后5年内增加的。商船迅速增加的原因是:一方面日本实行锁国政策,一度遍行海外的米印船被禁止了,于是中国商船垄断了日本的对外贸易,获利丰厚。靳辅在奏疏中说:"内地紬丝一切货物,载至日本等处,多者获利三四倍,少者亦有一二倍。"⑦ 如此优厚的利润自然促使福建商人趋之若鹜。另一方面,康熙初年以来,因铸造货币的铜匮乏,清政府鼓励东南沿海的商人自备船只,赴日本购买铜斤。⑧ 然而,康熙二十九年(1690年)日本对中国商船来日贸易规定了限额,其中对福建商船的限制为:福州船12艘,厦门5艘,泉州4艘,漳州3艘。⑨ 此后不久,福州船赴日贸易逐渐减少。

至18世纪前期,每年赴日商船仍以闽船最多。"每船中,为商人、为头舵、为水手者,几及百人"。⑩ 仅据《华夷变态》不完全记载,康熙二十七年(1688年)从福州、厦门、漳州、泉州和沙埕等福建港口航抵长崎中国船就达40艘,而据大庭修统计为86艘(不包括从

---

① 曹永和:《从荷兰文献谈郑成功之研究》,载《台湾郑成功研究论文选》,福州:福建人民出版社,1982年,第357~358页。

② 岩生成一:《关于近世日支贸易数量的考察》,(日本)《史学杂志》1953年第11期。

③ 江日昇:《台湾外纪》卷六,福州:福建人民出版社,1983年,第192页。

④ Tsao Yung-ho, "Taiwan as an Enterpôt in East Asian in the Seventeenth Century", *Itinerario*, vol. XXI, No. 3, pp. 94-114.

⑤ 《刑部等衙门尚书觉罗雅布口等残题件》,载《明清史料》丁编第3本,台北:"中央研究院"历史语言研究所,1957年,第258~259页。

⑥ 据《华夷变态》和《唐蛮货物改账》统计。

⑦ 靳辅:《靳文襄公奏疏》卷七,《生财裕饷第二疏》,清刻本,第58~59页。

⑧ 韦庆远:《清代著名皇商范氏的兴衰》,载《档房论史文编》,福州:福建人民出版社,1984年,第47页。

⑨ 木宫泰彦:《日中文化交流史》,北京:商务印书馆,1980年,第650页。

⑩ 《李清芳奏折》,乾隆六年(1741年)八月二十七日,《军机处录副奏折·外交类》。

浙江、南京、广东、安南、咬留巴等地开往日本的福建船),载来船员、水手1797人。① 当年,日本幕府对赴唐船做了限制,又在长崎建造唐馆,时称"唐人屋敷",对中国货物实行幕府垄断贸易,并将前来的华商、水手限住于屋敷,严厉管制,"不得出入与外人接,惟倭官及通事得与谈"。② 1689年,寓居长崎的中国人约万人,约占当时长崎市人口的20%。③ 由于在日华商以闽南人居多,1708年日本幕府管理唐人街的167名文译员中,有101名专门翻译闽南语。④

1715年,日本颁布了"正德新令",⑤主要内容有:一、每年到日本贸易的中国商船限定为30艘,即南京、福州、宁波计21艘,厦门、台湾、广东各2艘,交趾、咬留巴各1艘;二、交易额限定为6000贯,每艘约190贯,可略有出入;三、每年铜输出量不超过500万斤,如铜量不足,以其他商品代替;四、限额内的中国船,每年发给信牌,有信牌者准许互市,否则不许。

"正德新令"的实行对福建与日本贸易的影响甚大。在此之前,赴日贸易的中国船以福建船的数目居首位。1688年开入长崎港贸易的商船有193艘,其中福建船为86艘,浙江船40艘、广东船30艘、江苏船23艘,来自东南亚14艘。1689年入港船被限定为70艘,其中福建船25艘、浙江船15艘、广东船10艘、江苏船10艘、南京地区船10艘。⑥ "正德新令"颁行后,福建商船赴日颇受限制。正德五年(1715年),仅有1艘厦门船领有信牌,第二年也只有2艘。加上福建商人与浙江商人争夺对日贸易权益的"信牌案"的影响,赴日的福建船激减。从正德五年至享保八年(1715—1723年)平均每年都只有1～2艘厦门领到信牌,⑦浙江船乘机取而代之,处于优势。

伴随着福建船的减少,福建商人势力的消退,有的商人转向江浙方面发展,所以到长崎从事贸易的其他中国商船上也有许多福建商人。据日本学者的研究,从雍正五年至十年(1727—1732年)浙江总督李卫的奏折,可以判明身份的福建商人有王应如、魏德卿、郭裕观、陈良选等。其中王应如为福州人,是从宁波起航,赴日商船的船主;郭裕观是厦

---

① 林春胜:《华夷变态》中册,卷一五,东京:东洋文库,昭和五十六年(1981年),第931～1058页。
② 《雍正六年八月初八日浙江总督管巡抚事李卫奏》,《朱批谕旨》第41册,第59页。金安清:《东倭考》,载《倭变事略》,上海:神州国光社,1951年,第208页。
③ 山本纪纲:《中国与海外华人》,谦光社,1983年,转引自过放:《初期日本华侨社会》,《南洋问题资料译丛》,2004年,第112页。
④ 王赓武:《中国与海外华人》,台北:商务印书馆,1994年,第112页。
⑤ 山脇悌二郎:《長崎の唐人貿易》,载《日本历史丛书六》,东京:吉川弘文馆,第86页。
⑥ 大庭脩:《江户时代日中秘话》,北京:中华书局,1997年,第24～25页。
⑦ 《唐船进港回棹录》,载大庭脩:《近世日中交涉史料集》,关西大学东西学术研究所昭和四十九年(1974年),第67～96页。

门人;"福建奸商"魏德卿则是享保三年(1718年)第13号南京船的船主,①他的伙计柯万藏也是福建人。此外,王应如的伙计王君贻亦为福建人。王君贻后来成为宁波船船主和南京船船主,在16年之间,曾8次到长崎贸易,其他船言及他回乡"本国福州",可见他是福州人。②还有享保六年(1721年)乘21号吴克修广东船到长崎港的朱来章是福建汀州府医师,他多次赴日本,长期逗留,除了从事医疗活动,而且"贸易多年,家渐丰盈"。享保十年(1725年),他与其兄朱佩章、朱子章,朱佩章之子朱允传,同族人朱双玉及仆人德荣、阿量、阿贵、兴贵、阿元等共计10人,同往长崎。"以上主要成员均为朱氏,加上船头朱允光即朱子章之子,因此显示出朱氏家庭对日贸易的整体投入。"③乾隆朝,宁波一位从事对日贸易的大商信公兴也是从泉州迁居宁波。④ 如1807年赴日的南京船"须元"号有船员79人,在查明籍贯的78人中有67名是福建人;⑤同年另一艘赴日的宁波船上,有福建人59名,占了全部船员的将近80%。⑥ 不过,由于中日贸易的衰落,长崎的华人区日渐萧条,至1784年,长崎唐人屋敷华人只存892人。⑦

  1858年,日本结束闭关政策,于1871年与清朝签订修好条约,允许两国商民就指定的港口往来贸易。然而,历史上日本对外国侨民的管理和限制是很严格的,尽管日本实行"开国",但对外侨的基本政策还是"一仍旧章",对中国人入境严加限制。如1894年颁布了《关于在留清国臣民管理条例》,规定华侨登岸后必须在20天内进行登记,并限制中国人入境,划定居住地区和随时遣送出境等。以后又制定了多项法规条例,限制华人劳工入境。尤其是日本军国主义势力抬头,加紧对中国进行侵略,致使两国关系恶化,使日本华侨的发展很不稳定。在1919年五四运动后,华侨人口呈下降趋势。1931年"九一八"事变和1937年日本发动全面侵华战争后,华侨人数更是骤然减少。

  日本华侨一向以江、浙、闽省籍为多,但日本开国以后,其他省籍如广东、山东等省迅速增加。1874年,日本横滨、长崎、神户、箱馆各处,中国商民已近万人。⑧ 闽籍主要集中在长崎,光绪年间李圭游历日本,记当时长崎"吾华为工商于此者,粤东约三百人,八闽三四百人,江浙百余人"。⑨ 李圭曾游历日本,于1876年(光绪二年,明治九年)4月22日抵长崎。这组数字大大多于1878年(光绪四年,明治十一年)日本官方统计的476人(闽人

---

① 《唐船进港回棹录》,载大庭脩:《近世日中交涉史料集》,关西大学东西学术研究所昭和四十九年(1974年),第69页。魏德卿之父魏岳临是正德四年(1509年)宁波船主,参见大庭脩:《近世日中交涉史料集》,关西大学东西学术研究所昭和四十九年(1974年),第69页。
② 松浦章:《清代福建的海外贸易》,《中国社会经济史研究》1986年第1期。
③ 大庭脩:《江户时代日中秘话》,北京:中华书局,1997年,第136～137、145页。
④ 林炜:《通航一览》卷二一七,第480页。
⑤ 林炜:《通航一览》卷二三三,第90页。
⑥ 林炜:《通航一览》卷二二六,第4页。
⑦ 陈昌福:《日本华侨研究》,上海:上海社会科学院出版社,1989年,第31～32页。
⑧ 《筹办夷务始末》同治朝卷九九,李鸿章奏折,北京:中华书局,1964年,第34页。
⑨ 李圭:《东行日记》,载王锡祺辑:《小方壶斋舆地丛钞》第十二帙二,台北:学生书局,1975年。

占240人)。其原因可能是前者指活动于长崎的中国人,而后者则是对定居者的登录人数,精确性较高。至1934年,长崎华侨数为806人,其中福建人占594人;①神户方面1933年的闽人数为296人;②北海道方面1924年桦太在住闽人户数是71户,到1938年函馆则有29户62人。③ 大阪及关东的闽人统计数字较少见。

二战后,日本华侨人口与战前相比,除了个别年份,总的趋势是逐渐增长。进入20世纪80年代,又有新的发展,增长速度比较快。从华侨的籍贯来看,也发生了很大的变化,除了西藏外其他各省市都有旅日华侨。福建1959年人数为6008人,1984年为5725人,1986年为5825人。从20世纪80年代后期开始增长迅速,1988年增加为13737人,1990年更增至17479人,占当时日本华侨人数的10.6%。④ 福建华侨主要聚居在神奈川、大阪、兵库三地,人数分别占当地华侨人口的第三、四位。

二、日本闽商社会经济

日本的闽商社会形成于明末清初,当时长崎是闽商最集中的地方,早期日本的闽商主要以寺庙为中心形成社会自治组织。1602年,"在漳州商人欧阳华宇及张吉泉二人发起,请得日方同意,将长崎稻佐乡净土宗悟真寺改为菩提寺,专为当时华侨崇佛集会,同时,租得附近土地一方,以为华侨墓地"。⑤ 崇祯元年(1628年),在漳州籍船主的倡议和资助下,明僧觉海在长崎岩原乡建福济寺,俗名漳州寺,复称泉州寺,奉祀妈祖。至清顺治六年(1649年)加以扩建,由妈祖庙一变为长崎最大的佛寺之一。崇祯二年(1629年),福州帮也兴建崇福寺。当时在长崎之福州帮华侨,以船员较多,故就整个当时留日华侨人口而言,福州籍商人实较其他各帮为多。⑥ 这种寺庙除扮演宗教角色外,还具有丧葬、祭祀、联谊、救济、仲裁、调解等功能,带有同乡会馆的性质,使各籍商人有所依托。"日本政府为便于管理起见,特在华人中选择信望较孚之人以'唐通事'任命,宽永十七年(1640年)计任命大通事四人,小通事五人,共计九人";"此项通事均系世袭,通事之职能,不仅语言之翻译,他如商品价格之决定、客商之取缔监督、劳工雇佣之斡旋、华侨自治裁判权之执行,以及与日本官方之交涉,等等,几无不完全由其负责"。⑦ 通事集合之场所,华侨称之为"通事会馆"。1662年,福州人林应寀(道号道荣)出任唐小通事,其后裔至一代孙

---

① 《外交部公报》第8卷2号,1935年5月。
② 鸿山峻雄:《神户大阪的华侨》,华侨问题研究所,1979年,第145页。
③ 许淑真:《在日福州帮的消长》,《摄大学术》1989年第2期,第68~69页。
④ 长田五郎:《留日华侨的人口和职业》;日本法务省入国管理局编:《在留外国人统计》,转引自华人经济年鉴编辑委员会编:《华人经济年鉴》(创刊号),北京:中国社会科学出版社,1994年,第72页。
⑤ 宋越伦:《日本华侨小史》,台北:"中央"文物供应社,1953年,第3页。
⑥ 宋越伦:《日本华侨概况》,台北:正中书局,1987年,第26页。
⑦ 宋越伦:《日本华侨概况》,台北:正中书局,1987年,第29页。

林百十郎,都曾出任唐通事之职。① 日本学者宫田安考察的结果,唐通事也大部分出自闽籍,包括福州、晋江、同安、长乐、福清、闽侯、连江等地区。②

起初,闽商在长崎行动还比较自由,可以任意住宿在熟人家里。但不久,当地官府规定要向街道申报,称为"差宿"。1666年,日本幕府为了管理在长崎的中国商人,在各街道设专门的馆舍,供中国商人、水手投宿,收取租金,时称"宿町",屋主常为华商的贸易伙伴。到1688年,官府又在十善寺村御药园建造唐人屋敷(唐人坊),规定凡是来到长崎的华侨,只能住在唐人坊的范围内,唐人坊的总面积为9373坪,四周设围墙与外界隔离。正面厦门的两旁设有警备岗和检查岗,有值班士兵监视和探番(检查员)搜身。进入厦门,左侧一列是检查办公室、通事办公室、乙名(略似街道主任)办公室。厦门和二门之间是600多坪的土地,有店铺107间,是商人做买卖的场所。二门两侧也设有岗哨和检查哨。进入二门(一般只有奉行官员、乙名、通事、游女即日本艺妓才能进入),才是华商居住活动的地方。正面是关帝庙,奉祀关圣帝君;其次是土神堂,奉祀福德正神;其左侧为灵魂堂,安放坊内死者的牌位;再次是妈祖堂,奉祀天后圣母,其东端则是观音堂。随后一列是唐人居屋,有20间,都是二层楼房。此外,还有凉亭、池塘等。唐人屋敷是在长崎奉行的统治下,由奉行委任町年寄进行管治。町年寄之下设三种官员直接管治坊内的中国人:第一种是乙名,管理坊内一切行政事务;第二种是唐人番,负责坊内警卫任务和检查监视中国人进出,最初是招用长崎的浪人13名担任,不久增至20名;第三种是唐通事,负责翻译和各种业务工作,因此要有一定的水平和常识。③ 可见所谓的唐人坊,实际上是在幕府直接监管下不自由的华侨聚居地。但赴日闽商仍然杂居于长崎街町,贸易、生活和交流很是便利。

据日本学者统计,元禄年间(1688—1703年),长崎有近1万名中国人,约占当时长崎总人口的1/6,④其中大多是从事进出口业的贸易商,控制着当时的中日贸易。他们输入的物品以生丝、绢织物和砂糖为主,还有图书、陶瓷、漆器、中药、书画古玩、香料、玳瑁、翡翠等,输出大多是白银、铜,以及被称为俵物的海参、鲍鱼、鱼翅、鱿鱼、海带等。而那些儒士、医生、画家、手艺工匠、僧侣等以其所长经营谋生,其中不乏能工巧匠、学者名人,甚至有人成为一代宗师,对日本社会文化影响甚大。

留居日本的闽商到第二、三代时大都已归入日本籍,并且代代与日人通婚,其华人血统日益淡薄,甚至改用日本姓氏,但是他们的祖国意识并未丧失。如林百十郎,"本国大明福建省福州府福清县,生国肥前长崎,长崎宿老见习林百十郎,当戌三十四岁"。⑤ 正如日本学者中村质所言:"唐通事自称或被看作'大明人'及其华侨意识,在整个江户时代

---

① 汪向荣、汪皓:《中世纪的中日关系》,北京:中国青年出版社,2001年,第352页。
② 宫田安:《唐通事家系论考》,长崎:文献出版社,1979年。
③ 《新长崎年表》,文献出版社,昭和五十一年(1976年),第225页。
④ 原田伴彦:《长崎》,中公新书,1963年,第78页。
⑤ 《唐通事由绪书》,转引自内田直作:《日本华侨社会研究》,东京都:同文馆,昭和二十四年(1949年),第216页。

都是一脉相承的。"①

明末清初,长崎的闽商社会,除了一批唐通事活跃于华商与日本之间外,还有一大批著名闽商,为日本和闽商社会的发展做出了积极贡献。如欧阳华宇和张吉阳,原籍漳州,他们是最早见载《长崎市志·交通贸易编》的闽商。

魏之琰,字双侯,号尔潜,福州人,顺治十年(1635年)到长崎追随其兄之瑗。翌年,兄死,他继承遗业,从事往来长崎与安南间的贸易。到1666年,他把在安南与一王族女子武氏所生的二子魏高、魏贵和仆人魏喜带回长崎定居,1672年入籍日本。因魏氏出生于山西钜鹿,遂改魏姓为钜鹿氏,成为日本长崎魏氏即钜鹿氏的先祖。之琰热心公益事业,横贯于长崎市东西的中岛川上古桥群,不少是他出资修建的;松森神社大门的修建、崇福寺大雄宝殿的重建,他都捐资参与。其后,魏氏一族更世代成为东京通事(安南语翻译)。今天位于长崎西山町占地4亩多的钜鹿家墓园地,也于1964年被指定为县文化遗产。

何高材(1597—1671),原籍福建福清。他于17世纪初来到长崎,居于材木町,其后经商成巨富。他在郊外城山町兴建别墅一座,取名"一粟园",遍植故乡的桃花,春暖花开,满园春色,誉为世外桃源。有诗赞曰:"别成仙世界,莫问武陵源。"②今天该处还被称为"桃屋敷",即"桃花"之意。高材自幼敬佛,致富后礼佛更勤,参与捐资兴建禅寺,如著名的崇福寺和清水寺等。同时热心公益,捐建了长崎许多名胜,以及由材木町至榎津町的石桥等。他的陵墓现仍遗存在城山町,并被指定为县文化遗产。

陈冲一,原籍福建,原是"皇明大医官",来到日本后先在鹿儿岛萨摩藩主处当侍医,并娶日本名将楠木正成十四世孙隅屋藤九郎雅成之女为妻。其后携子道隆到长崎行医,1640年出任唐通事,子孙后代也相继出任此职。道隆年刚三十出头,便被日本官府擢任为唐大通事,历任通事之职达30余年,为人"博爱而利物,远方商庶,几咸被恩泽"。③冲一曾孙陈严正,字雅旭(昶),名声更大。时人卢骥(千里)于1731年著《长崎先民传》说他为人"魁奇高迈……涉猎经史,淹贯古今,于本邦典故靡不究览"。④严正喜好搜集古书画,藏书数万卷,并筑一陈书阁收藏。其游历京都时,皇室大臣都慕名召见,"出入门禁,公卿大夫俱宠爱之,有疑则就严正质问"。⑤

刘一水,原福州府长乐县人,1628年来到日本,经商致富。刘一水为书礼之家,其子宣义"为人博闻好学,且能华音,方言土语无不通晓,年十余岁推译,以博物闻"。⑥

高超方,从1643年起担任唐大通事达16年,号一鉴,日名渤海久兵卫。其次子高玄岱(1636—1710),日名高见玄岱,13岁从黄檗宗僧人独立学习医道,尽通其术,后被聘为

---

① 中村质:《近世的日本华侨》,载《九州文化论集》2,东京:平凡社,1973年,第213页。
② 李嘉:《蓬莱谈古说今》,长春:吉林文史出版社,1986年,第152页。
③ 李嘉:《蓬莱谈古说今》,长春:吉林文史出版社,1986年,第162页。
④ 李嘉:《蓬莱谈古说今》,长春:吉林文史出版社,1986年,第162页。
⑤ 李嘉:《蓬莱谈古说今》,长春:吉林文史出版社,1986年,第162页。
⑥ 李嘉:《蓬莱谈古说今》,长春:吉林文史出版社,1986年,第151页。

岛津侯侍医。延宝年间(1673—1680年)随参议风早乡到京都朝见日本太上皇。太上皇问他"养生之道,岱呈《养生篇》一卷,以备乙夜之览"。① 他还是一个学者,曾由幕府聘为儒官。其书法亦颇有名声。

卢草硕(1646—1688),名玄琢,日名德兵卫,是出生于长崎的第三代华侨。其父任唐内通事,以日名卢左卫门传世,而草硕仍以中国姓氏知名。他12岁便向小野昌硕学医,后游学京都,被称为本草学者。他在长崎悬壶济世,"医业大行",门下受业弟子甚多,著有《药性集要》一书。

然而,后来由于日本政府全力发展"俵物"的输出,并采取定量限额的贸易政策严厉限制中国商船的入港数量和贸易额。到18世纪中叶,中日贸易开始式微,闽商经济也逐渐走下坡。

安政开国以前,日本仅开放长崎一港对中、荷两国进行贸易,对入港船只数量有严格限定,因此,该期赴日的漳泉海商及其伙计,以及部分福州水手构成了这一时期旅日闽商的主体。

安政开国后,横滨、神户、函馆等港口先后开放,带来了商机。尽管华人被视为"无条约国民"而受到限制,但由于传统贸易的惯性推动,闽商与其他华商一样成了西洋人不可缺少的"使用人",以被雇者的特殊身份生存下来,进而开拓了日本对华、对南洋的早期贸易,积聚了一定的经济实力,闽商经济又开始活跃。根据明治十年(1877年)的职业调查,长崎华侨有143商人,店员75人,此外还有的从事理发业、裁缝业以及手工业。②

尤其是1899年日本公布内地杂居令,对华侨开放内地。于是闽省大批商民东渡谋生,首先向横滨,接着又向神户、大阪发展。除商人外,其他如裁缝、料理(菜馆)、理发及藤工、漆工等技术劳动者也大量入境,三把刀(菜刀、剪刀、理发刀)行业与商业便成为旅日闽商经济支柱,尤其是餐馆业在闽商各类职业中从业人数居于首位,而商业则每况愈下,主要是米糖杂货业,经营日益艰难。如对外贸易,1908年长崎对外输出总额为371万日元,虽然华侨占了40.2%(149万日元),但在外贸输入总额1463万日元中,华侨仅占22.6%(331万日元),比之过去,已经是大为减少。③

但由于日本当局不断颁布各种规定,对中国人的入境和职业严加限制,闽商经济表面上虽有一定的发展,但实际已削弱,并被严格限制在一定的范围内。到20世纪20年代,贸易商大为减少,行商小贩增加,特别是三把刀行业的人数更是大增,到1930年达到最高峰。其中尤以从事料理业的人数最多,成为日本闽商经济的一大特色。1936年,在闽商最集中的长崎华侨职业统计中,料理饮食业主占2.2%,理发业主占0.4%,服装业主占1.0%,贸易商占1.9%,其他商业主占2.4%,纺织品行商占17.6%,其他行商占0.5%,工业制造业占0.8%,饮食店员占8.9%,理发店员占0.7%,服装店员占2.2%,

---

① 李嘉:《蓬莱谈古说今》,长春:吉林文史出版社,1986年,第155页。
② 菅原幸助:《日本的华侨》,东京:朝日新闻社,昭和五十四年(1979年),第116页。
③ 卢冠群:《日本华侨经济》,台北:海外出版社,1956年,第43页。

其他店员工人占 1.4%。①

这一时期,长崎闽商经济以福清人小行商为主导非常明显。该期 240 个闽人中有明确籍贯者 213 人,其中闽南、闽北各占一半,但据布目的研究,107 个福清人中上等者仅一人,而 97 个同安人中上等者达 7 人。②

在贸易业方面,长崎闽商经营的商号主要有和昌、泰益、德泰、瑞隆等 10 余家。③ 这些商号有的历史十分悠久,经营达数十年。如泰昌号,创设于 1890 年,一直经营至 1939 年,主要经营陆海产及各种杂货的进出口贸易,其贸易地区包括中国的上海、厦门,以及香港和日据台湾,远至东南亚各地,每年贸易额达五六十万元。④ 它的创始人陈世望(1869—1940),祖籍福建同安,世代从事贸易,后移居金门之新头乡。其父陈国樑(又名发兴)于日本嘉永年间(1848—1853 年)与同乡来到长崎开设泰昌号。据《金门县志》记载:清末叶,先侨陈发兴之泰昌贸易行,当时为吾闽旅居长崎之华侨首富。其子世望,继营泰益洋行。世望生于 1869 年,继承父志,精于贸易。着意经营泰益号,业务蒸蒸日上,并且还从事地产、金融业等活动,积极为侨社服务。他 38 岁时已是长崎颇有声望的侨领,1909 年成为长崎地区的福建省咨议员和长崎中华商务总会董事长、长崎福建帮总代表,并捐得监生和同知衔。1940 年逝世,葬于长崎悟真寺山后之唐人墓地。在这个时期,传统贸易商大多只能受雇于外国商社,以充当买办或"靠行"来维持生计。"大浦闽帮各行,均系商等属下唐人,大半皆从前唐船工目侣出身,今归夷人名下保办,其原皆由生意上会票来往之便,依附夷势,无人敢欺。"⑤"泰昌号"一开始也曾依托于英国商社 Groom 名下。1901 年(光绪二十七年,明治三十四年)陈世望脱离"泰昌号"另创"泰益号",经营海陆产品和杂货,以长崎为中心,以闽南系海商为支点建立了庞大的贸易网络,其分号和贸易伙伴遍及中国大陆、台湾、香港、新加坡等地,成为长崎贸易商的主力商社。但其活动周期也无力摆脱近代日渐恶化的中日关系的制约,到 1939 年被迫停业。该号在近 40 年的经营活动中经历了创业期(1901—1907 年)——开始独立经营,主要贸易对象是台湾;基础确立期(1908—1915 年)——借日俄战争后日本贸易扩张的机会,将业务向东南亚市场拓展;鼎盛期(1916—1921 年)——受第一次世界大战拉动,其业务迅速发展;衰退期(1922—1938 年)——受中日关系恶化及关东大地震的影响,业务趋淡,20 世

---

① 高桥强:《战前日本华侨社会的变化》,载《关于在日单击系华商对台湾贸易的综合研究》,九州国际大学商学部,1989 年。

② 布目潮渢:《明治十一年长崎华侨试论》,载山田信夫编:《日本华侨与文化摩擦》,岩南堂书店,1983 年,第 201 页。

③ 内田直作:《日本华侨社会研究》,东京都:同文馆,昭和二十四年(1949 年),第 150~157 页。

④ 驻长崎使馆:《长崎华侨之善》,载《外交部公报》第 8 卷 2 号,1935 年 5 月。

⑤ 朱德兰:《明治时期长崎华侨商秦号和秦益号国际贸易网络之展开》,《人文及社会科学集刊》第 7 卷第 2 期,"中央研究院"中山人文社会科学研究所,1995 年,第 56 页。

纪30年代后更是全面衰退。①

当时长崎24个商社中,闽人商社计10个,其中同安出身者达6个(陈发兴"泰昌号"、王廷圭"升记号"、黄景邦"永丰号"、傅芝卿"大记号"、王文彩"仁泰号"、傅维澄"德泰号"),②可见这是闽南海商处于优势的时代。另外,1888年(光绪十四年,明治二十一年)到1959年之间74家闽籍商号,其中1888—1910年入会的为61家,而活动期间跨越1910年(宣统二年,明治四十三年)的仅9家(和昌、德泰、四海楼、泰益、福泰、肇记、万顺、永记、庆记)。③ 这也从另一个角度说闽南海商的活跃和1910年以后日本贸易垄断政策对华人海商所产生的生存压力。这种境遇使得如"泰益号"那样强有力的海商也难以维持下去。

与闽南有力的贸易商衰退相反,来自福建底层社会的福州帮在长崎日益活跃,凭借其超人的耐力和严密的组织,终于成为闽商群体的另一支柱。到1938年,长崎"福建会馆"会员仅剩9人,除陈世望、郑廷坚、宋胜庸3人为闽南人外,其余6人为闽北人。④ 维持会馆的会费也不再单由贸易商交付,而代之以全体会员交纳。这种现象,说明社团参与者的身份和社团内部的权利分配,都发生了由闽南贸易商向"福州帮"倾斜的新变动。福建人内部南北主体的转化,在某种程度上反映了旅日华侨职业构成的变化。变化的原因,一是贸易商的兴衰,直接受制于两国外交关系的变动。他们的贸易网络虽然有一定的转动余地,但面对不断恶化的经营环境,或衰退或休业是极为自然的。二是日本社会的近代化运动为普通外来人口提供了众多的就业机会和发展区间。来自贫困地区,白手起家的"福州帮"(福清人)在内外压力下,产生出一种更为强劲的凝聚力,因而能一直沿展生息,成为主导。⑤

在神户,闽商以经营服装业和布匹、什货行商为主。早在1870年(同治九年,明治三年),"复兴号"(王明玉)就在居留地修建了洋楼,成为福建同乡经常聚会之处,构筑了后来福建公所的基础。初期比较活跃的闽商还有"泰益号"(陈世科)、"永和号"(张遂秋)、"天生正号"(李寅生/柯谦友)、"义益号"(陈明侯)、"福和号"/"治昌号"(陈太和)、"福昌号"、"仁记号"(郑金桂)、"永发号"(陈肇明)、"金发祥"、"广骏源"(黄礼廷)、"合昌号"(陈源来)、"瑞兴号"(周起博)、"东兴号"(黄洪)、"捷德隆"(何贵初)、"谊美号"(林澄秋)、"益

---

① 市川信爱、戴一峰:《近代旅日华侨与东亚沿海地区交易圈》,厦门:厦门大学出版社,1994年,第98~105页。

② 布目潮沨:《明治十一年长崎华侨试论》,载山田信夫编:《日本华侨与文化摩擦》,岩南堂书店,1983年,第124~216页。

③ 廖赤阳:《在日华商的商业团体和同乡结合——以长崎福建会馆的事例为中心(1880—1950年代)》,《亚洲经济》第39卷6号,1998年6月,第50页。

④ 市川信爱、戴一峰:《近代旅日华侨与东亚沿海地区交易圈》,厦门:厦门大学出版社,1994年,第134~135页。

⑤ 许金顶:《近代旅日闽商社会生活述评》,《海交史研究》2002年第2期。

发号"(林长祥)、"隆顺号"(柯复顺)、"东和洋行"(陈振发)、"万胜号"(林清志)、"成兴发"(林丁)等。①

在大阪,闽商以经营棉布、什货业为主。② 据日本贸易局1938年的调查所记,最初到大阪的华商中以广东、福建人为主,随着神户的兴盛,神阪间铁路的建成,大部分商人移到了神户(如复兴号、怡昌号等)。甲午战争后,来自中国北方的商人便成了大阪华商的主体,并分裂为南北邦公所。③ 报告还列出了当时福建公所所属商号20家(见表2-1),从表中可以初步了解20世纪30年代末闽商经营状况,其经营物种以海陆产品、杂货为主,而贸易区域则以南洋和中国大陆为主。若含"东南公司"在内纯出口业为16家,进出口兼营者为4家,纯进口业者无。这在某种程度上体现了日本贸易政策的扩张性及闽商在促进日本对南洋、中国出口贸易中的作用,这种作用在近代初期应更为巨大。其中的"新瑞兴"、"建和隆"的经营活动超过了40年,"裕兴商行"、"政和公司"超过30年,"仁记"和"福源"则达20年之久。④

表2-1 神户福建公所所属商号情况一览表(1937—1938年)*

商号	业主	业别	经营物品	贸易地区	参加贸易组合数
新瑞兴	周起博	出口	棉布、绢、杂货、海产	爪哇、新加坡、马尼拉、西贡、台湾	12
裕兴商行	詹廷英	出口	棉布、绢、杂货	爪哇、新加坡、马尼拉、西贡、台湾	6
怡利公司		出口	海产	南洋、台湾	
东方公司	郑崇璧 洪景运	出口	棉布、绢、杂货	南洋、厦门	7
建和隆	李景屿	进出口	海产、鹿角、鹿皮贝壳、寒天草	南洋、新加坡	8
建东兴	陈清机	出口	海产、棉布	马尼拉	7
致和公司	王敬旋 王敬标	出口	海产、棉布、杂货	马尼拉、爪哇、西贡	8
仁记洋行	郑金桂	进出口	海产、棉布、杂货		

* 许金顶:《近代旅日闽商社会生活述评》,《海交史研究》2002年第2期。

横滨是日本开口较早的地区之一(1859年,咸丰九年,安政六年)。最先来此活动的

---

① 中华会馆编:《落地生根——神户华侨と神阪中华会馆の百年》附录《困解神户清国外商管业须知》,中华会馆研文出版社,2000年。
② 罗晃潮:《日本华侨史》,广州:广东高等教育出版社,1994年,第209页。
③ 商工省贸易局:《阪神在留ノ华商卜其ノ贸易事情》,1938年,第13页。
④ 商工省贸易局:《阪神在留ノ华商卜其ノ贸易事情》,1938年,第144页。

华人大部分是广东人,主要经营北美贸易,对华、对南洋贸易方面远不如后起的神阪兴盛。第一次世界大战以后,关西阪神地区崛起,神户成为日本第一大港。而横滨华商扛不过日本贸易垄断政策转而经营饮食等服务业,形成了独特的中华街聚居经营特色。从各方面资料观察,横滨闽侨比较少,所以一反闽人抱伙结帮的习惯,与浙江、江苏人一起组成"三江公所",迟至1918年才发起组织"新兴福建联合会",成员大多从事绸缎业和饮食店经营,1926年会员达到86人。1924年关东大地震前闽籍95人,占该地华侨总数5721人的1.66%;震后仅18人,占总数434人中的4.15%,而同时期广东人则分别为4241人和366人,占74.13%和8.33%。1922年横滨中华总商会会员有84人,其中仅有1人是福建人。可见闽籍华侨在横滨人数比例很小。①

横滨闽侨中也有较出色的贸易商,如"同源泰"的魏之优曾任横滨中华商务总会的协理,而陈福谦、陈中和的"顺义栈"也颇负盛名。1870年(同治九年,明治三年)陈福谦在台湾高雄创立"顺义栈",主营砂糖出口及棉花、杂粮、海产物的进出口业务。1873年(同治十二年,明治七年)陈中和在横滨创办"顺义栈"分行,以后又在神户、大阪、长崎成立支店,一度垄断日本砂糖市场。② 行主是台湾高雄人,因台湾在建省(1885年)前归福建管辖,民众又大多来自福建,故其与金门陈世望一样也被视为闽籍的有力侨商。

郑孝胥在其1891年(光绪十七年,明治二十四年)的日记中曾记云:"(6月8日)钦差遣仆吴升换百金交来……吴升,闻人,在公署中十余年";"(6月23日)至横滨理事府见黎受生、卢子明。子明同余至'协泰源'晤陈鸣五,福清人";"(11月9日)同杏南至'协泰源'寄闽信并洋一百二十元由苇杭转寄。陈名武外出晤其伙友蔡某及山东茧绸客林姓"。③ 这是当时郑氏在副领事任上有关闽人的记载。从这些记录中可以明确役仆吴升来日当在1881年(光绪七年,明治十四年)之前,也说明了陈名武(鸣五)的"协泰源"属合伙经营方式,主营当为绸织品并与北中国有业务往来,而且有较好的信义,使得身为外交官的郑孝胥也屈就托其向国内送金。④

从上文来看,旅日闽商的分布格局,初期以长崎为依托,向神阪扩展,继而以长崎、神阪为依托再向东部、北部拓展。旅日闽商依托开放的贸易港口以谋求生存为最大特点,与此相应,其生存空间、生活状况必然深深地受制于日本政府的贸易政策。但是,他们在漫长的岁月里,能够适时调整自己的谋生方式,努力竞生,往往一人有成就可以带出一伙,进而成帮,犹如滚雪球般壮大。这种亲亲相带的模式在吴服行商中表现得更为突出。

所谓"吴服行商"可以理解为小贩的一种,与俗称的"货郎"有相同之处,只是前者贩卖的商品以绢、丝、绸缎为主,兼有杂货。这种行业在日本的出现与早期来自福清的船工、杂役上陆生活后谋生方式的变更有直接的关系。日本甲南大学教授许淑真认为,将上船时单个人允许携带的绢丝物品积存而后加以贩卖,这种经验产生了行商,这是一种

---

① 王良主编:《横滨华侨志》,财团法人中华会馆,1995年,第58~59页。
② 王良主编:《横滨华侨志》,财团法人中华会馆,1995年,第1029~1030页。
③ 中国历史博物馆:《郑孝胥日记》第1册,北京:中华书局,1993年,第204页。
④ 许金顶:《近代旅日闽商社会生活述评》,《海交史研究》2002年第2期。

有说服力的观点。① 小贩在闽地极为盛行,这种经营方式便利、成本小、收发自如,在日本似乎也很受欢迎。1899年(光绪二十五年,明治三十二年)日本政府颁布第352号敕令前,日本内务与外务两省就在限制条例中是否删去行贩问题辩论再三,最后呈枢密院议决,允许保留行贩行业,给日后众多行贩谋生的华侨提供了更多的机会。② 由此可见,行贩作为一种社会行业现象已引起日本政府的高度重视。

出身相对贫困的福清人只能凭借其良好的体魄及吃苦耐劳的精神从事艰苦的行商,在乡亲的帮助下先求生存,极少有人一到日本就自行开业的。当时日本纺织业的发展急需一批经营、推销人员,"旅日福清华侨初抵日本时,由于人地生疏,要求合适的职业并非易事,而流动贩布虽较辛苦,获利亦薄,但无须专门手艺和大笔资本,对文化程度和语言要求也不高,因此较为适合"。③

闽人行贩的总体分布特点呈现为由南向北扩张趋势,即由开放港口向周边市镇腹地扩散,再向偏远乡村转进。早期福清行商大多集中于长崎地区,随后逐步向关西转进。1897年(光绪二十三年,明治三十年)神户不过7、8人而已,到1906年(光绪三十二年,明治三十九年)大阪一地就达70人以上,并设立了"旅日福邑公所"。这种行业的发展态势为20世纪20年代前后福清人大批渡日创造了一定的条件,反之也使得其从业员不断膨胀发展。④ 这种现象在北海道(函馆)地区表现最为明显。函馆是一个开放较早的港区,早期的华侨大多来自广东、宁波等地,以海产贸易为主,曾有一定程度的拓展。20世纪以来,日本商人在近代化过程中不断成熟壮大,改变了华商主导贸易的局面。北海道政府为了扶助日本商人,1910年(宣统二年,明治四十三年)以后不断地实施一些旨在控制或排挤华商的法规。如《水产物制造管理规则》(1910年)、《重要物产、同业组合法》(1913年),对输出物品加收费用,强制华商加入"同业组合"。这就构成了政府与日商合作共同排挤华商的运动,致使华商贸易主导权尽失。⑤ 以福清人为主的吴服行商正是在这一转替时期进入函馆社会的,并在20世纪30—40年代成为当地华侨群体的主流。这表现在:一是福清人数量的增加。1938年北海道函馆、旭川各地有华侨133户,其中72户为闽籍,占54.14%(其中23户在函馆)。⑥ 二是福清人取得"中华会馆"的主导权。函馆的"中华会馆"在贸易商衰退后也同样遇到困难,1938年"三江帮"潘莲夫劝"福清帮"代表陈必举,邀请"福清帮"参与会馆事宜。1941年陈必举、郑为富为了募集会馆维持经费,走遍了旭川、名寄、札幌等地,得金10900元。此后"福清帮"显示了主导作用。另据1940年的调查,北海道"中华振兴商会"函馆支部会员共30名,除了顾问2名来自浙江,

---

① 许淑真:《在日福州帮的消长》,《摄大学术》1989年第2期,第73页。
② 许淑真:《敕令352号与留日福清帮》,《孙文与华侨》论文集,时团法人孙中山纪念馆,1996年,第176~193页。
③ 市川信爱、戴一峰:《近代旅日华侨与东亚沿海地区交易圈》,厦门:厦门大学出版社,1994年,第393~394页。
④ 许淑真:《在日福州帮的消长》,《摄大学术》1989年第2期,第67~68页。
⑤ 罗晃潮:《日本华侨史》,广州:广东高等教育出版社,1994年,第255页。
⑥ 许淑真:《在日福州帮的消长》,《摄大学术》1989年第2期,第67~68页。

总务1名、书记1名来自江苏外,正副会长、监事、总务等8名职员全为福清人氏。① 由此可见,略有小资产的福清人这时已成为函馆华侨的主群体,历经几十年的努力,四处行商的福清人终于在日本北部创下了一定的生存根基。这种状况一直持续到战后。

具体而言,吴服行商主要有独立商贩及有"头家"的小贩这两种类型。二者都从行业"头家"处得到商品,不同的是前者已略有积蓄,独立经商,日后有能力转向他业或尝试招募新的小贩,成为小"头家",而后者首先面对的是生存谋食。以神户为例,1913—1914年的"头家"仅翁绳堂一人;1918年有"头家"3个,小贩47人;1931年"头家"为7个,小贩106人;到1938年"头家"有8个,独立行商40人,加上小贩一共达210人之多。而1935年成立"兵库县华商绸业公会"时会员多达30人,可谓盛极一时。②

吴服行商行贩时的工具除肩挑背扛外,主要有两种,即板车和自行车。他们凭此带着各种货物奔走城乡各地,贩卖日本人喜欢的绢丝、绸缎物品。行贩时一般一次出商要花去两三个月,常常以某地区的某家客栈为据点,在此定宿存货(有时也借助寺庙),随后连续几天在该地区四处叫卖,几天后移往另一地区,依此行事。比如从大阪、神户出发的行商大多在丹波、但马、鸟取、冈山、四国、广岛、滋贺巡回叫卖。

行贩得以继续的关键是要有良好的信誉和不知疲倦的奔忙。如果不按时向"头家"交回物款及利钱,将失去来自"头家"的资金和商品的资助,经营将无法进行。这种亲亲相带及严密的集团性行为,既强化了吴服行商的内部凝聚力,也造成了过分的排外性和地域职业垄断性,对其日后的生存颇有影响。③

吴服行商能一枝独秀还有赖于如下因素:首先,小贩经营在故土本不陌生,自有一套简便实用的销售方法,较易运作。其次,日本近代化对乡村的冲击日益泛化,由小贩流动向乡村销售产品是近代商业发展过程中一种较良好的补充方式,活跃了城乡间的交往,促进了城乡市场一体化的进程。最后,第二次世界大战期间,吴服行商往往向相对偏远的乡村谋求生路,这种地方民风相对古朴,敌意也相对减少,所需的是冒险精神与超人耐力。可以认为,20世纪30年代末40年代初,北海道吴服行商的兴起是这一情势所造。某种程度而言,行贩方式是福清人在日生存发展的根基,他们凭此度过了艰难岁月,终于在战后寻得历史性的转业机会。这种行业在近代给人留下的似乎只是生存的艰辛而不是创业的豪情。

行商的活动方式使其直接面对日本普通民众,逐渐熟悉了日本民众的文化传统、生活习惯,能较快融入日本社会的世俗生活中,从而练就了超强的生存能力,但是转轨创业才是众行商的梦想。以下几个家族的介绍有助于理解吴服行商的生活。

长崎陈平顺,福清人,由亲戚"益隆号"(经营砂糖贸易)作保于1892年(光绪十八年,明治二十五年)赴日。陈氏与众多福清人一样到日初期选择了行商,从"益隆号"处借得资金,用板车载运各种布料到乡间贩卖。7年后(1899年,光绪二十五年,明治三十二年)

---

① 许淑真:《在日福州帮的消长》,《摄大学术》1989年第2期,第70页。
② 许淑真:《在日福州帮的消长》,《摄大学术》1989年第2期,第67~68页。
③ 鸿山峻雄:《神户大阪的华侨》,华侨问题研究所,1979年,第232页。

与三个朋友合伙创立了"四海楼"饭庄,不久即独立经营,并买下了原属广东会馆的土地。1902年(光绪二十八年,明治三十五年)与日本女子柴田兴野结婚,育有三女(一失)二男。第二次世界大战后,其子将产业扩大,分设了四海楼有限公司、四海楼观光有限公司等机构。①

神户林家灼(1903—1977),其子林圣福原为神户"福建同乡会"会长,现副会长。据林圣福介绍,其祖父在20世纪初到日本谋生,曾在大阪、和歌山一带贩卖布料,不久归国。其父家灼公于1919年3月由神户上陆,承继父业,并在和歌山与林美宋(日本女子)相遇,并归国完婚。长女梅末3岁时,夫妇二人再渡赴日,开始半农半行商的生活,又先后养育了7个子女。林圣福现保留的部分华侨登记证和入国证明书,为研究者提供了相当珍贵的实物,从中可以看出其父职业变动的情况。1944年12月14日在民国神户总领事馆登记时,其职业为吴服商,而1950年外国人登录证明书上的职业变为料理饮食业,到1952年10月9日在留资格证明书上又为吴服商。林先生对其父这种职业变动的解释如下:家族长期居住在爱媛县乡下,以农业为主,农闲时父亲兼做行商,农忙则归乡务农。战后在经营洋服的同时(职业上延续吴服商之称)开了料理店,这也是众多吴服商的目标之一。现林圣福名下的"福建商事株式会社"从事毛皮、大衣、妇女服饰为主的进口业务,当有其家族渊源。

横滨薛来宏(1914—1983),祖籍福清高山乡薛港村,1930年16岁时随母赴日谋生,学习贩卖布料。1932年随母到塞班岛开设"德岛屋",经营日本服装生意。1943年因战争返回山梨县船津村,1946年在横滨中华街旁创立"阳华楼"大饭店(食宿兼备)。此后事业迅速发展,1947—1953年达到顶峰,先后在东京都银座设立"福友公司"、"鹤屋"等专营衣料、服装,在新宿区、横滨樱木町、花联町等地开设游乐场、咖啡店、酒屋等,是吴服行商成功转轨创业的典型。②

日本侵华战争时期,闽商备受管制和迫害,社会经济凋敝,百业凋零。尤其是贸易业受冲击最大,在一切物资实行"战时编制"的政策之下,贸易业几濒于中绝。即便是"三刀"行业以及行商和手艺技术工匠,经营也十分困难。

战后初期,闽商经济有了较快的发展,但仍以传统的贸易业和"三把刀"行业为主,经济活动范围有所扩大。然而,闽商经济的好转只是昙花一现。1947年7月,日本政府颁布了一项主要针对华侨饮食业的"七五政令",使闽商经营的饮食业受到很大打击,如在长崎,受影响的饮食、料理店近千家,其中组成部分是华商经营的。

接着,日本政府又实施一系列法令,对华商经营的服装、杂货、鲜鱼、蔬菜、酒类等业采取登记制度,对华商的经济活动予以种种限制。1948年2月,又对华侨经营的商店课以重税,进一步给华侨经济以沉重打击。另一方面,在美国的扶植之下,日本经济很快从废墟中恢复。在如此严峻的形势下,闽商经济面临挑战,开始开辟新的经济活动领域。

---

① 深泻久,西日本新闻社,1979年。
② 王良主编:《横滨华侨志》,财团法人中华会馆,1995年,第1057~1060页,转引自许金顶:《近代旅日闽商社会生活述评》,《海交史研究》2002年第2期。

到20世纪50年代,闽商经营的一些新行业出现,如娱乐旅游业。20世纪60年代,华侨经营的旅馆业和旅游业也发展起来。20世纪70年代以后,闽商以经营娱乐、饮食业为主,但也有投资不动产和从事与中国及东南亚华商之间的贸易,并且得到较大发展。著名的闽商实业家如:

神户的唐人街叫"南京街",街上华人开设的小吃店、酒楼、肉店、杂货店、药店鳞次栉比。福清籍的林同春在这里开设神户中国百货公司等商店,规模较大,闻名遐迩。林同春深孚众望,担任世界福清同乡联谊会副主席、日本神户华侨总会会长、福建同乡会理事长、中华同文学校董事长、中华总商会会长、旅日福建同乡恳亲会会长、旅日华侨(21世纪)中日青年交流促进会会长等。在日本神户、大阪经营中国百货公司、中央实业株式会社、纤维贸易、房地产业等。由于讲求信誉,注重质量,商誉日隆,为当地的经济和社会发展做出积极贡献。还有福清籍的刘友荣,在神户经营10多家大型游乐场,涉足菜馆、不动产贸易等行业。

横滨的中华街是日本最大的唐人街,被当地列为三大观光点之一。每年游客1500万人,其中多半为了来这里吃中国菜。祖籍福清的薛来宏,在横滨开设著名的中华料理阳光楼大餐馆,还经营旅馆、游艺场等15家企业。其经营的一座20层楼旅馆,是横滨最大的旅馆之一。

长崎福清人陈平顺创办和经营的四海楼,是为中国留学生提供饮食方便而开设的面食料理店,发展成为可同时容纳1500名食客进餐(或宴会)的大餐馆,是日本规模较大的中华饭馆,陈名治(第三代)担任董事长兼总经理。祖籍福清的林其根是第三代华侨,在长崎建有一座现代化大楼——林英大厦,大厦成为他所经营的中日贸易、房地产、餐饮业中心。祖籍福清的高广辉,在香川县经营平安阁餐馆,颇具规模。

福清人林康治、林瑞荣兄弟创办的微笑堂,系日本全华资企业。"微笑堂"的创建人林康治于1930年出生在日本。1950年,营业面积只有3.3平方米的"林康治商店"在熊本市内开业,从事衣料纺织品买卖。1960年11月,林康治设立"株式会社微笑堂",出任第一任社长。此后,"微笑堂"突破了一店一铺、小本经营的局限,向多商品化、多店铺化的超市方向发展,成为日本流通业革命的受惠者。1985年以后,"微笑堂"大举投资中国,事业继续扩大。1994年,"微笑堂"在福冈证券交易所正式上市,1997年,"微笑堂"又在大阪证券二部市场正式上市。由于创业者林康治迄今一直持有中国护照,因此,"微笑堂"是日本第一家华侨上市企业,并成为华人经济实力的象征。1997年,"微笑堂"企业集团膨胀至最高峰,国内外关联会社多达24家,店铺数多达51家,年度销售额达1020亿日元,创历史纪录。在其弟林瑞荣担任社长的20世纪90年代,"微笑堂"不仅在中国,在日本也进一步大肆扩张,除熊本县以外,更在长崎、福冈、佐贺等县开出超市大型店。这些店铺营业面积都在2万~3万平方米以上。进入21世纪,"微笑堂"业务更加多元化,在熊本、福冈、九州等地有超级市场及连锁店90多家,员工4000多人,还在中国投资兴办7家大酒店和11家企业,其中有五星级的上海海伦宾馆以及北京皇冠大酒店等。

旅日福州籍华侨、华人也有涉足房地产等其他行业的。祖籍福清高山镇的任道福,在大阪、东京、熊本等地拥有17家房地产公司,还有咖啡厅、汽车学校等实业。1986年投资 100 万美元,与福建省合作成立福建冲浪游泳有限公司。

三、日本闽商社团

最早的闽商社团主要以寺庙为中心,形成社会自治组织。日本闽商分为漳泉帮和福州帮,漳泉籍闽商建有福济寺,福州籍闽商建有崇福寺。这种寺庙除扮演宗教角色外,还具有丧葬、祭祀、联谊、救济、仲裁、调解等功能,带有同乡会馆的性质。后随着闽商的增加,各地的地缘性社团纷纷涌现。神户的漳泉商人于1870年开设复兴商号,成为福建商人的议事之所,在此基础上不久组成"八闽会所",不久又改称"福建商业会议所"。长崎的泉漳帮于1892年在"八闽会馆"的原址上改建"星聚堂福建会馆",福州帮则于1899年组织"三山公所"。大阪的福州商人于1906年成立"福邑公所",但不久因第一次世界大战会员减少而解散。神奈川(横滨)的福建华侨于1928年成立"新兴福建联合会"。东京的闽商于1933年成立"旅日福建工商联合会"。

此外,各地还成立其他的闽商社团。长崎有1850年成立的"福建会馆",为福建贸易商、杂货商组织;1915年成立的"福州同乡会",从事亲睦、救助、调解等活动;1924年成立的"福州青年会",为福清籍青年组织。神户有1870年左右成立的"福建公所",是福建侨胞亲睦、互助和发展商业团体的组织。横滨有1928年成立的"中华民国旅日福建联合会",是福建侨胞亲睦共济团体。大阪有1918年成立的"福州同乡会"。东京有1924年成立的"旅日福建同乡会",1933年成立的"旅日福建工商联合会",是福建侨胞互助亲睦、发展工商业团体。

表 2-2　日本各地福建华侨社团一览表(1850—1935 年)

地区	名称	创立年代	主要人物	人数 1926年	1934年	1936年	1938年	活动内容、宗旨
长崎	福建会馆	1850	1934年会长陈世望			9	9	15	贸易商、杂货商等有资产者的组织,主持新年年会、祭鬼等活动
	漳泉永公所	1868	1936年总代陈世望			3	3		救助贫困者
	三山公所	1899	1936年总代詹敏崇		200	400	120	维持崇福寺香火,募集赠金、操办祭祀
	福州同乡会	1915	1936年会长詹敏崇		250	600	430	同乡亲睦、救助贫困者、贸易纠纷仲裁
	福州青年会	1924	1936年委员长叶爱发		20	20	49	福清县出身青年会,慈善事业、互通信息

续表

地区	名称	创立年代	主要人物	人数 1926年	人数 1934年	人数 1936年	人数 1938年	活动内容、宗旨
神户	福建公所	1870前后	创始人王明玉		20	12	25	闽南系侨胞互助亲睦,谋求商业发展
神户	福建同乡会	1934	现任理事林圣福					福清侨胞互助亲睦,谋求商业发展
神户	兵库县华商绸业公会	1935	1944年会长魏子雄				180	福清吴服商人团结互助组织
大阪	福州同乡会	1918			180			福州侨胞亲睦,谋求商业发展
大阪	旅阪华商绸业公会	1934				210	449	吴服商人亲睦,与日方协调关系组织
横滨	三江公所	1887	魏光焰,创始人之一	72	41	120		苏浙闽侨胞亲睦,谋求商业发展
横滨	亲兴福建联合会	1918		86				福建侨胞联络乡谊
横滨	中华民国旅日福建联合会	1928			150	87		亲睦、互助组织
东京	福建留日学生同乡会	1918	1936年会长陈遵妈、陈天木	80		154		闽籍留学生亲睦互助团体
东京	旅日福建福州同乡会	1924			100	200		互助亲睦
东京	旅日福建工商联合会	1933			26	54		互助亲睦,发展工商业

(1)本表参考下列资料而制:《长崎华侨与日中文化交流》年报第5辑,第81~92页,长崎华侨研究会,1989年;《续·长崎华侨史稿(史·资补编)》年报第4辑,第103~105页,长崎华侨研究会,1988年。

(2)旅阪华商绸业公会未明确说明是福建人组织。

(3)福建留日学生同乡会的创始年代原稿为1924年有误,应不迟于1918年。

资料来源:许金顶:《近代旅日闽侨社团构成及其功能》,《海交史研究》2003年第2期。

随着居留日本的福建人增多,为联络闽籍商民,遂有建立全省会馆之必要。清光绪二十三年(1897年)《重建长崎八闽会馆碑记》:"八闽会馆始建迄今殆百余年之久,为我帮商旅议公之区,良辰宴会之所,由来已久矣,乃以风飘雨洒墙坍栋倾为虞,爰是董事陈君等目击心忧,商于众曰:斯馆将崩,若缓不修,必墟且废,非特失议公之所,而凤供天后圣神宝像,奚能安忍哉?于是众情洽定务在重新改建,所谓一言可以兴邦,其斯人之谓舆欤。因而募款遐迩,筹策兴工,庶兹轮一新,巍然壮观,是亦赖于帮人踊跃捐货,俾得其有成也⋯⋯今更号曰福建会馆,以克全省均泽也。且夫业继前徽,事在人谋,既落成之可嘉,妥为志之不泯,从此懋迁蕃昌,聚乡先生于一堂,财源涣发,蒙神灵佑于无涯,谨序。"①

1903年,清政府颁布《商会简明章程》,通令全国及海外华侨荟萃之处成立商务总会。在此形势下,日本各地华商分别成立了商务总会。最先成立的是长崎中华商务总会,于1907年成立,理事按各帮的人数比例选出总理1人,协理2人,由清政府农工部正式任命。此后横滨、大阪、神户也先后成立中华商务总会。商务总会除了有关贸易事项的讨论、处理和维持商业秩序外,还代表全体华侨对外交涉,经营墓地、学校、医院等公共事业,并担任仲裁裁判的审议和施棺、运棺归国等资金的筹措。抗战爆发后,日本利用各种统制法令,摧残华侨经济,使华侨诸业凋零,商会公所会馆等组织亦因日方的压迫,事实上均告停顿。直至战后,各地华侨经济有所恢复,乃成立华侨联合会,并成立全国的留日华侨总会。

日本发动侵华战争后,一方面采取一系列外交手段,切断华侨与祖国的联系;一方面又为了便于监管,对华侨的爱国社团或被迫解散或加以合并。长崎的福济寺、崇福寺和神户、大阪、横滨的中华会馆均遭破坏,其他各地的商会、会馆和公所也多难以幸免,仅存的社团活动也备受限制,很难开展日常会务活动,为闽商服务的公益事业也受到重大打击。

二战后,华侨处境虽然得到改善,但由于中日关系还没有正常化,中日之间尚未缔结和约,华侨与家乡的联系被人为地隔断,仍然无法得到祖国的关怀和帮助,只有依靠自己的联谊与团结互助,尽力解决面临的一些问题。

1946年1月25日,各县华侨代表在东京举行全日本华侨总会筹备会;同年4月18日,日本各县华侨代表在热海举行全体代表大会,成立全国的留日华侨总会。1951年春,日本各县华侨联合会会长联席会议决定将各县华侨联合会改称华侨总会,全日华侨总会则更名为华侨联合总会。总会以联合日本各地华侨总会,实现侨民之相互团结,敦睦其感情,促进其福利,加强其对祖国之联系,协助政府推行侨务政策为宗旨。福州十邑华侨有不少人参加华侨联合总会。

当时,东京、横滨、京都、大阪、神户、福冈、长崎等地均有福建同乡会组织。福建同乡会的领导大都由福清籍华侨担任。1961年8月15日,祖籍福清华侨林同春发起倡建旅日福建同乡恳亲会,成为旅日华侨社团中影响较大的社团组织。当年起,旅日福建同乡

---

① 宋越伦:《日本华侨概况》,台北:正中书局,1987年,第33~34页。

会每年举行一次联合恳亲会,轮流在各城市举行。1984年举行的第二十四届和1991年举行的第三十一届恳亲大会在福州召开。

1994年,福州十邑乡人在日本东京、横滨、京都、大阪、神户、福冈、长崎等10多个大城市都组织有同乡会,共12个。

表 2-3 日本福建同乡会组织情况表

社 团 名 称	职 务	姓 名
东京福建同乡会	会 长	张仁猛
大阪福建同乡会	会 长	杨学桂
横滨福建同乡会	会 长	杨和长
神户福建同乡会	会 长	林同春
京都福建同乡会	会 长	林修明
福冈福建同乡会	会 长	林其根
长崎福建同乡会	会 长	潘美官
函馆福建同乡会	会 长	陈上梅
千叶福建同乡会	会 长	韦健二
大分福建同乡会	会 长	黄祖锹
熊本福建同乡会	会 长	林康治
鹿儿岛福建同乡会	会 长	陈喜官

资料来源:《日本福州社团》,http://www.fzdqw.com/ShowText.asp? ToBook＝807&index＝139&.

第二次世界大战后,在旅日华侨社会中影响最大的一个社团是旅日福建同乡恳亲会,它是旅日福建侨胞省际范围的同乡联谊会组织。

第二次世界大战,日本战败,旅日侨民地位得到改善,中华人民共和国成立后,由于中日关系尚未正常化,台湾当局还把持着驻日"大使馆",旅日侨民(大陆)与大陆家乡的联系被人为隔断,无法得到祖国的关怀和协助。华侨只有团结互助,才能解决面临的一些问题,故产生恳亲会。另一方面,第二次世界大战后,旅日华侨、华人自身的政治、经济地位,以及传统观念、文化教育发生巨大变化,"帮"的观念日趋消失,产生各种社团组织,并出现全日本统一的华侨社团。其中,最富有创造力,且影响越来越大的当属1961年成立的"旅日福建同乡恳亲会",其全称为旅日全国福建同乡代表者有志恳亲会。由旅日神户华侨总会会长、福建同乡会理事长、祖籍福清的林同春于1961年8月5日发起倡建的。

"恳亲会"从1961年8月5日发出倡议开始,经过林同春、张晃祯(张仁源)等人热心筹划,于同年9月15—17日,在日本京都东山区高台寺"灵山新温泉"举行第一届"恳亲会",到会的同乡60多人。"恳亲会"上的议题有九项:(1)婚姻;(2)归国探亲;(3)青年交流;(4)就业;(5)普渡法会;(6)同乡名册印刷;(7)教育;(8)团结与亲睦;(9)恳亲会延续。并就上述议题做出决议。

"恳亲会"每年举行一次,每次轮流由一个地方的乡会主办。其组织机构,设一个筹备委员会,配设委员长一人,副委员长若干名,顾问、委员若干名。筹委会设事务局,负责办理具体事宜。工作人员都是兼职,委员长和事务局长不断更换,一般是推举当届"恳亲会"所在地的福建籍华侨中有威望的名流人士担任。经费由与会者交纳,儿童酌情减少,旅费和旅游费由本人负担,不足部分由举办地的福建华侨同乡会给予补贴,或由华侨实业家出资赞助。

1961年9月第一届"恳亲会"在日本京都举行,委员长林同春,事务局长张晃祯。当时由于中日之间尚未建交,台湾当局还把持着"大使馆"、"领事馆",千方百计阻挠"恳亲会"的召开,诬称"恳亲会"为"赤色集会",刁难和造谣中伤,次日又遭强台风袭击。但经与会者同心协力,首届"恳亲会"终于圆满成功。

1962年9月12—14日,第二届"恳亲会"在东京举行。虽遇到台湾"大使馆"阻挠,但参加人数增加近1倍。解决婚姻、就业、教育以及神户中华同文学校宿舍的建设等问题,还对《旅日福建同乡名簿》进行修订。使与会者目睹"恳亲会"立足于为乡亲们办实事,解决现实困难问题的务实精神,民主作风,以及团结和睦的良好风尚。

1973年第十三届"恳亲会"在日本横滨举行,与会者320多人。中国驻日大使馆领事部领事关宗周应邀出席。会议提出旅日华侨的三大任务:(1)促进中日友好关系的发展;(2)扩大和加强华侨的爱国团结;(3)为祖国的统一事业做贡献。

1973—1982年在日本本土轮换举行"恳亲会"。①

第二节　　朝鲜的闽商

宋代福建海外交通发达,北宋时期与朝鲜的高丽王朝海上往来最为频繁,福建人纷纷赴高丽经商,如"泉州多有海舶入高丽,往来买卖"。② 北宋时期前往高丽的福建商人仅据《高丽史》不完全记载就有:

1. 大中祥符六年(1013年),"宋闽人戴翼来投,授儒林郎守宫,令赐衣物田庄"。③
2. 真宗大中祥符八年(1015年)闰六月,"宋泉州人欧阳征来投"。④

---

① 《日本福州社团》,http://www.fzdqw.com/ShowText.asp?ToBook=807&index=139&。
② 苏轼:《奏议集》卷六,《乞令高丽僧从泉州归国状》,《苏东坡全集》下,北京:中国书店,1986年,第475页。
③ 郑麟趾:《高丽史》第一卷4,东京:国书刊行会明治四十一年(1908年),第56页。
④ 郑麟趾:《高丽史》第一卷4,东京:国书刊行会明治四十一年(1908年),第58页。

3. 天禧元年(1017年),"宋泉州人林仁福等四十人来献方物"。①

4. 天禧三年(1019年),"宋泉州陈文轨等一百人来献方物"。

5. 天禧三年(1019年),"宋福州虞瑄等百余人来献香药"。②

6. 真宗天禧四年(1020年)二月,"宋泉州人怀贽等来献方物"。③

7. 乾兴元年(1022年),又有"宋福州人陈象中等来献土物"。④

8. 天圣元年(1023年)十一月,"宋泉州人陈亿来投";。⑤

9. 天圣六年(1028年)九月,"宋泉州人李颠等三十余人来献方物"。⑥

10. 天圣八年(1030年)七月,"宋泉州人卢遵等来献方物"。⑦

11. 明道二年(1033年)八月,"宋泉州商都纲林蔼等五十五人来献土物"。⑧

12. 庆历五年(1045年)五月,"大宋泉州商林禧等来献土物"。⑨

13. 皇祐元年(1049年)八月,"宋泉州商王易从等六十二人来献珍宝"。⑩

14. 嘉祐五年(1060年)八月,"宋商黄文景等来献土物"。⑪ 据《高丽史》"文宗十三年八月戊辰"条记载,这个黄文景是"宋泉州商"。⑫

15. 治平二年(1065年)十月,"宋商林宁、黄文景来献方物"。⑬ 林宁与黄文景同行,疑亦是泉州商人。其在文宗十八年(1064年)八月、二十二年(1068年)七月和二十九年(1075年)六月曾三度重来高丽。

16. 熙宁元年(1068年)七月,"宋人黄慎来见……(宋发运使罗拯)遣慎等来传天子之意"。⑭ 黄慎又作黄谨,一作黄真。《宋史》卷三三一《罗拯传》云:"拯使闽时(任转运使——引者),泉商黄谨往高丽,馆之礼宾省。"据此可知黄谨(慎)是泉州商人,他前往高丽时,有宋朝政府的文书。黄慎等于次年回国。

17. 熙宁三年(1070年)八月,"宋湖南荆湖两浙发运使罗拯复遣黄慎来"。⑮

18. 元祐二年(1087年)三月,"宋商徐戬等来献《新注华严经》板"。⑯ 徐戬为"泉州

---

① 郑麟趾:《高丽史》第一卷4,东京:国书刊行会明治四十一年(1908年),第60页。
② 郑麟趾:《高丽史》第一卷4,东京:国书刊行会明治四十一年(1908年),第62页。
③ 郑麟趾:《高丽史》第一卷4,东京:国书刊行会明治四十一年(1908年),第63页。
④ 郑麟趾:《高丽史》第一卷4,东京:国书刊行会明治四十一年(1908年),第66页。
⑤ 郑麟趾:《高丽史》第一卷5,东京:国书刊行会明治四十一年(1908年),第67页。
⑥ 郑麟趾:《高丽史》第一卷5,东京:国书刊行会明治四十一年(1908年),第71页。
⑦ 郑麟趾:《高丽史》第一卷5,东京:国书刊行会明治四十一年(1908年),第73页。
⑧ 郑麟趾:《高丽史》第一卷5,东京:国书刊行会明治四十一年(1908年),第77页。
⑨ 郑麟趾:《高丽史》第一卷6,东京:国书刊行会明治四十一年(1908年),第96页。
⑩ 郑麟趾:《高丽史》第一卷7,东京:国书刊行会明治四十一年(1908年),第100页。
⑪ 郑麟趾:《高丽史》第一卷8,东京:国书刊行会明治四十一年(1908年),第115页。
⑫ 郑麟趾:《高丽史》第一卷8,东京:国书刊行会明治四十一年(1908年),第116页。
⑬ 郑麟趾:《高丽史》第一卷8,东京:国书刊行会明治四十一年(1908年),第118页。
⑭ 郑麟趾:《高丽史》第一卷8,东京:国书刊行会明治四十一年(1908年),第123页。
⑮ 郑麟趾:《高丽史》第一卷8,东京:国书刊行会明治四十一年(1908年),第124页。
⑯ 郑麟趾:《高丽史》第一卷10,东京:国书刊行会明治四十一年(1908年),第145页。

百姓",苏轼说:"福建狡商,专擅交通高丽,引惹牟利,如徐戬者甚众。访闻徐戬,先受高丽钱物,于杭州雕造《夹注华严经》,费用浩瀚。印板既成,公然于海舶载去交纳,却受本国厚赏。"① 可知徐戬是泉州商人,他一定在此以前已来过高丽,才能受高丽政府委托,在杭州雕刻经板。但此前他到高丽的贸易活动,未见记载。经板共二千九百余片,徐戬"受酬答银三千两"②。又,哲宗元祐四年(1089年)十一月,"泉州百姓徐戬,擅于海舶内载到高丽僧统义天手下侍者僧寿介、继常、颍流、院子金保、裴善等五人,及赍到本国礼宾省牒云:奉本国王旨,令寿介等五人赍义天祭文,来祭奠杭州僧源阇黎"。③ 义天是高丽国王的兄弟,出家为僧,曾由海道来宋朝求经学法,对于两国文化交流有所贡献。他在中国杭州期间,从当地惠因院僧净源学法,此时闻净源亡故,特遣专人致祭。去高丽商船一般当年回还,也有隔年回还,由此事可知,徐戬很可能在元祐三年(1088年)或四年(1089年)又曾去高丽贸易,但《高丽史》未见记载。

19. 元祐三年(1088年),"刘载,宋泉州人,宣宗时随商舶来"。④ 据刘喜海光绪七年(1881年)所著《海东金石录补遗》卷二《刘载墓铭》:"(刘载)大宋泉州温陵人也。……慨然拂衣至于海东,时宣宗大安五年也。"宣宗大安五年,即元祐三年(1088年)。

20. 元祐四年(1089年)十月,"宋商徐成等五十九人来献土物"。⑤

21. 元祐五年(1090年)三月,"宋商徐成等一百五十人来献土物"。⑥ 苏轼在元祐五年(1090年)八月写的《乞禁商旅过外国状》中说:"至今年七月十七日,杭州市舶司准密州关报,据临海军状申准高丽国礼宾院牒:据泉州纲首徐成状称……"⑦ 可知徐成是泉州海商。

需要说明的是,在《高丽史》的记载中,以上仅是载明或可考为闽商者,还有更多仅载"宋商"而未说明其籍贯者,其中必然有更多的闽商。《高丽史》中"来投"的闽人,与其他"来献方物(或土物)"者是有所不同的。"来献方物(或土物)"者必为商人,"来投"者往往是在国内不得志想另找出路的儒生。但其"来投",必然搭乘商舶。诸如此类的记载在

---

① 苏轼:《奏议集》卷六,《论高丽进奉状》,《苏东坡全集》下,北京:中国书店,1986年,第469页。
② 苏轼:《奏议集》卷八,《乞禁商旅过外国状》,《苏东坡全集》下,北京:中国书店,1986年,第493页。
③ 苏轼:《奏议集》卷六,《论高丽进奉状》,《苏东坡全集》下,北京:中国书店,1986年,第468页。
④ 郑麟趾:《高丽史》第三卷97,《刘载传》,东京:国书刊行会明治四十一年(1908年),第128页。
⑤ 郑麟趾:《高丽史》第一卷10,东京:国书刊行会明治四十一年(1908年),第149页。
⑥ 郑麟趾:《高丽史》第一卷10,东京:国书刊行会明治四十一年(1908年),第150页。
⑦ 苏轼:《奏议集》卷八,《乞禁商旅过外国状》,《苏东坡全集》下,北京:中国书店,1986年,第494页。

《高丽史》中不绝于书。高丽王朝对于"投化唐人"的到来,不但极表欢迎,"择臣僚第宅与之",①而且对其中有文化和有专长者以官禄诱之,劝其留下。如"宋泉州商黄文景、肖宗明、医人江朝东等将还。制许留宗明、朝东等三人"。②当时高丽"王城(开城)有华人数百,多闽人因贾舶至者,密试其所能,诱以禄仕,或强留之终身"。③高丽王还通过福建商人的穿针引线,极力招揽各种专业人士。如泉州商人傅旋于熙宁八年(1075年)"持高丽礼宾省帖,乞借乐艺等人"。④因此福建人趋之若鹜,移居高丽者不计其数,除了商人之外,还有文人、医士和艺人等,其中不乏被授以官爵者。北宋时,泉州人刘载,随商舶来,试以诗赋,官至吏部尚书、司空尚书右仆射;胡宗旦,"亦宋福州人,尝入大学,为上舍生,后游两浙,遂从商船来,(高丽)睿宗宠顾优厚,补左右卫录事,寻权直翰林院,骤迁宝文阁待制⋯⋯后事仁宗,为中书舍人"。⑤南宋时也有泉州大商柳悦、黄师舜,"二人皆泉州人,世从本州给凭,贾贩高丽,岁一再至,留高丽者率尝经岁"。⑥

宋代之后,由于福建海外交通的对象转移到日本和东南亚,以及封建政权实施海禁等原因,福建人移居朝鲜日见减少,主要是一些走私商人以及因海难而漂至者,故明嘉靖二十六年(1547年),朝鲜王中宗李怿咨称:"福建人从无泛海至本国者,因往日本市易,为风所漂,前后共获千人以上。"⑦近代以来,福建人到朝鲜更是稀少。据估计,1905年朝鲜华侨3万余人中,福建人仅17人而已。⑧

---

①　郑麟趾:《高丽史》第三卷97,《刘载传》、《胡宗旦传》,东京:国书刊行会明治四十一年(1908年),第128~129页。

②　郑麟趾:《高丽史》第一卷8,东京:国书刊行会明治四十一年(1908年),第116页。

③　《宋史》卷四八七,《高丽传》,北京:中华书局,1977年,第14053页。

④　《续资治通鉴长编》卷二六一,熙宁八年(1075年)三月丙午,北京:中华书局,1995年,第6360页。

⑤　《古今图书集成》方舆汇编边裔典卷一九,《朝鲜部》,上海:中华书局,1934年影印本。

⑥　《历代名臣奏议》卷三四八,《夷狄》,台北:学生书局,1985年,第4534页。

⑦　《明史》卷三二〇,《朝鲜传》,北京:中华书局,1974年,第8290页。

⑧　陈碧笙:《世界华侨华人简史》,厦门:厦门大学出版社,1991年,第300页。

第三章

中南半岛的闽商

第一节 越南的闽商

一、越南闽商发展的历史

越南古称交趾、安南,早在汉代与福建就有了海上贸易。迄至宋代,双方海上贸易一时之盛,有许多福建人寓居,这些人多"因商贾至交趾"。① 越南统治者优遇闽商,极力招徕,"闽人附海舶往者,必厚遇之。因命之官,咨以决事。凡文移诡乱,多自游客出"。② 以故宋人云:"交趾所任乃多是闽人",③"交趾公卿贵人多闽人也"。④ 据说,有的闽商还当上安南国王。"景德三年(1006 年),黎盛(桓)死,安南大乱,久无酋长。其后国人共立闽人李公蕴为主。"⑤李公蕴创立后李朝,号太祖。继后李朝之后,1225 年建立陈朝的陈日煚亦闽人。陈日煚原名谢升卿,本福州长乐邑人,因科场失意,到广西经商,认识了越南官僚陈孝,被招为婿,改名陈承,后成为安南国王。⑥

越南中圻乃古占城国之地。宋时福建与占城之间的交通频繁,因此多有福建商人到

---

① 《续资治通鉴长编》卷二七三,熙宁九年(1076 年)三月壬申,北京:中华书局,1995 年,第 6692 页。
② 范成大:《桂海虞衡志》,转引自马端临:《文献通考》卷三三〇,《四裔考七》,杭州:浙江古籍出版社,2000 年,第 2594 页。
③ 《续资治通鉴长编》卷二四七,熙宁六年(1073 年)九月丙申引王安石语,北京:中华书局,1995 年,第 6031 页。
④ 司马光:《涑水纪闻》卷一三,北京:中华书局,1989 年,第 248 页。
⑤ 沈括:《梦溪笔谈》卷二五,《杂志》,第 13 页,文渊阁四库全书,武汉大学出版社原文电子版。
⑥ 何乔远:《闽书》卷一五二,《畜德志》,福州:福建人民出版社,1994 年,第 4489 页。

彼从事贸易活动,并在占城对宋的朝贡贸易中起着中介作用,①因此与当地统治者和人民建立了友好关系,其中有的人就长期留居下来,被称为"唐人"。② 有的唐人还与当地妇女通婚。如泉州人王元懋,"少时祗役僧寺,其师教以南番诸国书,尽能晓习,尝随海舶诣占城国。王喜其兼番汉书,延为馆客,乃嫁以女,留十年而归"。③ 正是这种番汉通婚的结果,在占城社会中衍生出一种"土生唐人"的阶层,④他们多从事与中国的海外贸易。

明朝初年,随着郑和下西洋后,海外交通日趋发达,闽粤人到占城居留者增多,生聚繁衍,渐成大族。开发会安的有朱、丁、伍、莫等十大姓,今会安明乡会馆尚有碑文记其事迹。

明中叶,闽粤人赴越经商日众。起初,在北方以云屯为华船贸易港,后因越南南北纷争,北朝郑氏开兴安宪铺,南朝阮氏辟会安为市。福建商人乘船趁东北风南下,运货抵越。翌年春夏载米乘西南风北归,此运米船名艚船,华侨商人被称为艚人。⑤ 仅在1577年,就有13~14艘福建船到达顺化。⑥ 1622年又有福建船航抵南越的藩朗、潘里。由于福建与越南之间交通频繁,"凡唐船,必以春天东北风乘顺而来,夏天南风亦乘顺而返。若秋风久泊,过秋到冬,谓之留冬,亦曰押冬"。⑦ 因此有不少福建人留居越南,甚至定居于此,形成"唐人街"。1631年,保尔里神父(C. Borri)在《交趾支那王国耶稣会士传道志》中云:"交趾支那王……曾准许华人及日人选择一适当地点以建设市镇。此镇称为会铺(Faifo);因其地甚为宽阔,几可令人认出两街:一为华人街,另为日人街,各街分置头领,而依据各自习俗生活。"⑧据族谱记载,晋江安海人颜玺留居越南,于1565年卒于占城;柯兆僚于1631年"往安南遂家焉",卒于1651年,"葬安南清夏"。

入清以后,中圻、南圻相继为安南所兼并。会安是当时对外贸易的重要港口,也是华侨的聚居之地,分为广东、福建、潮州、海南、嘉应五大帮,各有会馆,同舟共济。据荷兰东印度公司档案,17世纪末,会安有华商四五千人,这些华人无须向官府纳税,故乐于长住当地,⑨其中以闽商为主。释大汕至会安时,见其"大唐街",设有"闽会馆","夹道行肆栉比而居,悉闽人,仍先朝服饰,妇人贸易,凡客此者必娶一妇以便交易"。有"曾文老,闽人

---

① 《宋会要辑稿》蕃夷七之五〇。
② 赵汝适:《诸蕃志》卷上,《占城国》,北京:中华书局,1996年,第8页。
③ 洪迈:《夷坚三志已》卷六,《王元懋巨恶》,北京:中华书局,1981年,第1345页。
④ 《宋会要辑稿》蕃夷四之八二。
⑤ 华侨志编纂委员会:《越南华侨志》,台北:华侨志编纂委员会,1958年,第33、36、40页。
⑥ 张文和:《越南华侨史话》,台北:黎明文化事业股份有限公司,1975年,第36页。
⑦ 郑怀德:《嘉定城通志》卷二,《山川志》,载戴可来、杨保筠校注:《岭南摭怪等史料三种》,郑州:中州古籍出版社,1996年,第66页。
⑧ 岩生成一:《下港(万丹)唐人街盛衰变迁考》,《南洋问题资料译丛》1957年第2期。
⑨ Li Tana and Anthony Reid, comps., *Southern Vietnam under the Nguyen: Documents on the Economic History of Cochinchina (Dang Trong), 1602-1777*, Singapore: Institute of Southeast Asian Studies, 1993, p. 31.

也"。释大汕还得"闽客馈片月糖一器,称花乳,洁白莹彻,入口清甜,比蔗糖差实"。①

澎湖进士蔡廷兰也曾至安南,"自广义至谅山,历安南十四省,所至之地必有闽粤人聚处,各有庯长司其事。闽则晋江、同安人最多,盖不下十余万也"。② 可见福建人前往经商定居甚多。在族谱与史籍也多有类似的记载,晋江县《颜氏族谱》记载:"钟珍,生康熙三十五年(1696年)五月,客安南(中圻),彼处娶妇。"又晋江县《陈氏族谱》记载:"立辉,志学公次子……往安南求利,在是地娶妇。"厦门海沧人谢应平于乾隆中死于安南;谢逢祥、谢宏栋、谢世伟等亦卒于安南;邱氏家族也有不少人到安南,老死于此;还有马巷"王氏名六娘,同安东沙人陈台宜妻,夫经纪海外,岁罕得归,后舟遇风,死于安南"。③

此外,越南北方的郑氏和南方的阮氏王朝为铸币和军事的需要,到广西及闽粤沿海招募华工前往越南开采铁矿。1778年,西贡的华侨成立七府公所,七府指的是福州、漳州、泉州、广州、潮州、琼州、宁波。1787年,越南嘉隆王下令准华侨以方言分为广肇、福建、潮州、海南四帮,各帮设帮公所,由各帮华侨推选帮长、副帮长,主要职责是代政府征税和管理。

清末民初,军阀割据,地方不靖,经济衰落,民生困苦,不少人离乡背井前往越南谋生。1876—1898年之间,仅来自厦门的移民就有7980人移入交趾支那。④ 当时仅西贡一地"闽广人住此者约有二万余"。⑤ 据统计,至1938年南圻各邦的福建籍华侨约4万人。⑥ 此时的越南已沦为法国的殖民地,殖民当局对华侨采取限制和利用的政策,并将西堤华侨划为广肇、潮州、福建、福州、客家、海南、琼州等七府,利用其作为管理华侨的工具,后又将福州帮和琼州帮分别并入福建帮和海南帮。

抗日战争期间,福建的海外交通中断,华侨主要通过经由广西的陆路来往于福建与越南之间。太平洋战争爆发后,华侨纷纷回国避难。抗战胜利后,大批难侨向厦门侨务局登记,申请重返越南。据1946年11月的统计,当年申请往西贡的有606人。据厦门《星光日报》报道,1947年从厦门去越南有2306人,从越南回国有1637人;1948年去越南1272人,回国614人。出入国对抵,净出国1327人。据1949年的统计,仅在堤岸一地,华侨就达40万人,其中福建帮占7.8%。1955年,北京"华侨问题研究会"编印的《亚非地区华侨情况》介绍,越南有150万华侨,其中福建籍30万人,占20%。1962年,据中华人民共和国华侨事务委员会统计,越南共有华侨127万人,其中南越110万,福建籍占20%;北越17万人,福建籍占15%。1975年起,越南政府推行反华排华政策,大规模驱赶华侨和华人,越南华侨人数锐减。据1980年统计,越南华侨、华人约70万人,其中福

---

① 释大汕:《海外纪事》卷四、卷三、卷五,北京:中华书局,1987年,第80、83、45、99页。
② 徐继畬:《瀛环志略》卷一,上海:上海书店出版社,2001年,第23页。
③ 万友正:《马巷厅志》卷一六,《烈女》,《中国地方志集成·福建府县志辑》4,上海:上海书店出版社,2000年,第516页。
④ 陈翰笙主编:《华工出国史料汇编》第5辑,北京:中华书局,1981年,第352页。
⑤ 阙名:《游历笔记》,载王锡祺辑:《小方壶斋舆地丛钞》第十一帙八,台北:学生书局,1975年。
⑥ 台湾总督府编:《南洋华侨情况》,1938年7月。

建籍约 14 万人,占 20%。① 1986 年阮文灵接任越共总书记后,开始改变对华侨的政策,准许华侨自由选择国籍。1990 年越南华侨约有 100 万人,其中南方 90 万人。福建籍华侨约 20 万人。

二、越南闽商社会经济

早期越南闽商多从事海上贸易。明清时期,越南的福建籍华侨主要从事商业、工矿业和农业,他们对越南社会经济的发展做出了贡献,尤其是以南部的河仙、定祥、边和、嘉定等地区的开发发挥了很重要的作用。如 18 世纪前期边和有大量福州商人在此经商居住,所建福州会馆与关帝庙和广东会馆并称"三大祠"。② 边和的农耐大铺,因陈上川"招致唐商,营建铺街,故商旅辐辏,洋舶江船收风投椗,舳舻相唧,是为一大都会。富商大贾,独此为多"。"其通国驰名"的闽商,如林祖观,系福建省泉州晋江县人,越南阮朝阮世宗进行服饰改革时,"慨慕衣冠之荣,父子三人同日进金,为内院侍翰,名达圣聪,嘉其富豪"。③ 越南阮朝名臣郑怀德是华人(明乡人),其祖籍福州府长乐县。清军入关之后,其先祖郑会因不愿剃发易服而渡海来到越南,定居于广南国镇边(今同奈省边和市),在那里"受一廛而为氓,初试陶朱之技,终博陶朱之名,竟成鹿洞巨擘",④ 即通过经商奠定了在当地的地位。《嘉定城通志》也说:师孔(郑会),福州长乐县人,"与四丰府周俱称巨擘"。⑤ 另,嘉庆十六年(1811 年),福建商人林旭三、李京秀到边和开办罗奔铁矿,"法制精工,得铁良好。铸镬铫货卖,骤得厚利,竟携资回闽"。⑥ 南方的柴棍铺(今胡志明市)更是闽商云集之地,商业极其繁盛。这里"直贯三街,际于江津,横以中街一,下沿江街一,各相贯穿,如田字样。联檐斗角,华唐杂处,长三里许。货卖锦缎、瓷器、纸料、珠装。书坊、药肆、茶铺、面店,南北江洋,无物不有。大街北头,本傅关帝庙。福州、广东、潮州三领事馆分峙左右。大街中之西天后庙,稍西温陵会馆。大街南头之西漳州会馆"。⑦

---

① 《东南亚经济年鉴》,转引自福建省地方志编纂委员会编:《福建省志·华侨志》,福州:福建人民出版社,1992 年,第 115 页。
② 郑怀德:《嘉定城通志》卷六,《城池志》,载戴可来、杨保筠校注:《岭南摭怪等史料三种》,郑州:中州古籍出版社,1996 年,第 218 页。
③ 郑怀德:《嘉定城通志》卷六,《城池志》,载戴可来、杨保筠校注:《岭南摭怪等史料三种》,郑州:中州古籍出版社,1996 年,第 219~220 页。
④ 郑怀德:《艮斋诗集·自序》,香港:新亚研究所,1962 年,第 126 页。
⑤ 郑怀德:《嘉定城通志》卷六,《城池志》,载戴可来、杨保筠校注:《岭南摭怪等史料三种》,郑州:中州古籍出版社,1996 年,第 220 页。
⑥ 郑怀德:《嘉定城通志》卷二,《山川志》,载戴可来、杨保筠校注:《岭南摭怪等史料三种》,郑州:中州古籍出版社,1996 年,第 62 页。
⑦ 郑怀德:《嘉定城通志》卷六,《城池志》,载戴可来、杨保筠校注:《岭南摭怪等史料三种》,郑州:中州古籍出版社,1996 年,第 213 页。

此外,也有不少福建籍商人在越南封建政府中担任官职,有的安南出使中国的使节也以闽商充任。①

在法国殖民统治时期,福建华侨的经济有所发展,主要经营谷米、橡胶、布匹、钢铁、汽车、洋酒,以及典当、电影等业。② 但福建华侨从事工商业者大多为中小资本,越南南方的小商贩中,有一半是华侨。有的小商在乡村开设木行、布店、米铺等。在出产大米的平原地区,闽商开办了许多小型糖厂和碾米厂。其中一些闽商经营的规模还比较大,如祖籍厦门的张振帆拥有3家碾米厂,资产300多万法郎,曾任秫米公会会长、福建帮长、七府公所主席。福建华侨经济在越南占有重要地位,堤岸的工厂与米店几乎都是福建帮经营的,在其他工商业方面也有很大的势力。③ 主要有:

造船业:为了转运大米的需要,华侨造船业有相应的发展,华侨经营的内河水运大小驳船达千艘,最繁荣时造船厂约有30家。④

纺织业:一战后,华侨经营纺织业渐多。祖籍永春的颜子俊于1902年到安南谋生,后投资开办纺织厂和印染厂,成为经营工商联合企业的业主。在迪石,最初闽商开设联安兴织造厂,后迁西新市,以后又有福建华侨曾子明创设谦益织造厂。

洋烛业:中、南圻华侨经营的洋烛业有20余家,集中于堤岸,其中最具规模者为闽商的魏建康蜡烛厂。⑤

这时期也出现了一些福建华侨的商业巨子。著名的有:

黄文华(秀荣)、黄仲训父子。黄文华原籍厦门,原是"弃儒就市"的失意文人,年青时往安南谋生,起初在商店当伙计,后经营典当业,渐发迹,拥有资产数十万元。又经营房地产业,西堤市的店屋几乎半数是黄氏一家投资兴建的。除了在西堤建造楼房数百幢,还在市中盖了一个大市场和一座大医院(拥有300个床位)。黄文华有四子,次子仲训、三子仲赞继承父业。黄氏父子经营的房地产业遍布越、法、英、美、港、台各地,被称为"房地产大王"。

张振帆,厦门人,拥有3家碾米式场,资产300多万法郎,曾任稻米公会会长、福建帮长、七府公所主席。

陈伯臣,字伯富,同安城南阳翟人,少贫,比壮抵安南,营布商及染料40余年,获利20余万金。⑥

郑昭明,永春人,早年往新加坡,后在越南堤岸经营□□□□□□东门广场。为清末五位福建帮侨领之首,1904年出任南圻中华总商

---

① 释大汕:《海外纪事》卷一,北京:中华书局,1987年,$\square$。
② 《新加坡晋江会60周年纪念特刊(1918—1978)》。
③ 杨建成:《法属中南半岛之华侨》,中华学术院南洋研究所,1986年,第50页。
④ 华侨志编纂委员会编:《越南华侨志》,台北:华侨志编纂委员会,1958年,第36页。
⑤ 华侨志编纂委员会编:《越南华侨志》,台北:华侨志编纂委员会,1958年,第74页。
⑥ 吴锡横:《同安县志》卷三六,《人物录·华侨》,《中国地方志集成·福建府县志辑》4,上海:上海书店出版社,2000年,第302页。

谢玛延，原籍泉州，清末民初人，住堤岸市，专营营造业和房地产业，他的大厦占4个街口，为20世纪初著名的慈善家。

林彦罩，南安人，谙法语，为越早期工业家，拥有颇具规模的机制蜡烛厂——三光蜡烛厂。曾出任南圻中华总商会第13届会长。

颜子俊，名福黎，永春人，于1902年到安南谋生。10年后稍有积蓄，与他人合资经营商业，后独资经营启华英布店。一战后转而投资工业，开办纺织和印染厂。1910—1930年，曾任中国国货公司董事长，陶业商行、鼎新布店和启英华布商的董事长兼总经理，越南堤岸中国大戏院董事长，越南匡庐报社社长等职。

二战以后，越南闽商以经营小规模工商业为主，包括机器修理、制糖、制茶、销售自行车、玻璃、土纸、土产收购以及华洋杂货、金银首饰。在堤岸，闽商经营的零售店以经营杂货店和中药店最为普遍，当地华侨称它为"馆仔"，举凡日常生活所需，各色俱全，随用随买，还可以赊购。越南人称中医为"东医"，称中药为"东药"，大多数药店都聘有常驻医生诊病，病人看完病随即在药店买药，十分方便，很受欢迎。

20世纪50年代初，堤岸华侨经营资金雄厚的出入口商业规模相继增多，同时也逐渐举办了一批纺织、化工、钢铁等现代化工业。据西贡出版的《经济半月刊》估算，20世纪50年代初华侨经济占国民经济的30%；在零售日用品业中，80%的中小商店都是由华侨经营的。在金融业，华侨经营的规模很小，大多是家庭经营的当铺、钱庄和银信局，当铺远达偏僻乡镇，银信局为华侨社会特有的汇兑机构。

在农村，福建人主要从事树胶、稻谷、蔬菜种植。西贡附近的华侨经营的小胶园有70多个，但规模不大；种稻的福建人多在中越边境一带。

20世纪50年代中期，越南分裂为南越和北越后，闽商经济发生较大变化。据1954年官方公布的数字，北越5.2万华侨，大部分居住在河内、海防等城市，经营以碾米为主的中小型工厂。在北越实行"国有化"和社会主义改造以后，有400多家华侨工商业先后被公私合营，绝大多数华侨手工业者和小商小贩加入了合作社或合作组织，只剩下一些乡镇华侨小商贩、小手工业者和自耕农。

南越闽商经济起伏较大。1952年《越南统计年鉴》显示，西堤联区和南越各省华侨工商业共21773户，占南越工商业户数的31%强。1955年吴庭艳政权建立后，华侨华人经济受到排挤的打击，影响很大。据1956年西贡出版的《经济半月刊》报道，在此之前的华侨经济占南越经济的30%，华侨经营商业约占70%，工业（碾米厂和各种手工业）占25%，农业占5%。在商业中，又以零售一些日用品如柴、米、油、盐之类的小商贩为最多。据南越劳工局1957年2月的调查，西堤区共有华侨工商业12584户，占工商业总户数的40%强。

1956年9月，南越政府颁布禁止外侨经营11种行业，包括日用品零售业、纺织品、五金、稻谷买卖、碾米业、运输业等的法令。1957年9月，南越当局又重申对11种行业进行"越化"，并强令其中7种行业停业。在短短的20天内，西贡堤岸被迫停业的华侨商店达6000家之多，致使市场一片萧条。据14个省市的不完全统计，受该法令影响的华侨商店达8379户，占南越华侨商店总数的38.5%。一些被迫停业的华商纷纷转移资金，开办小型工厂或作坊,经营如印染、成衣、造纸、塑料加工、轧钢、五金制品、零配件制造、电工器材、化工原料、家用电器装配、建筑材料和日用品制造等,促进了当地民用工业的发展。绝大多数华商为了继续生存,先后申请加入南越籍,从而加速了华侨经济向华人经济的转化。

20世纪50年代末,南越华侨华人经济曾有较大发展,南越工商业一度有60%掌握在华侨华人手中。南越的工厂2/3是由华侨华人资本经营的。从补品收购、进出口贸易到零售,整个商品流通过程都可由华商完成。从经济结构来看,南越华侨华人有60%～70%经营进出口贸易,其中零售商所占比重较大;20%～30%经营碾米、制糖、酿酒、橡胶、制药、林业等加工工业和纺织、造船、钢铁等业;10%从事农业和渔业。

这时期较著名的闽商有:

蔡沂煊、王华生,均为晋江人,系师兄弟,在南越经营黄金铸造业"金城金银号"。蔡历任中华总商会监事畏,王任越南金银珠宝首饰业公会主席。

龚纯礼,晋江人,旅居越南海防,致富于战前,经营米绞、运输业,战后初期已拥有海防约半数的火车厢。

王金锭,石狮人,20世纪40年代后期创办金城银行,并置有直升机,为南越著名银行家、巨商。

20世纪60—70年代的越南战争,使南越的华侨华人经济受到沉重打击。特别是1965年8月,侵越美军改造军用票,严重助长了通货膨胀,使经营中小商业的福建华侨深受其害。只有极少数与美国资本和南越政权有特殊关系的经营进出口贸易的华商,乘机大发战争财。随着战局的恶化,这些带有买办性质的投机性强的华侨华人大资本家逐步把资本转移到国外。

越南统一后,从1978年起,越南当局推选"改造私营工商业运动",对南方华侨华人工商业者、小商小贩进行掠夺的迫害。越南当局还以重新分配人口和开发新经济区为名,把原来居住在城市的华侨驱赶到边境的"新经济区"。许多原来居住在城市的华侨工商业者甚至被吊销户口,停止粮食配给,大批华侨华人被迫寻找各种方式和渠道逃离越南,形成了举世惊骇的越南难民潮。无法离境的华侨华人为了生存,只得被迫迁往"新经济区",靠开荒种地为生,或靠摆摊,肩挑贩卖小百货、蔬菜等艰难度日。

1980年年末至1981年年初,在当地经济极端困难的情况下,由于华商提供了必需的商品,越南当局对自由市场的存在只好采取任其自然的态度。1983—1986年期间,越南当局执行歧视性的税收的工商业登记政策来限制华侨华人私营企业,如要求华侨缴纳60%的所得税和10%的营业税,华人如开办商业企业和服务性行业,必须申请营业许可证并履行极为繁杂的登记手续。许多华侨华人经营的小企业和未取得当局认可的街头商贩被迫歇业,一批餐馆、咖啡厅被迫关闭。[①]

---

① 《越共对待华人的政策》,《南洋问题资料译丛》1988年第3期;杨力、叶小敦:《东南亚的福建人》,福州:福建人民出版社,1993年,第459～463页。

1986年越南开始实行革新开放以来,允许多种经济成分并存。1987年,胡志明市新开设的华资企业已有500多家,其中大多为餐馆、日杂百货店,工厂多为小型加工厂,只有个别企业经营规模较大,也有一些华商与当地和国外商人经营进出口贸易。

近年来,越南推行革新开放政策,自1988年颁布了《外国在越南投资法》后,至1990年年底,批准投资项目151项,投资金额10.77亿美元。① 随着对外经济联系的加强,一些华人通过在国外定居的亲友开始参与外资的外引内联活动,扮演了中介人的角色。

随着越南经济的恢复和发展,一些当年被驱赶到海外的华裔,在积累了一些资本后,通过留居越南的亲友,从事经营进出口贸易,有的华商还开设银行与"特别服务"。从总的趋势来看,华人的经济生活已日趋改善。

三、越南闽商社团

17世纪中叶,明朝的一些遗民相继流亡越南。他们中的不少人想维持明朝的香火,因而组织了"明香社"作为入越后的聚居地。此后,来到越南的华侨中的许多人也加入了"明香社"。1640年顺化香江畔的香茶郡有"大明客铺"或称"大明客属清河铺"。1650年会安有"明香社",1695年有"大唐街"。1698年边和有"清河社",嘉定有"明香社"。这些"明香社"既是早期华侨聚居处,又是社团组织。1826年,越南阮朝下令将"明香"改为"明乡",以后"明乡社"就进一步增多。越南封建王朝对"明乡人"给予一些优待,如明乡人可以应试做官。祖籍福建的明乡人郑怀德、潘清简、陈养钝等,都曾就任过尚书一类的高级官员。

1695年,会安夫子庙为闽会馆。② "会馆崇奉关帝,每年五月有庆典,每年农历二月二十六日,有祀六姓王爷公仪式,盖追祀12世纪开埠先贤也。"③

1778年,西贡的漳、泉、潮、广、惠、琼、徽各府籍华侨成立七府公所,在堤岸的广东街建有七府武庙。1878年第三次重修七府武庙碑记记载,七府系指福建之福州、漳州、泉州,广东之广州、潮州、琼州,浙江之宁波。

1787年,越南嘉隆王下令准许华侨以方言分为广肇、福建、潮州、海南四帮。各帮设帮公所,由各帮华侨推选帮长、副帮长。

1815年,在越南河内兴建福建会馆。1817年竖有《福建会馆捐题录》和《福建会馆兴创录》二碑,碑中有32个捐款人姓名,董事王新合(晋江人)捐银1100两,名列榜首;捐款人中有同安县7人,龙溪县5人,晋江、诏安各4人,海澄3人,安溪2人,长泰、南安各1人,失载2人,共捐银3604两。④

---

① 云南国际研究所:《亚洲参阅材料》第25期,1990年11月20日。
② 释大汕:《海外纪事》卷四,北京:中华书局,1987年,第83页。
③ 张文和:《越南华侨史话》,台北:黎明文化事业股份有限公司,1975年,第32页。
④ 山本达郎:《河内的华侨史料》,转引自《东南亚研究资料》1984年3月,第41页。

在边和有关帝庙、福州会馆、广东会馆，合称为三大祠。18世纪末，西山之乱，馆毁庙存。①

1871年，法国殖民政府将西堤华侨划为广肇、潮州、福建、福州、客家、海南、琼州等七府。闽粤两省以外华侨参加客家帮。1885年又将福州帮、琼州帮分别并入福建帮和海南帮。

1904年，南圻华侨商务总会成立。第一、二届会长是永春人郑昭明，第十二届会长是海澄人曹允泽，别号耀堂。第十五届会长洪芸，同安人。第十八届、二十届会长是张振帆、何罗，都是海澄县人。

1949年，南圻华侨商务总会改名为南越中华总商会。该会设董事20名，由福建、潮州、广肇三帮各推董事5名、客家和海南二帮合推董事5名组成。南安县华侨陈陞从1953年1月至1957年12月，连任第三、四、五、六共四届理事长。②

北越的东京中华商会成立于1938年，会址设在海防。闽商龚纯礼当选为首届会长。第二次世界大战后，改名为海防中华商会，龚纯礼为首任理事长。

在南越的西贡(今胡志明市)闽商组建的会馆有：(1)三山会馆，福州府人所建，内祀奉天后妈祖；(2)二府会馆，漳泉二府华侨所建，祀奉土地神；(3)温陵会馆，泉州府人所建，祀观音；(4)霞漳会馆，漳州府人所建，祀天后。

1956年，南越政府强令解散各帮中华理事会和同乡会，并将华侨的同业公会和工会并入越南人的组织。

20世纪50年代末越南南方福建华侨、华人参加的主要社团有：

1. 西堤中华理事总会，原为"七府公所"，1954年7月27日改名为中华理事总会。除办理部分福利事业外，还为法国殖民当局办理华侨事务。

2. 西贡福建中华理事会馆(即西贡福建公所)，成立于清光绪年间，凡闽籍华侨均为该会馆成员，下属有福建义祠、福建学校、福善医院等。1959年停止活动。

3. 堤岸福建中华理事会馆(即堤岸福建公所)，1948年由西堤福建公所分离出来独立活动。

以上会馆1959年均被迫停止活动。1986年以后，越南当局准许华侨恢复各帮理事会，退还各帮会所。

---

① 郑怀德：《嘉定城通志》卷六，《城池志》，载戴可来、杨保筠校注：《岭南摭怪等史料三种》，郑州：中州古籍出版社，1996年，第218页。

② 邬增厚等：《越南华侨商业年鉴》，第3～4页，出版者不详，1953年，厦门大学南洋研究院藏本。

第二节　柬埔寨的闽商

一、柬埔寨闽商发展的历史

早在真腊时期,已有福建人移居柬埔寨,并与当地妇女通婚。元初,周达观到真腊,见到"国人交易皆妇人能之,所以唐人以彼,必先纳一妇人者,兼亦利其能买卖故也"。① 时柬埔寨有"富贵真腊"之称,谋生较易,所以"唐人之为水手者,利其国中不著衣裳,且米粮易求,妇女易得,屋室易办,器用易足,买卖易为,往往皆逃逸于彼"。② 直至明代,柬埔寨仍是中国人逃逸海外之遁薮。《明史》卷三二四,《真腊传》载:"初中官使真腊,有部卒三人潜逸。"1596年曾亲莅其国的西班牙人叙述:在湄公河畔有一个名为科尔达穆科的小镇,附近生活着2000名华人,其中有些人在此定居,有些人则是刚从中国来的商人。1621年,柬埔寨有华人3000余众,他们曾同西班牙激战,伤亡500余人。③ 张燮亦称:"篱木州,以木为城,是华人客寓处。"福建海船至此贸易,"间有鲠者,则熟地华人自为戎首也"。④ 可想而知,当时已有不少福建商人移居柬埔寨。

1863年,柬埔寨沦为法国殖民地,殖民当局为了控制华侨社会,根据省籍方言把华侨划分为广东、潮州、福建、客家五个帮,各帮由领袖人物选出帮长。据1921年法国殖民当局人口调查公布的华侨人口为9.1万人,1931年增为14.9万。⑤ 祖籍福建的华侨占10%左右,主要从事农业和商业。二次世界大战后,就很少有福建人移居柬埔寨。20世纪60年代华侨华人人数达到43万人,主要分布在马德望、干拉、贡布、茶胶等省。

1970年朗诺发动政变,在长达20年的烽火岁月中,尤其是1975年红色高棉夺取政权以后,连年战乱,华侨华人大量非正常死亡和逃亡别国。侥幸存活下来的闽籍华人仅有100多户(800人),据统计,至1982年11月,全柬只有华侨华人6.4万人左右,其中4万人居住在金边。⑥ 祖籍福建人约占20%,即1.23万人。至1987年年底,华侨华人增加到近30万人,85%以上加入当地国籍,祖籍福建人占20%左右,约有5万人。⑦ 20世纪60年代末期,金边闽籍华人人口约2万。

---

①　周达观:《真腊风土记》,《贸易》,北京:中华书局,1981年,第146页。
②　周达观:《真腊风土记》,《流寓》,北京:中华书局,1981年,第180页。
③　E. H. Blair & J. A. Robertson, *The Philippine Islands*, 1493-1898, Vol. 31, Cleveland: Arthur Clark Co., 1903-1907, pp. 91-92.
④　张燮:《东西洋考》卷三,《柬埔寨》,北京:中华书局,1981年,第52、55页。
⑤　王文法:《法属印度支那与中国关系》,云南历史研究院,1979年。
⑥　(越南)《人民报》1982年9月17日。
⑦　杨力、叶小敦:《东南亚的福建人》,福州:福建人民出版社,1993年,第446页。

1989年，柬埔寨实行开放以后，华侨华人迅速增加，首都金边市的华侨华人最多，有十几万人。柬埔寨华侨华人祖籍主要为广东、海南、福建等省，其中以广东潮州籍人为最，约占华侨华人总数的80%，祖籍福建的华侨华人有二三千人。

二、柬埔寨闽商社会经济

早期定居柬埔寨的福建人主要是务农和经商。据《嘉定通志》记载，当时"售卖锦缎、瓷器、纸料、珠宝、书坊、药品、茶铺、面丫、南北江洋，无物不有"，有的与当地人"交易山林原泽土产货物"等。作为日用商业的推销商和土特产品的收购商，活动遍及柬埔寨。到了近代，华侨经济在柬埔寨商业经济中占据了重要地位。

19世纪50年代初，华侨约有一半居住在金边，金边的3000家商店，70%由华侨经营，其行业包括碾米、制糖、制材、榨油、罐头、造纸、印刷、纺织品及化肥。

1957年，柬埔寨当局颁布限制华侨经济的法令，禁止外侨（主要是华侨）从事五谷商人、盐商、金银首饰店主与雇员、收音机电器制造者与出售零件商胶汽车司机等18种职业，一度造成华侨普遍失业。1958年又下令封闭了五帮中华公会，一向以经商为主的福建人只好将商业资本转移到营业方面。但就整体结构而言，一直到20世纪60年代，华侨经济结构仍以商业为最多，其次为工业和渔业。据1959年，对全柬7个城市的调查显示，民营工商业共有1422户，其中1043华侨户，约占73.4%，华侨经营的行业有70多种，从城镇到农村，形成了范围广大的工商业网。

从20世纪70年代起，柬埔寨战火连绵不断，使居住在农村的华侨商贩逃往金边和马德望、磅湛、磅清扬、磅同和贡布。到20世纪70年代中期，几乎所有的华侨华人都居住在城市。此后，红色高棉每夺取一座城镇，就宣布大幅度削减物价和取消商品经济，原籍福建的华人零售商业几乎一夜之间就被取缔。红色高棉又宣布城市中的华商必须迁往农村，并在取消货币后，严禁私营商业存在，到20世纪70年代末，原来集中居住在城市经商的福建华侨华人已无法生存，只好随印支难民逃往国外。①

1989年，柬埔寨政府宣布不再干涉私人商业活动，任何人无均可自由经商，并鼓励已移居国外和港澳的华侨华人返回柬埔寨定居和经商。目前，柬埔寨70%的华侨华人仍经营商业。闽籍商人主要经营进出口贸易、日用百货、旅游餐饮、食品加工、制衣和五金机械、房地产、建筑、木材加工、农业、渔业等，但大多数仍属于中小企业。

三、柬埔寨闽商社团

柬埔寨福建会馆建立于1880年，会址坐落于首都金边风景秀丽的洞里萨河边。百多年人世沧桑，历届理事会始终以服务乡亲为己任，尽心尽力经营，下辖福建公立民生学

---

① 杨力、叶小敦：《东南亚的福建人》，福州：福建人民出版社，1993年，第464页。

校。福建会馆1970年起因柬埔寨发生政变而解散。

1989年,柬埔寨实行开放政策,闽籍乡亲临时组织起来,1989年开始恢复活动,于1992年11月8日成立了福建会馆第一届理事会,1993年3月7日举行了隆重的成立庆典。当时金边市福建籍人较少,约100户,经济上以做小生意为主。福建会馆是现在居柬福建省籍华侨华人唯一的社团机构,以"敦睦乡谊,互助互勉,保持与发扬中华文化和民族优良传统,团结各界力量,谋求社会福利慈善事业"为宗旨。福建会馆与全柬华侨华人一道,积极参与柬埔寨经济建设,积极发展华文教育,创办并管理金边五大华文学校之一的"民生中学",为当地社会的文明和繁荣付出自己应尽的义务。

1927年柬埔寨闽籍华侨郑修华、林麒麟创办了公立(民生)侨校,金边巴黎街租屋为临时校址,聘张徇任校长。学生免费入学,以普通话教学,成为柬埔寨侨校实施免费教育和语言统一的开端。开学未及1月,学生由70人增至100余人。而后学生日增,校舍不敷。1930年经济不景气,募捐困难,未能筹建新校。1935年在中国政府侨委会立案,获得补助。1937年抗日战争爆发,津贴中止。后多次筹划建校,因时局动荡,终未果。1941年增设初中部,1947年一度停办。后于1951年在福建会馆空地建起校舍,1953年复办,学生人数达1000名。因学生人数不断增加,于1957年民生扩大办学规模,向王国政府教育部申办中学,故命名为"民生中学"。

自1970年以后20多年的战乱期间,民生中学被政府封闭并被占用为难民营、兵营、消防局、柬文学校等。20世纪90年代,为争取收回、重开"公立民生中学",福建会馆排除重重困难,多次与政府磋商,寻求解决办法,但因民生中学占地宽阔,福建会馆没有足够资金购置大块地皮及建设相当的新校舍作为换回民生中学之用。后福建会馆获华裔影星吴汉博士家属慨赠一块约值22万美元的地皮,并在此建造一座七间五层楼房供"赛勒作"柬校作校舍,才换回民生中学原址。① 1999年8月,柬埔寨福建会馆在中国驻柬大使馆、旅居世界各地的华侨华人、民生校友和柬籍华人的鼎力支持下,筹募得复校资金,民生中学又重新复校复课。

其他由闽商主持或参加的社团有:

金边中华理事会馆。前身是20世纪20年代由福建、潮州、客属、海南、广肇等籍人士联合成立的"五帮公司",1953年改现名。该会主要会务是调解帮派经济纠纷,替当局收税和救济贫难侨胞,举办一些社会福利事业等。下属有中华医院、华侨图书馆、调解委员会、教育会、总工会、土产公会、出入口公会待。至1953年5月停止活动。

金边福建中华理事会。原名"福建公所",1953年改现名。曾举办各种同乡福利事业,并办过一所民生学校。

同业公会主要设在金边,闽商参加的较完善社团有:1948年成立的华侨机器工业公会,1947年成立的米绞公会。还有华侨旅业公会、华侨布业绸绫公会、四行商公会(瓷器、钢铁、杂货、布商组织)。这些社团大多于20世纪50年代末停止活动。

---

① 《柬埔寨福建会馆》,http://www.fjsen.com/y/2009-09/30/content_1127533.htm.

第三节 泰国的闽商

一、泰国闽商发展的历史

泰国原名暹罗,早在宋代与福建就有海上交通,元代福建商人常至暹罗贸易,①并移居暹罗。历史表明,宋元时期中国商人已经在暹罗湾一带建起了多处商业中心和码头。② 进入明代以后,福建人移居暹罗日渐增多。据莆田《林氏族谱》记载,永乐元年(1403年)林氏家族已有人去暹罗经商。晋江安海《霞亭东房颜氏族谱》记载:颜嗣祥前往暹罗,并卒于该地。南安石井《许氏族谱》也记载了其族人于嘉靖时往暹罗的史实。暹罗统治者利用华人来发展与中国的贸易,其中不少是闽商。如成化十三年(1477年),暹罗朝贡使臣美亚,原"汀州人谢文彬,以贩盐下海,飘入其国,仕至坤岳,犹天朝学士也,后充使来朝"。弘治十年(1479年),暹罗使团通事奈罗也是福建清流县的移民。③ 由于华人在暹罗受到良好的对待,"国人礼华人甚挚,倍于他夷",④吸引了众多的闽商移居暹罗,其中不仅有商人,也有教师、医生、工匠、艺人,此外还有养猪、阉猪的人,以及种菜的园农。明代后期在暹罗的都城阿瑜陀耶,"有奶街,为华人流寓者之居",⑤形成了华商聚居区。暹罗属国北大年是一繁荣的对外贸易港口,明朝开放海禁后,福建商人岁给引往贩之,因而"华人流寓者甚多,趾相踵也",有"漳人张某为哪嗻,哪嗻者,大酉之号也。国难既出,哪嗻避祸出奔,女主既立,乃遣人迎哪嗻复其爵号"。⑥ 万历年间,海澄人李锦和海澄商人潘秀、郭震久居大泥(即北大年),因与荷兰相习,贸易交往,曾导引荷人来闽要求通商互市。⑦ 可见,北大年是闽商的另一聚居地。

明末清初,暹罗是郑氏海商重要的贸易对象。1654年郑成功派了6艘以上的商船

---

① 王彝:《王常宗集》补遗,《泉州两义士传》,第5页,文渊阁四库全书,武汉大学出版社原文电子版。
② 玛拉军·昂给南:《五世王时期华人在泰国的作用》,载中外关系学会编:《中外关系史译丛》第1辑,上海:上海译文出版社,1984年,第261页。
③ 《明英宗实录》卷四三,正统三年(1438年)六月戊午,上海:上海古籍书店,1983年影印本,第831页。沈德符:《野获编》补遗卷四,《华人夷官》,《四库禁毁书丛刊》史部第4册,北京:北京出版社,1998年,第700页。
④ 张燮:《东西洋考》卷五,《暹罗》,北京:中华书局,1981年,第40页。
⑤ 黄衷:《海语》卷一,《暹罗》,台北:学生书局,1984年,第6页。
⑥ 张燮:《东西洋考》卷三,《大泥》,北京:中华书局,1981年,第59页。
⑦ 《明史》卷三二五,《和兰传》,北京:中华书局,1974年,第8435页。

准备出航到以下几个地方,即 3 艘到暹罗,余者分赴六坤、宋卡和北大年等地。① 1655 年郑成功的商船又有 10 艘抵达暹罗。② 康熙二十二年(1683 年),郑氏部将刘国轩派往日本、暹罗贸易的 1 艘"东本乌船",长 7.7 丈、宽 2.4 丈余、深 1.05 丈,全船大小共 25 舱,舵工、梢目 83 人。据管船官兰泽称,此船从台湾出航时,装载白糖 2050 担、冰糖 150 担,到日本售卖得白银 13520 两,扣除舵工、梢目的工银 3518.5 两,尚余 10001 两;在日本购买红铜、金版、茶石古、京酒等物,载运到暹罗发卖,除留下红铜 160 箱外,共卖得白银 8312.77 两,扣除梢目工银 1529.26 两,实得白银 6783.52 两;又将此银在暹罗购买锡、苏木、胡椒、象牙等,连同梢目自带的货物,载回厦门。③ 而根据岩生成一所提供的资料计算,1664—1683 年中国商船载货至日本,平均每艘为 40726 两银。④

还有一批内地走私商人则领取或购买郑氏令旗和牌照,出海贸易。如顺治十一年(1654 年),泉州商人李楚、杨奎受郑芝龙母所差,各领 1 万两银子,各 1 只船,"各又不合冒领同安侯郑府令牌各一张,牌内俱有备写本府商船一只,仰本官即便督驾,装载夏布、瓷器、鼎铫、蜜料等项,前往暹罗通商贸易,就于该地兑换椒、木、绵、蜡、虾米、藤皮、明角等货回澳"。⑤

清代,中暹交通和贸易的发展进一步刺激了福建商人到暹罗经商或定居。据日本《华夷变态》统计,1689 年,有 14~15 艘来自广东、漳州和厦门的中国商船抵暹罗贸易;1695 年抵暹的厦门船就有 5 艘,1696 年自福建、广东、浙江的商船有 13 艘,1697 年有 10 多艘中国船到大城、宋卡和洛坤等地贸易。⑥ 厦门海沧石塘《谢氏家乘》记曰:"联国,生康熙乙酉年(1705 年),卒乾隆庚申年(1740 年),葬在暹罗。"晋江安海《金墩黄氏族谱》亦载,黄镇官侨居暹罗,死后葬于宋脚(即宋卡)。⑦ 福建商人主要集中于泰国南部的宋卡。⑧ 当时从事中暹贸易的暹罗商人其实大多乃是原籍广东和福建在暹居住的华人,因为暹罗国王利用华人来经营王室贸易。英国人乔治·怀特(George White)曾写道:"不管在暹罗国内还是国外,王室船舶的航海和商业事务均由华人经营,这些为国王管理贸

---

① Yamawaki Teijiro(山胁悌二郎),"The Great Trading Merchant—Cocksinja and His Son", *Acta Asiatica*, No. 30, 1976, p. 108.

② 《热兰遮城日志》"1655 年 3 月 9 日"条,转引自曹永和:《从荷兰文献谈郑成功之研究》,载《台湾郑成功研究论文选》,福州:福建人民出版社,1982 年,第 358 页。

③ 《兵部残题本》,载《明清史料》已编第 7 本,台北:"中央研究院"历史语言研究所,1957 年,第 626~627 页。

④ 岩生成一:《关于近世日支贸易数量的考察》,《史学杂志》1953 年第 11 号。

⑤ 《兵部残题本》,载《明清史料》已编第 5 本,台北:"中央研究院"历史语言研究所,1957 年,第 407 页。

⑥ 陈荆和:《清初华舶之长崎贸易及日南航运》,《南洋学报》第 13 卷第 1 辑,1957 年,第 15~51 页。

⑦ 新编《安海志》,1983 年,第 150 页。

⑧ G. William Skinner, *Chinese Society in Thailand: An Analytical History*, New York: Cornell University Press, 1957, p. 12.

易的商人全是华人。"①除了前往经商的商人外,还有大量的工匠前往造船,所谓的暹罗船上的水手也多为原籍闽粤的华侨。例如雍正二年(1724年),暹罗"来船梢目徐宽等九十六人,虽系广东、福建、江西等省民人,然住居该国,历经数代,各有亲属"。② 西人郭士立称,来到暹罗的福建同安人"大都是船夫和商人"。③

清代福建与暹罗的贸易以民间贸易为主,其内容主要是大米贸易。

福建"负山环海,地狭人稠",沿海尤甚,所产米石向来不敷民食,自清初主要借助于台湾的余米。但乾隆以来,"台地商民日增,就食者众,所产米谷,丰年尚有多余,稍歉即忧不足",④难以满足民需,有赖于从海外进口大米。而东南亚一带产米甚多,其中又以暹罗为最。因此,清政府采取了一系列措施,来鼓励进口大米。这刺激了福建商人前往暹罗贩运大米。

康熙六十一年(1722年),康熙帝命大学士马齐等询问暹罗来使:暹罗食米是否有余?答曰:"彼处米甚丰足,价值甚贱,若有船,即百万石亦可运来。"于是,康熙帝命移文暹罗国王,"随其所载,前来贸易"。⑤ 于是从暹罗进口了30万石大米,分运到福建、广东、浙江等处售卖。⑥ 但不久不知何故,又奉旨停止暹罗大米进口。

迨至雍正五年(1727年),雍正帝面谕两广总督孔毓珣:"前暹罗国装运米石,曾有旨着令停止。如今若有便人,可带信与他。他若情愿装米来,叫他装来,得些利去也如(好)。"⑦孔毓珣即将旨意传谕暹罗商人。翌年,即有暹罗商人吴景瑞运载米谷到厦门贩卖。福建巡抚常赉报称:暹罗国王派遣该国商人,"运载米石货物,直达厦门,请听其在厦发卖,照例征税,委员监督"。雍正帝批旨:"米谷不必上税,永著为例。"⑧这种优厚待遇刺激了暹罗商人贩运大米。雍正八年(1730年)及十年(1732年),又有暹罗商人陈景常、丘受原等商船载运大米抵厦,雍正帝降旨予以优惠,俱"免收梁税"。⑨ 其实,所谓的暹罗商人大多乃是原籍广东和福建在暹居住的华人,因为暹罗国王利用华人来经营王室贸易。

到了乾隆初年,暹罗商船运米来闽虽有增加,仍属不多。于是清政府除了鼓励暹罗商人贩米前来外,还劝谕本国商船从暹罗回棹时也要带回米石。仅乾隆七年(1742年),

---

① John Anderson, *English Intercourse with Siam in the Seventeenth Century*, London, 1890, p. 426.
② 《清世宗实录》卷二五,雍正二年(1724年)十月己亥。
③ 布赛尔:《东南亚的中国人》,《南洋问题资料译丛》1958年第1期,第24页。
④ 中国第一历史档案馆藏,《宫中硃批奏折》外交类第342号卷第5号,署福建巡抚周学健奏折。
⑤ 《宫中硃批奏折》外交类第342号卷第12号,福建巡抚陈大受奏折。
⑥ 《清圣祖实录》卷二九八,第6册,康熙六十一年(1722年)六月壬戌,北京:中华书局,1985年,第884页。
⑦ 《宫中硃批奏折》外交类第342号卷第2号,两广总督孔毓珣奏折。
⑧ 《宫中硃批奏折》外交类第342号卷第12号,福建巡抚陈大受奏折。
⑨ 《宫中硃批奏折》外交类第342号卷第4号,闽海关监督沈之仁奏折。

福建出洋商船中,有 38 艘回棹带米共 42900 余石,"即在漳、泉一带粜卖,甚于民食有益"。① 尽管如此,当时贩运大米商船附载的货物仍"照例征税",所获利润还是很低。时暹罗船主乃文吭说:"本国米价每百斤三钱有零,水脚、食用约及四钱以外,共计七钱有零。涉此险远,止带米来,利息有限,必搭载货物,方有余利。"② 为了鼓励从暹罗进口大米,清政府免征大米进口关税和减免随载货物税。

乾隆十一年(1746 年),暹罗商人方永利一船载米 4300 石,蔡文浩一船载米 3800 石,并各载有苏木、铅、锡等货,先后抵达厦门,因两船所载大米皆不足 5000 石之数,所有船货税银未便援例宽免,故又补充规定,运米不足 5000 石之数,免其船货税银十分之二。③ 免税措施虽只是对外国来华贸易的商船而实行的,然而有的外商大量载来杂货,却以贩运大米为辞,要求免税。乾隆十六年(1751 年)暹王遣船商王元正载运苏木、铅、锡并大米等物到厦门。经查验,该船应征梁头银 1000 两,货税银 1011 两,但王元正援引从前薛士隆、余明衷、方永利、蔡文浩、沈泰等船减征梁头科、宽免船货税银之例,要求仿效方、蔡二船予以减免。而王元正船仅载米 1941 石 4 斗,既不及 5000 石,亦不及方、蔡二船之数,故不准减免船货税银,仅将梁头税减等征收。④

对于本国出洋商船,清政府还实行强制载米回国的措施。如雍正三年(1725 年)规定:往暹罗者,大船带米 300 石,中船带米 200 石;噶喇吧,大船带米 250 石,中船 200 石;吕宋、柬埔寨、马辰、柔桑(佛)四处,大船各带米 200 石,中船 100 石;竦仔、六坤、安南、宋居朥、丁家卢、宿雾、苏禄七处,中船各带米 100 石,回国于入口时将数目验明,如不足数及有偷漏情弊,照接济奸匪例治罪。⑤ 这些强制措施执行到乾隆四年(1739 年)才予废除。当时议准,往东南亚各国贸易商船,返航时买米载回与否,均听民便。⑥

由于本国商船进口,"除食米海关例不征税外,所带别项货物,一体照则征收",难免影响商人贩回大米的积极性。一些官员如礼部侍郎李清植、福州将军兼管闽海关事马尔柱等奏请减免内地商人往暹运米回闽货税。⑦ 乾隆十六年(1751 年),福州将军兼管闽海关事新柱又援引乾隆八年(1743 年)准许外国商船免税例,上疏指出:"内地贩洋商船,每年出口自五十余只至七十余只不等,若令回棹多带食米,则较番船更为充裕。在洋商船大者载货七八千石,其次载货五六千石,但涉历风涛,权衡子母,其带别货之利胜于带米,是以带归者少,唯有大加宽恤,自必踊跃乐从。"因此建议嗣后内地贩洋商船带米回棹,请援照外洋番舶载米免税之例,略为变通,如带米 3000 石以上者,免其货税 30%;带米

---

① 《宫中硃批奏折》外交类第 342 号卷第 4 号,闽海关监督沈之仁奏折。
② 《雍正朝外交案孔毓珣折五》,《史料旬刊》1931 年第 7 期,第 248~249 页。
③ 《清高宗实录》卷二七五,乾隆十一年(1746 年)九月戊午,北京:中华书局,1985 年,第 12 册,第 594 页。
④ 《乾隆朝外洋通商案新柱折二》,载《史料旬刊》1931 年第 14 期,第 508~509 页。
⑤ 《钦定大清会典则例》卷一一四,《海禁》,台湾商务印书馆景印文渊阁四库全书本,第 623 册,第 403 页。
⑥ 陈寿祺:《重纂福建通志》卷二七〇,《国朝洋市》,台北:华文书局,1968 年,第 5131 页。
⑦ 林京志:《乾隆年间由泰国进口大米史料选》,《历史档案》1985 年第 3 期。

5000石以上者,免50%;带米7000石以上者货税全免。带回之米听商民自行粜卖,其不及数者,听地方官酌量奖赏。① 翌年两广总督阿里衮亦上疏,要求减免货税。清廷虽考虑到若将货税照例减免,将"转滋偷漏隐匿情弊",但是为了鼓励大米进口,还是下令,内地商船"准其照外洋番船之例,一体分别减免船货之税"。②

清政府另一项措施是鼓励本国商民在国外造船,载米运回,并发给牌照。

福建商人在海外的造船活动大约发端于明末清初,③而较大规模的造船活动则始于乾隆初。乾隆八年(1743年)以前,内地商民前往暹罗贸易者虽多,但是带回米石甚有限,因为载米回国利薄,不如杂货利多,所以一般都乐于载货而不愿贩米。后来"商民探知该国木料甚贱,桅舵颇多,工费亦省,成造一船比内地可减工料十之五六,以造船之多利摊补米价之少利,尚为合算",故纷纷呈请往暹罗买米造船而归。④

乾隆九年(1744年),福建龙溪商人林捷亨、谢冬发等,陆续自海外造船载米到厦门。此后陆续在海外"买米造船运回者,源源接济,较该国(指暹罗)商人自来者尤便"。⑤ 如乾隆十年(1745年)有阮腾风、金万鉴、徐长发、金长丰等人;十一年(1746年)有谢长源、徐芳升、陈锦发、金丰泰、万发春、魏隆贶、王元贞、王丰祥、陈恒利、林发兴等人。以上是允许商人在海外造船的敕令正式颁布之前,仅仅厦门一港的数目。其中阮腾风和陈锦发于乾隆十年(1745年)分别从暹罗造船归来,又再次于乾隆十四年(1749年)造船回国。⑥ 乾隆十二年(1747年)后,海外造船活动更是方兴未艾,遍及北起日本,南至马来群岛各地,主要的有安南、暹罗、婆罗洲、苏禄、苏门答腊、爪哇、马来半岛,"只要有中国人定居下来,不论人数多少,总可以看到这种船"。⑦ 其中又以暹罗为最盛,据克劳福德的报告,在曼谷,每年通常有68艘大船下水,这些船是在中国匠头的指挥下建造的,造船工人一般是暹罗人。⑧ 福建人的海外造船活动在一定程度上弥补了国内造船业的衰退,有利于福建的海外交通和贸易活动。

---

① 新柱:《奏请酌免洋船带米货税以裕民事折》,载《宫中档案乾隆朝奏折》第1辑,台北:"故宫博物院",1982年。
② 阿里衮:《奏请准本港洋船带米回粤者减免船货折》,载《宫中档案乾隆朝奏折》第2辑,台北:"故宫博物院",1982年。
③ C. E. S., Verwaarloosde Formosa, toevoegsel, No. 17. 转引自包尔史:《巴达维亚华人与中荷贸易》,南宁:广西人民出版社,1997年,第101页。
④ 《福建巡抚陈大受奏折》,转引自林京志:《乾隆年间由泰国进口大米史料选》,《历史档案》1985年第3期。
⑤ 《清高宗实录》卷二八五,第12册,乾隆十二年(1747年)二月丙戌,北京:中华书局,1985年,第714页。
⑥ 《福建巡抚陈大受奏折》,转引自林京志:《乾隆年间由泰国进口大米史料选》,《历史档案》1985年第3期。
⑦ 编:《中国对外贸易史资料》第1册,北京:中华书局,1962年,第60页。
⑧ Crawfurd, *Journal of an Embassy from the Governor—General of India to the Siam and Cochin China*, London, 1828, Vol. II, p. 411.

然而,在暹罗造船,因没有清政府发放的牌照,回国时,经常遭到守口官兵刁难,"借端勒诈,商民多费扰累,诚恐将来各商畏阻不前,则接济民食又少此一项"。有鉴于此,乾隆十二年(1747年),福建巡抚陈大受上疏,请求"给予买米造船印照前往",以便"进口之日,查验明白",庶几"扰累可除,商民自必踊跃赴买,闽省民食亦有裨益矣"。① 经过大学士张廷玉等议覆,准许闽省赴暹罗买米造船运回,给印票,进口之日缴销,另给牌照归澳安插,如该商并无米石载回,只造船而归者,应令倍罚船税示警。②

清政府对自备资本从国外运米回国的商民,分别给予奖励或赏给职衔、顶戴。乾隆十六年(1751年),闽浙总督喀尔吉善奏请:"凡内地商民,有自备资本,领照赴暹罗等国运米回闽粜济,数在二千石以内者,循例由督抚分别奖励;如运至二千石以上者,按数分别生监、民人,奏请赏给职衔顶带。"③得旨谕允,旨曰:"其内地商人,如有运米至二千石以上者,随时酌奖,报闻。"④具体是:生监运米2000石以上者,赏给吏目职衔;4000石以上至6000石,赏给主簿职衔;6000石以上至10000石者,赏给县丞职衔。民人买运2000石以上至4000石者,赏给九品顶戴;4000石以上至6000石者,赏给八品顶戴;6000石以上至10000石者,赏给七品顶戴。

这一措施实行后,大大刺激了商民的贩运积极性,几乎每年都有商船前往暹罗等产米之国,运米回闽粜卖。乾隆三十年(1765年),闽浙总督苏昌的奏折言:"计自乾隆十九、二十、二十一、二、三等年,各商买运洋米进口,每年自九万余石至十二万余石不等,于闽省民食大为得济,行之已有成效,宜乎贩运,源源有增无减矣。"⑤许多商户由此而得到奖励和优叙。例如:乾隆二十五年(1760年)奏请奖叙乾隆二十三年(1758年)出洋运米商户,除了每船运米不足2000石者照例由督抚奖赏外,浙闽总督杨廷璋奏请优叙2000石以上的海澄县商户陈炳芳,援例拟赏给九品顶戴。⑥ 乾隆二十六年(1761年),奏请奖叙二十四年(1759年)出洋运米3800石之同安县商户叶锡会以九品顶戴。⑦ 后来奖叙规定又有放宽,改为:生监每船运米1500石至2000石,赏给吏目职衔;2000石以上至4000石者,赏给主簿职衔;4000石以上至6000石者,赏给县丞职衔;6000石以上至10000石者,俱赏给州判职衔。民人每船运米1500石以上至2000石者,赏给九品顶戴;2000石以

---

① 《福建巡抚陈大受奏折》,转引自林京志:《乾隆年间由泰国进口大米史料选》,《历史档案》1985年第3期。

② 张廷玉:《清朝文献通考》卷二七,《征榷考二》,杭州:浙江古籍出版社,2000年,第5090页。

③ 《宫中硃批奏折》外交类第342号卷第17号,浙闽总督杨廷璋奏折。

④ 《清高宗实录》卷三九六,第14册,乾隆十六年(1751年)八月癸卯,北京:中华书局,1986年,第209页;《皇朝政典类纂》卷一一七,《市场五·藩部互市》,光绪二十八年(1902年)铅印本,第9页。

⑤ 《吏部"为内阁抄出闽浙总督苏等奏"移会》,载《明清史料》庚编第6本,台北:"中央研究院"历史语言研究所,1960年,第532页。

⑥ 《宫中硃批奏折》外交类第342号卷第17号,浙闽总督杨廷璋奏折。

⑦ 《宫中硃批奏折》外交类第342号卷第18号,浙闽总督杨廷璋奏折。

上至4000石者,赏给八品顶戴;4000石以上至6000石者,赏给七品顶戴;6000石以上至10000石者,俱赏给把总职衔。① 如此量减米数,从优议叙的做法,目的是促使大小各商不惮远涉外洋,争先购买大米运回粜济,②而且确实收到一定成效。乾隆三十四年(1769年)闽浙总督崔应阶奏请照例赏给八品顶戴的有龙溪商户赖逢贵、同安商户柯生文,赏给九品顶戴的有海澄商户姚殿策等。③

以上这些措施对于促进暹罗大米进口起了一定作用,在乾隆朝几十年间,从暹罗进口大米几乎从无间断,庶使"各属商民益加感激,急公贩运,边海民食得以永资利赖","实于边海民生大有裨益"。④

1767年,潮州籍土生华人郑昭建立吞武里王朝,大力招徕华人,尤其是潮州同乡,自此暹罗潮州人逐渐超过福建商人,"为人数最多和商贸实力最强之暹罗华侨,并取代闽南人在中暹贸易之间的霸业"。⑤ 但暹罗南部是闽人聚居的地区,闽商在这一地区占有优势地位。如暹南吴氏先人吴让(Wu Yan,或称吴阳),是漳州府海澄县山塘乡西兴村人,⑥18世纪中叶前往宋卡谋生,从事种植、捕鱼和贸易,颇积资产。1769年,郑昭率军驻宋卡附近,吴请求四岛、五岛的燕窝专采权,郑昭"准其所请,并赐爵号"。⑦ 1775年,郑昭封吴让为宋卡城主,却克里王朝建立后,地位依旧。吴让去世后,其子吴文辉继续统治宋卡,直接隶属于曼谷,节制北大年、陶公、也拉、吉兰丹、丁加奴、吉打和玻璃市诸地。吴氏治宋卡,多招徕乡亲开荒拓土。因此,其他各籍华侨投奔吴氏,"每自认福建籍"。⑧ 吴氏在宋卡封爵传世八代,长达百数年。

早期移居暹罗的福建人以商人为主,然而19世纪以后,则以华工为主。19世纪初期,暹罗南部的锡矿业开始发展,从闽粤一带招募华工去开采锡矿。祖籍龙溪县的许泗章,原是苦力,清嘉庆十五年(1810年)前后到槟榔屿经营海上贸易致富。1822年暹罗拉廊区发现锡矿后,许泗章申请拉廊锡矿开采的专利权,获暹王批准。1845年他又到家乡招募大批华工前往采矿。经过数十年的苦心经营,拉廊成为暹罗的重点矿区之一。鉴于许泗章的贡献,暹罗国王封他为"銮叻打纳色蒂"(专司税务的官员),后封为"銮拉廊"(掌管拉廊行政)和拉廊府第一任府尹。不久又被国王授予平民第三等级最高封号"拍(Phra)"的尊号。许泗章治理拉廊府达46年之久,去世后由他的长子许沁光(泰文哥森

---

① 《吏部"为内阁抄出闽浙总督苏等奏"移会》,载《明清史料》庚编第6本,台北:"中央研究院"历史语言研究所,1960年,第533页。
② 《吏部"为内阁抄出闽浙总督苏等奏"移会》,载《明清史料》庚编第6本,台北:"中央研究院"历史语言研究所,1960年,第533页。
③ 《宫中硃批奏折》外交类第342号卷第18号,浙闽总督杨廷璋奏折。
④ 《宫中硃批奏折》外交类第342号卷第18号,浙闽总督杨廷璋奏折。
⑤ Sarasin Viraphol, *Tribute and Profit: Sino-Siamese Trade*, 1652-1853, *Council on East Asian Studies*, Cambridge: Harvard University Press, 1977, p.163.
⑥ 吴翊麟:《暹南别录》,台北:商务印书馆,1985年,第34页。
⑦ 吴翊麟:《宋卡志》,台北:商务印书馆,1968年,第34页。
⑧ 吴翊麟:《暹南别录》,台北:商务印书馆,1985年,第187页。

功)继任府尹。"第二个做了弄旋的酋长,第三个儿子是克拉酋长,'最年轻最伟大的儿子'叫许沁美,做了董里的递升。1892年沁美被任命为靠印度洋的西部诸省的最高行政长官,把首府设在普吉。"①蒙固王统治的年代,暹罗锡矿业高速发展,暹政府鼓励中国移民,主要是从槟榔屿转口的福建人,从事采矿,并供给他们资金以着手工作。1870年,产锡最丰的普吉府中国人增长到28000人,到1884年则超过40000人,他们绝大多数在矿区工作。②

1840—1880年之间,暹罗种植业兴起,需要大量华工,闽粤沿海一带被招募的农民日益增多。新兴的橡胶业几乎全部由华侨兴办,出口的橡胶大部分也由他们提供,③许多福建商人由此而致富。许泗章的六子许沁美在董里组织华工开发种植橡胶,获得成功,被国王任命为董里府尹。祖籍晋江的苏廷芳年轻时到暹罗经营南洋胶鞋实业有限公司,发展迅速,又购置大片橡胶园,后由其子苏国世继承父业。

但泰国的闽商并非都是来自国内,如聚居在泰南的上万名闽侨,大都是从马来亚移居的。1942年前后,古田县籍华侨黄球春、杨福宁、林家昌、卓国泰、金万登、叶思明等200余人,从马来亚吡叻州来到泰国洛坤府的那汶和董里开荒种植橡胶。1927年又有上百名古田籍华侨在杜云雁、林育清、李云章、姚福美带领下,从马来亚移居泰国。早期那汶和董里华侨公会的会员多为福建人。当时先后担任华侨公会会长的林家昌、陈而滚、陈祖生等都是古田县籍。

二、泰国闽商社会经济

泰国土地肥沃,物产丰富,而且泰人不排斥外人和外来宗教,暹罗华侨多与当地人通婚,故很快就与暹人融合。明人黄衷说:暹罗"国无姓氏,华人流寓者始从本姓,一再传亦亡矣"。④ 英人马礼逊也指出:"每年有潮州、福建人赴暹罗居住,多取其土女,现所居者二万余,弃汉俗,衣食一如暹罗,国王亦择其聪明者官之,使理征赋贸易之事。"⑤

早期闽商几乎都是经商和航运业者,主要定居在各主要商埠。⑥ 当时,闽南商人在每年贸易的季节驾乘满载陶器、铜壶、岩盐、丝织品等的帆船顺东北季风抵达暹罗,在阿瑜陀耶和当地商人交换暹罗的土特产如苏木、胡椒、象牙、毛皮等,等待西南季风的季节返回中国。由于等候季风或经商的需要,有的闽商就留居当地。

---

① 布赛尔:《东南亚的中国人》卷三,《南洋问题资料译丛》1958年第1期。
② G. W. 斯金纳:《泰国华侨社会史的分析》,《南洋问题资料译丛》1964年第2期。
③ G. W. 斯金纳:《泰国华侨社会史的分析》,《南洋问题资料译丛》1964年第2期。
④ 黄衷:《海语》卷一,《暹罗》,台北:学生书局,1984年,第6页。
⑤ 马礼逊:《外国史略》,载王锡祺辑:《小方壶斋舆地丛钞》第十二帙,上海著易堂1891年铅印本,第2页。
⑥ 史金纳:《门户开放和地域开放:1917年以前暹罗的中国移民及其人口增长》,《南洋问题资料译丛》1964年第1期,第35页。

17—18世纪,华侨分布于全国各地,但主要集中在都城阿瑜陀耶的唐人街和北大街,人数有4000多人。暹罗政府设"首领制度"管理华侨社区,①管辖全国华侨的官员称"銮初吕拉差色拉"(Luang Rachasetti),即华民政务司司长,隶属财务部。华民同隶属于财务部的皇室货库司共同管理帆船贸易事务。华民政务司管辖各府的华侨县长。② 皇室货库司下设三厅,左港厅负责对华、对日和越南贸易,地位最为重要。厅内官员几乎全是华人,通用中文。③ 华侨充任王室贸易的各级职务,王室海外船队的船主几乎都是华商,尤其是闽南籍商人。

虽然在郑昭为王时期,潮州人占据了优势,排挤了闽商,少数闽商被迫处于中介商的地位,而绝大多数的福建商人成为下层小商贩。但由于福建与暹罗之间大米贸易的发展,许多闽商则从事大米的进出口贸易。

19世纪以后,暹罗锡矿业和种植业发展,有的闽商转而从事锡矿开采和种植橡胶,著名的如许泗章和许沁美父子。其他的闽商也大多数聚居在暹罗南部的港口城市和锡矿区,主要从事开采锡矿、充当驳船水手和经营小商贩。④ 在暹南锡矿最多的普吉府,开采锡矿的几乎全部是闽粤一带招募的华工。

19世纪末后,暹罗大米出口激增,福建侨商多经营小型碾米厂。同时,到泰国南部定居的福建华侨商人和手工业者也增多,他们多数是深入内地农村收购稻谷和赊销农产品再运往港口加工的小贩,以及从事造船、打铁、熔锡、缝纫、制革等业的小手工业者。

二战后初期,銮披汶政府推行国粹主义,排斥华人资本,闽商资本发展缓慢。直到1958年沙立政府上台后才改变排华政策,闽商获得发展的生机。他们大多数集中在泰国南部,以经营锡矿、种植(橡胶、胡椒、水果、蔬菜)、五金、饲料、养殖业和进出口贸易为主。进入20世纪60年代后,泰国的工业,尤其是现代化工厂的创设人,多系富有的潮州人、福建人和上海人。⑤ 20世纪80年代,也有的闽商投资兴办合成纤维厂、畜牧场,发展较为迅速。

泰国闽商获得成功者著名的有:

苏国世,祖籍晋江,留学美国,返泰后,继承其父苏廷芳的事业,经营橡胶种植园,后

---

① Akin Rabibhadana, *The Organization of Thai Society in the Early Bangkok Period*, 1782-1873, Ithaca: Cornell University Southeast Asia Program, Data Paper No. 74, 1969, p. 46.

② 素帕拉·乐帕尼察军:《曼谷王朝时代政体改革前对介绍人的管理(1782—1892)》,《漳林港(1767—1850)》第1辑,泰国潮州人及其故乡潮汕研究计划,曼谷:朱拉隆功大学亚洲研究所中国研究中心,1991年,第98页。

③ 张仲木:《中古泰中经贸中华侨华人的角色》,载张仲木等编:《泰中研究》第1辑,曼谷:华侨崇圣大学泰中研究中心,2003年。

④ 王小燕:《介绍人移居泰国的原因及其经济活动》,《南洋问珠录》,昆明:云南人民出版社,1986年,第108页。

⑤ 华侨经济年鉴编辑委员会:《华侨经济年鉴》(1969年),台北:华侨经济年鉴编辑委员会,1969年,第56页。

拥有南洋胶鞋实业有限公司、和盛栈贸易公司和味精厂等,在新加坡、马来西亚和香港均设有分公司。后出任泰国南洋建筑(诗康)开发有限公司常务董事,1991年该公司与泰国五大财团合作投下巨资数百亿铢,在曼谷开发兴建符合国际水准,并为全泰规模最宏伟且最完美的"诗康综合城"。①

苏国材,苏国世之弟,1935年生于泰国,曾赴美国留学,获建筑工程博士学位。学成返回泰国后,主持由其家族经营的南洋建筑地产有限公司,为泰国著名的华商建筑师。苏国全,苏国世之弟,1940年生于泰国,1969年赴美国留学,获博士学位,后回国经商,以经营汽车制造业为主。

白锡碧,祖籍安溪,1930年到泰国经营银信局(即侨批业),后创立义和发有限公司,经营茶叶,为泰国义和发茶行、三九茶行董事长,还经营泰国亚洲天然蜜公司,担任泰茶商公会理事长、泰信局公会理事。

黄水林,祖籍长汀,于1940年集资创办鹰标体育工业有限公司,经营羽毛球、羽毛球拍制造厂。1953年曾创办《体育周刊》,并任泰国中华总商会董事兼体育主任。

杨锦忠,祖籍平和,其家族在曼谷经营福安堂有限公司,下辖3个以制中成药为主的制药厂,并兼营饲料加工厂和水果种植场。

李成华,祖籍南安,1946年赴马来亚,起初在李光前的南益树胶厂任文书,3年后调泰国德美行任职。后自营制胶厂、渔行、冷冻厂等。现为湄南冻房有限公司、东源树胶有限公司、金钨矿有限公司、光陵贸易公司董事长。

李引桐,祖籍南安,早年赴新加坡谋生,初任职于李光前经营的南益集团,主持泰国的南泰树胶公司和香港南益分公司的业务。后于1962年独立经营德美行。该行下有8个加工厂和数十个收购、转运栈,年产树胶20多万吨,其加工、出口的橡胶总量占全泰国贸易额的30%左右。

张笃生,祖籍云霄,1935年因逃避抓壮丁南渡新加坡谋生,后移居泰国南部经营小本生意,数年后与人合营种植橡胶、水果为主的泰国资源开发公司,以后到曼谷创立汇川股份有限公司。张笃生于1986年去世,由其子继承经营。

张建禄,祖籍南靖,1933年生。与其兄张建昌合营以五金业为主的张德盛有限公司、第一钢管有限公司及泰国钢管配件公司,均自任董事总经理。此外,还与人合营泰国钢管厂,曾任福建会馆理事长,1987年获泰王颁发的二等白象勋章。

蔡志伟,祖籍厦门,为早年泰国侨领卓成全之婿,经营泰国最大的合成纤维厂及太平洋金融有限公司。其弟蔡志云在曼谷经营美国玻璃纤维有限公司,均颇有规模。

陈峥嵘家族,投资创办泰山银行,后改名曼谷商业银行,现有分支机构87家,为泰国最大的商业银行之一。②

---

① 华侨经济年鉴编辑委员会:《华侨经济年鉴》(1991年),台北:华侨经济年鉴编辑委员会,1991年,第72页。

② 华侨经济年鉴编辑委员会:《华侨经济年鉴》(1991年),台北:华侨经济年鉴编辑委员会,1991年,第75页。

此外,还有陈顺德,经营康元饼干厂有限公司,曾任福建会馆常务理事;陈植津,祖籍晋江,经营旅游观光业,为曼谷华国饭店、台北假日饭店、华国饭店董事长;经营东海航务有限公司的苏清维、经营新南光航务有限公司的官华炎等,均有自己的货运船队。

三、泰国闽商社团

福建公所。1872年,闽籍华侨在曼谷本籍庙宇顺兴宫内设立。①

泰国福建会馆。成立于1911年,其前身为福建公所,会馆设在曼谷,其规模仅次于潮州及客属两会馆。首任主席为同盟会员、祖籍南靖的老报人肖佛成。20世纪80年代初,会员发展到1800多人。会馆下属单位有教育基金会、慈善基金会,以及福利、文教、康乐、庙产等委员会。教育基金会宗旨是奖励品学兼优并赞助家境贫寒的学生。慈善基金会宗旨是推选慈善事业,开展救济公共灾难活动,促进团结。福利委员会宗旨则为促进乡谊,谋取会员同乡之福利,赈灾恤难,介绍职业。文教、康乐委员会以促进文化教育,举办各种文教康乐活动,如组织球队、中西乐团为宗旨。福建会馆除了拥有两个山庄外,还有医院、学校等产业,资金比较雄厚,在华人中享有一定的声誉。

南暹福建公会。成立于1946年年初,为泰南合艾等地福建华侨同乡社团,其成员多为橡胶园、锡矿业主及出入口商。

董里福建会馆。成立于1945年年底,其前身为同善社。

会馆、公会的宗旨在于联络感情、交换信息、襄助社会、振兴体育、发展体育运动,协助会员婚丧喜庆及其他福利,管理属下的庙产、坟山、医院以及慈善机构公产等。

除了同乡社团外,闽商社团还有姓氏宗亲社团。闽商宗亲社团出现于18世纪中期,由于当时商业机构多以家族为中心经营,因此宗亲社团多以"公司"名义出现。泰国成立最早、人数最多的宗亲组织是沈氏宗亲总会。清光绪十一年(1885年)沈永居、沈万成、沈俊元等3人发动225位宗亲集资购置土地,建造沈氏大宗祠,供奉唐开国功臣武德侯公。从此每年举行祭拜仪式,第二次世界大战后,因政府修路,由沈天河、沈桂阳等4人成立扩建新宗祠筹委会,集资建立新的沈氏大宗祠,并于1965年举行揭幕开光仪式。继而产生第一届理事会,沈桂阳任首届理事长。第二届理事会期间,参加泰国各姓宗亲联谊会,并向政府申请注册,定名为沈公书院慈善基金会,后华文会名改为今名。宗旨是:谋求宗亲福利,赈灾恤难,兴办学校、医院,促进文化交流,并提倡教育等善举。后又兴办大会堂,设立奖学基金会,奖励本族会员子弟,出版纪念刊,并于1986年举行泰国沈氏宗亲总会沈氏大宗祠肇基百年庆典。1995年10月沈炎松当选第十五届理事长。② 现号称有10万之众。会员中祖籍诏安的占80%,该会同东南亚各国沈氏宗亲会关系密切,是比较活跃的一个宗亲团体。历届董事会均以诏安人为主。

---

① 《泰国福建会馆七十周年纪念刊》,曼谷:福建会馆,1962年。
② 《泰国沈氏宗亲总会》,http://baike.baidu.com/view/293829.htm.

第四节 缅甸的闽商

一、缅甸闽商发展的历史

福建人从海路移居缅甸始于元代,汪大渊记曰,当时福建商人商贩于下缅甸的乌爹(白古王国),"十去九不还"。① 明代中期以后,福建商人和手工业者到缅甸定居者渐多,他们多聚居于当年元军屯兵的八莫一带。明人朱孟震记:明代后期,福建海船远航缅甸,八莫"江头城外有大明街,闽、广、江、蜀居货游艺者数万"。② 清末,福建与缅甸的交通和贸易仍然畅通。成书于1790年的《缅考》曰:"西洋货物,聚于贡,闽广皆通。"③ 当时随船而至有不少商人,也有到缅谋生的农民,从事种菜、养猪、做工匠、当雇工等。"华侨还运载大批的暹罗、缅甸大米救济闽、粤两省粮荒。"④说明当时旅居缅甸的闽商已有相当经济实力。

1824—1885年,英国为了征服缅甸,先后发动了三次侵缅战争。英人将仰光辟为商港后,闽商就从海路纷至沓来,英人遂开辟福建人的居住区。闽商又逐步向唐人坡之后路仔(第24条街)及海墘(江滨街)一带发展。在战争中,英军急需物资、劳力,在马来亚槟榔屿的福建侨商利用这一时机,运输大批货物到仰光销售。当时英军为了建筑官署、营房、住宅及公路、桥梁,需要大批工匠,从马来亚招募华侨技工。因此,大批福建人从英属马来亚移居缅甸,人数大大超过广东人。

除了马六甲、槟榔屿的福建商民移居缅甸外,闽南一带渡海到下缅甸的土瓦、丹佬谋生者也日益增多。以后福建人又扩展到毛淡棉,并逐渐移至仰光。福建华侨多以从商为业。光绪四年(1878年),四川总督丁宝桢命黄懋材到缅甸,他记曰:"漾贡(仰光)……闽粤两省商于此者不下万人,滇人仅有十余家,然未见中土女人,皆纳缅妇为室也。"并谈道:"麻塌班(马打班)部……其海口通商之地曰模儿缅(毛淡棉)亦繁庶之区,多闽广人居滞。"⑤由此可见,当时已有不少闽籍商人聚居于缅甸沿海主要的商埠。1889年,薛福成

---

① 汪大渊:《岛夷志略·乌爹》,北京:中华书局,1981年,第376页。
② 朱孟震:《西南夷风土记》,丛书集成初编本,上海:商务印书馆,1936年,第6页。
③ 师范:《滇系·缅考》,载余定邦、黄重言:《中国古籍中有关缅甸资料汇编》,北京:中华书局,2002年,第1054页。
④ 福建省地方志编纂委员会编:《福建省志·华侨志》,福州:福建人民出版社,1992年,第100页。
⑤ 黄懋材:《西輶日记》,载余定邦、黄重言:《中国古籍中有关缅甸资料汇编》(下),北京:中华书局,2002年,第1206页。

记曰:"华商、华工在仰光者三万余人,闽商居三分之一,生意较大,粤人虽多而生意次之。"① 由此可知,仅在仰光一地,闽商人数当在万人以上。据安溪县部分族谱记载的不完全统计,仅清道光至民国初年,移居到缅甸的有58人。福建籍华侨80%聚居在缅甸南部,但缅北亦有他们的足迹。如1871年,云南人王芝由缅甸往印度到英国,所著《海客日谭》说,在阿摩罗补罗(阿瓦北面),"滇人在此者四千余家,闽广人百余家,川人才五家";在仰光,"广东、福建通商者数万人"。②

据1931年英国殖民当局对华侨人口的统计,在193594名华侨中,福建籍有50038人,占总数的25.9%。1937年抗战爆发后,福建沿海人民为逃避战乱,纷纷移居缅甸投靠亲友。至1940年,福建旅居缅甸华侨增加到77436人。太平洋战争爆发后,日军占领了缅甸,大批华侨自缅东北向云南撤退,福建侨商多数停业。据联合国救济总署1948年的调查报告,从缅甸撤回的华侨约有1.9万人。二战结束后,一部分缅甸归侨由联合国救济总署协助派船遣送回侨居地达万余人,其中1946年10月29日至1947年8月由厦门口岸出境的就有3476人。1948年1月,缅甸独立后,实施一系列措施限制华侨入境,福建人移居缅甸基本上停止。

二、缅甸闽商社会经济

早期缅甸闽商主要从事中缅帆船贸易及其相关的行业。朱孟震记闽商帆船贸易之盛:"自古江船不可数,高者四五尺,长至二十丈,大桅巨缆,周围走廊,常载铜、铁、瓷器往来,亦闽广海船也欤。"③

在英国殖民统治时期,闽商经济有了较大的发展。当时闽商主要从事对海外"贸易出口,以米为大宗,玉石、牛皮次之"。④"闽粤米商最多,番舶总集于步头,繁庶不亚于沙市、汉口。"⑤据薛福成光绪十八年(1892年)的日记:"缅甸海口有三埠,曰暮尔缅(即马而达般)、曰德瓦(一名吐瓦)、曰丹荖(本暹罗滨海西境),以漾贡握其总。核计海口华商,约二万四五千人,巨商则闽多于粤。"⑥薛福成曾檄派直隶试用通判姚文栋乘游历印度之便查看仰光商务。据姚文栋光绪十七年(1891年)禀称:"缅甸海口之埠凡三处,而仰光扼其要;沿江之埠二十二处,小者二十九处,而阿瓦与新街扼其要。海口商务,闽商主之;沿江商务,滇商主之。粤商,生意之大不如闽,人数之多不如滇,等诸自郐以下而已。"⑦由此可见,当时闽商控制着缅甸的沿海对外贸易,经济势力非常雄厚。

---

① 薛福成:《出使四国日记》卷三,北京:社会科学文献出版社,2007年,第127页。
② 王芝:《海客日谭》卷三,台北:文海出版社,1969年,第4页。
③ 朱孟震:《西南夷风土记》,丛书集成初编本,上海:商务印书馆,1936年,第7页。
④ 王彦威辑:《清季外交史料》卷七四,载余定邦、黄重言:《中国古籍中有关缅甸资料汇编》,北京:中华书局,2002年,第982~983页。
⑤ 王芝:《海客日谭》卷三,光绪丙子(1876年)石城刻本,第6页。
⑥ 薛福成:《出使日记续刻》卷三,台北:华文书局,1968年,第421页。
⑦ 薛福成:《出使日记续刻》卷一,台北:华文书局,1968年,第74~75页。

据仰光1863年《庆福宫捐缘石碑序》①列举的捐款船号有：

屿(槟榔屿)舟：金荣源、丰胜船、翼丰船、绵顺利、金衣罗、振丰船、怡发船、金利捷、金德盛、勿力颂芝、鼎丰船、金德顺、金源发、金协成、全和发、颜元咸；

叻(新加坡)舟：陈金声、陈金钟、杨广昌、漳潮观、蔡福元、蔡福美、洋顺船、金协德、金裕盛、金福泰、金长发、长茂号、顺美号、美利船、道利船、振成船、谁立船、金丰发、金庆瑞、杨广源、金源隆；

呷(马六甲)舟：许永占、金棉瑞、金振成；

土(土瓦)舟：金顺发、金广发、金福盛、金福发、金德源；

仰(仰光)舟：金万发；

棉(毛淡棉)舟：合丰船、金福盛；

老(丹佬)舟：金顺发、金和顺；

厦(厦门)舟：叶文澜；

旧(旧港)舟：隆源西粥；

垄(三宝垄)舟：金顺成、金成兴、金绵盛；

吧(吧城)舟：金庆隆。

从上可知，当时在仰光贸易的闽商帆船有来自缅甸沿海各地，也有来自厦门、新加坡、马六甲、槟榔屿、三宝垄、旧港、吧城等地。闽商海上贸易通商地区之广可见一斑。

《天福宫捐缘石碑序》还刻有捐款的闽侨商号：

协振栈、胜茂号、承兴号、振和号、丰泰号、新荣顺、合益号、新隆兴、顺兴和、新合春、新裕振、恒茂号、协成号、丰美号、合源号、美茂栈、顺兴号、详兴号、瑞云斋、新和春、新万泉、新德安、裕成号、荣发号、銮裕号、义成号、瑞兴号、成发号、协和号、瑞胜号、合利号、春成号、顺利号、瑞泰号、新振益等。闽商商号达35家。从这些商号来看，其中既有从事对外贸易商品的批发，也有从事土产杂货的购销。在当时华侨的商家中，胜茂号最大。薛福成在其出使日记中云："查仰光华商，闽帮最大；闽帮商家，胜茂号最大。"②到1902年重修仰光庆福宫时，捐款的缅甸闽籍华侨的各类商号就达488个，③可见仰光的闽商经济力量发展之快速。

除了以上的富商巨贾之外，还有更多的闽侨属于小商小贩。他们深入各地农村，替英国商行收购虫胶、蜂蜡、丹参、缅玉等土产，并为他们推销欧洲出产的日用消费品。除肩挑小贩外，小商人往往在村镇设有收购、零售点。这种由华侨家庭经营的土产杂货店几乎遍布城镇。

19世纪后期以后，从中国南方沿海到缅甸的轮船已经通航，闽商深入内地，将缅甸

---

① 陈启彰：《庆福宫百年沿革简史》，载《庆福宫百周年庆典特刊》甲篇，仰光：庆福宫，1961年，第29～30页。

② 薛福成：《出使日记续刻》，台北：华文书局，1968年，第45页。

③ 陈启彰：《庆福宫百年沿革简史》，载《庆福宫百周年庆典特刊》甲篇，仰光：庆福宫，1961年，第31～38页。

出产的大米等土产,用轮船运回国内,再将国内的杂货、京果、海味运销仰光,其中有些人得到较快发展。① 因此,福建商人经营的轮船业也有较大发展。同安人林振宗于1885年到缅甸,正值英人兴建兵营和住宅,他先是当建筑工人,后来承包工程当营造商,数年后已开有10多家锯木厂,以后又经营航运业。1912年,林振宗等带头设立宗记公司,在仰光又称为双德号,在汕头称为仰和洋行,在厦门则设有支店,皆悬挂英商旗号。1916年8月,"厦门宗记公司林桂园函交通部总长许世英,谓拟组织一完全华股轮船公司,招集股东一千万元,购置轮船六艘,航行福州、厦门、汕头、新加坡、槟榔屿、仰光间,每艘载重约七千吨","并拟购置较小之轮船五艘,每艘价值约须三十万元,专为航行汕头、暹罗间",请求补助。交通部认为,"复以南洋航业关系重要,当兹欧战未停,轮船日灭之时,尤为绝好之机会",拟予支持。② 该公司购有新轮"双美"、"双春"、"双安"等3艘2000~3000吨级的轮船,共计8431吨,行走于仰光与厦门、汕头、香港、新加坡之间。每次航行能从厦门、汕头带来2000个苦力。③ 第一次世界大战期间,"双安"、"双美"两轮被英国政府征用,又新购"双喜"号。林振宗还是美商BOC煤油公司的缅甸总代理。后来外商自己推销商品,收回他的部分代理权。他投资石油业后,参加修建自缅西波美乐至仰光市内的一条长500英里的输油管,工程艰巨,耗资极大,输油管只修一半,因耗尽资金而停工。④ 20世纪初,新加坡闽籍华侨林秉祥于1904年组织和丰轮船公司,资本500万元,拥有8艘排水量在数千吨以上的远洋轮,行走于中南、新、缅等航线。⑤

除了轮船业外,福建商人多经营稻谷买卖加工、土产、纺织、布匹、中西药、茶室、裁缝、理发等业。大米是缅甸主要产品,闽商的碾米厂是较发达的行业。在一些沿江河的村镇,帆船可以停靠的地方,都有厦门曾营村的华侨开办的米厂大谷仓,因此这一带被称为"曾营港"。19世纪下半叶至20世纪初的华侨巨商曾妈庇(又名曾广庇)即以经营米厂起家的。⑥

曾妈庇(Chanmaphee,1848—1920)又名曾广庇,曾依新之子,厦门杏林曾营村人,1861年到马来亚经商,两年后辗转至缅甸仰光,娶缅甸德达耶(Dedaye)农民吴昂巴(Oo Oung Ba)之女妈埃妙(Ma Aye May)为妻。而后从事10年小商品贸易,至1883年在仰光百尺路75号开设"德隆号"商行,主要经营稻米、食油和烟草等杂货。随着生意的发展,商行搬至百尺路57号。因为大米贸易关系,于1894—1899年,他一度成为缅甸仰光

---

① 黄绰卿:《缅甸华侨史的一页》,《新仰光报》1963年10月5日。
② 《交通史航政编》第2册,第889~890页。
③ Arnold Wright, *Twentieth Century Impressions of Burma: Its History, People, Commerce, Industries, and Resources*, London, Durban & Perth: Lloyd's Greater Britain Pub. Co., 1910, p. 307.
④ 杨庆南:《世界华侨名人传》第1册,台北,1987年。
⑤ 杨进发:《民族资本家林秉祥与和丰公司》,载杨进发:《战前星华社会结构与领导层初探》,南洋学会,1977年。
⑥ 曾冠英:《缅甸华侨曾广庇父子事迹》,载《厦门文史资料》第13辑。

华侨中最大的稻米商。他广置房产,拥有大量的土地。① 他热衷慈善事业,曾捐献巨款给仰光公共大医院,在仰光亚弄区独资创办产科医院,供各族妇女免费住院分娩。并重修仰光庆福宫,募捐1万盾,被公举为该宫的信托人,并被任为大耆长职务。曾氏祠堂修建时,他同样出大资。他还不时捐献财物救济国内灾民,光绪年间,捐资巨万赈济河南水灾。他亦热心教育,1875年,在家乡捐资创办曾营"龙山女子丙等学堂",中华义学、福建女子学校的创立,亦得益于其力促倡办。1919年冬,捐助仰光华侨中学20年日常费用,又捐助光华中学1万盾。1920年还捐赠坐落于仰光西郊九文台的洋房一座及一块价值50万盾的地皮,用于建筑华侨中学校舍。后该楼命名为"广庇楼"。

20世纪20年代初,仰光经营自行车修理和人力车行的福建华侨较多,因此车夫也多是福建人。祖籍安溪的王紫如开人力车行泉胜栈,全盛时拥有千余辆车。② 福州人多经营茶室、餐馆、面店、酒楼,客家人则开裁缝服装店,而中药铺几乎全部由永定人经营。永定华侨胡子钦原为中医,后在仰光开设永安堂中药铺,20世纪20年代初由其子胡文虎、胡文豹继承,生产八卦丹、万金油等中成药,行销东南亚及国内各大埠。1923年后总店移至新加坡。

在仰光以外,福建侨商多数经营油盐、酱、茶、辣椒、葱头、槟榔、土豆、糖等土产店。即使在只有10多户的偏僻山芭,也有闽商的土产店。在土瓦、丹佬一带的福建华侨多经营锡厂,濒海的华侨则从事渔业或收购燕窝。聚居于南勃地区的闽商,很多人经营"柴工寮"(原木加工场),后来转营木桶业,直到现在,在沃尾一带还有一些原籍福建的华人经营的木桶店。

缅甸的中小闽商资本少,人数多,虽然活跃于缅甸城乡,但大多数是受英国商行控制的本小利微的"中介商",经济实力远不如东南亚其他国家的闽商,更无法与资本雄厚的外商竞争。

1948年1月,缅甸独立后,缅甸政府对华侨经济加以限制,由于受缅甸政府排华法令的打击,福建华侨经济陷于困境。当时闽商中,小商贩和半农半商的比重仍较大。闽籍华侨80%聚居在缅甸南部,多数经营小商和手工作坊,主要经营稻米、土产、布匹、百货、中药、肥皂、橡胶、采矿、旅社、茶馆和糕饼店,也有一些人经营农产品加工(碾米厂、榨油厂)、当铺、酿酒、宰猪等业。据仰光中华商会估计,全缅甸由华侨经营的行业有60多种,2000个雇有10人以上的华资作坊中,属闽籍华人的约占60%。闽商经营行业广泛,但多数是小本经营的小商,经济实力十分薄弱。

缅甸政府于1953年、1956年,分别将华侨酿酒业和典当业的经营权收归国有,但在小市镇及乡村仍允许华侨参加投票,缴纳高额税金者可继续经营。当时政府已不发给华侨经营进出口贸易的执照。

---

① Arnold Wright, *Twentieth Century Impressions of Burma: Its History, People, Commerce, Industries, and Resources*, London, Durban & Perth: Lloyd's Greater Britain Pub. Co. 1910, p.309.

② 《旅缅安溪会馆42周年纪念特刊》,旅缅安溪会馆,1962年,第18~20页。

1957年,缅甸政府组建了7个由国家和当地商人合营的公司,主要日常必需品及土产、五金、酒楼、茶室、瓷器全由合营公司经营,使闽商小商贩受到一定影响。但由于闽商经营这些行业历史悠久,经验丰富,分布甚广,而且信誉好,因此尚能维持。福州籍闽商经营的具有中国民族风格的茶室、小食摊、酒楼、饭店等,缅甸人难以取代。闽商经营的小型米厂、锯木厂、家具店、药材加工、皮鞋、单车修理、缝衣店、毛巾厂、印刷厂等,规模很小,利润不如从前,发展前途也不大。

1962年奈温执政后,宣布实行工商业国有化和农业合作化,并把15万多家工厂、商店和银行收归国有。由闽商经营的稻谷收购、加工、储运、批发、零售的上千家遍布城乡的米厂、米店也全部被收归国有,而华侨经营的中小型工厂、旅社和商店等更是受到了毁灭性的打击。特别是在农村经营小杂货店的华人,在"农业合作化"的过程中几乎失去了生活基础。

对闽商经济打击较大的另一事件是,1964年缅甸政府突然宣布停止使用面额100和50缅元的货币,使商业流通领域的闽商经济十失其九,资产几乎被全部剥夺。此外还严格规定不准华侨间作经营工厂、企业,只准与缅甸人合作或以他们的名义从事工商业。"国有化"使缅甸的国民经济命脉几乎都掌握在当政的军人集团手中,使闽商经济长期处于困难状态。

到20世纪60年代中期,仰光侨闽商业受到排挤不得不停业或转向经营手工作坊和小型工厂。闽商经营的有针织背心、尼龙织造、糖果、饼干、塑料、橡胶制品、肥皂、卷烟、火柴、雨伞、奖品、自行车修配等。到1968年,华侨经营的只剩下类似摊贩的小商店、加工塑料皮革用品的小作坊及汽车、自行车修理店、裁缝店和茶楼小饭馆,在农村只剩下铁匠铺那样的私人小作坊。

直到1973年,缅甸政府才宣布允许私人投资和开办企业,华侨华人经营的中小企业逐步恢复。至20世纪80年代中期,全缅共有6000多家华侨资本经营的日杂百货及土产商店,由福建籍商人经营的约占一半。近年来,不少商店专营直接或由转口销往缅甸的中国土产百货,由于质优价廉,受到顾客欢迎。布匹成衣店是闽商经营的传统行业,全缅由华侨经营的服装店有5000多家,这些商店除经营缅装和从印尼进口的纱笼外,也兼营西服和汉服。

餐馆也是福建华侨经营的传统行业,仅仰光华侨经营的就有近70家,茶室店给有500多家,大多由闽商经营。另外,闽商还经营车行、玩具店、旅店。

工业方面,华人经营的农、渔、牧等产品加工、制造、冷冻储运业及蜜饯、西点店2000多家遍布各地,其中由闽商经营的约占一半。此外,还有碾米、榨油、车辆维修、电器装配销售、制造胭脂粉片化妆品的小型工厂、家族缝纫店、以废纸为原料的造纸厂、塑料鞋厂、陶瓷厂、晒盐场等,但规模都很小。

1987年,缅甸政府宣布开放农副产品市场,定居缅甸的闽商素有菜园、畜牧业的经营,陆续回归本业。目前,全缅经营农牧副业的华侨华人已有400多家,并由他们提供产品运销各地,由摊贩零售,形成以华人为主的产、运、销的商业网络,而且发展很快。

三、缅甸闽商社团

明末清初,缅甸华侨为广交江湖兄弟、反清复明,成立众多的帮会组织,帮会组织重义气、倡互助,深受华侨欢迎,旅缅福建华侨中、小商人大都参加。自19世纪中期以后,缅甸华侨人口不断增加,经济实力有所增长,不同省籍的华侨纷纷组织各种社团。闽商的社团主要有:

庆福宫。1861年由仰光的福建华侨共同集资兴建观音亭,为缅甸闽侨最早的同乡组织,由福建帮头领组成董事会,管理寺庙产业,主持祭祀,后正式命名为庆福宫。1930年,庆福宫购置了80多亩义山,作为埋葬同乡的公冢。

旅缅福建同乡会。前身为缅甸福建公司,是缅甸福建籍华侨宗亲团体联合组织。成立于1867年以前,确切日期无可稽考。大董邱台根、陈九笃等。设在仰光福建观音亭内。宗旨是:联络宗亲感情,加强同籍团结,协调同侨关系,赞助社会公益,襄赞社会福利。1894年春大董邱台根去世,同年4月8日改由大宗姓(杨、曾、邱、林、李、陈、苏)轮流执行会务。1934年10月10日改名为福建公会,后改名为仰光福建公会。抗日战争爆发后,被迫停止活动。1947年5月20日复办改为现名,并举荐苏知觉为首任理事长。

1935年1月1日,福建公会东吁分会成立。同年4月1日,瓦溪码埠旅缅福建公会成立。1945年10月10日,丹佬埠也成立福建同乡会。1946年10月1日,直塘埠福建华侨捐资重修建德堂作为福建同乡会会址。1947年同乡会发动各地分会募捐提供旅费,资助滞留厦门口岸的归侨返缅。第二次世界大战后的福建同乡会是由37个县、市的同乡和宗亲社团联合组成的全国性福建华侨团体。20世纪50年代初期,缅北、西保、北珊福建同乡会相继成立。至1994年年底,福建同乡会仍继续活动。

缅甸华商商会。其前身是成立于1909年的缅甸华侨商务团体会,曾改名为中华总商会,1930年改为现名。最初纯系商业性团体,因早期缅甸的土产大多由福建人经营,故会员大多数是福建籍侨商。它的团体会员则多数是行业公会。

缅甸华侨兴商总会。其前身为福建籍商人徐赞周、陈朝初、林金瓯于1911年6月发起组织的"兴商公司",1936年改为现名。一开始吸收的成员多数是福建籍土产商人,初期领导人多是爱国进步商人,他们联络团结广大华侨支持辛亥革命,赈济家乡灾民,支援祖国的抗日战争。兴商总会共有团体和个人会员100多个,多数是土产商。由于闽商经营土产较多,因此会员及总会领导成员均以闽商为主。①

缅华三山协会。其是侨居缅甸的福州三山同乡的组织,创立于1951年7月。原名缅华三山青年协会,意为充满青春活力,积极向上,由于当地社团登记对于"工会"、"青年"等名称的组织有所限制,协会为避免抵触法律,决定删去"青年"两字。至1994年年底,缅华三山协会仍在继续活动。②

---

① 杨力、叶小敦:《东南亚的福建人》,福州:福建人民出版社,1993年。
② 《缅甸福州社团》,http://www.fzdqw.com/ShowText.asp? ToBook = 807&index = 140&.

第四章

马来群岛的闽商

第一节 菲律宾的闽商

一、菲律宾闽商发展的历史

根据考古资料,福建人移居菲律宾可以追溯到唐代。菲律宾礼智省的马亚辛(Maysin)地区曾发现郑国希之墓。从墓碑看,郑国希系福建南安人,墓碑立于唐高宗龙朔辛酉年,即661年,这是迄今为止在菲律宾发现最早的福建华侨坟墓。宋元时期,福建对菲律宾的海上交通开始发展,闽人常从泉州起航赴菲岛贸易,双方交往日益频繁。

吕宋岛上的麻逸,一称摩逸,北宋"太平兴国七年(982年)载宝货至广州海岸",① 始与中国建立朝贡贸易关系。自此麻逸与福建的贸易关系发展很快,当时福建商船从泉州发舶,至渤泥,再北上往麻逸贸易。"至其境,商舶入港,驻于官场前。官场者,其国阛阓之所也,登舟与之杂处。酋长日用白伞,故商人必赍以为贽。交易之例,蛮贾(指当地商人)丛至,随筻箐搬取物货而去,初若不可晓,徐辨认搬货之人,亦无遗失。蛮贾迺以其货转入他岛屿贸易,率至八九月始归,以其所得准偿舶商。"② 即闽商与蛮贾以赊货的方式形成了商业合作关系。

元代开辟了泉州—澎湖—琉球(台湾)—麻逸的新航线,双方往来更加方便,贸易日益兴盛。汪大渊对两地商人的商业合作亦有类似的记载。③ 闽商运去瓷器、货金、铁鼎、乌铅、五色琉璃珠、铁针、五采红布、红绢、牙锭等,由"蛮贾议价领去,博易土货"黄腊、吉贝(又称木棉)、真珠、玳瑁、药槟榔、于达布等,"守信事终如始,不负约也"。

菲律宾群岛的三屿、蒲哩噜与福建的贸易也很频繁。三屿指的是加麻延

---

① 马端临:《文献通考》卷三三二,《阇婆传》,杭州:浙江古籍出版社,2000年,第2606页。
② 赵汝适:《诸蕃志》卷上,《麻逸国》,北京:中华书局,1996年,第141页。
③ 汪大渊:《岛夷志略·麻逸》,北京:中华书局,1981年,第34页。

(Calamianaes)、巴姥酉(Palawan)、巴吉弄(Busuanga)诸岛,元代称为三岛;蒲哩噜则位于吕宋岛的马尼拉,元代称为麻里鲁。赵汝适曾描写宋代闽商在该地的贸易活动,"番商(指闽商)每抵一聚落,未敢登岸,先驻舟中流,鸣鼓以招之,蛮贾(指当地商人)争棹小舟,持吉贝、黄蜡、番布、椰心簟等至与贸易。如议之价未决,必贾豪自至说谕,馈以绢伞、瓷器、藤笼,仍留一二辈为质,然后登岸互市,交易毕,则返其质,停舟不过三四日,又转而之他"。① 元代由于横渡台湾海峡的直航开通,增进了人民之间的相互了解,贸易关系大为密切,双方的贸易商品品种也有所增加。

元时菲律宾南部的苏禄为南海一强国,元武宗曾遣使招抚其国。② 苏禄地产中等降真条、黄蜡、玳瑁、珍珠等,其中"苏禄之珠,色青白而圆,其价甚昂。中国人首饰用之,其色不退,号为绝品"。所以泉州商人往来不绝,用赤金、花银、八都剌布、青珠、瓷器、铁条等交换。

入明以后,福建人开始成批移居菲律宾经商,并且数量日益增加。《明史·吕宋传》云:"先是,闽人以其地近且饶富,商贩者至数万人,往往久居不返,至长子孙。"③数万人之说或是过分夸张,但当时闽商已广泛分布于菲律宾群岛则是没有疑义的。

1521年,麦哲伦远航到菲律宾时,就已听说每年有6～8艘来自福建的中国商船来到吕宋岛。④ 1565年西班牙殖民者黎牙实备(Miguel Lopez de Legazpi)在菲律宾建立殖民统治后,又把侵略的矛头指向富饶的中国。福建与菲律宾在地理上接近,仅一水之隔,"一般从马尼拉到泉州航行需要一周时间,距离大约140里格(league,长度单位,1里格约等于3哩或3海里)。据说在天气好时航行需要6天,但从不超过10天",⑤双方的交通较为便利,于是闽人开始大规模前往经商和定居。

1590年,西班牙神父沙拉扎(Dominigo de Salazar)从马尼拉写给西班牙国王的信称:"漳州是最靠近这块土地的中国省份,所有来这里贸易的生理人都是在该地起航的。"⑥所谓"生理(Sangley)"人,是菲律宾人对中国商人的称呼,意思是"来往的人","因为他们有每年来群岛进行贸易的习惯"。⑦ 由于来菲的中国商人都是来自闽南地区,"生理"即来源于闽南语"生意"。因此,当1565年黎牙实备在菲律宾建立殖民统治后,福建商人即前往贸易。1567年,黎牙实备从宿务向西班牙国王菲力普二世报告:"中国商人每年都运生丝、毛织品、钟、瓷器、香料、铁、锡和染色棉布以及其他小商品,到菲律宾群岛

---

① 赵汝适:《诸蕃志》卷上,《三屿、蒲哩噜》,北京:中华书局,1996年,第144页。
② 《元史》卷二二,《武宗纪》,第498页。
③ 《明史》卷三二三,北京:中华书局,1974年,第8370页。
④ J. Haskins, *A Concise History of the Philippine*, Grober International, 1982, p.45.
⑤ E. H. Blair & J. A. Robertson, *The Philippine Islands*, 1493-1898, *Vol.4*, Cleveland:Arthur Clark Co., 1903-1907, p.54.
⑥ E. H. Blair & J. A. Robertson, *The Philippine Islands*, 1493-1898, *Vol.7*, Cleveland:Arthur Clark Co., 1903-1907, p.255.
⑦ E. H. Blair & J. A. Robertson, *The Philippine Islands*, 1493-1898, *Vol.3*, p.74; *Vol.4*, p.50. Cleveland:Arthur Clark Co., 1903-1907,

出售,贩回黄金和蜂蜡,其中一些人到我们这里来。"①继任总督拉末沙礼示(Guide de Lavezaris)也热衷于打开中国贸易的大门,积极鼓励福建商人到菲律宾。他在1574年7月致西王的信中谈道:"尽管中国沿海有大批海盗出没,将给贸易造成损失,但我们还是欢迎越来越多的福建商船到马尼拉贸易。"②他还试图与中国建立直接通商关系,但未获成功。

西班牙殖民者打开中国贸易大门的企图不能得逞,菲律宾与西属美洲距离遥远,本土又十分贫瘠,"既无香料,又无金银",生产力低下,连日常生活用品都缺乏,根本满足不了殖民者的基本生活需要。西班牙船长卡里翁曾说:"在这些岛上不可能有任何利益可想,除了有可能打开同中国或其他岛屿的贸易联系。"③为了在菲律宾立足,维持殖民统治,他们只得利用来菲贸易的中国商船,依靠中国商人供应从生活用品到武器军火的所需一切,并从中获取财政收入和利益。因此,在西班牙人占据菲律宾的初期,福建与菲律宾之间的贸易不但没有中断,而且还有所发展。福建商人运到菲律宾的货物,不仅供应当地人民和西班牙殖民者的需求,而且其中的生丝、棉布、丝绸还通过"大帆船贸易",大量运销拉丁美洲,甚至转销欧洲市场。与此同时,由于西班牙殖民者所能输出的货物,"没有一样不是中国所已经具备的。所以对华贸易必须向中国输送白银"④,用以购买福建商船载来的货物。因此,前往菲律宾贸易的福建商船回国时都满载着来自美洲的白银,获利非常丰厚,这又进一步刺激了福建商人到菲律宾贸易。何乔远曾指出:"西洋诸国金银皆转载于此。以通商故,闽人多贾吕宋焉。"⑤

隆庆元年(1567年)明政府开放漳州月港以后,福建沿海到吕宋经商居住的人更多,加之西班牙统治菲律宾初期,也欢迎中国商人到菲岛贸易,福建商船前往马尼拉贸易迅速增加。当时漳州月港是主要闽商对菲贸易港,而菲律宾则是除日本之外,闽商的最大贸易地区。根据《东西洋考》的记载,从万历十七年(1589年)月港海防官颁发的88张商引中,⑥发给赴菲律宾群岛的商船共38艘:吕宋16艘、屋同2艘、沙瑶2艘、玳瑁2艘、宿务2艘、南旺2艘、大港2艘、呐哔啴2艘、磨荖央1艘、笔架山1艘、密雁1艘、中邦1艘、

---

① E. H. Blair & J. A. Robertson, *The Philippine Islands*, 1493-1898, *Vol.2*, Cleveland: Arthur Clark Co., 1903-1907, p.238.

② E. H. Blair & J. A. Robertson, *The Philippine Islands*, 1493-1898, *Vol.3*, Cleveland: Arthur Clark Co., 1903-1907, p.276.

③ William Lytle Schurz, *The Manila Galleon*, New York, 1959, p.45.

④ E. H. Blair & J. A. Robertson, *The Philippine Islands*, 1493-1898, *Vol.2*, Cleveland: Arthur Clark Co., 1903-1907, p.212.

⑤ 何乔远:《闽书》卷一五〇,《南产志》,福州:福建人民出版社,1994年,第4436~4437页。

⑥ 许孚远:《敬和堂集》卷七,《公移卷》,转引自陈希育:《中国帆船与海外贸易》,厦门:厦门大学出版社,1991年,第85页。并参阅林仁川:《明末清初私人海上贸易》,上海:华东师范大学出版社,1987年,第294页。注:该年发放商引88张,但从分配各地区的商引数计之,则共有89张,疑原文有误。

以宁1艘、麻里吕1艘、高药1艘、岸塘1艘、吕蓬1艘,也可大致反映出福建商船在菲律宾的贸易地区。而据威廉·舒尔茨的估计,每年来到马尼拉的正常船数从20艘到60艘不等。1574年有6艘,1580年达40~50艘,在这个世纪后30年到40年一般是这个数,但1616年仅有7艘,而1631年却有50艘,5年后有30艘。商船数目波动很大,主要是因为"每年到达艘数的多少是取决于马尼拉买卖赢利的机会、航程的安危,以及中国当地的情况"。① 从漳州月港起航开往马尼拉的中国商船满载着生丝、丝织品、棉布、瓷器和各种中国商品,②供给当地人民和西班牙殖民者的各种需求。

菲律宾闽商主要来自漳、泉两地。泉州晋江,"安平之俗好行贾,自吕宋交易之路通,浮大海趣利十家而九,往岁夷酋发难,尽歼贾人,安平无一人得脱,讣至,家哭相闻,妇人女子不知其几"。③ 漳州,"东西二洋,商人有因风涛不齐,压冬未回者,其在吕宋尤多。漳人以彼为市,父兄久住,子弟往返,见留吕宋者盖不下数千人"。④

1602年,西班牙殖民者对马尼拉华人进行大屠杀,中菲贸易中断。没有了闽商的贸易,市场萧条,物资匮乏,"没有裁缝,没有鞋匠,没有农夫和牧人",⑤不仅殖民者生活困难,甚至连殖民统治也难以为继,不久不得不恢复中菲贸易,于是赴菲的闽商又开始逐渐增加。到1621年,马尼拉持有居留许可证的华人达1.6万人,另有5000~6000名无证华人,⑥据此估计,当时在马尼拉及其附近的华人人口超过了2万人。1635年,仅八连就有华人2万多人,外岛尚有1万多人,合计3万多人。⑦ 当时菲岛的商业几乎全由闽商经营,甚至连西班牙人日常用品、粮食亦仰赖闽商供给。⑧ 1645年,八连的闽商商铺有1200间,仅华人工匠及理发师就有400人左右,闽商的社区也逐渐扩展,在17世纪50年代,马尼拉及其附近的华人居住区就被划为4个教区。⑨

明末清初,在郑氏集团的海外贸易中,菲律宾也是重要地区。1631—1640年间,即在郑芝龙的"黄金时期",有不少于325艘的中国帆船驶抵马尼拉。⑩ 郑成功末年,郑氏

---

① William L. Schurz, *The Manila Galleon*, New York: E. P. Dutton & Co., 1939, p.71.
② *The Philippine Island*, Vol.16, pp.178-180.
③ 李光缙:《景璧集》卷一四,《二烈妇》,扬州:江苏广陵古籍刻印社,1996年。
④ 许孚远:《疏通海禁疏》,载《明经世文编》卷四〇〇,北京:中华书局,1962年影印本。
⑤ Alip, Eufronio M., *Ten Centuries of Philippine-Chinese Relations*, Manila: Alip and Sons, 1959, p.40.
⑥ 陈荆和:《华人历史上的人口及居留地》,载张其昀主编:《中菲文化论集》(2),台北:中华文化出版事业社,1960年,第300~301页。
⑦ E. H. Blair & J. A. Robertson, *The Philippine Islands*, 1493-1898, Vol.26, Cleveland: Arthur Clark Co., 1903-1907, p.96.
⑧ 刘芝田:《中菲关系史》,台北:正中书局,1979年,第472页。
⑨ 陈荆和:《华人历史上的人口及居留地》,载张其昀主编:《中菲文化论集》(2),台北:中华文化出版事业社,1960年,第307页。
⑩ 白蒂:《远东国际舞台上的风云人物郑成功》,南宁:广西人民出版社,1997年,第71页。

与对菲律宾的贸易一度中断。郑经亦重视与马尼拉的贸易,因为这种贸易被视为台湾生存的主要依靠。郑经上台后派出 1 名使臣到马尼拉,随之又派李科罗神父(Father V. Ricoi)作为郑氏政权的使者前往马尼拉,①重开与西班牙人的贸易。郑氏可以从到马尼拉贸易的中国帆船那里购得生丝和丝织物,然后转运到长崎贩卖,一样可得到同等的利润。一位名叫西蒙·德尔博(Symon Delboe)的英国人于 1672 年从台湾寄一信给爪哇的英国商馆,说:"每年一月,郑经从台湾派 5~8 艘船到马尼拉,四五月间返航,然后开往日本,从那里出航通常是六七月间,有时在十一二月,有 12~14 艘船再次到达马尼拉。"②根据皮埃尔·乔努(Pierre Channu)所提供的数字,1664—1683 年到马尼拉贸易的中国船数共计 179 艘。其中,1666—1673 年间,到马尼拉贸易的中国船一半以上甚至全部都是郑氏集团的船舶。③

1683 年,郑氏覆亡,其余部下乘 3 艘船逃往吕宋。④ 海禁开放后,福建商船纷纷出洋,其中很多船借贸易为名,实际上偷载移民前往吕宋。1685 年,官府查获船户刘仕明赶缯船一只,领关票出口往吕宋经纪,"其船甚小,所载货无多,附搭人数竟达一百三十三名"。因此靖海侯施琅认为:"一船如此,余概可知。此时内地人民,奸徒贫乏不少,弗为设立法规,节次搭载而往,恐内地渐见日稀。"⑤康熙五十五年(1716 年),康熙帝认为:"海外的吕宋、巴城等处常留汉人,为海贼之薮。"⑥

1732 年,据南澳镇报:有船户姚锦春一船前往吕宋贸易,配船员 24 名,并查出配货客 20 名,另有无照偷渡客民 157 名。在福建总督郝玉麟的奏折中,也描述了当时福建人偷渡菲律宾的状况:"吕宋地方系西洋干练腊泊船之所。自厦门之彼,水程七十二更,漳泉下府人民向在彼贸易者甚多,现在居住的有一二万人。地极繁盛,人多殷富,内地载往货物俱系干丝□,番船运载番银至此,交易彼地,番人居住吕宋者不过二三千人,内地百姓人势众多,每欲侵夺其地,因番族踞城而居,且炮火最利,又因干丝□是其族家,虑恐不复得其银米,接济未敢轻举,番人亦有深虑。内地之人从不容到国,其港道险易及湾泊处所,至今内地之人不得悉知。若吕宋地方偷渡日多,聚集益广,将来难保不滋事端,又访得向日台湾匪类暨泉漳奸民,亦有觊觎其地之谋。臣是以鳃鳃顾虑,惟在严禁私渡为第一要,着查闽省一年出洋商船,约有三十只或二十八九只,每船货物价值或十余万、六七万不等,每年闽省洋船约得番银二三百万载回内地,以利息之赢余佐耕耘之不足,于国计

---

① E. H. Blair & J. A. Robertson, *The Philippine Islands*, 1493-1898, *Vol.* 34, Cleveland: Arthur Clark Co., 1903-1907, pp. 218-260.
② 《十七世纪台湾英国贸易史料》,《台湾研究丛刊》第 57 种,《台湾经济史》第 5 册,台湾银行,1959 年,第 196 页。
③ Pierre Channu, *Les Philippines et le Pacifiquedes Ideriques*, Paris, 1960, pp. 165-169.
④ 陈春生:《丁未黄冈起义记》,《"中华民国开国五十年"文献》第 1 编第 13 册,台北:正中书局,1964 年,第 488~489 页。
⑤ 施琅:《靖海纪事》卷下,《海疆底定疏》,福州:福建人民出版社,1983 年,第 133 页。
⑥ 《清圣祖实录》卷二七〇,康熙五十五年(1716 年)十月壬子,北京:中华书局,1985 年。

民生均有裨益,是洋商更宜疏通,未便令其畏阻矣。"①

18世纪中期是闽人渡菲的高潮,前往马尼拉的闽商也从马尼拉扩散到邻近地区与中吕宋。到1749年,全菲有华人4万人,②多以商为业。

然而,18世纪中叶以后,由于西班牙殖民者多次颁布排华令、大帆船贸易的式微以及清廷颁布"广州一口通商"令,严重打击了闽商在菲的贸易,福建与菲律宾的贸易出现衰落,平均每年抵达马尼拉的华船不及原来的一半。1795年,仅有6艘华船入港。1797—1812年,平均每年只有8艘。③ 更多的闽商转向南洋其他地区贸易,原来马尼拉的闽商或返回家乡,或融入当地社会,人数再为减少。1790年,据统计,菲律宾华人减少到5000人。④ 直至1864年才增加到18000人,⑤仍大大少于18世纪中期之前的3万人。

尽管"没有这种贸易,西班牙人在菲律宾的殖民统治就不可能维持下去",⑥但他们又认为中国商人对其是一个巨大威胁。一方面大量物美价廉的中国商品销往美洲和欧洲,冲击了西班牙本土的工商业;另一方面,西班牙人害怕来到菲律宾的中国人不断增加会危及其殖民统治,所以对华侨华商常常进行掠夺、限制和虐待,甚至加以屠杀和驱逐,这又限制了福建与菲律宾之间海上贸易和交流的发展,使菲律宾的闽商经济呈现出大起大落、盛衰相间的状况。

菲律宾闽商人数的大幅度增加是在华工大量出国之后。1864年,西班牙政府为西属美洲招募华工,沿用中英《北京条约》"利益均沾"之例,与清廷签订《天津条约》,根据条约,中国商船可以自由驶入菲律宾港口,中国人能自由进入菲境,这样一来就形成了闽商移居菲律宾的高潮。

另外,1870年以后,厦门、香港和马尼拉之间开辟了三角定期航线,行驶汽轮,每月两班,用于菲律宾的外国商行的商务往来和运载苦力。由香港或厦门抵马尼拉只需3天,且船费低廉,移民所需船费、食物和入境税仅50比索。⑦ 因此,闽商入菲多搭洋轮,

---

① 《福建总督郝玉麟奏陈酌添出洋商船水手以杜偷渡弊端折》,雍正十一年(1733年)四月初五日,《雍正朝汉文朱批奏折汇编》第24册,第266页。

② Gregorio F. Zaide, *Philippine Political and Cultural History*, Vol. I, Manila: Philippine Education Company, 1957, p. 284.

③ Edgar Wickberg, *The Chinese in Philippine Life*, 1850-1898, New Haven: Yale University Press, 1965, p. 83.

④ 魏安国:《菲律宾生活中的华人,1850—1898》,吴文焕译,世界日报社、菲律宾华裔青年联合会,1989年,第20页。

⑤ Edgar Wickberg, *The Chinese in Philippine Life*, 1850-1898, New Haven: Yale University Press, 1965, p. 61.

⑥ E. H. Blair & J. A. Robertson, *The Philippine Islands*, 1493-1898, Vol. 31, Cleveland: Arthur Clark Co., 1903-1907, pp. 183-185.

⑦ Edgar Wickberg, *The Chinese in Philippine Life*, 1850-1898, New Haven: Yale University Press, 1965, p. 170.

不再搭乘中国帆船。

1876年,菲律宾殖民当局登记的华人数量激增至30797人,①其中马尼拉华人比例仅占50%,另一半华人在菲外省谋生。据菲华甲必丹衙门统计,1876—1886年间,入境华人净增近7万人。最高年份为1883年和1884年,分别有16809人和14881人入境,5188人和4466人出境,两年净增22036人。② 绝大多数华人来自厦门。据菲律宾人口资料,1886年全菲登记的华人达93567人,七成多居住在马尼拉,③可见新来的闽商多选择留居马尼拉。据当年王荣和等的查岛报告,小吕宋(马尼拉)华民5万余人,4成以上华人应在马尼拉之外。④ 1896年,菲岛登记华人数量为10万人,⑤是西班牙殖民统治以来的最高峰。

菲律宾独立战争期间,很多闽商因避战乱返回中国。美国占领菲律宾后,于1902年实行排华法案。"自该法令颁布日起一年内,在美国任何岛屿内(夏威夷除外)居留的中国劳工,而非当地合法公民,必须依法办理该岛屿居住证明以获得该岛屿合法居留权,未能办理居住证明者届时将被依法驱逐出该岛屿。"⑥由于美菲政府严厉限制华人入境,美治初期的菲华人口不升反降,闽商社会也有所萎缩。1902年,全菲华人人数减至3万人。⑦ 据清朝考察南洋商务大臣杨士奇奏折,"前小吕宋华人不下十余万人,迄光绪三十四年(1909年),惟商税既重,工禁又严,来者日形减少,现在统计户口不满四万"。⑧

由于排华法案严厉限制华人入境,遭到菲律宾华人和中国人民的反对,他们应用各种手段和渠道,对排华法案进行抗争,如通过华人组织和中国领事馆进行交涉、中国发起"抵制美货运动"等。另外,为了生计,闽商也试图通过各种规避方式进入菲律宾,主要有冒允商人及其眷属、贿赂海关、规避海关、伪造证件,或利用游客的身份长期滞留等。

在美国统治菲律宾的40多年里,虽然有排华法案的诸多限制和阻碍,但是前往菲律宾的华人和闽商数量仍呈上升的趋势。根据估计,美国统治之前,菲律宾约有10万华

---

① United States Bureau of the Census under the direction of the Philippine Commission, ed., *Census of the Philippine Islands*, 1903.

② Khin Khin Myint Jensen, *The Chinese in the Philippines During the American Regime*: 1898-1946, Unpublished Ph. D Thesis, University of Wisconsin, 1956.

③ Edgar Wickberg, *The Chinese in Philippine Life*, 1850-1898, New Haven: Yale University Press, 1965, p. 61.

④ 《光绪十三年粤督张之洞奏访查南洋华民情形拟设小吕宋总领事以资保护折》,《清季外交史料》卷七四,1933年铅印本,第22~26页。

⑤ *Census of the Philippine Islands*, Vol. Ⅰ, Washington: United States Bureau of the Census, 1903, p. 490.

⑥ *United States Statutes at Large*, Vol. 32, U. S. Government Printing Office, 1903, p. 176.

⑦ 萧曦清:《中菲外交关系史》,台北:正中书局,1995年,第547页。

⑧ 王彦威辑:《清季外交史料》卷二一〇,光绪三十四年(1908年)正月,考察商务大臣杨士奇奏考察南洋华人商业情形折,台北:文海出版社,1995年,第12页。

人,由于独立战争的影响,一半华人离开了菲律宾,到1903年菲律宾华人人数为41035人,其中男性40518人,女性仅517人。① 在1918年的全岛人口普查中,华人为43802人,其中,男性40704人,女性3098人,而具有华人血统的混血儿有21209人。② 20世纪20年代前,华人进入菲律宾的数量开始急剧增长,在美国统治末期的1939年全菲人口普查中,华人的人数为117487人,其中男性90007人,女性27480人。

1942年1月,日军占领了菲律宾,开始了长达3年半的军事统治。日军当局对华人采取仇视、迫害、掠夺,甚至屠杀的政策,闽商社会凋敝,经济遭受严重打击,许多闽商被迫离开城镇,逃往农村。1944年,马尼拉的华侨人口从战前的4.7万人减少到2.6万人。③ 在日军占领期间,菲律宾华人死难达到3万多人。

直到战后,1946菲律宾取得独立,深受战争创伤的闽商社会也得以逐步重建。然而,独立后的菲律宾政府对华侨实行一系列以"菲化"为主的排华政策,使闽商社会再遭浩劫。

菲化运动起源于美国统治菲律宾的时期,其实质是以针对华侨商业而在立法上采取歧视、排斥、限制措施为特征的经济民族主义运动。当时的菲律宾议会通过了多项菲化法案,剥夺、限制华商的经济浩劫。

独立后,1946—1961年菲律宾国会通过了40多项旨在剥夺华侨从事各种商业经营权利的菲化法令,主要有驱逐华侨摊贩的公共市场菲化法(1946年),禁止外侨(主要是占外侨总数90%以上的华侨。美侨不在菲化法律限制之列。下同)新设银行的银行菲化法(1948年),不让外侨享有外汇分配权利的进口商业菲化法(1950年),规定外侨不得设立新零售机构、经营零售业的外侨法人公司在10年内完全退出零售业的零售业菲化法(1954年)以及禁止外侨经营粮食加工、库存、运输和销售业的米黍业菲化法(1960年)。与这些经济法令配套的有完全禁止中国新移民入境(1950年),严格管理外侨的1947年外侨登记法,限制外侨归化的1950年入籍法,禁止华侨从事众多专门职业的法令也先后制定、实施。菲化运动对菲律宾闽商社会与经济都产生了消极、负面的深远影响。对闽商移民菲律宾影响最严重的是,1947—1950年修订的一系列移民法,禁止中国人移居菲律宾,限制华侨出入境的自由,任何华侨要离境,必须提前1个月申请等。

---

① *Census of the Philippine Islands*, Vol. 2, Washington: United States of Bureau of the Census, 1905.

② *Census of the Philippine Islands*, Vol. 2, Population and Mortality, Census office of the the Philippine Islands, Manila, Bureau of Printing, 1921.

③ Antonio S. Tan, *The Chinese in the Philippine during the Japanese Occupation*, 1942-1945, Quezon City: University of the Philippine Press, 1965, p. 75.

二、菲律宾闽商社会经济

1571年当西班牙人占领马尼拉时,这里有闽商约150人。① 此后"他们到来的数量每年都更多,船也更多"。② 随着海上交通和贸易的发展,福建沿海各行业工匠和破产农民争趋菲谋生,"我人百工技艺有挟一器以往者,虽徒手,无不得食",③因此闽商数量迅速增加。1589年,马尼拉约有常住闽商4000人,定居在八连的"丝市"。④ 张燮记曰:"华人既多诣吕宋,往往久住不归,名为压冬。聚居涧内为生活,渐至数万,间有削发长子孙者。"⑤有的土生闽商还皈依了天主教。⑥

在西班牙占领马尼拉的最初10年,闽商多与当地人和西班牙人混杂居住。不过在城内已形成一个闽商的聚居区,西人称为"丝市",这里华侨的丝绸商店数量达150家之多,还有许多裁缝、鞋匠、面包师、木匠、蜡烛匠、糖果制作、药剂师、画师、银匠及从事其他职业者,通常大约有600人。另外,丝市以外还住有400多人,主要是渔民、园艺工、猎人、织工、制砖工、烧石灰工、木匠、铁匠。⑦ 闽商对当时菲律宾的经济开发做出了很大贡献,西班牙殖民者承认,闽商"从事社会上一切工农业生产",⑧"没有他们,社会是维持不下去的"。⑨

然而,由于西班牙银圆的外流和华侨人数的增加,使西班牙殖民当局感到非常不安和恐惧,从16世纪80年代初开始对华侨的政策从欢迎、优待变为限制、排斥,乃至于迫害。1582年,菲律宾总督龙其虑强迫马尼拉的华侨集中到城外一个地区居住以加强控制,这个地区就是八连(Parian),华侨称为"涧内"。西班牙殖民者还对华侨商人横加征

---

① E. H. Blair & J. A. Robertson, *The Philippine Islands*, 1493-1898, Vol.3, Cleveland:Arthur Clark Co., 1903-1907, pp.167-168.

② E. H. Blair & J. A. Robertson, *The Philippine Islands*, 1493-1898, Vol.3, Cleveland:Arthur Clark Co., 1903-1907, p.181.

③ 傅元初:《请开洋禁疏》,载顾炎武:《天下郡国利病书》卷九六,《福建六》,光绪二十七年(1901年)二林斋藏版,图书集成局铅印。

④ E. H. Blair & J. A. Robertson, *The Philippine Islands*, 1493-1898, Vol.7, Cleveland:Arthur Clark Co., 1903-1907, p.89.

⑤ 张燮:《东西洋考》卷五,《吕宋》,北京:中华书局,1981年,第89页。

⑥ E. H. Blair & J. A. Robertson, *The Philippine Islands*, 1493 – 1898, Vol.3, Cleveland:Arthur Clark Co., 1903-1907, p.300.

⑦ E. H. Blair & J. A. Robertson, *The Philippine Islands*, 1493-1898, Vol.7, Cleveland:Arthur Clark Co., 1903-1907, p.34.

⑧ E. H. Blair & J. A. Robertson, *The Philippine Islands*, 1493-1898, Vol.12, Cleveland:Arthur Clark Co., 1903-1907, p.192.

⑨ E. H. Blair & J. A. Robertson, *The Philippine Islands*, 1493-1898, Vol.18, Cleveland:Arthur Clark Co., 1903-1907, p.308.

税和敲诈勒索,并禁止华侨经营零售业,要求华侨的店铺,"应于一年内由西班牙人取代"。① 然而,由于殖民者对中国商品和工匠的依赖、中菲之间的传统关系,以及愿意经营零售业的西班牙人很少,"除非通过中国人,没有一个西班牙人能搞到粮食吃,搞到衣服和鞋子穿"。② 虽然有上述限制、迫害的措施,福建华侨仍源源不断地前往菲律宾。1591年,在马尼拉"这个城市包括了八连的丝绸市场,该市场由生理商人组成。他们有200家商店,八连有大约2000的生理人,有他们自己的法官和总督",附近地区的华侨则超过了3万人。③ 在敦度、明诺多、甲米地都有华侨聚居区,在农村有华侨农民,在沿海有华侨渔民,在外岛有华侨商人、手工业者、农民等。

随着华侨人数的迅速增加,西班牙殖民者加紧了对华侨的限制和迫害。1593年,总督拉示马仁迎示率舰队远征德那地,强征华侨250人从事船上苦役,"夷人偃息卧船上,使华人日夜驾船,稍倦,辄箠之刺杀,苦毒备尝。潘五和等谋曰:'叛死、箠死、刺死,等死耳,不然亦且战死,不若杀酋以泄吾忿,胜则扬帆故乡;即不胜,死未晚也。'"于是杀船上西人50多名,"驾船以归,失路之(越南)广南,为交趾所掠,独郭惟太等三十二人走免,附舟返舍"。④

潘五和事件发生后,西班牙殖民当局随即对涧内的华侨加以报复,大肆洗劫,"将城内旧涧折卸"⑤,"尽逐华人于城外,毁其庐",⑥并开始大批驱赶华侨,仅在1596年就驱赶了1.2万华侨。⑦ 以后又多次对华侨进行灭绝人性的大屠杀,闽商社会与经济遭到严重摧残。

第一次大屠杀:1602年7月,曾在吕宋居留多年的木匠张嶷,笼络京师禁卫武弁阎应龙等五人,上疏朝廷,声称:"福建海澄县机易山土产金银,备舡往淘,每岁可献金十万两,银三十万两。"⑧明神宗信以为真,命福建矿税太监高寀查勘其事,高寀遂派海澄县丞王时和与百户干一成等前往吕宋勘金。西班牙殖民者遂以此事件为借口,对华侨进行迫害。并"决计谋杀诸流寓。诡言将征他国,凡华人寸铁,辄厚售之,即切肉小刀,价至数钱"。1603年10月,吕宋的华侨不愿坐以待毙,起而抗暴。西班牙殖民者遂对华侨实行

---

① E. H. Blair & J. A. Robertson, *The Philippine Islands*, 1493-1898, Vol.7, Cleveland:Arthur Clark Co., 1903-1907, pp.139—140.

② E. H. Blair & J. A. Robertson, *The Philippine Islands*, 1493-1898, Vol.22, Cleveland:Arthur Clark Co., 1903-1907, p.250.

③ E. H. Blair & J. A. Robertson, *The Philippine Islands*, 1493-1898, Vol.1, Cleveland:Arthur Clark Co., 1903-1907, p.39.

④ 张燮:《东西洋考》卷五,《吕宋》,北京:中华书局,1981年,第90页.

⑤ 张燮:《东西洋考》卷五,《吕宋》,北京:中华书局,1981年,第91页.

⑥ 《明史》卷三二三,《吕宋传》,北京:中华书局,1974年,第8371页.

⑦ E. H. Blair & J. A. Robertson, *The Philippine Islands*, 1493-1898, Vol.9, Cleveland:Arthur Clark Co., 1903-1907, pp.319—320.

⑧ 《明神宗实录》卷三七五,万历三十年(1602年)八月丙戌.

大屠杀,华人"计捐二万五千人,存者三百口而已"。① 八连亦成一片废墟。

第二次大屠杀:1603年大屠杀过后,马尼拉没有理发师、没有裁缝、没有鞋匠、没有厨师、没有农民和牧民;西班牙殖民者"没有粮食吃,没有鞋子穿,即使出极高的价钱也买不到",发现"没有华侨,马尼拉是不可能维持得下去"。② 于是不得不设法招徕福建商人,并重建八连。"华人复稍稍往,而蛮人利中国互市,亦不拒,久之复成聚"。③ 随着华侨人数的增多,西班牙殖民当局又对华侨实行新的限制、迫害,但华侨的人数仍不断增加。到1635年,八连有华侨2万人以上,其他岛屿还有1万多人,④共达3万多人。

1635年,科奎拉总督上任后,为了保证军食的供应,下令强迫闽商到距马尼拉不远的加南巴(Calamba)去开垦沼泽地,被驱赶到那里的华侨达6000多人。华侨在加南巴不仅从事极为艰苦的劳动,而且殖民官员"不断地敲诈勒索和鞭挞蹂躏",不少华侨因此死亡。1639年11月,加南巴走投无路的华侨"为了解脱脖子上沉重的枷锁,铤而走险",⑤发起了武装抗暴斗争,并集结3000人向马尼拉进军,八连与其他地区的华侨也群起响应。科奎拉用炮火毁灭了八连,并下令杀尽各地的华侨。至1640年,在这次大屠杀中,殉难的华侨达2.2万～2.4万,其中包括许多虔诚的基督徒。

第三次大屠杀:西班牙殖民者在第二次大屠杀后,一方面加紧对劫后余生的华侨的迫害,一方面又着意鼓励华人前来贸易。福建沿海人民继续移居菲律宾,八连又渐渐恢复了生机。有人描写1661年八连的情景,"在这里通常住有华侨1.5万人,都是商人和手工业者。他们形成街道和广场,设有社会所必需的一切商品和手工行业。市场安排得很好,秩序井然,对市民大为便利。华侨的房屋是木结构的。他们有本民族的管事人,有一个西班牙市长和司法官员,一个书记官和一个监牢。他们还有一个教区教堂,是为4000名华侨基督徒举行祈祷、圣餐和安葬而设的。4000名而外,其他都是异教徒"。⑥除了八连之外,在吕宋农村和外岛也有大量散居的闽商,据估计,菲岛的华侨总数在3万人以上。

1662年4月,郑成功于收复台湾后,派遣一个在中国传教多年的多明我教士、佛罗伦萨人利支西峨(Victorio Riccio)到马尼拉,致书拉腊总督,要求他"每年俯首来朝纳贡",否则派军讨伐。西班牙人接到郑成功的信后,一面加紧备战,一面对闽商进行新的

---

① 张燮:《东西洋考》卷五,《吕宋》,北京:中华书局,1981年,第92页。
② E. H. Blair & J. A. Robertson, *The Philippine Islands*, 1493-1898, Vol. 16, Cleveland:Arthur Clark Co., 1903-1907, p. 195.
③ 《明史》卷三二三,《吕宋传》,北京:中华书局,1974年,第8373页。
④ E. H. Blair & J. A. Robertson, *The Philippine Islands*, 1493-1898, Vol. 25, Cleveland:Arthur Clark Co., 1903-1907, p. 49.
⑤ E. H. Blair & J. A. Robertson, *The Philippine Islands*, 1493-1898, Vol. 29, Cleveland:Arthur Clark Co., 1903-1907, p. 209.
⑥ E. H. Blair & J. A. Robertson, *The Philippine Islands*, 1493-1898, Vol. 36, Cleveland:Arthur Clark Co., 1903-1907, p. 189.

迫害。"当一切战备都已处于准备状态时,便千方百计地挑动华人造反,以便为屠杀找寻借口。"① 但"华侨除了惊恐逃生之外,并未犯下罪行"。② 然而拉腊仍还是下达了屠杀令,把"所有华侨统统砍去脑袋",③死难的华侨估计在 4000 人以上。

第四次大屠杀:经过第三次大屠杀后,在菲华侨人数锐减,并长期未能恢复,在 20 世纪 80 年代,八连通常只有 5000~6000 人。④ 其主要原因是:(1)殖民当局将华侨严格限制在 6000 人以内;(2)清政府严厉禁止人民出国;(3)为大屠杀所震惊,一些闽商离开马尼拉移居其他地方和岛屿,改变了过去华侨集中于马尼拉及其附近地区的状况。至 1740 年,马尼拉的华侨恢复至 2 万多人,⑤1749 年全菲华侨为 4 万人。⑥

从 17 世纪末到 18 世纪 70 年代,西班牙殖民者对闽商的政策也有所改变,即从周期性的大屠杀变为频繁的、大规模的驱逐,但这并不意味着殖民者放弃了对华侨的屠杀。1762 年 10 月,英国军队占领了马尼拉,西班牙殖民政府转移到庞邦加,菲律宾各地人民乘机起义,反对西班牙殖民统治,华侨当中也酝酿着起义。12 月,以安达为首的西班牙殖民政府下令进行大屠杀,"杀掉所能找到的一切中国人"。⑦ 这项命令直至 1765 年仍继续执行,在此期间,究竟有多少华侨死于非命,未见精确数字,仅邦邦牙一地遇难华侨便达 6000 人。⑧ 由于大批华侨是在 1762 年圣诞节期间被杀,历史学家因而称之为"1762 年的红色圣诞节"。此后,西班牙殖民者仍不断地屠杀华侨,小规模的屠杀直到 1820 年才告终止,但对华侨的限制、驱逐和迫害则从未停止过。

尽管菲律宾的闽商经历了无穷的苦难,但闽商社会在险恶的环境中仍然顽强生存,并曲折发展。到 1850 年,华侨人口增到 5 万。1887 年"约六七万,其娶土妇孳生者约二十万人,不在侨民之列"。⑨ 1896 年再增至 10 万。其中一半以上分布在马尼拉以外的全菲各地。在 19 世纪,殖民政府对华侨主要利用甲必丹制度进行严密的控制。甲必丹主要由前任甲必丹、各同业公会头客或一至五等纳税人,以及烟厂、酒厂主选举产生。甲必

---

① E. H. Blair & J. A. Robertson, *The Philippine Islands*,1493-1898, Cleveland: Arthur Clark Co.,1903-1907,p. 77.

② E. H. Blair & J. A. Robertson, *The Philippine Islands*,1493-1898, Vol. 36, Cleveland:Arthur Clark Co.,1903-1907, pp. 233-236.

③ E. H. Blair & J. A. Robertson, *The Philippine Islands*,1493-1898, Vol. 36, Cleveland:Arthur Clark Co.,1903-1907,p. 238.

④ E. H. Blair & J. A. Robertson, *The Philippine Islands*,1493-1898, Vol. 39, Cleveland:Arthur Clark Co.,1903-1907,p. 123.

⑤ *Filipino Heritage*,Vol. 4, p. 1012. Purcell, *The Chinese in Southeast Asia*, pp. 494, 503.

⑥ Ziade, *Philippine Political and Cultural History*,Vol. I,p. 284.

⑦ E. H. Blair & J. A. Robertson, *The Philippine Islands*,1493-1898, Vol. 49, Cleveland:Arthur Clark Co.,1903-1907,p. 149.

⑧ Ziade, *Philippine Political and Cultural History*,Vol. I,p. 284.

⑨ 张荫桓:《三洲日记》,载任青、马忠文整理:《张荫桓日记》,上海:上海书店出版社,2004 年,第 176 页。

丹除了管理华侨社区,还代殖民政府向华侨征收赋税。西班牙统治结束后,甲必丹制度亦随之废止。

闽商经济也有很大的发展,其商业贸易网络遍及全菲。闽商不仅多数从事菲律宾零售业,少数从事手工业,而且随着其经济力量的发展,又逐渐成为最重要的批发商,有的闽商还创办了进出口贸易公司和工厂,出现了早期的闽商华侨资本。当时,马尼拉一位欧洲进口商行主管描写道:"马尼拉商行几无例外,都得将商品售予华商,由他们再销往外地。欧商自己无法开展这种进出口业务。事实上,这个群岛的贸易完全依靠华侨进行,只有他们才能向外省的华商销售进口产品。他们还经营自己的运输业务。到处可以听到华侨小贩的叫卖声,能到最偏僻的角落出售他的货品。欧洲人甚至不能片刻离开马尼拉,到外地去开展业务。"[1]

1896年菲律宾爆发独立战争,广大闽商积极参加革命战争,为菲律的宾革命做出了杰出贡献,不少人还献出了生命。其中最著名的人物是原籍南安的刘亨赙将军和祖籍晋江的罗曼·王彬。

美国统治时期,殖民当局继承西班牙的排华政策,限制华侨入境数量,并推行"菲化政策",限制闽商的经济活动,闽商仍受到各种不公正的待遇。但与西治时期相比,总的来说,菲律宾闽商较少遭受政治迫害,生命财产较有保障,处境有所改善。因此,闽商社会在各个方面都有所发展。

首先,华侨人口的上升。由于入境移民的增多和人口的自然增长,1939年全菲华侨人口普查为117487人,加上秘密入境者及信奉基督教后改用菲律宾名者,总数达到三四十万人。[2] 其中大体上闽籍华侨占80%～85%。

同时,由于排华法案的实施,闽商社会也发生了很大变化。在西班牙殖民时期,闽商社会绝大多数为男性,因此与其他种族通婚所生的混血儿占了菲律宾华人的大部分。而在美国统治时期,在一定条件下准许闽商携家眷入境,闽商与菲律宾人的通婚少了,使得纯中国血统的华人出生率大为增加,而传统的中国文化也在这个条件下得到了保存和延续。另外,由于允许闽商携带眷属入境的规定在一定程度上转化为携带同一村落或同一宗族的人进入菲律宾,使菲律宾的闽商社会形成一个以地缘和血缘为主的社会,即以闽南人为主。目前菲律宾的华人人口约150万,其中福建籍,主要是闽南籍占了近90%。

其次,闽商经济的增长。美国统治时期,严格禁止华工进入菲律宾,大部分华人都以商人或其眷属的身份入境,并绝大部分都从事与商业有关的活动,"因此菲律宾华侨的职业领域分布更加局限"。[3] 美治时期前30年,特别是第一次世界大战至20世纪20年代,

---

[1] *Testimony of A. Kuensel*, *Report of the Philippine Commission*, U. S. Government Printing Office, 1901, Part 2, pp. 227-229. See Edgar Wickberg, *The Chinese in Philippine Life*, 1850-1898, New Haven: Yale University Press, 1965, p. 68.

[2] 田村寿:《南洋华侨现势》,载章渊若、张礼千主编:《南洋华侨与经济之现势》,张阴桐译,上海:商务印书馆,1946年,第4页。

[3] 李国卿:《华侨资本的形成和发展》,福州:福建人民出版社,1985年,第192页。

闽商经济力量有较快的增长。20世纪初,由闽商菜仔店、叫卖商贩、摊档商贩和批发商行组成的商业网络遍布城乡,几至掌控菲律宾零售业,且在批发和进出口业占有重要地位。据1912年菲律宾税务局统计,闽商零售商店有8455家,1932年增至13758家,还有批发商店有3335家。此外,尚有许多以菲人名义注册的华侨商店。① 据一份1900—1930年的调查报告,菲律宾华人共涉足134种行业,资本总额为1627余万元,其中一般商业居第一位,占比例的34.6%,接着为进口商占近9%,洋品杂货商占7%,银行业占6%,不动产经济业3.7%,保险业3.5%,食品业3.4%和建筑及租赁合作社3.1%。② 而日本学者福田省三估计,1930年华侨的投资或资产总额超过了1亿美元,其中在批发、零售、银行及其他领域的投资占其总投资的81.1%,矿业及制造业投资占18.8%,农业投资只占0.1%。③ 除商贩外,美国殖民时期各类工匠亦主要由闽人充任,主要集中于马尼拉、宿务、怡朗等3个港口,其职业有面包烘焙师、裁缝、鞋匠、木匠、成衣匠、金属工匠、银匠、雕刻匠、锁匠等。

但从1929—1933年起,闽商经济由于受经济危机的打击和各籍商人的竞争,加上华侨为抗日救国,发动抵制日货运动,因而长期处于徘徊状态,以致在菲、美、日人经济力量不断扩张的同时,闽商的经济力量相对缩小了。1932年菲律宾农商部的统计资料显示,华侨商业投资额达5.02亿比索,占菲律宾全国商业总投资额的42.1%,而菲人占28.65%,美国人占8.5%,日本人占7.83%,其他占12.97%。到了1939年下降为25.4%。从零售商数量来看,1930年、1935年、1936年和1938年的4年里,华人零售商占全国总零售商比率分别为42.6%、17.7%、18.4和15.2%,④菲律宾人零售商的比例大幅度增加。这表明,在二战前,闽商经济已丧失了在菲律宾工商业中的领先地位。造成闽商零售业萎缩的一个原因是,1935年菲律宾自治政府发起了零售业国民化运动,使闽商在商业领域的浩劫范围缩小,因此有的闽商不得不向制造业、金融业和房地产业等行业转移,闽商资本开始朝跨行业经营的方向发展。闽商在菲律宾贸易中的活动主要是:(1)向小生产者收购国外市场所需的椰干、马尼拉麻、烟草、橡胶等,成为中介商或代理商;(2)向小生产者收购国内市场所需的粮食、蔬菜及当地工业原料和各种建筑材料;(3)批发或零售欧美工业产品或经营本地出产的工业品或手工业品。

闽商的制造业主要是五金、砖瓦、纸烟、酿酒、织布、刺绣、家具、食油、锯木、麻袋与麻绳、皮革和制鞋、肥皂等。当时闽商企业多是家族性经营的中小规模,很少有组织规模较大的企业公司,所以闽商对资本需求量大的矿业和交通运输这两个行业投资很少。

闽商在零售业及米谷加工、蔬菜种植业、畜牧业等行业中占有一定优势。据卡里斯

---

① 吴凤斌:《东南亚华侨通史》,福州:福建人民出版社,1996年,第278～288页。
② 杨建成主编:《三十年代菲律宾华侨商人》,台北:中华学术南洋研究所,1984年,第39页。
③ 吴元黎、吴春熙:《海外华人与东南亚的经济发展》,台北:正中书局,1985年,第101页。
④ 杨建成主编:《三十年代菲律宾华侨商人》,台北:中华学术南洋研究所,1984年,第50～52页。

《东南亚的外国资本》一书统计第二次世界大战前,全菲 250 家碾米厂中,华资至少占 75%;蔬菜种植业、畜牧业集中在各大城市和居民点周围,也大都掌握在闽商手中。①

再次,闽商社团组织的发展。菲律宾华侨最早的社团组织是 1687 年成立的"比农多华人公会(Gremio de Chino de Binondo)",它具有宗教和行政方面的职能。此后,华侨社区内出现了不少自发组织的社团。这些组织承袭中国传统,以血缘和地缘社团最多,大致可分为秘密会社、同乡会、宗亲会和同业公会等,但没有出现全国性的社团组织。美国统治以后,特别是自 20 世纪 20 年代后,随着民族意识的高涨,侨社中各种团体组织便如雨后春笋般地建立起来,包括了商会、工会、同乡会和宗亲会,以及地区的侨团、慈善、互助、青年、文化等其他团体组织,其中尤以遍及各地的大小商会为多数。

在各商会团体中,率先成立的是马尼拉中华总商会。1904 年,在清驻菲领事馆协助下,在马尼拉成立了小吕宋中华商务局,后改称为小吕宋中华商务总会,1931 年又改称菲律宾马尼拉中华总商会。它的成立推动着全菲各地商会开展组织活动,它享有全菲华侨社会领导机构的地位,成为华侨商业和整个侨社组织的中心。此后,闽商的商会有如雨后春笋,全菲共成立了 42 家商会,其中马尼拉 20 家,外省 22 家,②其领导层往往由地位重要、资源丰富和资本雄厚的闽商组成。

第二次世界大战后,菲律宾取得独立,闽商经济得到恢复和发展,但不久就受到"菲化案"的强烈冲击。

当时菲律宾闽商主要从事商业,闽商商业资本占整个华侨总资本的 76%。闽商的商业主要有 3 种经营方式:(1)头盘商,即收买土产商和进出口商;(2)二盘商,即作为外国商人、进口商及零售商的媒介,即批发商;(3)零售商,即所谓的菜仔店,数量最多。据统计,20 世纪 50 年代前期,全菲华商仍占整个华资的 80%。他们虽是小本经营,但遍布全菲,以致深入社会底层,是菲律宾当时推销日常用品的商业网络主体。

然而,菲律宾独立后,为了谋求所谓的经济独立,在"菲律宾第一主义"的口号下,对华侨实行了一系列的菲化政策,限制、排挤华侨经济,企图用菲律宾人取代华侨的经济地位。首当其冲的是菲律宾闽商,他们的经济受到很大打击和损失。对闽商影响较为严重的是:

1946 年 9 月通过的《公共菜市优先权案》,规定菲律宾公民有租用公共菜市场摊位的优先权,并下令华侨摊贩撤出公共菜市,当时马尼拉公共菜市有 1/3 摊位是华侨经营,结果有数万闽商摊贩被赶出马尼拉公共菜市。③

1948 年通过的《新设银行的银行菲化法》,规定新成立的银行 2/3 的董事应为菲律宾公民,60% 以上的资本应属菲律宾公民所有。

---

① 杨力、叶小敦:《东南亚的福建人》,福州:福建人民出版社,1993 年,第 347 页。
② 吴文焕:《关于华人文化的持续》,载李亦园、文崇一、施振民:《东南亚华人社会研究》上册,台北:正中书局,1985 年,第 117 页。
③ 萧曦清:《中菲外交关系史》台北:正中书局,1996 年,第 151~161 页;刘芝田:《中菲关系史》,台北:正中书局,1979 年,第 678~679 页。

1954年通过的《零售商菲化案》，规定：(1)只有菲律宾公民或全部资本为菲公民所有商号、合伙公司或股份公司，才有资格直接经营或间接经营零售业。外国公民除享受平等优先权的美侨以外，必须全部退出零售业。(2)禁止外侨开设新零售店，对于以前已在经营零售业的外侨，属于个人经营的，准其继续营业至死亡或自愿休业；属于合伙或公司经营的，准予继续经营10年。(3)"零售商业"的范围，系指经营直接发售商品、货物的职业或行业。但有下面两种情况在此列：(1)资本不超过菲币5000比索在厂家或投靠家、工人或劳工，售卖其制造品、加工品或生产品。(2)农民或园艺经营者，售卖其自产品。菲律宾当局对华侨零售业的扼杀，严重地影响了广大闽商的生计。据菲华商联总统计，1954年全菲华侨，主要是闽商，经营的零售商店有20268家，到1964年年底，已减至9100家。

1960年通过的《米黍业菲化案》，规定经营米黍零售业的外侨须在6个月内、批发业务应在1年内、经营碾米厂的外侨应在2年内结束业务。该法案对闽商的冲击甚于《零售商菲化案》，据菲华商总统计，1961年华侨经营米黍业的零售商有2845家，批发商有1231家，米绞、米栈390家，遍布各地。其一面向农民零星收购米黍，一面以碾出的米黍售予粮食批发商，起着农村粮食市场蹭流通环节的重要作用。法案实行后，外侨米黍商先后退出米黍业，其中包括闽商经营的零售店、批发店家、碾米厂，陷于困境。同时，菲律宾人缺乏资本和经营经验，短期内未能填补闽商退出的空白，造成米价波动上涨。

总之，从20世纪40年代后期至60年代前期，菲律宾国会提出的限制华侨经济的菲化法案数以百计，使闽商经营的菜市、零售商、米黍业几乎陷于绝境，使闽商传统的经济格局遭到毁灭性打击，经营范围不得不缩小或改变。大批闽商小商贩被迫离开传统经营的基层商业网，转到城镇以手工业、加工业谋生，有的将资本由商业转入工业。这个时期闽商处境困难，一些老家族、老行业衰落了，少数则转入新的经济领域，另谋发展。

自从菲政府实施各种菲化法案以来，不少闽商为了谋生，只得选择加入菲律宾国籍。但入籍的条件十分苛刻，执行过程中又因司法制度和腐败而弊端丛生，申请入籍费时、费钱。因此，只有那些财力充裕，并受过相当教育的闽商才能入籍。受到打击的仍然是那些靠小本经营、勤俭劳动谋生的广大闽商。结果不但加重了闽商社会的两极分化，而且使那些无力改营他业的小商小贩陷入困境。

在入籍困难和菲化运动的双重夹击下，菲律宾闽商为了适应环境而生存下去，分别走着不同的道路。一是具有一定财力的闽商走入籍归化的路子；二是与有菲籍有资本的华人合作经营，由菲籍华人出面投资，原来的经营者则变为雇员，而实际上负经营之责；三是邀亲戚合作，由其出面经营；四是许多小本经营的闽商只好雇菲律宾人出面，让他们做店东，自己暗中掌握；五是与菲律宾女子通婚或同居，由女方出面领经营执照。由于采取了诸多适应形势的措施，在菲化运动时期，闽商虽然受到很大打击，但最终得以渡过难关，并没有大批退出传统的经济领域。

在菲化浪潮的冲击下，一些经济实力的闽商家族财团加强了他们和外国资本的联系。一方面，建立了能在局部地区和某些行业同外资竞争的企业或公司，或者是购买了外资的部分企业或股权；另一方面，有些外国资本为了拓展在菲的业务，也吸收了包括闽商在内的当地资本参加自己集团的董事会。还有一些闽商考虑到自身生存发展的需要，和菲律宾军、政高层人士建立了"联盟"关系。前者通过这种寻求后者的政治保护或某些特许权以发展实业，后者则利用这种关系来取得经济利益。[①]

菲化政策并没有明显改善土著人的经济地位，反面破坏了国家正常的经济秩序，扰乱了商品生产和流通。1963年以后，菲律宾政府开始调整菲化政策的实施。1965年，马科斯执政后，对华侨入籍和经济政策有所改变，准许华侨以简易的手续，在较短的时间集体入籍，还着重解决了长期悬而未决的"逾期游客案"，准许2000余名"临时游客"取得永久居留权，使得绝大部分闽商得以用菲律宾公民的身份从事经济活动。这就大大促进了菲律宾华侨社会向华人社会的转变，也促进了闽商经济融入菲律宾民族经济。

从闽商经济的自身结构来看，到20世纪60年代中期，闽商经济还是以商业为主体。据1964—1965年的《菲华年鉴》统计，在菲律宾产业投资中，华资在商业中占25.4%，在制造业中占7.4%，在采矿业中仅占1.7%，在运输业只占0.6%。据1969年菲律宾华商会联合总会统计，全菲共有华资工商业12383家，其中马尼拉设点及其近郊6911家（工业48种，649家；商业113种，6262家），占全菲华资工商业的半数以上；马尼拉设点以外的各地共有5472家。

从1965年11月至1986年2月马科斯执政期间，特别是1975年中菲建交后，菲律宾政府的华侨政策可以概括为3个特点：经济上利用、入籍上放宽、文化上同化。这在客观上使闽商有了较稳定的生存环境，有利于闽商经济的发展。马科斯对华侨之所以采取较为密切配合的政策，有着深刻的政治、经济背景。

首先，马科斯执政后，出于国内发展经济的需要，开始制订有连续性的经济开发计划。特别是1973—1980年经济改革时期，实行"新经济政策"，发展面向出口的工业。由于扩大了经济建设规模，所需资金大为增加。为了解决资金来源问题，除了争取外援和引进外资外，在国内必须利用闽商资本。而且前一时期执行的菲化经济政策，并未收到以菲律宾人取代华侨经济地位的预期效果，反而加剧了菲律宾经济的困难。因此，必须放宽对华侨经济的种种限制，一方面发挥他们在建设菲律宾国家经济中的作用，另一方面通过华侨华人加强与中国大陆、台湾、香港及东南亚地区华人的经济联系，以发展菲律宾经济。1966年8月，马科斯在菲华商总的演说中表示，重视华侨在菲律宾社会经济发展计划中的角色。[②]

其次，20世纪70年代初，国际环境发生了较大的变化，菲律宾对外关系面临着重大转折。从独立后到20世纪60年代末期，菲律宾推行亲美的外交政策，不与共产党国家发生外交关系。1971年，基辛格访华和中国重返联合国，1972年中日建交和尼克松访华，1975年美国从越南撤退和越南统一。马科斯政策为了适应国际环境的迅速变化，于1973年提出在美、日、苏和中国之间求生存并与所有国家建立友好关系的"多极平衡"外

---

① 杨力、叶小敦：《东南亚的福建人》，福州：福建人民出版社，1993年，第350~351页。
② 郭梁：《东南亚华侨华人经济简史》，北京：经济科学出版社，1998年，第158页。

交。特别是1975年6月,菲律宾与中国正式建立外交关系,这就意味着绝大多数祖籍福建的菲律宾华侨,在与故国疏离了20多年后,将恢复他们与祖国和家乡的联系。要处理好这个问题,菲律宾政府必须改变过去那种排斥华侨经济的做法,并采取放宽入籍,加速同化过程的政策,以加强华侨华人对菲律宾国家的认同。

在这种情况下,菲律宾政府修正了对华侨政策。首先,不再实施新的菲化法案,并对已经实行的菲化案,如《米黍业菲化案》做了内容上的修改,使闽商能在法律限制的范围内参与经营米黍业。其次,放宽华侨入籍条件,使闽商取得菲律宾国籍问题得到解决。

从20世纪60年代后期开始,菲政局相对稳定。美、日资本,特别新兴的跨国公司对菲大量直接投资,促使当地经济快速发展。这时期,大多数闽商先后加入了菲律宾籍,得到参与经济生活的合法地位。少数老家族财团经营土产出口贸易和初级加工业获得发展。而一些新兴的闽商家族财团靠与当地官僚的关系,垄断一至几种生产或进口专利。闽商资本与外国资本结合,靠先进的技术和外国资金经营汽车、家用电器等高档消费品的装配业,并进一步投资其他制造业。随着城市基本建设的扩大,一些经营建筑业、房地产业、旅游业的闽商也积累了财富。由于上述闽商行业的发展和筹集资金的需要,一些资力雄厚的闽商家族财团纷纷兴办银行和金融机构。

闽籍华侨经济在转化为华人经济的过程中,自身也发生了重大变化。例如,传统上占大头的商业比重有所下降,制造业的资本上升,成为当地闽商经济中最有活力的部分。20世纪50—60年代因"菲化案"而停业的闽侨商家,多将资金转投于工业或其他行业,或由其具有菲律宾公民权的子女经营。据菲律宾中央银行发表的外国人投资统计,至1970年年底,外国人投资的公司1400家中,华资占第二位,仅次于美国人;闽资中又以工业为主,主要为纺织业、卷烟业及化学工业,其次为商业约4500万比索,矿业945万比索,服务业130万比索,银行及金融业85万比索,交通业10.3万比索,其他行业100万比索。据日本《东南亚要览》(1972年)提供的数据,菲律宾闽商在菲各种经济中所占比重为:商业(批发商业和零售商业)占40％,碾米业占80％,纤维纺织业占60％,木材制造工业占50％,烟草工业占70％,金融业占30％,华资占菲律宾产业资本投资总额的36％。菲律宾的六大华人财团(施至成、杨应琳、吴亦辉、陈永栽、郑少坚、吴天恩),其巨大财富多来自制造业、房地产业、银行金融、采矿业和大规模贸易等新兴行业。①

至20世纪80年代初,菲华零售商仅存者已不及3000家,但华裔青年新创设的超级市场、百货公司,规模都比过去大。马尼拉汽车电器业多由闽商经营,宿务市的五金业闽商也占多数,成为闽商商业的一大特色。菲律宾近二三十年来,消费品的市场扩展,各大城市的批发业及进出口业多由闽商经营,劳动规模随之扩大,特别是劳动力密集型工业产品外销增加。

从金融业来看,由于菲律宾政府一再命令民营银行提高资本额,还进一步规定实收

---

① 黄淑秀:《近现代菲律宾的华人企业家族》,载陈文寿主编:《华侨华人新论》,北京:中国华侨出版社,1997年,第264页。

资本5亿比索以上才准经营综合银行业务,闽商资本银行便采取现金增资的方式,或合并其他财务公司,以提高实收资本。近20多年来,闽商银行实收资本不断增加,发展更为迅速。全菲35家商业银行中,政府和政府机构经营的有3家,外国银行4家,私营银行20家,其中华资私营银行达14家。菲律宾政府规定,私营商业银行中,菲律宾人必须拥有资本60%。实际上,菲律宾的华资银行的主要股东绝大多数都是取得菲律宾籍的闽人,有的是已菲化的闽商二、三代后裔。

据华商总1989年年底的统计,菲律宾14家华资银行中,以中兴、黎刹、首都、大东、交通、联盟等,占全菲银行业24.66%。这些闽商银行还到东南亚各国、美国以及香港、台湾、大陆的厦门等地设立分行或财务公司,连同其分支机构已超过300家。

菲律宾的华资银行,绝大多数是闽南人经营的。如首都银行的主要股东郑少坚,是永春人;远东银行的施维翰、联盟银行的陈永栽、安全银行的李南文、中兴银行的李世伟、建南银行的吴沛然、交通银行的高祖儒,都是晋江人;黎刹银行的杨应琳、合众银行的郑龙溪、信托银行的叶永禄,则是南安人。

菲律宾的闽商工业经济,自从"菲化"冲击而转向制造业后,发展也较为迅速。据当地华文报纸披露,近年来,闽商工业资本已占全菲工业资本的20%,全菲最大的250家制造公司中,由华资经营的占1/3,即80家,其中有80%是在菲化运动期间转向制造业的。① 如钢铁工业中,华资电炉炼钢业较具规模者有3家,其中庄清泉经营的"阿波罗"钢铁厂,从我国现有的水平看是属于小钢铁厂,但在菲律宾却是最大的钢铁厂之一。

纺织工业企业中,生产设备较先进的有10多家,大多和台湾的厂商结合,或聘台湾的技术售货员工作,设备先进。华资烟厂已占有菲国内市场的大部分。如晋江人陈永栽的福川烟厂,是全菲规模最大、东南亚设备最先进的香烟厂,其生产的中档香烟占全菲中档香烟的70%以上。木材加工也是闽商多年经营的传统行业。由于菲律宾近年来限制原木输出,鼓励加工出口,闽商资本在木材采伐方面发展受到限制,但在木材加工和木质建筑材料生产行业上则发展很快。4家规模较大的华资木材加工企业,经营采伐、制板、家具、门窗框架等生产和销售。晋江人吴清流在宿务市的板材厂是东南亚最大的木材加工企业之一。电子器材和电器生产上,华人资本经营的企业多属中、小规模,而且多和外国公司合作,或利用外国的技术、资金在本土生产,或为其代理销售和从事转口贸易。化学工业,包括化工原料酸碱的生产及造纸等,华资也占有优势,如南安人郑龙溪的造纸厂、惠安人杨子华经营的京华造纸厂、杨京西经营的京西纸厂,均为菲律宾有名的大型造纸企业。仪器加工业更是素为闽商经营的行业,中小型工厂多达数百家,采用现代化设备生产的规模较大的也有数十家。

在农牧业方面,菲律宾的水稻种植是早期赴菲的闽人带去的。菲律宾主要粮食产区中吕宋的大米、玉米等粮食生产和流通环节一向是闽商掌握。20世纪70年代初期,菲

---

① Yoshihara Kunio, *Philippine Industrialization: Foreign and Domestic Capital*, Manila: Ateneo de Manila University Press, 1985, p.90.

律宾米荒严重,仍然控制米黍业的闽商恢复成立菲律宾五谷商同业公会,帮助当局抑制粮价。该会的主要成员均为闽商,目前较具规模的米黍收购、储运、加工和贸易企业多为闽商所有。其他作物如甘蔗、椰子、蔬菜的种植,菲律宾农业产品的初级加工,闽商也占了很大部分。畜牧业中的养猪、养牛、养鸡等业,中小规模的闽商企业遍布全菲,较大的企业如陈永栽的福牧养猪场,采用台湾的先进技术,年产肉猪达18万头,是菲最大的现代化养猪场。

渔业方面,菲律宾闽商多数经营近海捕捞业,在宿务岛北部的曼达岛渔场,捕鱼船队多属闽商捕捞公司经营,他们雇当地人以小型船只在近海作业,而远洋捕捞船队几乎全部由闽商投资兴办。近年来,闽商采用台湾的技术发展虾养殖业,已成为菲律宾大宗出口的产品。①

总之,菲律宾闽商经济发展至今,已经成为菲律宾民族经济中举足轻重的组成部分。

三、菲律宾闽商社团

(一)闽商社团的建立和发展

菲律宾闽商最早的社团可以追溯到1680年成立的岷伦洛华人区公会,这是一个兼具宗教和行政性质的组织。② 1790年,马尼拉八连被摧毁后,华人散居在岷伦洛和圣克鲁斯。西班牙殖民政府在1800年前后组织了华人公会作为新的马尼拉华侨社区的管理机构。华人公会与岷伦洛华人区公会杂处在一起,后者虽然继续存在,但当马尼拉市政府权力达到岷伦洛时,岷伦洛华人区公会失去行政权力,成为纯宗教机构。③ 1850年后,闽商自发组织了一些同乡会、宗亲会、同业公会等社团,但未建立全菲性的社团。

闽商最早的商业性社团是创建于1880年的崇宁社。当时,马尼拉的木业行闽商为了联络感情、交换信息、拥护同业、实行互助而组织崇宁社,并于1921年改名为"中华木商会"。1894年,马尼拉的"义和局布商会"成立,并在1923年与成立于1914年的"福联和布商会"合并为"中华布商会"。另外,1880年成立的关夫子会,实际上也是闽商布业商会。

美治时期,菲律宾闽商的商会和行会发展迅速。1904年,在中国驻菲领事馆的支持下,闽商建立了代表华人利益的"小吕宋中华商务局",成为以后半个世纪代表菲律宾华

---

① 杨力、叶小敦:《东南亚的福建人》,福州:福建人民出版社,1993年,第355~356页。
② 吴文焕、洪玉华编:《访华传统:菲华历史图片》,马尼拉:菲律宾华裔青年联合会,1992年,第47页。
③ 黄燕西:《九十年来的华侨社会》,载李其昌主编:《菲律宾华侨善举公所九十周年纪念特刊》,马尼拉:菲律宾华侨善举公所,1968年,第69页。

侨社会的最高组织形式,由此形成商会在华社中起主导经济和政治作用的模式。① 1906年,"小吕宋中华商务局"更名为"小吕宋中华商务总会",1911年改为"小吕宋中华总商会",1927年改为"菲律宾中华总商会",1931年再改名为"马尼拉中华商会"。

闽商各行业商会也纷纷建立,例如,"华侨五金商会"(1920年)、"中华米商会"(1921年)、"中华零售商会"(1925年)、"菲律宾中华杂货商同业公会"以及"华侨家私商会"(1935年)等。除了马尼拉之外,成立中华商会的城市还有:怡朗、宿务、加必示省、苏洛、三描省甲描育市、礼智省、三宝颜、武运、亚眉省、黎牙实比、武兰、甲万那端、三描岛、地耶拔省亚镇文安社、地耶拔省寓吗加社、乃乙、美岸、纳卯、南甘吗仁省那牙市、宿务市、葛丹恋社示、独鲁万。各地方中华商会同"马尼拉中华商会"无隶属关系,但一般都接受"马尼拉中华商会"的指导和号召,其章程也多依照后者而制定。

清末至20世纪30年代,闽商宗亲组织也纷纷出现。菲律宾闽商的宗族组织,最早成立于清末,通常由热心的、事业较成功的族人倡议。然后租借或购买会址,并筹集一笔钱作为宗族组织的基金会,族人的权利和义务大多属于自愿性的。至于为什么要成立宗亲会,这是因为"侨居海外者,患难与共,休戚相关,于是推广私家立宗建庙之制,合亲疏远近之族姓,不分派别共祀同姓之始祖,而有宗亲会之建设,且有两姓联宗、数姓联宗,追溯崇祀其异姓同源之始祖,而牧族敦宗之范围益广,其盛事也"。② 宗亲会多以"敦宗睦族、团结互助、共谋福利"为宗旨,其运行机制一般为总理制或委员制。据估计,截至1939年,菲律宾华侨宗亲会达38个(包括各地促进会)之多。这些宗族组织分别为单姓和合姓两种。现将主要闽商宗亲会列表如表4-1。

表4-1 第二次世界大战前菲律宾闽商主要宗亲会一览表

名　　称	成立年份	祖籍	单合姓
菲律宾弘农宗亲总会	1877	闽	单姓(杨)
菲律宾曾丘宗亲总会 (初名"三省堂")	1879	闽	合姓(曾、丘)
旅菲有妫堂总会	1908	闽	单姓(陈)
菲律宾锦绣庄氏宗亲总会 (初名"锦绣堂")	1908	闽	单姓(庄)
旅菲西河林氏宗亲总会	1908	闽	合姓(林)

---

① 特里萨·钟·卡里诺:《菲律宾华人的领导和组织:延续和变化》,《南洋资料译丛》1989年第3期。

② 柯伯行:《济阳柯蔡始祖历史略考》,载蔡建安编:《旅菲济阳柯蔡宗亲总会成立五十周年纪念特刊》,1960年编印,转引自《华人移民:施振民教授纪念文集》,马尼拉:菲律宾华裔青年联合会,拉刹大学,1992年,第198页。

续表

名称	成立年份	祖籍	单合姓
菲律宾让德吴氏宗亲总会（初名"让德堂"）	1908	闽	单姓（吴）
菲律宾济阳柯蔡宗亲总会	1909	闽	合姓（柯、蔡）
菲律宾陇西李氏宗亲总会（初名李氏宗族自治会）	1900	闽	单姓（李）
旅菲临濮堂	1911	闽	单姓（施）
旅菲弘农杨氏宗亲总会	1915	闽	单姓（杨）
旅菲太原王氏宗亲总会	1922	闽	单姓（王）
旅菲锦绣庄氏宗亲总会	1929	闽	单姓（庄）
旅菲江夏黄氏宗亲总会	1930	闽	单姓（黄）
旅菲陇西李氏宗亲总会	1933	闽	单姓（李）
菲律宾许氏宗亲总会	1936	闽	单姓（许）
菲律宾苏氏宗亲总会	1937	闽	单姓（苏）
旅菲汾阳郭氏宗亲总会	1938	闽	单姓（郭）
旅菲荥阳郑氏宗亲总会	1940	闽	单姓（郑）

资料来源：(1)曾少聪：《明清海洋移民的两类宗族组织发展比较》，《厦门大学学报（哲社版）》1998年第2期。

(2)《福建省情资料库·晋江市志·宗亲会》，http://www.fjsq.gov.cn/showtext.asp?ToBook=3215&index=1914.

宗亲会是闽商社会重要的基层组织，它们往往是以一小群富有的闽商和族中领袖人物为核心发起组织的，往往是吸收所有族人参加，以扩大势力。

菲律宾闽商最早的同乡社团有1817年成立的菲律宾金兰郎君社和1820年成立的菲律宾长和郎君总社、1831年成立的菲律宾南乐崇德社，三社均系以南音为纽带的泉属华侨同乡社团。19世纪中期，闽侨成立半秘密的同乡"杂姓会"，于1903年在该会基础上成立闽商会馆，①会员基本上是晋江人，只有少数为泉属其他各县人。闽商同乡会多数以乡或村为单位，以县为单位成立的同乡会，最早的是成立于1919年的惠安同乡会，次年改称菲律宾惠侨联合会，另有1939年成立的福州同乡会。②

---

① 黄滋生、何思兵：《菲律宾华侨史》，广州：广东高等教育出版社，1987年，第276～277页。
② 施振民：《菲律宾华人访华的持续——宗亲与同乡组织在海外的演变》，载洪玉华编：《华人移民——施振民教授纪念文集》，马尼拉：菲律宾华裔青年联合会，拉刹大学，1992年，第215页。

20世纪30年代也是闽商同乡会集中出现的时期。19世纪末,旅菲石狮人已建立石狮旅菲同乡会,洪明炭曾长期担任该会会长。随着旅菲宽仁、容卿、龙穴、锦峰等村同乡会成立,至20世纪30年代中期,石狮旅菲同乡会已形同虚设。至民国三十年(1941年),仅旅菲石狮人组织的同乡会增至15家(见表4-2)。

表4-2 菲律宾石狮籍乡亲同乡会一览表

名　　称	成立年份	驻　地	主要负责人	原籍乡、村
旅菲宽仁同乡会	1928	马尼拉	施仁杰	宽仁
旅菲容卿同乡会	1931	马尼拉	蔡辉煌	容卿、仕林
旅菲龙穴同乡会	1932	马尼拉	高国雄	龙穴
旅菲锦峰同乡会	1933	马尼拉	黄时盛	仑后
旅菲伍鸿同乡会	1934	马尼拉	洪庭芳	伍堡
菲律宾永宁同乡会	1934	马尼拉	董伦意、董光溪	永宁
菲律宾锦尚同乡会	1934	马尼拉	邱季跳	厝上
菲律宾五福鸿山同乡会	1935	马尼拉	王健忠	伍堡
菲华龙塘同乡会	1935	马尼拉	王爱友	上浦、塘头、水头、锦亭
旅菲锦埔同乡会	1937	马尼拉	黄文芳	龟湖
旅菲锦塘同乡会	1937	马尼拉	陈耀钧	港塘
沙堤旅菲同乡会	1937	马尼拉	龚诗榜	沙堤
旅菲仑峰同乡会	1940	马尼拉	蔡绍炫	大仑
旅菲港边同乡会	1941	马尼拉	陈培聪	港边

资料来源:《福建省情资料库·石狮市志·宗亲会》,http://www.fjsq.gov.cn/showtext.asp? ToBook=3224&index=1367.

其他重要的同乡会还有:20世纪20年代成立的晋江籍会有宽仁、雁塔、御里同乡会及深沪同乡会总会、锦江同济会、围江同乡总会、围江同乡会宿务分会;20世纪30年代成立的有锦峰、龙穴、锦塘、容卿、英华、洋埭、陈埭、南下尾、涵口、高坑、永宁、沙堤、清濛、五福鸿山、厝上锦尚、华峰、溜江同乡会及菲华四乡会、钱江联合会。① 菲律宾永春同乡会,于1930年组建,以联络乡谊、患难相扶为宗旨。菲律宾福州同乡会,前身最早为左海联谊社,创立于1939年,1948年改名为岷尼拉三山同乡会,1966年改名为旅菲三山同乡会,1970年改为现名。旅菲安溪同乡会,成立于1931年。旅菲桐城公会,成立于20世纪30年代。

---

① 《福建省情资料库·晋江市志·同乡会》,http://www.fjsq.gov.cn/showtext.asp? ToBook=3215&index=1913.

同乡会一般以主要成员的商店为联络处或会所,开会大多数在同乡较大的商行中举行,没有自建会所。同乡会主要工作是募款,通常由几个同事分头进行。一方面,由于大家眷属都留居故里,对家乡福利人人关心;另一方面,乡人大部分互相认识,对个人经济情况都很清楚,所以募捐不难,且能公平分摊。

二战期间,日军占领了菲律宾,对当地人民尤其是华侨进行残酷镇压,逮捕侨领和迫害闽商,残杀不肯与其合作的侨界知名人士,①闽商社团多数停止活动。第二次世界大战后,闽商社会经历了有史以来的根本变化,闽商社团组织和其他华社组织一样有如雨后春笋纷纷建立,无论何种类型的社团数量都大量增长,传统社团组织的增长尤为迅速,有的战后重建的社团在马尼拉以外的城市也建立了分支机构。1972年的172个同乡会中有138个是战后建立的;1981年116个华人宗亲会中有72个是1945年以后建立的。② 其中最重要的是菲华商联总会,它创建于1954年3月29日,是菲律宾华侨华人工商界的最高机构,为无股份非营利的有限公司组织。原称菲律宾华商联合总会,1956年改称菲华商联总会,简称商总。会员会分为团体会员与非团体会员两种。团体会员由菲律宾各地的华人商会、同业公会及其他商业团体组成,实际上商总被认为是菲律宾华侨华人组织的最高机构。③

此外,1958年还成立了菲律宾各宗亲会联合会(宗联),下属37个宗亲会组织,各宗亲会在全菲各地也有数量不等的分会。至20世纪90年代,闽商的宗亲会总数达到122个。④ 菲律宾闽商中以晋江籍为最多,大概有100多个以乡为单位的同乡会。近30年来,随着新移民的增多,才出现以闽南地级市为单位的大型同乡总会,如1990年成立的南安同乡会,1992年成立的石狮市同乡总会和1993年成立的晋江同乡总会。⑤

闽商同乡会中还出现了几个乡结成的联乡地缘组织,联乡组织开始兴起的时间大约是在20世纪50年代。当时菲律宾与中国断绝了关系,规模较小的同乡会逐渐或以家乡闽南语俗称的"乡"或"乡里"(即村庄)为基础,或以同宗姓氏为基础进行联合,两个乡以上的联合组织被称为"联乡会"。联乡会大部分是根据宗支血缘及地缘关系组成,不似联宗会是扩大成员基础的团体。⑥

---

① 邱荣章等:《菲律宾华侨与抗日战争》,香港:香港荣誉出版有限公司,1999年,第5页。
② 特里萨·钟·卡里诺:《华人的领导和组织:延续和变化》,《南洋资料译丛》1989年第3期。
③ 埃德加·威克伯格:《战后菲律宾城市的华人社团》,《南洋资料译丛》2005年10月2日。
④ 宋平:《承继嬗变:当代菲律宾华人社团比较研究》,厦门:厦门大学出版社,1995年,第20页。
⑤ Teresita Ang See, "Globalization and the Ethnic Chinese: The Philippine Perspective", in T. A. See, *The Chinese in the Philippines: Problem and Perspectives*, Vol. 3, Manila: Kaisa Para Sa Kaunlaran, 2004, pp. 18-19.
⑥ 施振民:《菲律宾华人访华的持续——宗亲与同乡组织在海外的演变》,载洪玉华编:《华人移民——施振民教授纪念文集》,马尼拉:菲律宾华裔青年联合会,拉刹大学,1992年,第216页。

表 4-3　1947—1990 年菲律宾泉属主要同乡社团简明情况表

名　　称	成立年份	主要负责人	附　　注
宿务旅菲南安同乡会	1947		
旅菲永春同乡会	1948	陈文伊	
旅菲南岛金门同乡会	1952	林永浪	
菲律宾惠安公会总会	1960	杨子华	前身为惠安同乡会、惠安会馆
菲律宾安海公会	1963	颜期兴	会员不限于安海镇
菲律宾温陵会馆	1972		会员包括泉州各县及同安、厦门等地人
菲律宾南安公会	1990	陈经伦	
棉兰佬金门同乡会	1990	薛祖安	
旅菲金门同乡会		林克山	

资料来源:《福建省情资料库·泉州市志·社团》,http://www.fjsq.gov.cn/showtext.asp?ToBook=3222&index=3862&.

表 4-4　菲律宾闽商联乡组织一览表

名　　称	成立年份	主要姓氏	备　　注
旅菲华峰同乡会	1936	施	
菲律宾五乡华侨联合会	1947	多姓	
旅菲西浔联乡会	1949	施	
旅菲塘市上郭同乡会	1949	柯	南塘、上谷两乡
旅菲石狮五社同乡会	1951	多姓	
旅菲马坪林氏联乡会	1960	林	
旅菲秀山联合会	1964	许	
旅菲茂峰三乡联乡会	1964	陈	茂亭、后厝、山后三乡
旅菲龙塘四乡联合会	1964	王	
旅菲龙岱凤池联乡会	1965	李	洋埭、池店两乡
旅菲洋埭联乡会	1967	林	
菲律宾大霞浯同乡会	1972	吴	晋江大霞浯、南安霞等乡
旅菲晋江南安五宝同乡会	1972	杨	社庄、潭头、塘上、新墟、布厝五乡
旅菲石狮睦邻联想总会	1972	多姓	石狮头、下四乡联合组织
旅菲洋山宝塔同乡会	1974	李	
旅菲檗湖永黄氏联乡会	1974	黄	檗谷、玉湖、永康三乡黄姓

资料来源:谭天星、沈立新:《海外华侨华人访华志》,上海:上海人民出版社,1998年,第110页。

(二)闽商主要社团简介

1. 菲华商联总会

菲华商联总会创建于1954年3月29日,是菲律宾华侨华人工商界的最高机构,为无股份非营利的有限公司组织。原称菲律宾华商联合总会,1956年改称菲华商联总会,简称商总。

在商总成立之前,侨社的领导权掌握在马尼拉中华商会手中。由于马尼拉中华商会的实力在战后受到削弱,会员仅包括马尼拉两三百家商店,影响力大为下降。当时华社有人建议中华商会广纳会员以增强实力,但商会反应并不积极。因而有人主张另行组织一个全侨的最高机构取代马尼拉中华商会。这个建议得到了当时菲华社会的普遍响应和国民党驻菲支部的大力支持。①

1954年1月15日,有23个商会参加的"岷里拉各途商会理事长联谊会",即"商总"正式成立,华社反应强烈,全菲各地有200多个商会致电表示支持。商联成立后,便与中华商会商讨成立中华总商会的事宜,最后商定于3月召开"第一次全菲中华商会暨各途商会理事长大会"。3月16日,大会在马尼拉正式召开,大会决议成立"菲律宾华商总会",确定"团结全菲华侨配合中菲两国国策,谋求全侨福利,努力发展工商业,增进当地繁荣,加强友好关系"为宗旨,并选举理事组成理事会,杨启泰任第一任理事长。② 来自全菲的216个商会、512名代表参加了此次大会。

商总成立以来,不仅为菲律宾华人提供了许多援助,而且也对菲律宾的发展起到极大的促进作用。近年来,商总加强了同中国的联系。

商总章程几经修改,后来规定宗旨为:

(1)协调全菲所有菲华工商团体的活动;维持彼此间的和谐关系;仲裁与解决其纠纷或歧见;促进彼此间的合作。

(2)衷诚与菲律宾政府合作,支持政府的经济发展及其他种种方案。

(3)致力于促进菲华青年参与菲律宾大社会的活动,加速融合本地华人社会于菲律宾国家政治主体。

(4)协助促进菲律宾工商业的发展与成长,鼓励对农业的投资以加速农村的发展。

(5)协助、维护及增进其所有会员之福利,为其会员之繁荣与利益而努力。

(6)搜集、翻译与研究影响其会员的法规,并引导其遵守此等法规,及鼓励纳税。

(7)培养与巩固菲人与华人之间的和洽关系。

(8)推进与维持教育、文化、体育、慈善与社会福利方案。监事会下设文书、审核委员会。

商总最高领导机构为理事会,下设外交、工商、财务、经济、组织、联络、福利、调解、青

---

① 《世界日报》专论,《商总的由来——商总五十年是非功过评论之一》,2004年。
② 《菲华商大会闭幕,通过成立最高机构"菲华商联总会"》,(台湾)《侨讯》第214期,1954年,第812页;邓英达:《我在商总三十年》,马尼拉:菲律宾华商联合总会,1986年,第8~11页。

年、大厦管理、农资、新闻等委员会及秘书处。

商总的会员分为团体会员与非团体会员两种。团体会员由菲律宾各地的华人商会、同业公会及其他商业团体组成。会员初团体会员计216个,后因部分团体停顿或合并,至20世纪70年代末减至152个。其中大马尼拉区59个,外省区93个。至20世纪80年代中期,剩140个,其中大马尼拉区55个,外省区85个。20世纪90年代初,仍为140个,其中大马尼拉区56个,外省区84个。非团体会员指无同业公会组织之企业、公司、金融机构。20世纪70年代商总拥有24个非团体会员,至20世纪90年代只剩11个。1968年5月30日,菲律宾岷里拉中华商会加入商总为会员团体,但到1991年3月又宣布退出,致使商总的力量受到严重削弱。

商总成立后,为菲华社会做了许多实事。其中最重要的有:

(1) 成立初期,尽力团结各华侨社团,保护华侨的合法权利,与菲律宾政府交涉谈判涉及华侨利益的各种菲化方案。

(2) 调解菲华社会的各种商业(产权、合同等)纠纷。

(3) 全力支持菲律宾政府的多种经济与社会发展方案。

(4) 从事多种社会福利慈善事业,如大力推行捐建农村校舍方案(迄今已捐建1200多座校舍于全菲各地),为贫民义诊赠药,每逢天灾(风灾、地震、水灾、火灾)时施赈救济,设立防火会与消防队等。

(5) 经常举办讲习会,邀请有关官员向华商讲解有关法令、规例,诸如最新的法律、条例,或工商业、劳工、税务法则等,以利一般华商知所遵循。

(6) 近年鼓励华文教育,每年举办暑期华文教育师资讲习会,协助促进华文教育师资水平的提高。

2. 菲律宾中华总商会(Filipino-Chinese General Chamber of Commerce, Inc.)

菲律宾中华总商会,俗称岷里拉中华商会,1904年8月成立,是马尼拉最早的闽商社团。初名小吕宋中华商务局,首任会长邱允衡。1906年改名为小吕宋中华商务总会,1927年改名为菲律宾中华总商会,俗称小吕宋中华总商会,1931年改现名。

中华商会的会员有3类:同业公会会员、商店会员和个人会员(包括外籍华人)。其章程规定:本会以奉行中菲国策,发展菲华工商业,团结菲华工商界,谋求合法权益,增进当地社会建设,赞助慈善福利、文教副业,与敦睦中菲友谊为宗旨。

商会自成立至二战前是菲律宾华侨商业和华侨社会组织的领导核心,不仅向中国驻菲总领事,而且向菲政府和公众传达华侨和闽商的意见,为当地慈善公益事业募捐大量的款项,促进华侨与当地人民的友好关系。同时,对菲政府、议会针对华商的限制措施、立法以至对华侨的歧视、苛待和暴力行为进行抗争,为闽商和华侨争取权益。

中华商会也为侨社的福利开展活动,如募集基金,主持善举公所,开办华侨学校、医院,排解侨社的纠纷等。

对中国,中华商会发扬民族精神,尽力予以援助。平时为赈灾和其他慈善事业,募寄巨款。抗日战争时期,该会积极发动广大侨胞开展抗日救国运动。在中华商会的领导下,华侨和闽商不仅踊跃捐款,且发起抵制日货运动。1930—1932年,日货对菲进口下降了53%。据"南洋华侨筹赈祖国难民总会"统计,1938—1940年,曾募集菲币1000万比索汇回祖国,支持抗日战争。1968年5月30日,马尼拉中华商会加入商总,成为会员。1991年,又宣布退出商总。

今日,中华总商会主要从事慈善事业,如积极配合华侨善举总会、崇仁医院的公益活动,推动菲华社会的福利、教育等事业,在促进中菲两国的民族友好融合方面做了大量工作。中华总商会已走过了她的百年历程,当菲华人士取得辉煌成就,当我们在享受中菲两国友好合作的成果时,不应忘记该会的先贤们为菲华社会所奠定的基础。

3. 菲律宾工商总会(Federation of Filipino-Chinese Chambers of Commerce and Industry, Inc., PCCI)

菲律宾工商总会是菲律宾历史最悠久的商会组织。它成立于1886年,会员包括贸易、商业、农业贸易、交通和通信、旅游、服务、制造和加工业、建筑等行业的企业、商业机构和地方商会组织。PCCI汇聚了菲各行业的主要资源,代表私营企业的利益。

PCCI的主要职能是,参与政府有关政策的制定;管理遍布全国各地的基层商会组织;为会员企业和有关机构提供商业机会;协调、解决企业间纠纷;收集、提供本国和外国的商业信息和统计数据;为企业提供贸易方面的服务,包括出具原产地证书和亚太经济合作组织商务旅行卡;为企业和有关机构提供培训服务。

与其他行业商会相比,PCCI最重要的作用就是对政府制定经济政策有一定的影响力。长期以来,PCCI与菲政府合作密切,政府认可其在菲商界发挥的重要作用,在制定经济政策时,都会征求作为私营企业代表的PCCI的意见。因此,PCCI在很大程度上影响着政府有关经济政策的制定。同时,PCCI对政府的各项经济政策、措施一贯持积极支持的态度,包括政府最近提出和实施的可再生能源政策、加强税收征管、降低电力成本、公私合作投资基础设施项目等。

PCCI在菲全国有100多家分支机构,通过与各级政府和私营部门建立的联系网络,PCCI可以为其会员提供有效的贸易和投资机会。

PCCI另一个重要职能是协调和解决企业间的商业纠纷。它主导建立了国家调解中心(National Center for Mediation),并提供专业的纠纷调解人员,在商业纠纷诉诸法庭之前,依据2004年颁布的《替代争议解决方案》(*Alternative Dispute Resolution Act of 2004*),协助纠纷双方进行沟通、谈判,促成其自愿达成协议。该机制给发生商业纠纷的双方企业节省了大量时间、金钱。据称,有90%的商业纠纷通过协调得到了解决。

菲律宾工商总会现任会长是华侨蔡聪妙博士,他热衷并致力于商会组织的领导工作,曾任菲华商联总会理事长。

4. 菲华各界联合会(Federation of Filipino-Chinese Association of the Philippines)

1977年,由蔡宗炳、庄杰华、丁魁梧、李昭拔等原籍泉州华商发起组织菲华各界联合会。目前有团体会员108个,是菲律宾华社最具影响力的友好侨团之一,在华社有"商总位居第一,菲华各界位居第二"的说法。其宗旨是联合友好团体,促进中菲友谊。多年来该会团结菲华各团体,争取旅菲华侨合法权益,支持和配合中国驻菲使馆工作。

5. 菲律宾中国商会（Philippine Chinese Chamber of Commerce and Industry, Inc.）

该商会成立于2007年，其前身是由吴忠清在纳卯地区成立的青商会。① 目前拥有1万多名会员，在其他省份设有分会。会员大多是中国改革开放后旅菲的新移民，与传统的华人社团相比，菲律宾中国商会最大的特点就是以凝聚"新侨"为特色。② 会员们取得菲律宾的永久居留权后，大都依然保留着中国国籍。其宗旨是带领新移民融入主流社会，并为他们创造良好的社会环境。

6. 菲律宾工商联合会（Philippine Chamber of Commerce and Industry）

1978年菲工业协会和商业协会整合，成立了"菲律宾工商联合会"，该组织由全国范围的工商企业、商会、社团组成，其目标是促进商业增长，实现共同发展。商界可自愿加入，成为其会员，没有地域和规模限制，该会目前有1800个固定企业会员，隶属机构包括98个地方商会、148个工业协会；国际联盟机构有国际商会、东盟工商会、亚太工商联盟、国际劳工组织等。其主要任务是加强与政府有关部门的沟通和联系，如向国家经济发展委、贸工部、财政部、海关、税务局汇报商务情况等。经菲政府认可，该会被视为商业界唯一能与官方对话的组织，其重要活动之一是每年举办菲律宾商务大会，届时菲政府官员（以内阁成员、参议员、众议员为首）与全国工商界代表共同协商国家的重大经济问题，会上的建议及解决方案在闭幕式时呈报总统，并纳入法定审批程序。

该会还以多种形式竭诚为其会员服务，如：建有商业信息库，可向其会员提供国内外贸易信息；以办展览、研讨会、论坛等方式促进经贸交流；并设有仲裁机构，调解会员间的经济纠纷，维护和谐的合作关系，促进共同发展。

7. 菲律宾电器商联总会（Federation of Electrical & Electronics Suppliers & Manufacturers of the Philippines, Inc.）

该会隶属于菲华商联总会和菲律宾工商联合会，成立于1948年，是一个非营利性的商业团体，旨在促进菲电器行业的商务活动，维护会员间的团结，加强相互合作。该会在电器行业占有重要地位，目前在马尼拉地区已有136家会员，在宿务有54家，其会员为电器行业的制造厂家、进出口商、批发商、零售商、销售代理等。

近年来，中菲贸易迅速增长，其中以机电产品为主，菲方对电器产品的需求逐年增长，正是我国企业开拓市场的大好时机，但需要当地同行的合作与支持。该会在这方面做了大量工作，曾多次接待我国商务团组，与我国机电行业人士交流，并积极开展合作。2005年6月9日，中菲建交30周年之际，该会与中国机电产品进出口商会在马尼拉共同承办了"中国机电产品展览会"，近百家中国企业来菲参展，规模空前，对促进两国经贸发展和企业界交流起到了积极推动作用。该会与中方的合作也将有更广阔的前景。

8. 菲华工商总会（Chinese Filipino Business Club, Inc.）

该会成立于1998年，是从商联总会中分离出来的，为非营利的商业组织。在全菲有

---

① 《菲律宾世界日报》，2007年11月11日。
② 《菲律宾主要商会组织简介》，http://ph.mofcom.gov.cn/article/law/201105/20110507538629.shtml。

400多个会员,主要是菲华工商界的支柱企业,所经营行业包括制造业、银行业、建筑业、零售业、出口、加工等。

尽管该商会成立时间不长,从影响和地位上都无法与那些历史悠久的大商会相比,但这些年来,他们立足于服务华社,致力于推动经济发展,积极发挥自身作用,帮助和支持政府的各项改革,赢得了社会各界的肯定。

在推动和加强中菲经济合作与交流方面,该会也做了不少贡献,如组织招商团赴中国考察,邀请有意在菲投资的中方企业来菲访问等。

9. 菲华各宗亲会联合会

该联合会简称宗联,是1958年在台湾当局驻菲"大使"陈之迈的倡议下组建的,是菲律宾华侨华人宗亲会的联合机构。宗联以各姓宗亲会为会员单位,由各宗亲会推举固定代表1人,担任理事,再从理事中推举常务理事组成常务理事会负责日常事务。初时常务理事为11名,第七届后改设常务理事5名,任期2年,不得连选连任。

宗联依其宗旨在联络菲华社会各宗亲会的感情,发动全菲华人力量,共谋合法权益,为菲华社会排难解纷,在弘扬中华文化,增进文化交流,推行传统道德,移风易俗,促进社会福利等方面做了大量的工作。为加强联络各宗亲会的感情,由各宗亲会按月轮流负责,每月第3个星期五举行各宗亲会首长联谊聚餐会,有助于推动会务和调解婚姻等多种纠纷。为弘扬中华文化,每年举办书法比赛、普通话演讲比赛、普通话唱歌比赛等。为移风易俗,还举办了多届婚礼。

10. 菲律宾华侨联谊会（Filipino Chinese AMITY Club, Inc.）

1974年,由晋江籍闽商知名人士吴永源、杨振殊、施天津、吴礼祥、庄文成等人发起创建菲律宾华侨联谊会。该会以促进中菲友谊,增进双方相互了解为宗旨。

该会成立后,在全体会员的努力下,克服初创时诸多困难,在全菲各地建立了34个分会(小组),做了大量促进中菲友好的工作,并在菲华社会中掀起了一股"中国热"。早在1974年,中菲尚未建交之前,该会创始理事长吴永源就与侨界和闽商爱国人士一起,为争取能在菲首都马尼拉放映中国电影,举办"马科斯访问中国图片展"做出了不懈努力。① 1975年中菲建交后,菲华联谊会联络其他友好团体,组成筹委会,共同举办中菲建交庆祝大会。该会在中国驻菲使馆的大力支持下,经常邀请中国友好团体访菲,在促进中菲友谊方面发挥了重要作用。中菲建交初期,该会在当时社会的重重阻力之下,于1978年出版了《联谊周刊》,得到广大华人的欢迎。经过3年多的发展后创刊为《世界日报》,如今《世界日报》已是菲律宾发行量最大的华文报纸。②

菲华联谊总会现在各地共有20多个分会,现任理事长为郑天津。近年来,该会每年均组织大型工商考察团,赴中国考察并开展经贸交流活动,如参加广州交易会、中国—东盟博览会、中国国际投资贸易洽谈会、义乌小商品博览会等,为增进中菲友谊、促进两国

---

① 吴文源:《联谊三十年》,《菲华联谊总会三十周年珍珠喜庆特刊》,马尼拉,2004年。
② 菲华联谊总会,中国驻菲律宾大使馆经济商务参赞处,http://ph.mofcom.gov.cn/aarticle/catalog/zgqy/200402/20040200187111.html.

经济发展做出了积极贡献。

11. 菲律宾晋江同乡总会

该会于1993年成立。自成立以来,致力于推动菲律宾广大晋江籍华侨华人融入菲律宾主流社会,同时加强与家乡晋江和全球各地区晋江籍华人的联系,为共同构建世界晋总而努力。目前晋总有100多个团体会员。

晋总热心推广汉语,聘请中国教师来菲各华校进行巡回辅导教学,举办中小学、幼儿园话语教学讲习班,并支持华社开展活动,推广中华文化。另外,晋总还团结广大晋江乡亲,在菲律宾国内推动建造平民屋方案,改善治安及减少贫富悬殊差距。至今晋总捐建平民屋达500多座,价值3000多万。

12. 菲华南安公会

1990年5月于马尼拉成立,以敦睦乡谊,弘扬华族传统美德精神,致力于教育、文化、公益、慈善副业,促进中菲友谊为宗旨。公会先后捐建南安市中医院、侨联大厦、残疾医院门诊楼等。在本会设立文教基金,以鼓励本邑子女勤学向上,努力吸引妇女和青年参加社团活动,巩固和发展妇女组和青年组,并捐助钱物对抗菲律宾的天灾与中国华东水灾和云南地震。

第二节　马来西亚的闽商

一、马来西亚闽商发展的历史

闽商移居马来西亚的历史相当悠久。在宋代,福建商人经常来到马来半岛,运来金银、瓷器、铁、漆器、酒、米、糖、麦等商品进行交易。闽商因此与当地人民建立了友好关系,参与当地的佛事活动。① 当时马来半岛上的佛罗安就已经有"唐人"居住。② 元时,元军征爪哇,途经渤泥(东马地区),有一批随军的官兵和商人留居于此。汪大渊游历南洋亦见到,龙牙门(今属新加坡)"男女兼中国人居之"。③ 可见,在宋元时期福建人已移居马来半岛和北婆罗洲。

明代之后,由于海外交通的发达,福建人出洋蔚然成风,到马来半岛和北婆罗洲定居逐渐增多。

马来半岛的满剌加,又译作马六甲、麻六甲。1400年,满剌加建国,在明王朝的支持下,迅速发展成东南亚的国际贸易中心,因此与中国的关系尤为密切。当时满剌加各国

---

① 赵汝适:《诸蕃志》卷上,《佛啰安国》,北京:中华书局,1996年,第47页。
② 陈元靓:《事林广记》前集卷五,《方国类·佛啰安》,北京:中华书局,1963年影印本(无页码)。
③ 汪大渊:《岛夷志略·龙牙门》,北京:中华书局,1981年,第213页。

商人云集,闽商亦涌至,定居者亦不少,故满剌加"间有白者,唐人种也"。① 因此满剌加政府设有4个沙班达尔(即港务长),以管理贸易与外国人事务,其中一个沙班达尔专门管理来自漳泉、安南、占婆和琉球的商人。②《闽都别记》载,永乐年间,福州船主、商人和船员驾船赴麻剌(甲)国者有郝、阮、芮、樊、朴五姓,并侨居多年,娶番生子。③ 另成化时,龙溪人邱弘敏率其党私至满剌加贸易。④

1511年葡萄牙人占领马六甲,发现那里的华侨大多讲闽商语,于是任命祖籍漳州的华商郑芳扬为首任甲必丹,以管理闽商事务。当时,福建海商从月港等地造船过洋与葡萄牙人交易货物。⑤ 明政府每年也发放两张商引给前往满剌加的商船,说明福建与满剌加的海上交通与贸易并未中断,但贸易的主要对象已为葡萄牙殖民者所取代。1613年葡萄牙人伊里亚狄所绘制的《满剌加城市图》也标有"中国村"、"中国河"、"漳州门"等地名,⑥可见当时有不少闽商在那里定居。当时闽商主要从事采锡、胡椒种植和转口贸易。

在马来半岛其他地区,亦是闽商足迹所至之地。如:

吉兰丹。亦为马来半岛的贸易港口,风俗物产与大泥相类似,也是福建商舶常至之地。然而"嘉靖末,海寇余众遁归于此,生聚至二千余人,行劫海中,商舶苦之"。⑦

彭亨。当时彭亨商业繁盛,统治者欢迎中国商人来此贸易。福建海商"舟抵海岸,国有常献",为了接待闽商,"国王为筑铺舍数间,商人随意广狭,输其税而托宿焉。即就铺中,以与国人为市,铺去舟亦不甚远,舶上夜司更,在铺中卧者,音响辄相闻"。⑧

柔佛。满剌加被葡萄牙人占领后,末代苏丹妈末的次子阿老瓦丁到柔佛坚持抗葡,建立柔佛王国,国势一度强盛。"无事,以船载货国外;有警或出征战,则募召为兵,称强国焉。"其国物产有犀角、象牙、玳瑁、锡、片脑、黄蜡、嘉文席、木绵布、椒、燕窝、西国米、血竭、没药、槟榔、海菜等。"我舟至止,都有常输,贸易只在舟中,无复铺舍。"⑨万历时,"其酋好搆兵,邻国丁机宜、彭亨屡被其患。华人贩他国者多就之贸易"。⑩

丁机宜。福建商舶到该国,"夷亦只就舟中与我人为市",物产"大率多类柔佛,而俗较驯,而货较平"。但是"自为柔佛所侵,彼国有风声鹤唳之虞,而舶人亦抱林木池鱼之

---

① 罗日褧:《咸宾录》南夷志卷六,《满剌加》,北京:中华书局,1983年,第157页。
② Armando Cortesao, *The Suma Oriental of Tome Pires*, London: Hakluyt Society, 1944, p.265.
③ 里人何求:《闽都别记》第261~263回,福州:福建人民出版社,1987年,上册,第292页;下册,第8页。
④ 《明宪宗实录》卷九七,成化七年(1471年)十月乙酉,第1850页。
⑤ 顾炎武:《天下郡国利病书》卷九六,《福建六·兵事》,第1页,光绪二十七年(1901年)二林斋藏版,图书集成局铅印。
⑥ 维·布赛尔:《马来亚华人史》,槟榔屿光华日报出版公司,1950年。
⑦ 张燮:《东西洋考》卷三,《吉兰丹》,北京:中华书局,1981年,第57页。
⑧ 张燮:《东西洋考》卷四,《彭亨》,北京:中华书局,1981年,第79~80页。
⑨ 张燮:《东西洋考》卷四,《柔佛》,北京:中华书局,1981年,第82页。
⑩ 《明史》卷三二五,《柔佛》,北京:中华书局,1974年,第8428页。

患。此扬帆者所以掉臂希顾也"。①

进入清代以后,闽商前往马来半岛经商和定居者更多。荷兰人1641年夺取了马六甲后,任命厦门籍商人李为经(字君常,号济博)为第二任甲必丹。李为经集资建造了青云亭,供奉观音、天后和关帝。②此后,青云亭的亭主均由当地甲必丹兼,实际上青云亭大董事会便成为马六甲管理华人和闽商事务的总机构。1824年废除甲必丹制度后,华人社会的行政管理机构仍置于青云亭内。在荷兰统治时期,马六甲的闽商数量有较大的增长。荷兰人占领马六甲时,当地有华侨426人,1760年增加到1390人,1795年又增加到2161人。③英国占领马六甲后,从福建招募大批华工前去垦殖,到1825年,华侨人口已增加到10039人。

1786年英国占领槟榔屿,开始了对马来西亚的殖民统治,也揭开闽商移居马来半岛历史新的一页。当时岛上只有58名居民,英国人登陆的第二天便有吉打的华人甲必丹辜礼欢(同安人,即辜鸿铭的曾祖父)率众来居,他们是到达槟榔屿的第一批华人移民。④辜礼欢,在清初逃亡南洋,先到暹罗,后到马来半岛的吉打,1769年被委任为当地的甲必丹。莱特开拓槟榔屿之后,他迁移到槟榔屿居住。1805年,槟岛设立市政府,委任他为市议员。其子辜国材受派随英国人莱佛士爵士率领的舰队登陆新加坡,成为来新加坡最早的中国人之一。另一子辜龙池在吉打州政府里任公职,于地方建设卓有功勋,被吉打苏丹赐拿督勋衔。英国人计划把槟榔屿建成东方贸易的基地和香料种植区,实行招徕华人的政策,到1804年槟榔屿便有华侨5000多人,1818年增至7858人,1860年又增到28018人。到1896则达36222人,占当地人口的46.7%,其中绝大多数是以经商为业。

在马来半岛其他地区,1782—1795年到过东南亚的谢清高曾说,吉兰丹、彭亨、丁加奴等国为"闽粤人多来往贸易者",在吉兰丹,"闽人多居埔头,粤人多居山顶,山顶则淘取金沙,埔头则贩卖货物及种胡椒"。他还看到在马六甲,"闽粤人在此采锡及贸易者甚众"。⑤19世纪20—30年代,已有闽商在吡叻、雪兰莪、森美兰开采锡矿,但19世纪中期以前,上述地区尚未开发,故相对而言闽商人口不多。

19世纪中叶以后,英国加紧在马来半岛的扩张,马来各邦先后沦为殖民地。为了开发马来半岛的自然资源,英殖民当局勾结在福建的外商洋行,大肆拐卖契约华工到吡叻、雪兰莪、森美兰、彭亨等地开采锡矿和从事胡椒、甘蜜和橡胶的种植,福建人开始大量移居马来半岛。据1854年出版的《印度群岛杂志》记载,1840—1841年,马来半岛有5063名华工,到1852—1853年便增加到11414名。1860年第二次鸦片战争后,拐卖华工的活动更加猖獗,华侨人口迅速增加。1896年,马六甲的华侨人数为18161人,吡叻为59277人,雪兰莪为50849人,森美兰为15391人,以上地区的华侨已占当地总人口比重的

---

① 张燮:《东西洋考》卷四,《丁机宜》,北京:中华书局,1981年,第83页。
② 颜清湟:《新马华人社会史》,北京:中国华侨出版公司,1991年,第11页。
③ 巴素:《东南亚之华侨》上册,台北:正中书局,1974年,第433页。
④ 《槟州中华总商会钻禧纪念刊》,槟州:槟州中华总商会,1978年,第75页。
⑤ 谢清高著,冯承钧注:《海录注》卷上,北京:中华书局,1955年,第14、11、16页。

37%。而1881年,马建忠经过槟榔屿,记曰:"此间华商侨寓者约八万人,闽商为首,广帮次之。"①1882年,呲叻有3万华工聚居在拿律矿区的太平镇,他们带去先进的农用水车,用来掏出锡矿井下的积水,并创造了利用地形引水冲洗矿床的采矿法,大大提高了锡的产量,同时也带去先进的铸铁、制陶等技术。②福建华侨主要来自闽南、闽西和福州十邑,"福建人具有在城市居住的习惯,是经商的能手"。但也有人从事农业和矿业,他们多赤手空拳而来,在种植园和锡矿做苦力,③获得人身自由后,仍靠种植业为生,有的则充当小商贩,只有极少数人充当中介商而致富。福建华侨为马来亚的开发和经济繁荣做出了巨大的贡献。

民国建立以后,由于国内社会动荡,战祸连绵,福建沿海人民纷纷出洋。1929年世界经济危机爆发,翌年马来亚英国殖民当局颁布了限制中国移民法案,并将大批华工遣返回国。抗日战争爆发前后,许多人为逃避战乱,纷纷出国。据福建省政府秘书处统计,1935—1938年,从厦门前往槟榔屿的华侨就达20229人,日军占领马来亚后,残酷镇压华侨华人,许多华侨被迫逃往国外,直至抗战胜利才返回马来亚。

据福建省政府秘书处统计,1935—1938年,由厦门前往槟榔屿的华侨达20229人,④扣除同期回国人数,净出国人数10556人。到1947年,马来半岛(包括新加坡)华侨人口为2614667人,其中闽南人占31.64%,福州人1.84%,福清人0.49%,兴化人0.65%,客家人16.73%。

1957年,马来亚联合邦独立后,大多数华人加入当地国籍。据马来西亚政府1980年12月的人口统计,华族共有438万人,占全国人口的32%,仅次于马来族而居第二位。其中祖籍福建的华人约占全国华人总数的39.02%,再加上客家人中的福建籍,按保守估算至少占客家人的1/4,约为19.7万,则马来西亚华人中祖籍福建的约有160万,占全国华人总数的45%。⑤

二、马来西亚闽商社会经济

1511年葡萄牙人占领马六甲之前,已有闽商在马六甲定居,从事中国与马六甲、日本之间的贸易。葡萄牙人占领马六甲初期,闽商在满剌加的贸易不仅未受不良影响,反而有所发展,来自福建的帆船源源至此贸易。当时满剌加的葡萄牙代理商路易·德·阿劳乔(Ruy d'Araujo)给葡萄牙印度总督阿尔布奎克的信写道:"中国人于4月来而于5月起航回返……一次航行约花20至30天。他们带来琥珀、锦缎、花缎、樟脑和一些大

---

① 马建忠:《南行记》,载王锡祺辑:《小方壶斋舆地丛钞再补编》第十帙,台北:学生书局,1975年。
② 吴凤斌:《契约华工史》,南昌:江西人民出版社,1988年,第125页。
③ 布赛尔:《东南亚的中国人》,《南洋问题资料译丛》1958年第Z1期,第27～45页。
④ 福建省秘书处统计室编:《福建统计年鉴》,1942年。
⑤ 吉隆坡《星洲日报》,1983年12月15日。

黄、珍珠……并非常好的明矾。每年约有 8 或 10 艘平底船来此,他们带走许多胡椒与一些丁香。"①1515 年 1 月 6 日,意大利籍葡萄牙航海家柯撒里(Andrea Corsali)写信给麦地奇公爵(Duke Giuliano de Medici):"中国商人也常航海越过大海湾,到马六甲做生意,以交换香料。他们从中国带来麝香、大黄、珍珠、锡、瓷器和生丝,以及一切由丝织精制的绸、缎、锦绣、绫罗等华丽品,因为他们拥有和我们一样水准的纺织技术……我相信他们是异教徒,虽然他们之中可能有人已经接受了我们的信仰。"②葡人皮里士则说,满刺加有"许多克宁商人(指印度商人),一些爪哇、波斯和孟加拉国人,一些来自巴赛和彭亨的人,中国人和其他国家的人、琉球人和来自渤泥的人。人们非常混杂并不断增多,满刺加又恢复到过去的繁荣,因为有了我们的商品,甚至繁荣有过之而无不及,比起与马来人交易,他们更加乐于与我们交易,因为我们对他们要更加真诚和公正得多"。③

但是不久,由于葡萄牙殖民者的横征暴敛,巧取豪夺,福建商船不堪掠夺,宁可放弃前来马六甲而转航到东南亚其他地区,严重地影响了马六甲的对外贸易。1638 年之前,雷胜德述及葡萄牙私商时说:"要塞司令所犯的大罪是他们收购商品,所出价格远远低于当地市价,而强迫他们接受货款。这种事情在葡萄牙国家的所有市镇和要塞中,已经司空见惯,而且引起不少祸患……他们的罪行,到达这样一种程度,甚至于在基督教徒来到这些马六甲港口想交换某种商品时,司令就扣住了他们的货舱,估出一个比实际价值低得多的价格,作恶多端;为此,有些商人在夜间把货物搬运到海关,偷偷摸摸地把关税付给税吏。所有这些都是使马六甲遭受很大损失的原因。"④他还说:"所有南方民族都曾到马六甲来买卖商品,因此商业兴盛,获利也不少;可是现在几乎全部绝迹,因为土人永远不来或者是很少前来马六甲寻找东西,他们所需要的都可以在荷兰人方面获得。"⑤《明史》亦记载:马六甲"自为佛郎机所破,其风顿殊。商舶稀至,多直诣苏门答腊。然必取道其国,率被邀劫,海路几断"。⑥ 明人张燮也说:"本夷市道稍平,既为佛郎机所据,残破之,后售货渐少;而佛郎机与华人酬酢,屡肆钤张,故贾船希往者,直诣苏门答剌必道经彼国。佛郎机见华人不肯驻,辄迎击于海门,掠其货以归。数年以来,波路断绝。"⑦可见,闽商贸易已大不如昔。

1641 年,荷兰人占领马六甲,当时荷兰官员史旭登(Justus Schouten)给荷印总督的信中提到:"华人店主、工匠及农夫约有三至四百人,可随他们自己的方便,准居于城内。

---

① 张增信:《明季东南中国的海上活动》上编,台北:中国学术著作奖助委员会,1988 年,第 198 页。

② Sir Henry Yule, *Cathay and the Way Thither*, Vol.1, London: Hakluyt Society, 1915, p.180.

③ Armando Cortesao, *The Suma Oriental of Tome Pires*, Vol.Ⅱ, London, 1944, p.283.

④ 温斯泰德:《马来亚史》,姚梓良译,北京:商务印书馆,1958 年,第 107 页。

⑤ 温斯泰德:《马来亚史》,姚梓良译,北京:商务印书馆,1958 年,第 110 页。

⑥ 《明史》卷三二五,《满剌加传》,北京:中华书局,1974 年,第 8419 页。

⑦ 张燮:《东西洋考》卷四,《麻六甲》,北京:中华书局,1981 年,第 70 页。*The Voyage of van Linschoten to the East Indies*, English translation, 1598, Hakluyt, 1884.

惟在彼等留居区的田园,须负耕垦之责。城中空屋也可任华人租用,或自由占领,以免坍毁。"① 荷兰人统治时期,马六甲的华侨多为商人和工匠。② 早期的华侨大多来自福建,风俗习惯均与闽南同。全城房屋悉仿中国式,俨然海外之中国城市。③ 当时闽商执马来半岛商贸零售业之牛耳,18世纪初,柔佛约千家华侨商户,绝大多数经营对外贸易。④

随着马来半岛的开发,闽商也转向内地,除了从事商业贸易之外,经营范围扩大,采锡业和种植业成为闽商的重要行业。据清人谢清高记载,1782—1795年间,"闽、粤人至此(吡叻州近打)采锡及贸易者甚众",而"到此(指槟榔屿)种植胡椒者万余人"。⑤ 如祖籍福建的富商陈金声便是1805年出生于马六甲的第二代华人,其父在18世纪末离乡南来,靠种植业和采锡业逐步致富。

当时,长于航海和经营的闽商在积累了一定资金后,便开始经营土产转口贸易。荷、英占领马六甲后,先后委任当地已具有经济实力的闽商郑芳扬、李君常、李昌、曾其禄、陈承锡、蔡士章父子为甲必丹,说明当时闽商经济已开始崛起。

1786年,英国占领槟榔屿,开始了在马来半岛的殖民统治。当时槟榔屿几乎是人烟罕至的荒岛,英国人实行自由贸易,对各国商船均免征关税,因此吸引来大批外来移民。1790年,全岛人口达1万人。⑥ 英国人还鼓励华侨从苏门答腊引进胡椒,试种成功,使槟榔屿成为胡椒的重要产地。其中"华人在居民中最堪重视,男、女、老、幼凡3000名。他们执业不一,木匠、泥水匠和铁匠都有,也是商贾、店员和种植者。他们用小船遣冒险者往邻近各国去。他们在东方民族之间,是唯一政府能不费吹灰之力而可征税者"。⑦ 19世纪初,祖籍海澄的邱悦成到槟城谋生,由小本经营逐步扩展到新加坡、马六甲、吉隆坡,创办了龙山邱公司经营锡矿而致富。⑧ 英国人华莱士在《马来群岛游记》中写道:"当时在本岛内的华人,或者在丛林伐木锯成木板,或者种植蔬菜携往市场,或者种植胡椒、甘蜜,成为重要出口物品。"《槟榔屿游记》谈道:那里"有田千顷,遍种蔗、椰二物,雇用园工数百人,印民十之一,华民十之六七,皆有工头管住"。⑨

18世纪末叶之前,马来半岛的福建华侨人数不多,主要来自漳州、诏安、永春、南安、兴化等地,多数是作为契约华工移居到这里。初来时,多半在英国人经营的种植园和锡矿充当苦力。当时,南渡的福建移民在荒山野岭搭窝棚、种杂粮,风餐露宿,开荒垦殖,生

---

① 张礼千:《马六甲史》,上海:商务印书馆,1941年,第221页。
② 克尼尔·辛格·桑杜:《华人移居马六甲》,载中外关系学会编:《中外关系史译丛》第3辑,上海:上海译文出版社,1986年。
③ 李锐华:《马来亚华侨》,自由中国社丛书三十四,1954年,第26页。
④ Victor Purcell, *The Chinese in Malay*, London: Oxford University Press, 1980, p.98.
⑤ 谢清高著,冯承钧注:《海录注》卷上,北京:中华书局,1955年,第16页。
⑥ K. C. Tregonning, *The British in Malaya*, Tucson: University of Arizona Press, 1965, p.51.
⑦ H. P. Clodd, *Malaya's First British Pioneer (Life of Francis Light)*, Luzac, 1948.
⑧ 布赛尔:《东南亚的中国人》,《南洋问题资料译丛》1958年第Z1期。
⑨ 载《小方壶斋舆地丛钞》再补编,第十帙,第475页。

活十分贫困艰苦。其中少数劳动力强又有技术的人,在积累了一定本钱后,转向经营小买卖,发展比较顺利。有的作为中介商,开始参加与转口贸易有关的海运经济。据海峡殖民地档案记载,1810年,马六甲、新加坡、槟榔屿三地生产胡椒4万磅,多年来全靠华侨经营,而福建华侨改行经商者也日见增多。1876年,郭嵩焘出使英国路经槟榔屿,"曾询知居民十四万,闽粤十万有多"。① 同行的张德彝也说:"内有闽粤贾数万。"1881年,马建忠出使印度途经槟榔屿,写道:"此间华商侨寓者约八万人,闽商为首,广帮为次。"②

19世纪中叶,马来半岛从柔佛开始实行"港主制",各土邦苏丹把土地租给包工的华侨头领,即"港主",港主通过签订"港契",对土地享有管理权和自由支配权。麻坡等地的港主多数是福建籍,他们从自己的家乡和新加坡招募雇工。但在19世纪中叶,马来亚的闽商仍多从事商业贸易,约40%是经纪人、商人和店主,20%为种植园主,其余则为苦力、船工、渔民和搬运工人。19世纪后期任海峡殖民地总督的瑞天咸记:华侨于白人来此之前,即从事矿业、种植业及渔业。开发初年,辟道路及公共副业之基金,及其他一切费用之供给,亦莫不基于此辈华人之努力和勤勉。彼越丛莽拓林地,为垦荒采矿先锋。允其兼营冶金业时,自采矿至烧炭,均有华人参与。彼为从事各样贸易之商人,开辟马来诸邦间定期航线。在此热带丛林中的神秘国度,为欲开发其隐藏之财富,必需巨大劳力,舍华人别无他途。马来亚政府全部税收中9/10,悉取自彼消费的商品以及各种娱乐的捐税。③ 由于采矿业和种植业的迅速发展,大批华工涌入半岛,矿区和种植园区的闽商商店纷纷出现,④并渗入马来人乡村。闽商的批发商、零售店、行走摊贩组成了遍布半岛各地的商业零售网络。闽商经营的商店,一般东主、伙计都是同宗、同族、同乡,管理方式也是封建家长式的。

但在20世纪之前的闽商经济尚处于原始资本积累的阶段,大批赤手空拳的福建华侨忍受殖民者的压迫和清政府的歧视,白手起家,通过去其国以至进行冒险开发,积累了资本,开创基业。当时绝大多数闽商都以小本生意为生,所入无几,靠着勤俭才能扩大经营,虽有少数人能成为富商,但大多数是充当中介商的角色。总之,在20世纪30年代之前,马来亚的国内零售业、中介商业几乎全为华侨所经营,据称经商者有30万人。⑤

进入20世纪,闽商经济有更显著的发展,作为当地国民经济两大支柱的采锡和橡胶业,主要是闽商开拓、经营发展起来的,特别是橡胶业多为闽商所经营。

马来半岛最早提倡种植橡胶的是林文庆和陈齐贤。陈齐贤乃陈笃生之孙,系马来半岛最早的种植树胶者。1896年,他在林文庆的鼓励下,在马六甲武吉另当开垦了42英

---

① 郭嵩焘:《使西记程》,载王锡祺辑:《小方壶斋舆地丛钞》第十帙,台北:学生书局,1975年,第475页。
② 马建忠:《南行记》,载王锡祺辑:《小方壶斋舆地丛钞》第十帙,台北:学生书局,1975年,第476页。
③ Frank Swettenham, *British Malaya*, London, 1948, pp. 232-233.
④ 林水檺、骆静山:《马来西亚华人史》,马来西亚留台校友会联合总会,1984年,第243页。
⑤ 福田省三:《华侨经济论》,东京:岩松堂书店,1939年,第151~152页。

亩土地,从新加坡引进胶树苗进行试种,获得成功,成为马来亚橡胶业的起点。1897年,他经林文庆介绍,接受新加坡植物园长特礼里的建议,向马六甲政府租用5000余英亩土地,一半种植木薯,一半种橡胶。① 1898年,陈齐贤、林文庆邀约闽商李俊源、邱丽容、陈若锦、曾江水等筹集资金,组织联华橡胶有限公司,并购置新加坡杨厝港的4000英亩土地种植橡胶。接着,林义顺也在新加坡实里打买了7000多英亩土地,成立三道旺橡胶公司。这些早期商业性的橡胶园都就地开设简易加工场。②

1904年,陈齐贤又到柔佛的麻坡建立了一个2000英亩的橡胶园,揭开了柔佛橡胶种植的序幕。接着,马六甲闽商郑成快在柔佛的纳美士开辟了面积千余英亩的种植园,种植橡胶和硕莪。不久,郑成快又在附近在丁郎购置了3000英亩土地,创办泉兴山和泉成山两大橡胶园。到1920年,郑成快拥有的胶园面积达7000多英亩,成为名噪一时的橡胶种植家。③ 1906年,著名橡胶实业家陈嘉庚从陈齐贤处购得18万棵橡胶苗,种于新加坡实里打淡水港福山园,也获得成功。④

1902年,新加坡的美以美教会(即后来的卫理公会)与吡叻州殖民当局商定,着手开发实兆远港口的甘文阁。1902年,他们委任祖籍福建的法国牧师柳依美、林德美、方鲍参等到福州招来500名华工,开辟种植经济作物的甘文阁垦殖场,后来又不断招募了一批批福州十邑的华工。到1930年,已在这一带种下了3万亩橡胶。1905年,来自福建古田的华侨许桂红、李立细、江家桂等,带领大批同乡来到柔佛州巴力亚湾永平港开辟了"瑞美山"和"永兴胶园",后来又取得柔佛苏丹的同意,拨给每个垦荒者5英亩土地种植橡胶,至今永平仍有2万多名祖籍古田的华人,他们多是当年拓荒者的后裔。⑤

在新加坡和马六甲闽商的带动下,马来亚华人于1910年前后掀起了种植橡胶的高潮。原来种植甘蜜、胡椒、甘蔗、咖啡等作物的华人小种植园主纷纷改种或套种橡胶,有的新辟胶园,许多在种植园做工的华工,也利用工作之余,开垦几英亩的小园丘。一些小矿主和矿工也加入橡胶种植的行列,利用废弃的矿场和土地种植橡胶。不少华人小商店主也用一些积蓄购买土地,种植橡胶,兼营25～50英亩的小胶园。

1914年爆发了第一次世界大战,对橡胶、锡等军工原料的需求大增,刺激了马来亚闽商橡胶业的发展。1918年,陈嘉庚购置了胶园1000英亩,荒山2000亩。1922年又增置胶园五六处,并成立了陈嘉庚公司。至此公司已拥有胶园15000英亩。经扩建的橡胶制品厂以生产轮胎、胶鞋为主,该厂在马来亚、印尼各大埠和香港、上海等地开设了10多家分号,连同公司属下的皮革、肥皂、砖瓦等30余家大小工厂,职工总数上万人。

这个时期,经营橡胶业获得成功的还有早年在陈嘉庚公司任职的陈六使。1925年,他和他的兄弟陈文确、陈文章先后创办了益和树胶有限公司及协和树胶有限公司。其总

---

① 林水檺、骆静山:《马来西亚华人史》,马来西亚留台校友会联合总会,1984年,第249页。
② 《星马通讯》,1959年,第54页。
③ 张礼千:《郑成快传》,(新加坡)《南洋学报》第2卷,1949年,第179页。
④ 陈嘉庚:《南侨回忆录》,新加坡,1949年,第269页。
⑤ 郑永顺:《古田人在南洋》,《古田文史资料》第7辑,1987年4月。

公司设在新加坡,主要经营橡胶加工出口,同时在马来亚、印尼、泰国各大埠建立了分公司。1928年,陈嘉庚之婿李光前也创办了南益树胶公司,总公司也设在新加坡,发展迅速。[①]

在马六甲经营橡胶种植业,后来发展成为全马最大的华人橡胶代理商的是祖籍南靖的陈祯禄。陈氏生于马六甲,毕业于英国牛津大学,获得博士学位。1908年,他继承祖业开始经营武吉加影树胶有限公司、亚逸莫力橡胶有限公司。1912—1935年,经营尼亚拉斯橡胶有限公司及以英国资本为主的森那美树胶代理商行。森那美的前身是1910年由威廉·森上校和树胶商那美两个人在马六甲创办的橡胶种植公司,后来马来苏丹王子东姑·阿末耶参股,成为该公司最大股东之一。

1923年,陈祯禄担任海峡殖民地议员后,在英殖民政府及英资的扶植下,到20世纪30年代初,森那美已发展成为全马来亚最大的橡胶出口商行。到20世纪50年代初,该公司绝大部分股权已掌握在以英资为主的欧洲垄断集团手中,公司辖下的32家橡胶园,共占地2万多英亩,其中只有6家属华资所有。[②]

早期在马六甲经营橡胶业的还有祖籍永春的郑文尧及陈可补、陈期岳父子和祖籍同安的杨朝长。在北马经营橡胶业的有祖籍惠安的骆谋生和祖籍安溪的白成根等。据中国驻新加坡使馆的调查,到20世纪30年代,在马来亚从事橡胶种植的华人有184872人,当时橡胶园集中于柔佛、森美兰、吡叻、雪兰莪和马六甲。

1929年开始的世界经济危机使马来亚闽商经营的橡胶业受到重创。英资公司为了维持高额利润,通过英殖民当局压制、排斥华资橡胶业。如英国马六甲橡胶种植公司强行收购陈齐贤最早垦殖的武吉亚沙汉橡胶园,又千方百计挤垮了当时规模最大的陈嘉庚公司,迫使许多橡胶园主破产。陈嘉庚因公司亏损,不得不于1931年出卖他的企业,仅橡胶园一项就损失40多万元。

日本占领马来亚期间,曾砍伐20万英亩橡胶树,改种粮食,并强征橡胶园劳工修筑泰缅铁路,使许多橡胶园遭到摧残。战后,橡胶业得到声速恢复和发展。1941年随着战争的爆发,橡胶价格扶摇直上,陈六使和李光前经营的橡胶公司获得较大发展。

在锡矿业方面,闽商经营以胡子春(国廉)最为成功。胡氏于1869年13岁时,从永定南来槟城,初入商店习商,20岁时到产锡的太平地区招聘华工试办锡矿。数年后有所积蓄,曾被当地华侨称为"锡矿大王"。[③]

另一位是原籍永定的胡日皆。胡氏出生于吡叻,曾任锡矿职员、经理,后来创办了"复万生"、"复万利"等多家锡矿公司。福建永春人林明在彭亨的首府关丹附近从事采锡业,他的精心经营使当地的锡矿业得到较快发展,把这个华工聚居区变成了一座以生产锡矿石和炼锡业为主的小山城,后来人们便以这位开拓者的名字作为当地镇名。

---

① 宋哲美主编:《星马人物志》第1集,新加坡:东南亚研究所,1978年,第25~26页。
② 朱明:《南洋华侨营业中心的橡胶》,《华侨周报》1932年第9期。
③ 崔贵强:《十九世纪新加坡的华族巨商》,载《星马史论丛》,新加坡南洋学会,1977年,第13页。

以后经营锡矿业的闽商有李振和,他先随父亲在槟城使用机器采矿致富,后来到吡叻锡产地近打创立成记熔锡工厂。1908年又与人合作创办东方熔锡公司,因经营锡业成功受封太平局绅,并被推举出任当地福建会馆主席。另一位闽商黄武美经营的锡矿,用中国广漠采锡,后经不断改进,大大提高了采矿效率,矿场规模极盛时曾雇用5000名工人,他也因发展矿业有功被封为太平局绅。还有祖籍安溪的陈升祺、陈期岳和邱祥炽等经营的雪兰莪彭森矿务有限公司和新阳锡业有限公司,以及祖籍安溪的林木荣独资经营的和利锡矿有限公司。和利公司在雪兰莪境内拥有10个采锡场,后来又在甘文丁成立了总管所有矿场的总机构,将采矿业扩充到黑风没事与浦种一带。在20世纪30年代后,马来亚锡矿因开采过量,原有的矿源日见枯竭。由于新开发的矿源不多,华资矿场基本上都是在旧矿地上"翻沙屎",加上税收日益加重,电费、柴油涨价,无力更新设备以及矿工气管等问题,闽商经营的锡矿业开始日渐衰落。

在第二次世界大战中,马来亚的锡矿业也受到打击。战后,欧洲资本卷土重来,竞相投资锡矿业。到1949年,欧资,主要是英资控制了矿场的60%,华资仅为36%。经营锡矿业的闽商还有祖籍南安的刘西蝶的南吡叻锡矿,祖籍永春的黄茂桐也曾在雪兰莪、森美兰、彭亨等地从事锡矿业,并历任马来西亚锡业新咨询委员会委员、锡矿公会以及以上三州的矿务公会副主席。

在金融业、航运业和其他行业,福建华侨也取得长足进步。如华侨金融业是20世纪后在经营侨批汇兑业的基础上发展起来的。如成立于1935年的万利兴银行,其前身是闽籍华商叶祖意经营的万利兴老铺1918年设立的银行部,开始只经营华侨赡家汇款和汇兑业,后来发展到经营信贷、商务抵押贷款而逐步发展成银行。到20世纪30年代,马来亚地区出现了11家华资银行,其中7家是以闽籍华商为主集资创办的。这批闽商银行的兴起,除了由于闽商企业自身发展,资本趋向集中等原因外,另一个原因是1899年英属马来亚进行了币制改革,并于1946年正式使用海峡殖民地政府所发行的与英镑保持固定比率的货币,也为闽商金融业的发展创造了客观条件。

当时华资银行主要股东大多是闽籍华侨企业家,如陈延谦、陈齐贤、林文庆、李俊承、黄庆昌、叶祖意、李光前、陈祯禄、林秉祥等,都兼任几家银行的董事,反映了闽商在马来亚经济上的优势。

闽商银行的建立,是闽商经济迈向现代化的开始,对闽商经济的发展具有重要意义。和丰银行成立的第二年,就在香港、上海等外汇市场建立了分支机构,逐步打破了西方银行对华商进出口业流通资金汇兑和华侨赡家汇款的垄断局面,说明当时闽商资本已开始成为一支相对独立的经济力量。

航运业方面发展较快的是林和坂、林秉祥父子创办的和丰轮船公司,开始经营岛际运输,后扩展到运洋航运,到一战结束前夕,和丰公司已拥有8艘以上的远洋轮,总资本达500万元。另外,祖籍惠安的曾纪华经营的航务公司和陈嘉庚公司也购置了千吨以上的远洋轮船。

在其他行业,由于第一次世界大战中断了对马来亚消费市场的供应,加上战后急需建设,闽商转向投资一些当地急需的生产消费品的工业,于是举办了一批水泥、建材、五金、小型机械、制药、肥皂、酿酒、家具等小型工场。但这些工场大部分还停留在家庭手工业作坊阶段,规模很小,一般雇工不超过10人。当时规模最大的企业是林和坂、林秉祥父子于1918年由和丰公司投资创办的和丰水泥厂,其产品运销马来亚各地和东南亚地区。当时,陈嘉庚公司也投资兴建了肥皂、饼干、食品、罐头等工厂。

二战中,闽商企业受到沉重打击,工商业陷于瘫痪状态。一些闽商企业主被迫忍痛出卖橡胶园、凤梨园和工厂,刚刚复生的橡胶和凤梨罐头加工业也陷于停滞,直至马来亚独立初期,仍未恢复到战前的生产水平。

1957年马来西亚独立后,西马地区绝大多数华侨加入当地国籍,华侨经济转变为华人经济,成为当地民族经济的重要组成部分。闽商的投资也随着当地经济建设的发展而进一步扩大,使原有的闽商资本从单一的商业资本转为工商业并重的多元化资本,并出现了一批具有一定经济实力的华资企业集团。

独立初期至1969年,马来西亚政府允许华人自由地从事各种经济实行活动,限制不太严格,并实行发展"替代进口"的战略。闽商投资兴办了一些纺织品厂、制糖厂、食品加工厂、饮料厂、塑料制品厂、水泥厂等,对促进当地经济发展,建立劳动密集型轻工业基础,提高工业消费品自给水平,以及减少外汇支出,做出了贡献。

从1970年起,马来西亚政府实行"新经济政策",规定所有华资企业必须将其股份的1/3转让给马来人,命名为"资本重组",实质上是为了扶持马来人主要是其有产阶级经济,对华人经济越来越严格,中小闽商成为最大的受害者。同时,从1968年起,马来西亚工业发展进入了"面向出口"的阶段。闽商投资兴办了棕油提炼厂、橡胶制品厂、木材加工厂、电子电器装配厂、化肥厂、车辆装配厂、金属产品厂、合成纤维厂等。1970年,在西马有限公司中,华人投资10多亿马元,其中制造业占24.9%,商业占15.4%,农业占14.9%,银行与保险业占13%,矿业占7.7%,运输与通信业占3%,建筑业占2.6%,其他占18.5%。①

20世纪70年代中期以后,随着出口加工工业的迅速发展,出现了许多由闽商经营的私人集团或垄断集团。据当局公布,1985年拥有100家市场价值1亿马元以上的最大的私营挂牌公司,其总市场价值为460亿马元,其中华人直接支配的公司有55家,其市场价值为260.70亿马元。② 在"新经济政策"下,闽商经济虽然也有一定的发展,但受到很大的限制。华人在工商业方面的地位显著下降。据当局公布,1970—1975年,西马来西亚华人在工业方面的投资总额由33.3%降到23.6%,商业方面由69.5%降到58.4%。③

20世纪80年代以后,马来西亚政府调整了有关政策和产业结构,随着经济建设的

---

① 日本海外贸易振兴会吉隆坡办事处:《马来西亚华人企业的经营态度》,《南洋资料译丛》1978年第1期。
② 吉隆坡《南洋商报》,1985年1月3日。
③ 日本海外贸易振兴会吉隆坡办事处:《马来西亚华人企业的经营态度》,《南洋资料译丛》1978年第1期。

发展,闽商经营的行业也进一步扩大,特别是20世纪80年代中期后涌现了一些跨行业、跨国界的集团,在企业界占有一定地位。

祖籍福州的郭鹤年经营的"郭氏兄弟集团"是闽商中的佼佼者。该集团形成于20世纪50年代中期,以后通过参与国际糖业贸易进一步奠定了基础。到20世纪90年代,其经营范围包括种植业及白糖、大米、小麦、咖啡贸易及木材加工出口以及船务、酒店、地产等,遍及马来西亚、新加坡、印尼、泰国、澳大利亚、斐济、中国等。该集团下属的"香格里拉酒店集团"是亚太地区最大的酒店集团之一。在新、马股票交易所挂牌的所属企业有玻璃市种植机构、沙洋酒店、拉曼锡矿、联邦面粉厂、彩虹工业有限公司和新加坡香格里拉大酒店。该集团在建立初期就与日本三井物产、日新制糖株式会社合资,配合联邦土地发展局成立马来亚制糖贸易有限公司,在原料产地创办了几家综合性糖厂,使马来西亚实现了食糖自给。现已成为马来西亚最大的糖业集团,享有亚洲"糖王"之称。

祖籍安溪的林梧桐的"云顶集团"是东南亚最大的娱乐资本集团。20世纪70年代以前,林梧桐主要从事建筑及经营机械、金属制品等业务。后来他投下巨资买下距吉隆坡32英里占地5000多公顷的云顶高原,在那里修建了多家旅馆、酒店,在游乐区内设有高尔夫球场、高空索道、人工湖、夜总会,及全国唯一一家经国家批准的赌场。该集团除在国内投资房地产业、金融业和橡胶、油棕、可可、椰子等种植业外,还在澳大利亚、巴拿马投资兴建旅馆和赌场,在文莱承建住宅区。20世纪80年代初,它通过"亚沙直发展有限公司"的收购活动,使"云顶"占有的园丘扩展到23000公顷,成为全国最大的种植集团之一。

祖籍惠安的"摩托大王"骆文秀于1963年投资创办"东方实业有限公司",到20世纪80年代已发展成为马来西亚著名的汽车和摩托装配及销售公司,还拥有北马工程贸易公司、嘉摩多有限公司等30余家子公司。其业务包括建筑、地产、金融、种植园、工业和酒店等,营业范围遍及东南亚各地。20世纪90年代,它每年仅代销日本"本田"牌摩托车就达8万辆。

1985年,马来西亚亚洲管理学院和马来西亚银行公会联合评选的"马来西亚十大企业家"中,华人占了7位,郭鹤年、林梧桐、骆文秀均榜上有名,郭鹤年荣登十大企业家榜首,并获"金宝塔奖"。①

马来西亚房地产商邱德拔是一位福建米商的儿子,1933年他在新加坡圣约瑟书院毕业后,到当地华侨银行任职。1959年,邱氏在新加坡独立部分公司抛售物业撤退时,在商业区购入100万平方英尺土地,兴建了多层式豪华住宅和两大型住宅屋屯,到20世纪90年代市值已超过5.8亿美元。20世纪80年代以来,他积极发展新加坡良木园控股集团,成为马来西亚大酒店及中央产业等挂牌公司的首要股东。该集团属下有3座五星级旅馆,邱氏持有3600万股股票,市值3.28亿美元。他在马来西亚柔佛州拥有近5700万平方英尺贵重地皮,在吉隆坡和马六甲、澳大利亚悉尼也有大量产业,并持有文莱国民

---

① 吉隆坡《南洋商报》,1987年2月14—16日。

银行大量股权。据估计,在20世纪90年代,他的资产总额达10亿美元左右。①

20世纪70年代中期以来,扩展多种经营的还有祖籍南安的已故著名企业家刘西蝶之子刘跃全。刘西蝶是二次大战后经营木材、建筑及树胶、锡矿迅速发展起来的企业家,生前担任过雪兰莪福建会馆会长,因经营成功曾荣获州苏丹册封拿督荣衔和大马元首封赐的丹斯里最高勋衔。1949年还担任过国民政府侨务委员会委员。其子刘跃全1932年出生于马来亚,除继承父业刘西蝶建筑有限公司、森坡板厂有限公司外,还兼营马来西亚树胶有限公司、米士盾轮胎有限公司、联合泛马洋灰有限公司、联邦铁矿有限公司、丹戎马林锡矿有限公司,同时还投资联邦酒店集团任董事。该集团拥有的48层的商业中心大厦是马来西亚最大的国际观光酒店和超级市场。

此外,在槟榔屿经营砂石等建材业发家祖籍惠安的闽商林庆金,20世纪70年代中期,创建了林庆金建筑有限公司、北海土产工业有限公司,在槟城北海兴建了大片公寓组屋出租。1982年,林氏收购了面临困境的《星槟日报》80%的股权后,出任该报董事长,并通过这次收购控股《星洲日报》。1983年,林氏又收购了金鹰巧克力厂29%的。林氏除担任槟城建筑材料商公会、建筑承包商公会、建筑发展商公会主席外,还担任全马惠安社团联合会主席及槟城华人大会党主席。1987年,林氏因扩展屋业透支过度而亏损,致使其拥有的报业的股份易手,被债权人及国家银行接管而蒙受了较大经济损失。

祖籍闽侯的马钦姚、马振全兄弟在南吡叻州经营油棕种植和加工,后又扩大经营房地产及贸易,得到更大发展。马振全曾任全马福州社团联合会主席。

马来西亚独立后,华资金融业发展不大,开了多家华资银行,但实收资本额却很有限。资本较大的华资银行,根据"新经济政策"进行资本重组后,渗入了大量马来资本或外国资本,到20世纪90年代多半控制在马来资本集团手里,有的则被外国资本所控制。20世纪90年代,全马华人资本在金融界所占比重不足10%。闽商资本为主的几家银行,控制权也已转他人之手。如叶祖意之子叶德隆经营的总行设在槟城的万利银行,战后为扩展银行业务,除叶氏家族外,还吸收了一些闽商华商参股,经过近半个多世纪的苦心经营,取得一定的发展。20世纪80年代中期以后,在新加坡、吉隆坡、吉兰丹等地设立了多家分行、支行。1985年3月进行资本重组时,马来资本已占有该行1/3以上的股权。另一家由叶氏家族经营的亚洲投资证券银行,虽然叶德隆仍为董事会主席,叶隆安为执行主席,但相当一部分股权已转入马来资本手中。

成立于20世纪60年代初的马来亚银行和合众银行都属于国家资本、官僚资本及私人资本合营的银行。合众银行的董事会主席是祖籍晋江的苏子听,闽籍企业家郑棣、苏承、王振墙、周子敬、骆木森都是该行主要股东。但通过参股资本重组后,马来资本的比重大增,其中任董事的有原马来亚联合邦下议院议长哈只马哈末·诺、马来亚联合邦上议院议员因仄哈森·阿旺等均为主要股东。原来由华资和马来资本合组的马来亚银行,是一家较大的商业银行,董事会主席为闽籍华人企业家黄宗怡,副主席则由阿都拉曼耶甲担任,董事中除邱德拔、周福隆、黄永欣、颜文举等华人企业家外,还有马来贵族拿督阿

---

① 《香港市场》周刊,1992年4月15日。

都拉曼申等。

由苏子听任董事会主席的南方银行原以闽籍华资为主,林梧桐、林庆金、郑棣等都是该行股东。它的总行设在槟城,在吉隆坡、北海等地设有分行,现部分股权也已转移到马来资本手中。

从总的情况看,自从1970年实行"新经济政策"以来,所有华人创办的企业已按规定,将30%的股份卖给了马来人。与此同时,当局也不允许华人参与开发性的垦殖投资。据《星洲日报》披露,从1970年至1983年,当局通过联邦土地发展局等机构开发的土地共983.408公顷,其中95%是分给马来人及其企业,华人仅占1.8%。①

20世纪70年代中期以后,马来西亚华人社团掀起了参与经济活动的热潮,纷纷联合起来汇集游资创办合作社性质的控股公司,其中一度取得较大发展的有得到马华公会支持的马来西亚多元化合作社,简称"马化合作社",马来西亚马化控股有限公司,简称"马化控股公司",以及由马来西亚福建社团联合会发起并组织的福联合作社及福联控股有限公司。

1968年成立的马化合作社冲破了传统家族和地区的界限,在华人中广泛募股,因而具有联营合作社的性质。初创时期,广大华人还不习惯这种集股方式,结果只有1300多人入股,股金总额也只有7.2万多马元。祖籍安溪的华人企业家温成利出任董事会主席后,提出从种植业入手,向东马发展种植业,购置产业,收取租金,扩大社员贷款。经过一段时间,合作社的资信和新的集资方式逐渐被华人社会各阶层人士所接受,入股者日见增多,于是决定成立一个多元化的控股公司。

马化控股公司于1975年8月成立,由种植业巨子李莱生和温成利分别出任正、副董事会主席。该公司于1977年5月24日首次向公众发售面值1元的2980万单位的股票时,由于广泛吸收华人小商人入股,群众认购额竟超出股值1300多万马元。

最初,该公司购进了1445万英亩油棕园,1979年又收购了英国种植控股有限公司53.42%的股权,使公司拥有的油棕园面积扩大到2.2万英亩,接着又扩大到贸易、制造、船运、旅游等行业。此外,控股公司还收购了大城市发展有限公司、万能企业有限公司及中央糖厂的部分股权,到1982年1月11日,马化控股的股票在吉隆坡和新加坡股票交易市场上市时,已拥有股东20万人,总资产也超过2.5亿美元,成为东南亚地区令人瞩目的新型华资集团。

然而,后来由于马来西亚最大的华人政党马华公会领导层发生分歧,以至发展到双方互相攻讦,因而影响到马化集团的资信,致使控股公司的股票值急剧下跌,其盈利也随之锐减,造成严重的财务危机而濒临破产的困境。为此,公司于1987年2月宣布改组董事会,由糖王郭鹤年出任董事会主席。新董事会成立后,用土著银行提供的一笔有期限的贷款,还清了2000万美元的债务,解决了严重的财务危机。②

---

① 吉隆坡《中国报》,1984年7月10日。
② 吉隆坡《星洲日报》,1987年2月12—14日。

1980年6月,福建社团联合会成立了福联控股有限公司,当时注册资本为5000万马元,1981年4月又将定额股本增至1亿马元。后来公司的股东已不限于福建人,并由华人企业家及专业人士组成董事会,请丹斯里李延年出任董事会主席,由前财政部长森那美有限公司董事主席陈修信任顾问,由祖籍永春的马来西亚锡矿公会主席黄茂桐担任执行董事。

1981年,马来西亚中华工商会联合会也创办了商联控股有限公司,通过公开集股经营建屋、种植、制造业。当时注册资本为1亿马元,属下创办了园丘、发展、信贷、贸易等多家子公司,由中华工商联合总会会长黄文彬出任董事主席,祖籍同安的新同德有限公司董事长拿督许平等、淘化大同有限公司董事经理黄琢齐均为董事会主要成员。商联控股有限公司到沙巴投资,还向州政府企业机构以每英亩50元的官价购进2万英亩的种植园,由该公司与沙巴州乡村发展局联营,以期在东马来西亚开拓实业。①

福建社团联合会青年团为支持和配合福联公司的发展,于1982年11月改组了一个只有64名社员的小型合作社,定名为"福联青年社",由马来西亚永春联合会会长黄美才任董事主席。合作社成立后,缴足资金逾168万马元。该社还与福联控股有限公司合营福联贸易有限公司,福联合作社下属子公司有:福联青发展、福联青管理、福联青贸易等8个有限公司。同时还在怡保、笨珍、加影、麻坡等地设立了金融流通机构,广泛吸收社员存款作为流动资金。②

这种群众性的集资方式,不仅为闽商企业注入了新的活力,开拓了经营范围,也为广大社员带来了切实的经济利益,对社团的福利公益副业也大有裨益,因而得到各阶层华人的支持和拥护。

但是,由于当地政府种种政策法令的限制和外交的冲击,这类由华人社团主持组建的合作社经济组织形式也很难生存下去。当政府决定收购马化合作社股份时,甘文丁集团主席、闽籍华人企业家林木荣结合商联控股或其他个别商人的联合行动,展开了一场反收购的争夺战。他们通过马化控股属下的子公司如南洛园丘、大城市及万能企事业,在股市上大量收购马化股票,以便实现交叉控制马化控股的目的。但由于国营机构得到政府的支持,终于以强大的经济攻势于1988年2月一举接管了全马24家以华资为主的合作社。③

在马来西亚的东马地区(沙捞越、沙巴),沙捞越布洛克王朝时期,不断进行领土扩张,往往借助闽商的力量,来协助推行经济开发及维持政权。每当布洛克的势力伸展到一个新区域,闽商即在政府的鼓励及安排下,迁入此区域。为了鼓励闽商的迁移活动,沙捞越政府不仅为新移民提供免费的船只,还协助他们修筑店铺,提供初期的生活必要设施。早期的类似迁移活动,规模都不大,至19世纪结束,古晋以外最大的乡镇华人人口,像诗巫(Sibu)、成邦江(Simanggang)大抵也仅有数百人之众。但这些乡镇却是联系古晋

---

① 吉隆坡《南洋商报》,1981年9月6—14日。
② 吉隆坡《星洲日报》,1985年6月23日。
③ 新加坡《南洋·星洲联合早报》,1988年1月23日。

与各河域之间商业的纽带。乡镇的福建移民几乎都以古晋为迁出点,许多人更是古晋重要头家的代理人,他们负有为头家开拓市场,建立分销站及收集森林特产的任务。这些人一部分属于头家的直系亲属,另外还有的是自选前来寻觅机会。即便如此,其中大多数也都与古晋头家有着某种血缘或地缘上的关系,如来自同一个福建村社。没有赞助人或后台,单靠个人的力量在当时要闯出一条道路委实不易,资助"自己人"似乎是当时闽商社会领导人的一种义务,也是中国传统村落互助模式在沙捞越的赓续。

在鲁巴河及周边区域,潮州人控制了大部分的商业乡镇。鲁巴河以东,跨越沙里伯斯河,除了民都鲁之外,闽商在各大乡镇,如沙拉卓、诗巫、加拿逸、加帛、马鲁帝、林梦等地,大致都占有主导地位。20世纪初,沙捞越的领土扩张基本上完成,此时闽商已遍布沙捞越各个区域,成为乡镇的主要社群。①

古晋是沙捞越最重要的货物集散中心,各河城乡镇的闽商则扮演着中间人的角色,他们从土著手中收购土产,并按期用船运往古晋头家那里,以转口至新加坡及其他地方。同样,从新加坡进口的种种货物,也经由古晋头家分配至各个乡镇闽商手中。从沙捞越出口的特产,除硕莪外,还包括蜂蜡、樟脑、树藤、古答胶、燕窝等;而进口货物除了日常用品,尚有珠串、陶瓷瓶瓮、铜壶等。19世纪乡镇的闽商商店,正如一位官员所描述的:"一排排沿着河岸排开,前头开放的店面摆设的货品几乎千篇一律。"②

19世纪闽商在沙捞越的商业交易,主要采取"赊账制度"(credit system),这种以信用为基础的商业形态,将古晋的闽商、各地区的中介商及土著森林物产采集者串联成一个互惠互利的商业网络,③各方之间存在着紧密的依附关系。乡镇的闽商与古晋头家之间存在的赊账关系,不仅是建立在一般商业互利的基础上,其中还涉及亲族及方言帮派的因素。如乡镇闽商的货源,几乎都是由古晋同属于一个方言群,甚至来自同一个村社的头家所供应。这些古晋的头家,既是乡镇闽商的供货商,同时也是他们的恩主,因此这是一个具有浓厚帮派色彩的商业网络。

不仅沙捞越的商业有赖于闽商,而且地方上的建设及一些社会活动,许多时候也必须仰赖闽商的参与和资助。1899年沙捞越政府在马鲁帝举行一场空前盛大的部族和平集会,镇上的闽商在经费上做出不少贡献。此外,地方闽商更经常集资修建如码头、桥梁一类的公共设施。

对沙捞越闽商社会发展发展贡献最大的首推黄乃棠。黄乃裳字绂丞,又名玖美、慕华,闽清县六都胡峰人。他生于清道光二十九年六月初六日(1849年7月25日),卒于民国十三年甲子(1924年9月22日)。1899年9月,51岁的黄乃裳毅然携眷举家南渡星

---

① 蔡增聪:《布洛克王朝拓疆时期福建人在沙捞越乡镇的商业活动》,载林忠强等主编:《东南亚的福建人》,厦门:厦门大学出版社,2006年,第163~164页。
② A. B. Ward, Rajah Servant, Data Paper: No. 61, *Southeast Asia Program, Department of Asian Studies*, Cornell University, Ithaca, New York, 1966, p. 29.
③ 蔡增聪:《布洛克王朝拓疆时期福建人在沙捞越乡镇的商业活动》,载林忠强等主编:《东南亚的福建人》,厦门:厦门大学出版社,2006年,第164页。

洲。他看到东南亚许多地区"地旷人稀",乃回乡募千余华工于1900年来到诗巫,创办"新福州垦场公司",在荒坡上搭栅开荒,种植木薯、蔬菜、芋头、番薯等,解决了吃住问题后,遂改种橡胶。由于华工携亲带友来这里定居,使这个原来只有百来户人家的小镇很快发展成为有两三万来自福州十邑移民聚居的新兴城市。据当时契约拟定:"将其地名改为'新福州'……以便通信。"至今这里仍是讲福州方言的闽人聚居区,因此人们仍称它为"新福州"。①

木材采伐及胡椒、油棕、可可种植也是福建华侨经营的传统行业。祖籍南安的闽商黄文彬是已故沙捞越华人甲必丹黄承恩之子。黄文彬1936年出生于沙捞越,后继承父业,以经营伐木及木材加工为主,他在北婆罗洲经营古晋婆联木业有限公司、沙巴斗湖泉安有限公司、金泉成控股有限公司及和发有限公司,在东马拥有50多万英亩森林,在新、马一带享有"木材大王"之誉。由他创立的黄文彬企业有限公司不断扩展经营范围,除创建砂联纺织厂有限公司、纳闽德隆有限公司外,还经营报业,兼任《国际时报》等多家华文报刊社长。此外,还在香港投资经营德华出口贸易有限公司、大华石油产品有限公司、中侨旅行社及马来西亚航运有限公司,经营范围扩大到地产、纺织、石油等行业。黄文彬热心社会公益副业和社团工作,在马华社会中信誉卓著,历任马来西亚中华工商联合会会长、沙捞越中华商会联合会会长、古晋中华总商会会长、马来西亚华人社团联合会会长等职,曾荣获大马元首册封的丹斯里勋衔。

在东马经营木材业的闽商还有祖籍南安的吕尚作,他和胞弟吕尚桂在山打根创建宝兴、多源利有限公司,经营木材采伐加工出口及地产、建筑、航运业,获利较大。该公司拥有多家三夹板电锯板材加工厂,产品远销日本以至欧、美,在沙巴享有"杉木王"之誉。

在沙巴经营建材、种植及土产贸易获利成功的还有祖籍莆田的方德源、方成和创办的德源有限公司、成和有限公司及马来西亚兴安企业有限公司。20世纪60年代后期,逐步扩大到经营五金、机器零件、地产开发、运输、水产等业。方德源还当选为马来西亚国会上议员、沙巴华人公会会长、斗湖福建会馆主席,素有"斗湖王"之称。方成和则任马来西亚中华商会联合会名誉顾问、沙巴华人公会副会长。其家族另一成员方金水自20世纪60年代从政,曾任马印华联盟中央执行委员并任马来西亚国会议员达6年,20世纪90年代时任巴华公会中央副主席、亚庇中华商会副理事长。

此外,还有原在槟城开设启德行经营木材加工出口、祖籍闽清的刘会干。他后来到东马发展,在东马、西马和新加坡设立分号,还担任了沙砂木业公会主席。

二战前,福州人由诗巫或泗里街迁移到另一乡镇,基本上是农业移民。他们集数十户或少至10多户人家,向政府申请一大片土地从事耕种,而后形成一个新的移民区。当时福州移民以从事农耕为主,直至战后,情况才有了改变。20世纪70年代之后,福州人逐渐成为沙捞越许多城镇的主要经济商业的中坚力量。许多城镇的新店屋区,诸如美里

---

① 黄乃裳:《绂丞七十自叙》,载《庆祝新福州垦殖七十周年纪念刊》,诗巫:福州公会,1971年。

或民都鲁,业主多为福州人,在这些地区从事商贸,而后这些城镇的福州籍人口逐渐增加,进而改变了方言族群的社会结构与经济形态。20世纪90年代之后,福州人更几乎控制了沙捞越所有大型商贸企业。

在沙捞越和沙巴,私营木材采伐加工业基本上控制在闽籍华人企业家手中。在二战前,福州人就开始从事伐木业,当时,由于木材市场不大,伐木业未能获得高额利润。战后,这一行业仍然由福州操持,由于战后海外市场对木材产品的需求增加,伐木业开始取得高额利润。当闽南人与客家人逐渐退出伐木业时,多数伐木场转让予福州人,新伐木场更多由他们经营。尽管这一行业有十分艰辛的一面,但却由此获得巨额利益,迅速致富,于是更多的同乡涌进这一行业。现在伐木业几乎有八成以上由福州籍华人操控。

当他们在伐木业取得成功后,一部分人将资金投入房地产业、金融业和大规模的种植业,进行多元化投资。根据一项非正式的调查,在沙捞越排名前10名的大财团,有9个是由福州籍人士掌控,只有一个是广东籍。闽南籍与潮州籍人士的经济优势已经风光不再。

企业商贸的发展往往需要借助于银行的借贷与融资。诗巫有两家银行原由福州人创立,即福华银行与公明银行。它对福州人的经济成长具有相当的助益。福华银行于1951年由多名福州籍商人创立,已故福州籍社团领袖陈立训即为发起人。初时银行行址设于诗巫福州公会楼下,1958年方自建大厦。① 福华银行给予福州籍商人贷款,一方面固然仍需以"信用"为基础,但另一方面,同乡的乡情也具有其方便之处。当这些商人发达之后,往往会把大量资金存入福华银行,增加其流动资金,两者相得益彰,使福华银行的利润迅速增加,稳健成长。

由于历史上形成的原因,东马地区私营木材采伐加工业基本上掌握在闽商手中。由闽商经营的林区,一般都全盘规划,使采伐与种植造林结合起来,而且也十分重视林区的城镇、道路、住宅区建设和发展当地文教、医疗等福利事业,得到当局和民众的好评。

定居在东马的闽籍华人,绝大多数靠经营小本生意或手工业为生,有些地方甚至集中于某一行业。如过去定居在古晋的兴化人有经营渔业、脚车店的传统。至1977年,当地由祖籍兴化的华人开的脚车店从战后的253家增加到315家,占当地该行业的95%,而新兴的为公路运输服务的轮胎和蓄电池复兴业,也几乎全操在他们手中。②

在银行业方面,沙捞越福州公会主要成员陈立训、林鹏寿、钱惠光等联络福州十邑同乡于1953年在诗巫集资创办福华银行。该行成立后,由林鹏寿出任董事长。林鹏寿是早年马来亚航运业巨子林秉祥之子,1926年出生于诗巫,长期经营木材加工及印刷业,曾担任全马福州社团联合总会主席、马来亚国会议员,1964年一度担任沙捞越州长。该行董事经理陈立训祖籍古田,战前去沙捞越定居,1959年出任沙捞越州首届民选议会主席,亦曾担任过全马福州社团联合会主席。福华银行总经理则由诗巫中华总商会会长钱

---

① 陈立训:《福华银行发展史》,载《陈立训七秩华诞双庆纪念册》,诗巫:陈氏家族,1983年刊印。

② 田汝康:《砂捞越的华人——三十年的变迁》,(吉隆坡)《星洲日报》,1985年6月23日。

惠光担任。后来,该行也有外省籍华资和马来资本参股,但仍以闽籍华人股东资本较多,是东马地区较大的华资银行。

总之,由于马来西亚政府在20世纪70年代之后推行民族歧视的政策法令和"新经济政策",对华资企业所规定的种种苛刻条件,严重挫伤了华人工商界扩展企业、追加投资的积极性。加上闽商企业本身存在资金分散、经营管理守旧等弊端,阻碍了闽商经济的发展,闽商的投资率日趋下降。马来西亚独立后,虽然也有少数富有远见、资力较为雄厚的闽籍企业家突破了原有家族、同乡界限,广泛集中分散的资金,改革守旧的经营方式,凭借其所持有的资金、技术、企业管理的力量,国际金融关系和市场关系等经济优势,向企业、公司的现代化、多元化、国际化的方向开拓,取得了长足的进步。但从总的情况来看,广大中、小型企业得不到正常发展,处境艰难。

20世纪80年代中期以后,马来西亚政府意识到"新经济政策"不仅不利于各民族的团结,也不利于调动民族资本的积极性,因此以比较开明的"新发展政策"取代"新经济政策"。1990年8月,马哈蒂尔总理指出,华族一起在为国家经济的发展做出贡献。很难想象,如果没有华人,零售、批发生意、交通等会成为什么样子。他还表示华人社会(尤其是商界人士)不必为今后的前途忧虑。尽管当局帮助土著发展经济,但华人经营的业务仍然不断扩展,甚至扩展到国外。据《马来西亚商业杂志》调查,至1991年年底,全马最富有的前10名企业家中,华裔占了8名。排在榜首的丰隆工业有限公司常务董事长郭令灿便是祖籍福建的华人,总部设在新加坡的丰隆集团属郭氏家族所有。该集团在马来西亚所拥有的直接和间接股权价值在20世纪90年代达20.9亿马币之巨。

三、马来西亚闽商社团

马来半岛是东南亚地区闽商社团历史最悠久、数量最多的地区之一。华人社团的起源可以追溯到明末清初的秘密会社天地会。清人入主中原后,一些坚持反清复明的义士流亡南洋,从而带来了天地会的组织网络。19世纪下半叶,同属天地会的海山公司(以闽南人为主,又称"大伯公会")与义兴会为争夺马来半岛的锡矿开采权曾发生大规模的流血冲突。1889年英国殖民当局查禁了秘密会社,其后秘密会社日渐衰落。[1]

马六甲是闽商最早移居的地区,1673年,漳州籍华人甲必丹郑芳阳(又名郑启基)和李君常创建了一所"青云亭",作为奉祀观音的庙宇,也是甲必丹的办公场所。[2] 实际上它是最早闽商社团的前身。1800年,槟城闽商同广东商人联合创建了"广福宫",敬奉观世音菩萨,也称"观音亭"。1824年,广福宫重修,在《重建广福宫碑记》中写道:"槟榔屿

---

[1] 颜清湟:《新马华人社会史》,北京:中国华侨出版公司,1991年,第119页。
[2] 许云樵:《中华民族拓植马来半岛考》,《雪兰峨中华大会堂五十四周年纪念特刊》,吉隆坡:雪兰莪中华大会堂文教委员会,1977年。

之麓有广福宫,闽粤贩商此地,建祀观音佛祖也,以故宫名广福。"①广福宫与青云亭不同,它是闽商与粤商超帮派跨省籍的华商社团。

经济和行业的社团最重要的是1947年成立的马来亚中华商会联合会,是各州市华人工商社团联合组成的全国性组织,其团体会员有各州市的中华总商会与州一级的行业商团。

宗亲社团是以姓氏宗族为纽带组成的团体,这类社团不受地缘限制,为数甚多,称谓各异。如:1825年在马六甲成立的黄氏江夏堂和1828年在槟城的江夏堂、1835年成立的邱氏龙山堂等,以及槟城的吕氏公会、吴氏宗祠、北马何氏公会、李氏宗祠等。

(一)闽商同乡社团

19世纪中期以后,来自福建的移民不断增加,闽商经济有所发展,各地形成了按方言聚居的群体,以地缘、血缘为纽带的各种团体也不断涌现。较重要的同乡社团如马六甲州的马六甲福建会馆(1801年成立),还有永春、晋江、南安、惠安、兴安、福州、漳州会馆和同安、金门会馆及万也福建公会、野新福建会馆;雪兰莪州的雪兰莪福建会馆(1885年成立,当时名为"福建公司",1926年改现名)和巴生市福建会馆;槟榔屿州的槟州福建会馆、大山脚福建会馆、客属公会、龙岩会馆、永定同乡会、晋江、福州、兴安、漳州、南安、安溪、德化、汀州等会馆;吡叻州的吡叻福建会馆(1897年成立,当时名为"江沙福建公司",1920年改现名)、太平仁和公所、太平兴安会馆、吡叻福建公会、漳泉会馆和永定、晋江、永春、福州、南安、福清等府县的公馆或公会;柔佛州的柔佛福建会馆(1929年成立)和南安、永春、晋江、福州、莆仙、惠安、漳泉、兴安、永德(永春、德化等会馆或公会);森美兰州的森美兰福建会馆(1912年成立)和南安、永春、兴安、福州等会馆;吉打州的吉打福建公会(其前身为1901年兴建的"福寿宫"),还有吉中福建会馆、吉打南部福建公所、亚罗士打福建公会、漳泉公所和龙岩、莆仙同乡会等;吉兰丹州的吉兰丹福建会馆(1941年成立)和永春会馆等;以及丁加奴州和玻璃市的福建会馆等。

进入20世纪50年代以后,各地闽商社团感到有联合起来的必要,于是开始组建社团联合会。马来西亚的闽商主要同乡社团简介如下:

马来西亚福建同乡社团联合会(简称"福联会")。福联会成立于1957年4月22日。4月21—22日,在雪兰莪举行马来西亚福建社团联合会代表大会,出席大会的有雪兰莪、森兰、吡叻、槟城、马六甲、吉隆坡、麻坡、彭亨、劳勿、关丹、太平等地36个福建同乡团体的80多名代表。因此,它是在各州、市福建会馆及县际会馆的基础上联合组建起来的总机构,也是全国性福建同乡社团最高组织。会议选举吴桂庭、白成根等17人为第一届理事,由丹斯里李延年任首届会长。至今共有164个团体会员。

福联会成立以后,除举办社会公益副业外,还通过社会舆论争取华族平等权益。如呈请教育部仍然保留华文各科教学媒介语,开办以华文为媒介之综合国民型中学、华文

---

① 林水檺、骆静山:《马来西亚华人史》,马来西亚留台校友会联合总会,1984年,第424、417页。

小学,颁发奖贷学金;函请全马华文独立中学大力发展工艺教育及职业教育;支持马华商联会向政府交涉工业协调法令;致函全国各邦联合会发起组织"马来西亚华人社团联合会";联合雪兰莪福建会馆主办"文学出版基金",奖励学术研究与华文文学创作,以促进健康的马华文化发展。为促进慈善公益文化福利副业,为国家与民族的振兴和推动国家建设做出了贡献。

福联会在1967年曾易名为"马来西亚新加坡福建社团联合会",1973年新加坡退出马来西亚联邦,又改回现名。

进入20世纪80年代后,随着国家经济建设的发展,福联会发起并在广大华人中募捐集资成立了企业式控股公司——福联合作社,促进华人经济的联合。虽然由于当局的多方限制,难以开展业务,加上经营不善,最终陷于困境而被政府接管,但华人联合经济实体的出现,可以说是马来西亚华人同乡社团发展史上一大突破。①

福联会于1998年8月15—17日假吉打州浮罗交怡举行"第二届世界福建同乡恳亲大会",恭请马来西亚首相拿督丹斯里马哈蒂尔主持开幕。这项国际盛会吸引了海内外161个国家的同乡会及各属会近3000名代表参与。福联会也在大会期间,与福建省政府联办"马来西亚与福建投资洽谈会",同时也分别举行了《属会简史》及《双福文学精选专集》推介礼,以及福联会上网仪式。②

全国性的闽商同乡社团除了福联会,还有马来西亚福州社团联合会、马来西亚永春联合会和马来西亚晋江社团联合总会。

马来西亚福州社团联合会。其前身是"旅马福州十邑总会",成立于1960年,1966年注册,8月正式定名为"马来西亚福州社团联合会",是由雪兰莪、太平、怡保等地14个福州会馆发起,于1966年12月在吉隆坡成立的福州同乡社团总机构。该会成立以来,每年通过有利于维护华人权益的议案,包括要求政府放宽日用品进口,降低物价,对无耕地的农民和无居室者开放土地,改善劳工登记准证,要求国内大学公平录取新生等,并领导下属各地福州社团成立青年团、妇女会,以加强团结和组织力量。

马来西亚福州社团联合总会下属会馆有槟城、雪兰莪、森美兰、柔佛、吉打、太平、永平等福州会馆及吡叻、马六甲、彭亨、新山、天定、巴株巴辖等地福州十邑会馆和诗巫、古晋、民都鲁、沙巴、斗湖、山打根、加帛、木胶、美里、实兆远、安顺、林梦、成邦江、关丹、巴南、南吡叻等地的福州公会以及实兆远的福清公会、闽清同乡会。30多年来,已发展到有57家社团属会。③

马来西亚晋江社团联合会。简称"马晋联会",是由全马各地晋江社团联合组成,至今共有12个团体会员。"马晋联会"是于1976年10月3日获社团注册官批准成立,以联络乡谊、增进互助合作精神、共谋同乡福利事业、团结各民族和谐共处、共同为国家和社会服务为宗旨。1989年9月1—2日,"马晋联会"乘吉兰丹晋江会馆举行新会所落成

---

① 杨力、叶小敦:《东南亚的福建人》,福州:福建人民出版社,1993年,第155~156页。
② 《马来西亚福建社团联合会》,http://baike.baidu.com/view/366526.htm.
③ 《福建侨报》,http://www.66163.com/Fujian_w/news/fjqb/990820/1-2.htm.

开幕典礼而举办"第二届亚洲晋江社团联谊大会",邀请台湾、香港、澳门、缅甸、菲律宾印度尼西亚、新加坡及国内各州属会参加。到会者有200余人,极一时之盛。

是项由吉兰丹晋江会馆协办的盛会不但获得马国文化旅游部的重视而拨款赞助,吉兰丹政府给予多方面的援助,州务大臣更亲临为大会主持开幕。①

此外,还有成立于1883年的太平仁和公所、1962年成立的吡叻江沙仁和公所和1960年成立的仁和音乐社,也都是晋江团体联合总会下属团社会员。

除了全马的闽商同乡社团之外,在马来西亚各州也遍设州、县一级的闽商同乡社团。

1. 马六甲州的闽商同乡社团

马六甲福建会馆创建于1801年,是马来亚地区历史最悠久的闽商同乡社团。该会馆宗旨是:负责举办一切公益、慈善及教育副业,包括设置奖学金;改进会员生活,共谋同乡福利及投资各项企业发展;维护宪法精神,保障民族利益。该会馆设有福利部、青年部、文化部等下属机构。现有会员200多人。②

马六甲永春会馆创建于1875年,是马来亚地区较早建立的县级同乡社团。战前,除联络乡谊外,还创办育民学校,购置胶园和义山。1957年,会馆组建青年团,设立智育、体育、美育、福利股,组织同乡青年开展联谊活动,并设立奖学金,成为当地较活跃的闽商同乡社团之一。

马六甲州还有晋江、南安、惠安、兴安、福州、漳州会馆和同安、金门、厦门同乡联合组建的同安、金门会馆及万也福建公会、野新福建会馆等。

2. 雪兰莪州的闽商同乡社团

雪兰莪福建会馆于1885年5月在吉隆坡成立,当时名为"福建公司"。1904年扩建会址,更名为福建公所,1926年改现名。其宗旨是联络同乡感情,增进同乡福利,发挥互助精神,办理慈善公益副业,振兴民族文化。它刚成立就首选创办华文义塾。1919年,会馆负责人黄重吉、洪启我等人创办文良港中华小学。1939年成立中学部,改校名为中华中小学。会馆还购置百余英亩的义山。

雪兰莪州最早成立福建各邑同乡社团的城市为巴生港。巴生市福建会馆的前身是1885年由闽商叶金鸿、李鸿伯等集资筹建的崇圣宫。1904年扩建为福建公所,翌年集资建造馆宇。1918年因巴生英国人与华侨发生纠纷受牵连而被封。1921年复办,更名为"闽南公所"。1927年由陈嘉庚等7人发起募集建馆资金,于1947年成立福建会馆,林笃水、杨璇厂出任正、副会长。1977年耗资150万马元建成会馆大厦。会馆办有中华中学、图书馆、画廊、福建公墓,还设有奖学金、大学贷学金。

3. 槟榔屿州的闽商同乡社团

槟榔屿州槟城福建会馆前身是"槟榔州福建联合会",会馆成立于1959年5月29日。当年成立是以槟城晋江会馆主席丹斯里苏承球为首发动,联合各福建乡团代表共同

---

① 《马来西亚晋江社团联合会简介》,http://www.wfjjc.com/index.php? option=com_content&view=article&id=11&Itemid=5&lang=cn.

② 《马六甲福建会馆》,http://www.fjsen.com/y/2009-09/30/content_1127780.htm.

发动组织福建联合会,简称福联会,即槟榔州福建联合会,成立初期临时办事处设在晋江会馆。

1961年,福联会成功获得注册官批准,当年的福联会只有13个乡团会员,福商公会是在后期才加入福联会。1966年,福联会召开会员大会,出席的各乡会单位代表达致认同共识,决定招收个人会员,以加强组织,壮大阵容。

依据当时社团注册官的指示,必须更改名称和重新申请注册,1968年,会馆获注册局批准后,正式易名为"槟榔州福建会馆"。丹斯里苏承球担任会馆第一届主席,拿督庄汉良局绅接任为第二至第七届主席,第八及第九届主席为拿督许平等局绅,拿督陈金宝及丹斯里骆文秀为第十届主席,骆永基1988年接任第十一届主席。

福建会馆以团结福建同乡、共谋同乡福利、促进地方社会公益事业为宗旨。在会馆理事会同人精诚团结,群策群力,以及各属会与会员的支持与合作之下,会务不断发展。为配合持续扩大到阵容与会务的需要,会馆也组织了敦谊组、青年团及慈善基金委员会,把会务推动至另一个里程碑。

20世纪90年代初期,理事会同人咸认为福建会馆尚无一座自己的会所以配合会务和时代的需求,诚属美中不足。丹斯里骆文秀乡贤在会议上登高一呼,自动倡议献捐建会基金,全体同乡热烈响应,理事会同人四处奔波,出钱出力,在众志成城之下,福建会馆美丽堂皇新大厦终于1996年建竣。1997年活动入伙证。在选择良辰吉日后,槟榔州福建会馆大厦于1998年10月16日举行落成揭幕典礼。

前任主席骆永基乡贤曾于周年纪念上强调,在会馆落成之后,将依法既定计划,设立体育活动中心,让青年同乡展开各项有益身心活动,慈善基金委员会也将展开协助教育、慈善及社会福利等工作,缔造爱心社会,提倡"孝道精神"。基于此远景,会馆也在1997年开始发出免利息贷款给合格大专生的会员子女,为社会造就人才方面尽点绵力。

在继任主席拿督斯里陈火炎乡贤领导下,会务继续不断发展,在联络同乡、共谋福利之余,也推动了社会的公益与慈善教育事业。每年都拨出款项赞助各学校及慈善机构,如南华医院(青草巷病老院)、孤儿院等,为缔造爱心社会尽心尽力。

2000年,换届新职改选,拿督斯里陈火炎乡贤由于年事已高,婉拒主席职位,他极力推荐年轻的骆南辉乡贤担任主席职,在大会无竞选下,一直当选,丹斯里林玉唐也在无竞选下连任慈善基金委员会主席。妇女组也随后于2007年10月正式成立。

会馆目前拥有乡会团体14个单位,即惠安公会、晋江会馆、安溪会馆、南安会馆、漳州会馆、龙岩会馆、兴安会馆、北马永春会馆、惠北同乡会、福商公会、惠南联乡会、北马永定同乡会。个人会员约有1500名,入会人数逐年增加。①

龙岩会馆,成立于1929年11月11日,前身为"苍岩清明福建公司",宗旨为"敦睦乡谊,共谋福利"。自1950年以来先后设立福利基金、教育基金,捐助南华平民医院、槟城病老院、三民学校等。

---

① 《槟榔州福建会馆简史》,http://www.penanghokkien.org/.

此外,还有永定同乡会、晋江、福州、兴安、漳州、南安、安溪、德化、汀州等会馆。

4. 吡叻州的闽商同乡社团

该州最早的闽商社团是1897年成立的江沙福建公司,1920年改名为福建会馆。1883年成立的吡叻太平仁和公所和1898年成立的吡叻太平兴安会馆也是较早的县级会馆。

吡叻福建公会于1912年在怡保成立。其宗旨为领导乡人团结互助,致力于公益教育慈善事业。成立初期曾购置义冢,1917年开办私塾,1925年开办培南学校。此外还协助同乡办理居留入籍手续,在闽籍华人中卓有声誉。

吡叻福州十邑会馆于1959年11月在怡保成立。1978年建立新会所,设有青年组、妇女组、福利委员会、奖学金委员会,致力于会员福利及公益。

县、市一级的同乡社团有吡叻古田会馆、吡叻南安会馆、太平福州会馆、南吡叻福州会馆、天定州福州、龙岩会馆、天定州甘文阁福清公会、实兆远甘文阁三山俱乐部、吡叻晋江公会、兴安会馆和安顺闽侨益善社等。

5. 柔佛州的闽商同乡社团

柔佛福建会馆于1929年在新山成立。宗旨为联络同乡感情,协助地方公益教育事业。1942年设互助部,打破同乡界限,规定凡华人均可加入互助部。1954年曾为南洋大学筹建会委员并支持宽柔独立中学及5所华文小学。1969年设贷学金,协助同乡青年求学。此外,麻坡、玲珑、笨珍、巴株巴辖也有福建会馆,古来则成立福建公会。

1915年在巴株巴辖成立的柔佛南安会馆和1925年成立的东甲永春会馆是较早组建的县级同乡社团。州一级的同乡组织有福州及柔佛闽侨俱乐部、晋江、福州十邑、莆仙会馆。麻坡还设有永春会馆、兴安会馆、惠安会馆、漳泉公会。永平有福州会馆。

6. 森美兰州的闽商同乡社团

森美兰福建会馆创立于1897年,当时会馆地点设在芙蓉洛士律37号。[①] 创立初期馆内附设私塾,1923年主办芙蓉中华学校辅导华语教学,1930年改为芙蓉中华中小学。1939年设华侨青年互助部。战后复办学校,建新校舍,并于1950年开办华文高级师范班,1962年设中华独立中学,1970年设会员子女学业奖励金,并举办象棋、华文书法比赛,以发扬中华传统文化。

此外,芙蓉还有南安、永春、兴安、福州等会馆、马口、武来岸金马士等地也有福建会馆,庇劳有永春会所。

7. 吉打州的闽商同乡社团

吉打福建公会设在首府亚罗士打,其前身是1901年福建同乡共同兴建的"福寿宫"。初期会所设在福寿宫,后新建会所并创办福建女校。至1935年年初,该校与南华、中华学校合并改称南化中小学。

此外,还有吉中福建会馆、吉打现况福建公所、吉打亚罗士打福建公会和1850年成

---

① 《马来西亚森美兰福建会馆》,http://210.34.4.20/news/detail.asp?serial=26163.

立的广东暨汀州会馆、吉礁漳泉公所、吉打龙岩、莆仙同乡会。

8. 吉兰丹州的闽商社团

吉兰丹福建会馆成立于1941年。日军入侵时占据了会所，停止活动。1967年5月获准重新注册，至1968年2月正式宣告成立。附设有福龙山（义山）、仁和音乐社及青年、福利、文教等组织。

永春会馆成立于1965年。会址设在哥打巴鲁，除联络乡情外，还赞助学校体育音乐活动，并设有会员子女奖学金。

9. 彭亨州的闽商同乡社团

彭亨关丹福建会馆成立于1920年。1925年创办华侨学校，1962年设立奖学金，成立福利委员会、青年、文教组、福建义山委员会。

此外，文冬、而连突、劳勿、甘马挽、立卑均有福建会馆。文冬还有福建福利互助会、文冬永春会馆，劳勿则有三山俱乐部，关丹有兴安会馆。

10. 丁加奴州闽商同乡社团

丁加奴福建会馆成立于1945年，当时会址设在瓜拉丁加奴，其前身为当地福建同乡组织的民众俱乐部。战时停止活动，战后复办。1952年曾创义务夜学，1955年发动设立"泛马福建会馆联谊会"。1973年开始颁发会员子女奖学金，1976年成立青年团，办图书馆，设汉语组、太极健身组、球队等。

11. 玻璃市闽商社团

玻璃市福建会馆设在央加，成立于战前。1959年迁入新址，以馆址写字间出租作为活动经费及助学金。因当地兴安籍华侨较多，另设兴安会馆。此外，还有龙岩、莆仙同乡会。

12. 沙捞越州的闽商同乡社团

首府古晋有古晋福建公会、民都鲁福建会馆。此外，还有兴安会馆、兴安乐善社、闽侨俱乐部及沙捞越诏安会馆、诗巫福州公会、诗巫漳泉公会、古田公会、兴化莆仙公会，美里坡有诏安会馆等。

1902年，福州同乡设福州会馆于诗巫市，当时人数不多，垦场范围不大，大家朝夕相聚，犹如一家。后来从中国南来的乡亲日众，垦场日广，至1909年，遂有许逸夫提倡扩大乡会组织，将福州会馆改名为"光远社"，共同发展华教及办理慈善事业。推至1925年，光远社供专办同乡慈善事业，遂再改名为"光远慈善社"。1945年9月，诗巫光复后，关心乡团组织之侨领，即筹组福州公会。经获政府批准后，而于1947年1月5日宣告成立，并筹建会所。[①] 1978年成立青年团。沙捞越福州十邑闽商较多，因此在巴南、成邦江、美里、泗里洲、林梦等地均有福州会馆。

13. 沙巴州的闽商同乡社团

沙巴州亚庇福建公会成立于1955年。该会致力于教育福利事业，1963年举办了建

---

① 《诗巫福州公会》，http://www.fjsen.com/fjxy/hrst/hrst163.htm。

国中学。

沙巴斗湖福建会馆成立于1964年,其成员以福州十邑同乡为主。设有福利、文教、康乐等股,开展活动。此外,还有州一级的福州、兴化会馆。

沙巴的闽商同乡社团还成立了沙巴州福建社团联合会。20世纪70年代初期,沙巴州内的几个福建社团,为进一步联络各地乡情,互通书信,有意组织联合会。后来,由亚庇福建会馆召集,相约在1972年7月23日与山打根、斗湖、古达、丹南等五间福建会馆代表,讨论成立联合会的事宜。1974年9月16日,他们的努力获得吉隆坡社团注册官批准,沙巴福建社团联合会成功于1975年2月23日诞生。①

(二)闽商经济和行业社团

1. 综合性商业社团

马来西亚中华工商联合会,简称"马华工商联合会",成立于1947年2月23日。其前身是"英属巫来由中华商会联合会",成立于1921年7月2日。② 初成立时该会被命名为"马来亚中华商会联合会",会员包括马来亚各州埠及新加坡之中华总商会。1963年12月29日该会举行第十七届代表大会中通过易名的献议,将之改名为"马来西亚中华商会联合会"(简称"马华商联会"),以配合现实环境。东马之沙巴及沙捞越两州的中华商会联合会,亦相继参加为会员。1975年12月26日召开的第二十九届特别大会中再度通过易名为"马来西亚中华工商联合会"以迄于今。③ 该会设有国家经济发展、会务协调、筹建会所等四个专案委员会和财务策划、中小型企业、人力资源发展、亚细安事务、建筑及地产、法律、商务、公共联络、农业及社会经济研究等14个工作组。属下有17个地方中华工商会和分布在全马13个州的2万多个华资公司、行业团体,共有4万多个会员。首任会长是新加坡闽商李光前,现任会长是林国璋。

1957年马来西亚联合邦成立前夕,该会多次提呈备忘录,力争宪法平等,先后促请政府公平对待各族语言教育,增加华校津贴,实行免费教育。1978年4月9日主持"全国华人经济大会",商讨华人在工商业、农业、矿业、建筑、屋业及金融业等方面的合法权益。

各州、市中华商会、总商会及商会联合会,成立时间均早于全国性的马华工商联合会,是由行业性商会公会联合组建的。马华工商联合会现有的17个属会分别是:④

霹雳中华总商会:当时怡保范围地区发现蕴藏丰富锡苗,矿家纷纷前来开采,导致怡保发展迅速,华人移民日增,积极经营工商农矿领域,而建立了经济基础,又因客观环境的需求,在矿家胡子春、姚德胜等领导下于1907年组织成立霹雳中华总商会。

---

① 《沙巴福建社团联合会》,http://baike.soso.com/v624058.htm.
② 《马来西亚中华总商会·历史》,http://www.acccim.org.my/%E5%8E%86%E5%8F%B2_15_6.htm.
③ 《马来西亚中华工商联合会》,http://baike.baidu.com/view/366529.htm.
④ 《马来西亚中华总商会·17属会表》,http://www.acccim.org.my/acccim.org.my/17个属会_49_6.htm.

1921年7月2日该会与新加坡、槟榔屿、马六甲、雪兰莪、芙蓉等埠中华商会组织英属巫来由中华商会联合会。那时联合会的组织是为华商的大团结,维护华侨商业财产、种植、矿务、屋地、工人福利等问题,以集体力量向当地政府提呈交涉,效果显著。

第二次世界大战前,该会曾经在怡保主办五届中华商会联合会大会:第3届(1922年),第7届(1924年),第12届(1928年),第17届(1932年)及第18届(1939年)。战后,也主办了四届马来西亚中华工商联合会常年会员代表大会:第24届(1970年),第33届(1979年),第49届(1995年)及第57届(2003年)。

1941—1945年,日军占领全马3年又8个月期间,一切会务史料文件茫然无存。1946年该会高级拿督刘伯群及张珠两位先生分任正、副会长,领导恢复正常活动。

1965年第34届董事就职礼过后,召开第1次董事会议。会长高级拿督刘伯群提议称:商会乃商业团体之最高领导机构,为配合时代潮流及为商会之长远生息计划,应将会所拆卸重建10层大厦,后循怡保市议会建筑条例,改为4层大厦。会议一致通过重建会所计划,重建新会所委员会。

自1907年创会以来,一直到1999年年底,该会定名为"霹雳中华总商会",然而,因为华商经营的业务已逐渐多元化,不仅是从事农业或矿业,也投资在其他工商领域。因此,"霹雳中华总商会"这个名称已不合时宜,所以,到了2000年2月9日,该会改名为现今的"霹雳中华工商总会"。商联会于2010年5月21日召开第63届第3次特别会员代表大会,一致通过更改商联会中文名称:从目前的"马来西亚中华工商联合会",改称为"马来西亚中华总商会"。因此,该会中文名称也配合更改,从"霹雳中华工商总会",改称为"霹雳中华总商会",该会英文及马来文名称保留,并于2010年6月20日,第56届常年会员大会一致通过修改。①

吉隆坡暨雪兰莪中华总商会:吉隆坡及雪兰莪地区华商的最高领导机构,也是马来西亚最活跃的商会之一。由于吉隆坡是马来西亚的政治与经济中心,该会的各项活动深受各界重视。该会创立于1904年3月27日,当时取名为"商务局",于1915年更改名称为"中华商务局",之后又改称"雪兰莪中华总商会"。1983年4月2日会员大会通过新名称"吉隆坡暨雪兰莪中华工商总会"(The Kuala Lumpur and Selangor Chinese Chamber of Commerce and Industry)。1996年6月22日会员大会通过更改本会英文名称为The Chinese Chamber of Commerce and Industry of Kuala Lumpur and Selangor。2010年6月12日会员大会通过更改中文名称为"吉隆坡暨雪兰莪中华总商会"。②

为应会务发展的需要,该会设有总务组、财务策划组、工业组、商业组、法律组、福利组、文教组、人力资源发展组、财经研究组、农业及原产业组、资讯工艺组和青年组分头工作。

截至2010年1月1日,会员人数共1908名。其中商团会员71名,个人会员190名,

---

① 《霹雳中华总商会》,http://www.pccci.org.my/index.php?option=com_content&view=article&id=1&Itemid=39.

② 《隆雪中华总商会简介》,http://www.chinesechamber.org.my/html/.

公司/商号会员1603名,附属会员44名。每个商团都有其本身的会员,这些会员也自然成为该会的间接会员,如果把间接会员也计算在内,则该会的会员总数超过2万名。

彭亨中华总商会:1946年在关丹成立,联邦紧急法令颁布后停止活动,1963年才恢复活动。1971年参加筹组彭亨州华巫经济咨询委员会,并设立控股企业有限公司。

森美兰中华总商会:1945年11月,由邱廉耕、朱戟门等人及商号代表共同发起筹建。1946年7月获准立案,正式成立。1946年9月8日,举行首届会员大会,选举李秀裕为首届会长。旨在联络各行业社团和商号厂家,振兴和维护商务,共谋会员福利和社会福利。1972—1973年度会长莫琛。①

槟州中华总商会:槟州中华总商会创立于1903年7月,是20世纪初在马来西亚首先设立的商团组织之一。该会最初名为华人商务种植局,1927年改名为槟榔屿中华总商会,1977年改现名。经过漫长岁月,它由初期寂寂无闻的组织蜕变成今日马来西亚最活跃的商团之一,并于2003年12月获得国家社团注册局颁发卓越社团奖状。该会宗旨是:(1)共谋改善及发展工商业;(2)汇集、整理及传达商业资讯,同时办理及签署各种证明书;(3)调查及排解工商业纠纷;(4)收集并编纂商业统计表;(5)单独或与其他机构联合举办商展、研讨会及人力资源发展课程;(6)协助慈善、文化及教育机构。

目前该会拥有逾千名会员,包括个人会员、公司会员及商团会员。会员分别来自各行各业,包括大企业、金融、上市公司、屋业建筑、纺织、批发零售等专业及服务领域。

此外,该会另设12个工作组及3个特别小组分别解决处理各项课题,包括中小型企业及人力资源发展组,经济、财务及税务组,屋业及建筑组,基本建设及公共设施组,资讯工艺组,交通、物流及关税组,马中商业发展组,商会产业发展组,会讯出版组,旅游业及商业考察组,商业发展组与青商团等。②

砂拉越中华工商联合会:砂拉越中华工商联合会是马来西亚砂拉越州内华裔工商会的联合总机构,它拥有23个属会,分布在砂拉越州内各省。该会是唯一在州内拥有完整区域代表性的工商总会,成立于1965年,它是在马来西亚社团注册法令下注册的民间团体,代表超过5000个马来西亚华人公司、商家及多行业团体。在马来西亚自由结社的原则下,商联会在言论和行动上拥有自主权,能充分扮演它代表工商界的角色。1996年易名为砂拉越中华工商联合会(简称商联会)。初成立时,州内的所有14个中华商会都参加为会员。目前,会员商会的数目总共有23个,代表的华商超过5000名。宗旨为:(1)促进州内各地中华商会间的联系合作,共同推动工商业及其他经济活动。(2)对州内国家社会经济发展问题,提呈意见和建议,并促进华商与政府及其他机构间的谅解。(3)单独或联合其他商团或组织,参与及主办有关经济事务活动、贸易访问团、展览会及其他相关活动与会议。(4)推动社会福利,举办文化与教育活动,主办或赞助有利本州经济发展之计划与研讨会。(5)收集工商及经济活动资讯。(6)进行工农商业投资。

---

① 《森美兰中华总商会》,http://www.hxuc.com/hqst_show.php?c=15&sc=39&id=1027.

② 《槟州中华总商会》,http://www.pccc.org.my/page.html?page=10.

砂拉越中华工商联合会是全州性总会,主导全州性活动,对外亦代表本州华商;地区性活动则由市、省、县级会员商会去主持与推动。40多年来,砂拉越中华工商联合会为砂拉越州工商界及公众人士,争取到不少益惠,诸如:营业牌照税的降低;工业法令的修改;土地工商发展;海港发展;航空服务的改善;邮电服务的改善;在各主要省份设立移民厅签发国际护照;在各主要市镇设立商业车辆执照局;归还或赔偿20世纪60年代所收回的枪支;建造道路及桥梁等;在解决其他诸多课题上,砂拉越中华工商联合会都曾仗义执言,为工商界及州内人民向州与联邦当局据理力争。1982年,在砂拉越首席部长拿督巴丁宜丹斯里哈志阿都泰益倡议下,由砂拉越中华工商联合会与土著商会,组成商联船务公司,专营运载木桐出口船务业务。这项联营业务,为砂拉越中华工商联合会提供了活动经费,从而能在文化、教育、福利及商务活动上,扮演更重要与积极的角色。商联会也在人力资源训练上,发挥积极的作用。在过去10年来,每年都在各主要商会,包括古晋、诗巫、美里及民都鲁,主办了多项人力与企管课程。①

柔佛州中华工商联合会:柔佛州有8个县,至20世纪40年代下半期已有7个县建立中华商会。为加强联络,互相照顾,维护华商权益,共谋会员福利和社会文化公益事业的发展,1946年11月1日巴株巴辖中华商会举行发起人大会,计有新山中华商会会长黄振杰、巴株巴辖中华商会会长粘东生、麻坡中华总商会会长黄吉甫等7个社团的代表出席,决定成立柔佛州中华商会联合会,推举粘东生为筹委会主席,起草章程等。1947年1月举行代表大会,通过章程,申请注册。同年8月1日获准注册,正式成立,选举职员。巴株巴辖中华商会会长赵平阶任首届主席。章程规定以县区商会为入会资格。常务主任由各成员轮流担任。历届主席有:赵平阶、黄吉甫、卓泗、余金鉴、黄树芬、刘南辉等。1995—1997年度主席刘南辉,署理会长赖成隆。②

另外,柔佛州还有:麻属中华总商会,为麻坡所属各商团组织的总机构。新山、笨珍、居基、巴株巴辖、士乃、古来、赖影、令金等市也设有中华商会。昔加末则设有总商会。

沙巴州中华商会联合会:前身为北婆(罗)洲中华商会联合会。1954年10月,沙巴沿海7个华商商会,为向新加坡实得力轮船公司交涉配货回扣佣金,作为补助当地华校教育经费,而决定起草章程,成立沙巴州中华商会联合会。1955年在亚庇中华商会举行成立大会。决定每年6月轮流在各地中华商会举行全州代表大会。首届理事长丘锡洲。宗旨是:团结全州华商,争取华商合法权益;起沟通华商与政府间的桥梁作用;发展社会公益、福利慈善事业,推动华文教育与文化的发展。历届理事长有:丘锡洲、张济勋、章谦等,其中多数人蝉联2届,甚至5届。第18届(1973—1974年度)理事长陈德目。③

登嘉楼中华总商会:该会创立于1945年9月2日,以团结华商及维护会员利益为其

---

① 《砂拉越中华工商联合会》,http://chi.acccis.org.my/.
② 《柔佛州中华工商联合会》,http://www.hxuc.com/hqst_show.php?c=15&sc=39&id=1305.
③ 《沙巴州中华商会联合会》,http://www.hxuc.com/hqst_show.php?c=15&sc=39&id=1318.

主要宗旨。时名为"登嘉楼中华总商会",斯时附于本埠中国街福建会馆为办事处,直至1970年,始移至巴耶街46号3楼。当时,二战刚结束,百业待兴,该州华社领袖有鉴于此,毅然集合华商,组织商会,与英殖民政府配合,解决华裔与华商各项困境。

1971年倡议兴建大厦,遂在市中心Jalan Batas Baru购得一段地,于同年成立建厦委员会,并得到各方响应与支持,一座富丽堂皇四层楼高的会所终于在1976年建成。

该会宗旨是:促进及维护会员在商业、工业、农业及其他企业经济活动方面的权益及发展;协助会员或公众人士调解纠纷;促进与政府或其他机构或团体的联系与合作;与其他具有共同宗旨的合法注册团体或机构合作;进行本会认为适当的各种商业,投资或联营计划;举办商展、工商考察团、工商及人力资源培训课程、研讨会或讲座会;促进与发展资讯、通信工艺。

1994年,该会为配合国家及州经济趋势而决定易名"登嘉楼中华工商总会",并同时成立"工业及人力资源发展组"。①

峇株巴辖中华商会:1908年10月16日,早期南来的先贤们,除了眼光放得很远也很重视社群团结,因而组织起来,倡办了柔佛州当年首创的"中华商务局"。当时,先贤们亦非常注重母语教育,于是在位于大马路的浮脚屋会所左侧搭起亚答屋,创立了当时的"启蒙学堂",为峇株巴辖的华文教育奠定下良好的基础。1917年,黄怡根当选会长,并将商务局改名为现今的"中华商会"。1918年,"启蒙学堂"改名为"正修学校",尔后于1928年在峇株华商的联合下,把正修、爱群两校合并,统一董事会。1919年,成立同仁医社;同年接管华人公冢华山亭,并于光复后,转交中华公会接管。1940年,筹办华侨中学(即现今的"华仁中学")。1928年,在树胶同业、米商、椰商的协助下,成立中华商会建筑委员会,新会所于1931年正式落成。

峇株巴辖中华商会成立的宗旨为会员谋求福利与权益,对政府法令、地方议会的执法、官员执行的偏差等,尽力收集市民的意见,以提交有关当局,同时举行对话会,协助会员与市民解决各类难题。同时,亦向有关当局即华商全国最高机构提出国家经济课题之建议。对于协助与推行母语教育、慈善事业、救济受难的难胞,商会亦竭尽所能地倡导与响应。对于华教慈善事业、协助中国抗战、救济中国难胞的工作,商会也竭力地倡导与响应,使各项发展工作都能顺利完成。

近年来,中华商会在峇株巴辖社会扮演着带领华商与华裔的积极角色,包括举办知识型讲座会、推动发展大蓝图的回应、爱国运动等活动。虽时过境迁,峇株巴辖中华商会随着巨轮的转动,累积了它百年的历史价值,依旧秉持着先贤们创立的精神,继续扮演着带领华商与华裔的积极角色。②

居銮中华工商总会:居銮中华工商总会于第二次世界大战刚结束时的1946年创立,初名居銮中华商会,1990年改现名。该会成立伊始即联合全马各商会,倡组全国商联

---

① 《登嘉楼中华总商会》,http://www.tccci.org.my/会史/q?cid=14&doit=showclass.
② 《峇株巴辖中华商会》,http://www.cccbp.org.my/index.php?option=com_content&view=article&id=78&Itemid=197.

会,并支持吧株中华商会召集全柔商会,组成柔华商联会。这是居銮华商先辈的不平凡成就,奠定了居銮商会成为总会直属会员的地位。居銮中华工商总会是本地区最具活力和影响力的华团之一,商会都扮演了积极的角色,团结居銮华商力量,维护商权,为国家社会和族群做出贡献。商会也积极地提升居銮各领域的发展,和地方政府合作,举办居銮工商展销会、人力资源培训等,为居銮创造更多的商机,促进繁荣。①

吉打中华工商总会:吉打州位于马来西亚的北端,北与玻璃市州为邻,东北与泰国相连,南接霹雳州,西南则隔吉打河和槟州为界。在经济、文化和工商业方面,都比各州较为落后,尤其是在第二次世界大战前,除米绞业稍具规模外,其他工商各业在全马各行各业中所占地位,实在微小得很。那时吉打州虽有会馆及帮派社团之组织,但是这些社团除对其本身会员稍有联络性作用外,对于全体华人仍不能产生领导作用,可以说那时吉打州的华人社会是一盘散沙。

1935年吉打"华侨三校"聘请了一位教务主任任铎先生,他为人精明能干,眼光远大,又富于组织力。他在课余之暇,经过缜密考虑,立意组织一个吉打全州性的领导社团——吉打中华商会,来领导团结全州的华人。经过任铎先生奔走鼓吹,再得到全吉各区华人领袖的热烈响应,结果由亚罗士打区陈荣树、钟文贤、骆清河、张警醒、张鸿日、谭桂芳、林有祥、庄清德、胡文须、李访南、余海筹、马维新、谢敦禄、伍波杰等,双溪大年区邓世禄、纪合敬、陈炳辉,居林区陈炳权、许成源,栖兰区方步翔,万拉巴鲁区许其逢,华玲区黄清茶等联合为共同发起人。经过推动、筹备等艰苦的阶段,吉打中华商会始在1936年6月14日正式成立,并由当时中国驻槟领事黄延凯主持开幕礼。首届会长陈荣树,秘书任铎。

吉打州商会自成立后,除办理有关各行商业的事务外,举凡有关当地慈善、教育、福利,都直接或间接地推动和参加。当地华侨要向中国政府有所请求或申诉,商会亦乐于转达。而当地政府也默认商会为当地华人的最高领导机关,一切有关华人政令亦多由商会转达。这样中华商会的任务不仅为办理商务,且兼理侨务及政务,其责任之繁重,可想而知。

不久,"七七事变"发生,海外华人为救亡图存,乃有"筹赈祖国难民委员会"之组织。虽然筹赈工作有"筹赈会"负责,可是吉打"筹赈会"的形成,一切都以吉打中华商会的组织为蓝本。吉打"筹赈总会"属下分五区,计:亚罗士打区、双溪大年区、居林区、华玲区、万拉巴鲁区。各区的领导层人士都是中华商会的主干人物,所以当时的情势是"筹赈会"与"中华商会"名义上虽有别,实际工作上是两位一体。

1941年日军南侵,翌年全马沦陷,在日军铁蹄军政统治下,一切社团的活动停顿,商会亦不能例外。且商会过去一切重要的档案都付之一炬,荡然无存。

1945年日军投降,英人重返马来西亚,实行军政统治。在此军政时期,商会在商务上无事可办,对协助新村移民及粮食分配等工作,却也做了很多的事和尽了很大的力

---

① 《居銮中华工商总会》,http://www.kluang.my/history_3.html.

量。1946年8月15日,商会在战后举行选举,由吴春生任会长。

战后,因环境的需要,双溪大年及居林两区也先后成立了"中华商会"。为了配合环境,该会乃于1947年2月15日大会改称为"吉打中华总商会"。其继吴春生后任会长的有左廷进、谢敦禄、陈志坚等。各位任职期间,都公而忘私,全力以赴,为华人在商业上、政治上争取应有的权益,任劳任怨,令人敬佩。

1965年,商会各元老目击时艰,认为商会应多吸收新血,来增加商会的力量,结果选出少壮派林朝宗继任会长。林先生年富力强,富责任感,敢作敢言,会务更富朝气,对于华人权益的争取及一切慈善、福利事务的推行,均竭尽所能,努力以赴。复得全体董事支持,有了一种振兴现象。

1974年当年董事会鉴于会员日增,会务日繁,而会所又狭小,极宜建筑新会所以适应环境之需求,遂成立"筹建会所基金委员会"。因得全体会员之良好反应,及各方面的鼎力支持,瞬息间集成巨款,终于在1977年年初完成三层楼会所,矗立于亚罗士打拉鲁拉曼大道现址(即以前的干术路)。

该会为了配合州内华裔商界走向工业和商业的振兴发展,遂于1985年11月6日改为"吉打中华工商总会"。为了回应资讯科技高度发达的时代,了解知识经济的走向,增强对商业法令的调适,加强与工商联合会的联系和维护会员的福利,近20年来,该会主办或联合地方上专业性团体举办数十项有关商务活动讲座,俾达致吉打中华工商总会的终极目标。如:(1)物价统制及包装法令、社团修正法令、采用公制的商业活动、广告招牌法令;(2)商家贷款及租贷问题、各途商面对地方上商务课题、推动商联控股招股讲座、华裔经济研讨会、广州春季秋季交易会讲座、小型工业及新兴工业工商座谈会、技职训练发展五年计划讲座、国家经济研讨会、海南省发展机会及投资环境讲座、中小型企业管理课程、北三角工商企业讲座、马来西亚建筑业发展局实行的建筑条规讲座;(3)劳工法令、现代管理课程、网际网络及多元化媒体超级走廊讲座、孙子兵法简述、财政预算及税务调查、周全的财务及资产策划讲座;(4)税务措施讲座,中小型工业免费上网服务讲座。

吉打中华工商总会成立至今已有72年历史,其间历经沧桑,目睹创办者的艰苦奋斗、后继者的努力不懈,他们出钱出力,祇知耕耘、不问收获,舍己为人的精神,令人敬佩。目前的吉打中华工商总会人才济济,会务蒸蒸日上,为吉打州华人提供更多的服务。[1]

巴生中华总商会:巴生中华总商会创始于1946年5月28日,初时会所暂设于巴生苏丹树胶公会所,1948年乃搬迁至巴生林茂街20号2楼,1993年12月迁入自置于巴生八打灵花园2层会所。2001年大会后,才物色到坐落在永安镇的2层半店铺,并于2003年8月15日迁入新会所。

该会是一个工商组织,会员所经营的多属于中小型企业,业务包括农业、建筑、资讯、制造、服务、贸易等。它招收华人或华裔公民占股51%以上之商号、商团及个人为会员,商号或商团所派出之代表必须是华人。会员可分为普通会员及永久会员。

---

[1] 《吉打中华工商总会》,http://www.kedahccci.org.my/about-kccci.php.

该会章程列明的宗旨如下：(1)促进华商的联络与合作，共同维护及争取会员在商业、工业、原产业及其他经济领域的权益，并向华商传达政府的政策；(2)研讨拟定及向有关方面反映当地华商对影响本国经济民生课题的看法或建议，并对政府政策做出主动的参与，借以促进华商与当地或中央政府或其他机构之间的了解与合作，共同致力于国民经济的发展和加强全民团结；(3)联络国内外其他商会或经济团体，主办或参加经济会议、工商考察团、工商展览会及其他有关促进经济合作的活动；(4)提升华商在资讯及通信工艺方面的应用、电子商业的参与，以促进华商的业务扩大；(5)协助华商开拓海外市场及国际贸易；(6)主办或协办有利于国民经济发展的企业计划及人力训练计划或课程；(7)汇集整理及传播有关工商及其他经济活动的资料；(8)促进社会福利、推展文化及教育事业；(9)提高商会的效率，确保商会在经济上能自供自足；(10)配合马来西亚中华工商联合会的活动。

1947年，该会首先响应参加马来亚中华商会联合会，如今是马来西亚中华工商联合会17家属会之一。该会除在地区上联系华商，因应官方政策与商务环境外，也配合时代的需求和进行组织上的革新工作。①

北霹雳中华工商总会：成立于1969年。

吉兰丹中华工商总会：其前身为"同德书报社"，1912年成立于哥打巴鲁，原名"华侨商会"，1918年改称中华商会，二战中毁于大火。1945年复办并修复原址，成立吉兰丹商业联合会，1947年改现名。

马六甲中华工商总会：成立于战前，1946年复会，致力于商务和社会福利事业。1965年成立委员会，敦促政府建设海港，号召当地华人注册社团极力争取华文华语教育。

玻璃市中华工商总会：1946年成立，是州一级的商会联合社团。

2. 行业性经济社团

这类社团组建时间一般早于综合性商业社团，②其中大多数成立于20世纪20年代至30年代初，是马来西亚闽商经济发展到一定阶段的产物。

目前，以闽商为主组成的大小小行业商会有上千个，各行业的总会或联合会一般设在该行业比较集中的地区。

全马性的有闽商参加行业经济社团有：树胶公会、黄梨制造业公会、马华医药商联合会（又称中医中药联合会）、马来亚华人矿务总会、制造行联合总会、谷米出入口商公会联合会、中国商品进出口商公会、粮油厂商公会等。一般商会总机构多设于雪兰莪、吉隆坡。而马来西亚茶叶出入口商公会则设在槟城，马来西亚渔业总会设在玻璃市。

此外，各州闽商涉足的行业几乎都成立了公会。影响较大的有：建材商公会、藤业公会、洋货布匹出入口商、咖啡商、酱园商、糖果饼干商公会、柴炭、鸡鸭、蔬菜、养猪、海产公

---

① 《巴生中华总商会简介》, http://www.kccci.org.my/about-us/intro/jian-jie.
② 杨力、叶小敦：《东南亚的福建人》，福州：福建人民出版社，1993年，第166页。

会、五金、瓷商、钟表、车商公会,以及稍后成立的电机、电器、塑料厂、华人机器厂商、巴士运输、摩托汽车商、地产、酒店、旅业等公会。

第三节　新加坡的闽商

一、新加坡闽商发展的历史

新加坡,宋时称凌牙门,元时称龙牙门,又称单马锡。宋时从泉州前往三佛齐贸易的福建商船往往先到凌牙门,销售船中三分之一的货物,再往三佛齐。① 元时龙牙门与福建的贸易仍很频繁,汪大渊游历南洋亦见到,龙牙门(今属新加坡)"男女兼中国人居之"。② 可见凌牙门是当时的一个繁荣商港和闽商荟萃之地。清代颜斯综著《南海蠡测》一书提到新加坡有华人坟墓,墓碑刻有宋代淳熙年号(1174—1189年)。

1819年,英国人莱佛士抵达新加坡时,这里约有居民150人,其中30人是华人。英国占领新加坡后,实行自由贸易政策,新加坡迅速成为东南亚和东西方贸易的中心。英国首任行政长官莱佛士(Stamford Raffles)把招徕中国商船作为新加坡发展计划的重要部分,并在欧人区附近专设华人区,供来自厦门的漳泉商人建屋居住,让其聚居之处自成村落,③因此很快就吸引来福建的商船。第一艘抵达新加坡的中国商船就是从厦门起航的,于1821年2月18日到达。芬利森(Finlayson)曾对这艘中国帆船有这样的描述:"他们既没有航海图,也没有任何描述船上生活的书籍,更没有书写的文件指示他们所经的航线。他们甚至没有确定航行的方法,也似乎没有任何航海的记录。他们有一个粗陋的罗盘,装在木架上,上面分为24度,他们似乎并不太依据它,这也许是船上唯一的航海仪器。"④此后,从厦门到达新加坡的帆船不断增多。1829年有3艘,载重量自250～400吨不等;1830年有4艘;1831年有2艘,一艘载重量为300吨,另一艘为250吨。当一艘帆船到达后,住在此地的华商立即到船上检查各项货物的样品,并调查各类货物的数量。其后,船长上岸了解市场情况,通常在船到一二周之内即将货物全部售出。从福建运去的货物主要是陶器、砖瓦、花岗岩石板、纸伞、粉条、干果、线香、纸烟、烟草等,以及一些土布、生丝之类,每船货物价值3万～6万元之间,载回货物有燕窝、玳瑁、沙藤、打火石、海参、胡椒、鱼翅等,以及欧洲羽缎、毛织品、粗哔叽和印花布、竹布、孟加拉匹头等。此外,

---

① 赵汝适:《诸蕃志》卷上,《三佛齐国》,北京:中华书局,1996年,第34～35页。
② 汪大渊:《岛夷志略·龙牙门》,北京:中华书局,1981年,第213页。
③ 约翰·菲普斯:《关于中国和东方贸易的实习论文》,第251～283页,见《中国近代对外贸易史资料》第1册,北京:中华书局,1962年,第66～69页。
④ 李业霖:《中国帆船与早期新加坡》,载柯木林、吴振强编:《新加坡华族史论集》,新加坡:南洋大学毕业生协会,1972年。

英国殖民当局为了开发新加坡,通过人贩子从马六甲和福建、广东等地拐骗了大批契约华工,参加修建港口、船坞,兴建城市。据不完全统计,在19世代30年代,仅闽粤沿海帆船每季要运800~2000名劳工到新加坡。有的华工和闽商也搭乘帆船,漂洋过海到新加坡,然后转往爪哇、槟榔屿、来阿、巴塘等地,期望在那里找到种植园和采矿的工作。① 早期新加坡的闽商多来自漳州、泉州两府所属各县。清道光八年(1828年)从马六甲移居新加坡的漳州府漳浦东山人薛佛记(字文舟,1793—1847)等闽商,率领同乡在石叻路(Selat Road)兴建了"恒山亭",作为福建同乡们的联谊机构。他们还购置义山,作为漳、泉人的公冢。1830年由薛佛记担任"恒山亭"大董事之职,当时董事会已成为"福建帮"的领导机构。

第一次鸦片战争以后,在海峡殖民地注册的船舶,可抵中国通商口岸。因此,西洋船也加入运送移民到南洋的行列。1844年,一艘英国帆船运载100名中国乘客从厦门驶抵新加坡,开西洋船运送中国乘客至新加坡之先河。次年,西洋横帆船运抵新加坡的中国移民人数为11668人,约占当年度在新加坡入境的中国移民人数的11%。此后,搭乘西洋横帆船往新加坡的中国移民越来越多。尽管每年抵新加坡的中国移民逾万,但直至1860年,居住在新加坡的华人仅增加至50043人。② 这是因为新加坡是南洋分配中国移民的中心,虽然由此入境的中国移民很多,但多数随后被分送到南洋各埠。

除了来自福建的闽商之外,也有很多闽商从马来半岛各地移居新加坡。如马六甲一些闽籍小商先后移居那里。祖籍永春出生于马六甲的陈金声(1805—1864)便是在新加坡开埠后不久,和一批富有冒险精神的闽籍华商,通过荷兰舰队的封锁线和海盗横行的区域,到新加坡创业的。道光十九年(1839年),祖籍漳州海澄出生于马六甲的侨商陈笃生(1789—1850)来到新加坡后,又带头集资在华侨商号比较集中的直落亚逸街(马来语即"水湾")兴建"天福宫",作为福建籍华侨祭祀和聚会场所,1840年由陈笃生出任天福宫大董事。

鸦片战争前后,是中国与新加坡贸易的鼎盛时期,1839年中国商船到新加坡有84艘,1854年竟达260艘,以后开始下降,1863年为134艘,1866年为33艘。其中来自福建的数目不详,但无疑较之战前是增加了。增加的重要原因是,当时西班牙人和荷兰人严格限制中国商船到菲律宾和印尼群岛贸易,日本也限制中国商船入境,而越南和暹罗的动乱对福建商船贸易活动亦产生不利的影响。与此同时,新加坡却实行自由港的政策,给予中国商船较优惠的待遇,加上新加坡地理位置优越,是新兴的国际贸易中心,在福建对海外其他地区贸易不景气时,大量的福建商船自然就转移到那里贸易,使福建与新加坡的交通贸易一枝独秀,闽商自然蜂拥而至,新加坡华人中闽人占了大多数。"此地

---

① John Phipps, *A Practical Treaties on the China and Eastern Trade*, London: W. H. Allen, 1836, pp. 281-283.

② Won, Lin Ken, "The Trade of Singapore, 1819-1869", *Journal of the Malayan Branch of the Royal Asiatic Society*, Vol. 30, No. 4, 1960.

屋宇稠密,如西洋房之高敞壮丽,市肆百货皆集,居者多闽、广人。"①"中土闽广人约计有十余万,闽居其七,广居其三。"② 光绪七年(1881年)英人所刊户口册云,福建男女共24981人,约占华侨总数的70%。③ 邹代钧《西征纪程》也说,华人约十万,"闽籍居其七,粤籍居其三"。④ 而据阙名《游历笔记》记,新加坡"户口共九万七千一百十一人,土人三万七千,华人五万四千,余为各国人","华人皆闽广人,善贸易,绅商富户甚多,有中华街,大小店铺、庙宇、会馆、戏园、酒楼、茶店咸备其间。闽人十之七,广人十之三,亦有与土人通嫁娶数世不归者"。⑤ 于此可见,当时闽商社会之繁荣。

由于人口迅速增长,特别是华人、印度人的大量入境,新加坡成为多民族社会。据估计,1864年,新加坡人口增加至8万以上,其中华人占5万。英国殖民当局对各民族的统治最初继承葡萄牙和荷兰的政策,实行甲必丹制度,在各民族中委任甲必丹,实行间接统治。1826年,新加坡和槟榔屿、马六甲合并成海峡殖民地,废除了甲必丹制度,实行直接统治。但甲必丹仍被赋予管理华侨内部事务的较大权限,乃至发挥警察之职能。⑥ 当局亦授予华社名人或太平局绅,或陪审员、非官守评论员等称号,让他们参与政务和协助当局管理侨社。1877年,海峡殖民地设立华民护卫司署,为专门管理华侨事务的机构,处理华侨移民、社会、经济、政治、文化等事务。

据1891年海峡殖民地人口统计,当地华侨华人总人口已达12.19万人左右,来自闽南的移民占新加坡华侨总人口的37.6%,到1911年后则上升到40%以上。

二、新加坡闽商社会经济

早期新加坡华侨主要从事胡椒、甘蜜的种植。据英国驻新加坡官员威廉·法夸尔1822年给莱佛士的信说:"在皇家山北面的一座山即实利基,于开埠初加以开发时,发现在西面已有一甘蜜园,属于一华人种植者所有";"在东北面靠近马来村落西端,有一开埠前已开发的华人甘蜜园"。⑦ 新加坡开埠后,一批福建籍商人来到这里经营商业和转口贸易。新加坡的商贸多由闽商经营,当时英国人的大商行控制进出口贸易,华侨多为二盘商和零售商。闽商收购和销售网络遍布马来半岛各埠和乡村小镇,闽商通常以赊账的方式从英国人大商行获得各类进口商品,如英国的纺织品,印度的鸦片、麻织品和谷物,

---

① 斌椿:《乘槎笔记》,《晚清海外笔记选》,北京:海洋出版社,1983年,第2页。
② 袁祖志:《瀛海采问录》,载王锡祺辑:《小方壶斋舆地丛钞》第十一帙六,台北:学生书局,1975年。
③ 林孝胜:《十九世纪星华社会的帮权政治》,载《石叻古迹》,新加坡南洋学会,1985年。
④ 邹代钧:《西征纪程》,载王锡祺辑:《小方壶斋舆地丛钞》第十一帙五,台北:学生书局,1975年。
⑤ 阙名:《游历笔记》,载王锡祺辑:《小方壶斋舆地丛钞》第十一帙八,台北:学生书局,1975年。
⑥ Victor Purcell, *The Chinese in Malay*, London: Oxford University Press, 1980, p.73.
⑦ 《新加坡华人会馆沿革史》,新加坡:新加坡新闻出版有限公司,1985年,第46页。

转售予华侨零售商,推销至马来半岛各地。闽商零售商再从各地收购土产,如锡米、甘蜜、胡椒和橡胶等,交付中介商,后者转售外国商行,运往欧美。① 如祖籍漳州海澄县的闽商陈笃生早年靠肩挑车载贩卖商品,积累了一些资金后,开始经营食杂店而发家。还有继承父业来新加坡经商的蔡沧浪和和兼营地产的出入口中介商陈金声,都是和欧商搭上关系后,为他们收购土产和推销工业品以及承包矿业、工程而致富。

19世纪后期,新加坡勿基(Boat Quay)一带,沿岸商号80余家,六成为华商所有。② 有拥资称千万者,有数百万者,若十万八万之户,但去小康,不满足称之富人。③ 随着新加坡出入口贸易的发展,福建籍商人积累了一定的资本,开始投资工业,如建筑业、采矿业、航运业、凤梨加工业和橡胶业,闽商大企业不断出现。经营橡胶业较成功的除了陈嘉庚外,还有李光前、陈六使、林秉祥等。另一些资力较雄厚的商人兼营航运业,颇有成就。如陈金钟除在安南和暹罗开办碾米厂,经营粮食进口外,购置了两艘轮船"暹罗"号和"新加坡"号,在运输自营的米谷外,兼营货运。章芳琳继承父业经营"长越"和"苑生"两个商号,后扩展为章芳琳公司(即苑生号),随着新加坡市区的扩大,除经营房地产外,也投资航运业。吴寿瑞开设的万安号拥有7艘轮船,承运土产来往于新加坡与东印度群岛各地,后由其子吴寿珍继承,事业日见发达。林和坂和黄奕住创办的黄敏船务公司盛时拥有大小船只60艘,川行于北婆罗洲、菲律宾、荷属东印度及英属马来亚与中国华南各港,其船队还直接参与中国华侨移民的运载,经常川行于汕头、厦门与香港等地,④成为当时新加坡最大的注册船务公司之一。1875年,一位新加坡华人拥有一家轮船公司,航行于厦门和槟城之间。⑤ 这家公司就是华侨投资,悬挂英国国旗的劳易·郭顺保公司,"闽粤移民去南洋,半数搭该公司轮船前往新加坡、曼谷和西贡"。"这些移民到新加坡、曼谷和西贡的客运票价非常低,平均有十分之九的移民坐轮船,而其中约有半数登上了劳易·郭顺保公司的轮船,该公司在厦门和槟榔屿之间进行定期贸易,中途停靠汕头、香港和新加坡。"⑥

20世纪初,新加坡华侨航运业巨子首推闽籍华侨林秉祥,他于1904年组织和丰轮船公司,资本500万元,全盛时至少有8艘以上的船只是排水量在数千吨以上的远洋轮,川行于中南、新、缅等航线。其中吨位较大的有丰庆(5284吨)、丰茂(3910吨)、丰远一号(3230吨)、丰美(3229吨)等。和丰还拥有20余艘小型轮船,川行荷属东印度群岛及英

---

① Wong Lin Ken,"Singapore: Its Growth as an Entrepot Port,1819-1942",*Journal of Southeast Asian Studies*,Vol. 9,No. 1,1978,p. 59.

② 庄钦永:《1880年代的勿基》,《新加坡华人史论丛》,新加坡:南洋学会,1986年,第3~10页。

③ 李钟钰:《新加坡风土记》,新加坡:南洋书局,1947年,第9页。

④ 杨进发:《民族资本家林秉祥与和丰公司》,载杨进发:《战前星华社会结构与领导层初探》,新加坡:南洋学会,1977年。

⑤ G. C. Allen,*Western Enterprise in Far Eastern Economic Development,China & Japan*,London:Allen and Unwin,1954,pp. 125-126.

⑥ *Trade Reports*,1879,汕头,p. 219.

属马来亚各港口。和丰轮船公司对东南亚地区区域性之贸易,尤其是中南、新加坡与东南亚的贸易,贡献很大。① 和丰公司不仅成为当地华人航运业的魁首,而且后来还逐步发展成为兼营碾米、海运、石油、水泥、银行等业的和丰财团。其他福建商人经营的航运业较大的有黄仲涵创办的"协荣茂轮船有限公司"和"顺美轮船有限公司",川行于爪哇、新加坡航线的船只有"建成"、"建安"、"顺安"、"万丰隆"、"万宝源"、"爱丁答礼"等6艘。

19世纪末,新加坡闽商开始投资工业,最初以经营农林产品加工业为主。当时闽商经营最为兴旺的是凤梨罐头制造业。早期经营这一行业的有陈楚南之父陈泰,以后又有陈嘉庚、林义顺、陈六使等所举办的凤梨加工厂,所生产的黄梨罐头一度畅销于东南亚地区以至欧美。但到20世纪初,由于欧美市场售价下降,黄梨加工业也陷于萧条。

19世纪末20世纪初,欧美汽车工业兴起,刺激了橡胶业的发展。陈齐贤和林文庆试种橡胶成功后,率先组建了联华橡胶种植公司。不少闽商也转向投资橡胶种植加工业。到20世纪中期,经营橡胶加工业取得重大成就的除陈嘉庚外,还有李光前、陈六使、林秉祥等。陈嘉庚、林秉祥所经营的公司,除大办橡胶加工业外,还开办了二三十家与国计民生有关的各种加工厂。陈嘉庚公司在马来半岛拥有1.53万英亩黄梨、橡胶园,并在东南亚和中国各大城市开设分支机构,对新马橡胶业的发展起了巨大的推动作用。②

然而,1929年爆发了世界经济危机,陈嘉庚、陈秉祥经营的橡胶种植加工业,因胶价猛跌,亏损严重,难以为继。陈嘉庚公司因欠银行100多万美元,被迫改组,由汇丰银行牵头组成新加坡银行团,乘机对陈嘉庚施加压力,允许英国以贱价垄断收购橡胶制品,迫使陈嘉庚有限公司不得不于1934年收盘停业。华资其他各业在这次危机中同样首当其冲,蒙受巨大损失。

另一位经营橡胶的巨头是李光前。战前李光前经营的南益橡胶种植有限公司在新加坡和马来亚开设了以"南益"命名的多家工厂,经营木材加工、榨油、饼干、印刷和制冰等业。由于李氏在发展橡胶业方面所做的巨大贡献,曾被推举为新加坡橡胶公会主席,并以公会代表身份多次出席世界橡胶生产研讨会。

经营橡胶业获得成功的还有陈六使。1925年陈六使兄弟开始独立经营联和橡胶公司,不断扩大胶园种植面积,开办生胶加工厂。1938年正式注册为股份公司,业务进一步发展。为了加强经营橡胶种植加工出口行业的华商之间的联系合作,陈六使和李光前于1940年倡导成立了新加坡树胶公会。

其他行业较有规模的还有胡文虎、胡文豹兄弟经营的永安堂中药铺。胡文虎之父胡子钦原在仰光开设永安堂中药铺。1930年胡子钦病故,胡文虎兄弟扩充永安堂虎豹行,聘请药剂师多人,制成虎标万金油、八卦丹、头痛粉、止痛散、清快水等成药。1931年,因业务发展,胡文虎将永安堂总行迁至新加坡,兴建新药厂,并先后在新加坡、马来亚、香港等地广设分行。翌年,他又把总行从新加坡迁到香港,在广州、汕头建制药厂。从此,虎

---

① 杨进发:《民族资本家林秉祥与和丰公司》,载杨进发:《战前星华社会结构与领导层初探》,新加坡:南洋学会,1977年,第107~108页。

② 陈碧笙、陈毅明:《陈嘉庚年谱》,福州:福建人民出版社,1986年,第59~62页。

标万金油等成药成为中国和东南亚地区老少皆宜的家常药品,胡氏兄弟也成为号称"万金油大王"的百万富翁。①

进入20世纪后,在原来经营侨汇和钱庄的基础上,福建华侨集资创办的银行也发展起来。早期的侨汇业都是由各省归侨或专门代理信汇的"水客"经营。到19世纪末才发展成为民信局,并由各省籍人士按地域分区经营,并分别设立各省的汇兑公会。随着华侨商业流通范围的扩大以及和国内商务联系的增多,汇兑业后期也开始经营大笔侨汇,实质上已形成地域性的金融机构的雏形。据杨建《英属马来亚的华侨》一书的统计,第二次世界大战前,新加坡已有70家经营借贷和侨汇的钱庄,其中有36家是福建帮经营的。如闽商刘金榜在20世纪初开设过以低息放贷的福南银号,已经具备现代银行的雏形,只是当时的借贷是建立在双方个人信用的基础上。1912年,闽商第一家银行华商银行成立,首任总经理即林秉祥。② 到二战前,福建籍人士兴办的银行有华商银行(1912年,主要股东:李光前、叶玉堆)、和丰银行(1917年,主要股东:林和坂和林秉祥父子、徐垂青、陈祯禄、李俊承)、华侨银行(1919年,主要股东:李光前、李俊承、叶玉堆、陈延谦、陈振传)、华侨银行股份有限公司(1932年,主要股东:陈笃山、李成义、陈修信)和华人联合银行(1935年,主要股东:黄庆昌、黄祖耀父子)。1932年年底,华商、和丰、华侨三家银行合并成立了华侨银行股份有限公司,③不仅增加了资本,也扩大了业务范围,成为当时东南亚地区资力最雄厚、最有影响的华资银行,标志了福建华侨经济进入一个新的发展阶段。

19世纪末20世纪初,新加坡华侨华人占总人口的70%以上,在当地形成了占绝对优势的华人社会,其中福建籍又占了华侨华人人口的40%多。由于福建籍华侨人数较多,闽商经济实力较雄厚,在华人社会领导层中占明显优势,侨领多为福建籍,著名的有蔡沧浪、陈笃生、陈金声、章芳琳、陈明水、陈金钟、颜永成、陈若锦、林文庆、宋旺相、陈嘉庚等。1906年成立新加坡商务总会时,闽籍侨商吴寿珍任第一届会长。1914年商务总会改名中华商会,副会长为闽籍企业家林秉祥担任,32名理事中福建人占13名。

第二次世界大战以前,新加坡从事农业的华侨华人大多领先生产欧洲市场所需要的经济作物和供应当地的蔬菜、禽畜为主,少数中介商则深入马来半岛腹地收购土特产品和为欧洲商人推销工业品。因此与出入口贸易有密切联系的岛际之间和各口岸的海运业,历来是华人经营的重要行业,在战后更得到长足发展。

经营航运业的一个代表性人物是祖籍龙溪的高德根。他在20世纪50年代继承父业开设嘉兴树胶有限公司,并投资航运,创设和昌轮船有限公司,④先后购置"嘉庆"、"嘉福"、"嘉宾"、"嘉顺"4艘轮船,经营新加坡、苏门答腊、爪哇各港口之间的货运业务。此外,祖籍南安的许镇国20世纪40年代在新加坡创办太平国际航务公司,自任董事主席,

---

① 陈民:《胡文虎》,载《民国人物传》卷五,北京:中华书局,1986年,第199页。
② 陈维龙:《在新加坡注册的商业银行》,《南洋文摘》第12卷第11期(总第143期),第749页。
③ 《华侨银行》,http://zh.wikipedia.org/wiki/華僑銀行.
④ 《高德根》,http://baike.baidu.com/view/4168243.htm.

到20世纪50年代初已成为东南亚最大的船商之一。至今许氏家族仍是新加坡太平集团的主要股东。

还有闽商经营与航运业有关的海运、海产专用品,如祖籍惠安的骆水兴专营海上作业所需要的绳索、网具,被推举为担任新加坡索络公会主席;祖籍同安的叶怡煎和胞弟叶怡宗经营销售海运用品的日兴及庆和(私人)有限公司。以经营纺织、地产为主的颜有政,当时在新加坡开设了友乃德海运有限公司。这类公司还停留在家族独资经营层面,因而不可能得到更大的发展。

随着欧美国家汽车工业的兴起,特别是在20世纪50年代初朝鲜战争期间,欧美市场对橡胶的需求大增,而新加坡本地所产橡胶远不敷市场需求,闽商开始转向马来亚内地投资橡胶种植业,开垦橡胶种植园,并在当地经营橡胶加工、制造厂。通过内地的转运机构销售,形成了一个比较完整的产销体系,奠定了日后新加坡橡胶加工转口工业的基础。

20世纪40年代经营橡胶业较成功的闽商,除了李兴前、陈六使家族外,还有祖籍惠安的黄永祺、黄桂楠父子。黄桂楠少时随父去新加坡,协助其父经营海产、船务、树胶、汇兑等业。后创设以制造胶鞋为主的四美树胶有限公司、南合树胶有限公司、黄桂楠实业有限公司。以后又在马来亚吉兰丹等地创设福兴、联兴合成树胶有限公司。20世纪50年代初,胶价上涨,黄大获其利,实业进一步扩张。1956年黄桂楠出任新加坡树胶装配厂商公会主席,并投资创办了远东银行,成为新崛起的橡胶巨商。至20世纪80年代中期,才因经营不力而衰落。

战后,高德根经营的嘉兴树胶公司也有较大发展,他购置了马来亚政府拍卖的日本人留下的柔佛州3万英亩胶园,企业进一步扩大,获得高额利润。之后,他又创设金城实业有限公司,并投资金融业出任崇侨银行董事主席,并担任新加坡中华总商会主席达9年之久。

总之,新加坡从战后到20世纪60年代初,经济尚处于恢复、调整阶段,闽商经济除橡胶业外,其他没有太大发展,这种状况一直到新加坡独立后才有所改变。

新加坡独立后,华人人口占总人口的比重为75%以上,外国资本逐渐失去独霸经济领域的地位,为闽商资本的发展打开了广阔的前景。过去,新加坡经济是以转口贸易为主的单一经济结构,转口贸易经济在整个国民生产总值中占了80%,即使20世纪20—30年代发展起来的一些颇具规模的工业,也不过是为转口贸易服务的初加工工业和修理工业,因此工业基础十分薄弱。独立后的新加坡政府一方面大规模引进外交发展工业,以改造原有的经济结构;一方面继续发挥其贸易口岸的作用,大力扩建港口、交通及通信设施,加强基础建设,以改善投资环境,同时发展装配加工、旅游、金融等业。在新的形势下,一些历来从事转口贸易的闽商,响应并参与政府的经济转型发展计划,除投资与国家建设密切相关的建材、建筑、房地产业外,还通过原有的关系,加强与邻近各国华商的联系,拓展对外业务,不仅自身得到发展,同时对国家的经济建设与发展也起了积极作用。

闽商经营行业中发展最快、成绩最显著的是建材、建筑业。木材加工业是闽商经营的传统产业。战后,新加坡港口和城市亟待恢复、扩建,对建筑材料的需求大增。特别是新加坡独立后,马来西亚限制原木出口,早年在马来西亚从事伐木业的闽商也开始转向木材加工和建筑业。到20世纪80年代中期,当地经营建材、建筑业及房地产的华商约有600家,占这一行业的65%左右。① 其中起步较早的是战前由祖籍同安的孙炳炎兄弟经营的森林公司。

森林公司战前不过是一间规模不大的伐木场,由于新加坡的木材资源有限,战后,向马来半岛和印尼发展,1956年,孙炳炎将森林公司正式注册为森林(私人)企业有限公司,还投资木材、胶合板、水泥大瓦、化工原料和森林机械。两年后,他到印尼和马来西亚的吉隆坡、马六甲、关丹、怡保等地设立分公司,1960年又在香港设立分支机构,把业务扩展到亚洲各国。

新加坡独立后,森林公司相互依赖政府的发展计划,相继成立了国民发展有限公司和森林金融有限公司。至1973年,该公司已在新加坡设立了6间金融分支机构,而在马来西亚各大埠的金融机构已达18家。国民发展有限公司还向公共建设局承包了铺设海底电缆、地下电缆、电话自动交换设备等大项工程,获得成功。到1982年森林公司创办50多年时,已发展成为经营建材、工程、置业、种植、矿业、旅游、金融等业的多元跨国企业公司。但到20世纪80年代后期,由于新加坡房地产业日趋饱和,而森林集团又过分集中于投资这一行业,因而业务一度受挫,经济上蒙受了一定的损失。

闽商经营的建筑业取得较显著成绩的是李金塔建筑工程公司。祖籍南安的李金塔于1939年开始经营建筑业。战后,他创办的李金塔建筑工程公司趁新加坡城市恢复发展之际,收购了大片地皮,建成公寓式组屋和高级住宅区出售。以后,又承包兴建当时英军在东坡地区军营内的一座储油库,也获得成功,成为新加坡独立后发展较快的建筑工程公司之一。

1964年以后,李金塔工程公司承包了新加坡公共工程局、港务局、裕廊镇管理局、建筑发展局等法定的许多建筑工程。1968年,李金塔所经营的公司分别注册为李金塔私人有限公司、李金塔建筑工程有限公司、李氏实业有限公司、亚罗斯特有限公司。在新加坡大规模发展城市建设和基本设施的过程中,该公司先后承建的许多大型建筑物,均被列为优质工程。1979年由该公司承包的渣甸码头缆车中继站建筑,还获得亚洲与西太平洋国际联邦建筑协会颁发的金质奖。同年,李金塔私人有限公司也因信誉卓著而成为新加坡建屋发展局的承包商,承建了该局5000个单元的三房式组屋。同时,该公司还将其业务扩展到文莱。由于在建筑业方面的突出成就,李金塔还出任新加坡土地与建屋发展协会首届主席。

其他投资地产置业发展较快的闽商有祖籍莆田的黄廷芳,他所经营的远东地产置业有限公司、远东工程投资有限公司、远东发展工程有限公司等也颇具规模。远东公司在

---

① 华侨经济年鉴编辑委员会:《华侨经济年鉴》,台北:华侨经济年鉴编辑委员会,1987年,第92页。

新加坡拥有50层高的大厦,为进一步扩展业务,该公司还设立了远东金融机构。20世纪80年代初又到香港成立了信和置业有限公司,并以此为基地,继续向国外拓展。

近一二十年来,由于新加坡屋业日趋饱和,从事建材、建筑业的闽商陆续转向国外发展。1986年9月,新加坡贸易发展局组织了包括测绘、建筑材料、工程讯息工期、电脑服务等项的15家华人建筑商到文莱举办建筑展览会,为文莱承建城建工程和大批现代化组屋。与此同时,各厂商纷纷到香港设立分支机构,以便将业务扩展到整个东南亚地区和中国内地。① 如祖籍金门的王济堂经营的置业信托公司,祖籍晋江的蔡世柑、蔡锦淞父子经营的房地产公司还到文莱承建了160幢组屋。

新加坡政府还大力吸引外资,发展外向型经济。为了适应新形势,一些闽商利用各自在国外开设的分号与国外华资企业的联系,积极参与引进外资工作,意图向外拓展,并逐步改变传统的家族经营方式,向私人有限公司的企业形态过渡。有的闽商还与外资企业合作或合资经营。

1973年,新加坡股票上市的49家工商企业公司中,华资占50%以上,而掌握经营权的就占30家。金融业、旅馆业和不动产的华资公司更是占了绝大多数。据日本贸易振兴会在新加坡的调查,截至1975年1月,当地财力比较雄厚的171家华人企业中,97家是独资公司和同族公司,另有58家是股份公司,但只能在公司内股东之间转让股份。结果能称得上是股份公司的只有16家,仅占10%,而零售业几乎全部由华人经营。②

进入20世纪80年代中期以后,新加坡工业化进入成熟阶段。华人企业中出现了一些掌握现代技术和经营管理手段的企业和集团,并积极向外拓展,呈现出多元化、国际化的发展趋势。这种变化在闽商经营的传统行业中也不例外。

食品加工业是新加坡闽商经营的主要传统行业之一。随着城市人口的增长和旅游业的发展,闽商经营百货、食品、酒店的增多。至1986年年底,由华资经营的食品业有900家,占当地这一行业的85%左右。③ 闽商在百货商中资力较大、分号较多的有王梓琴经营的美多、美珑百货有限公司和王万源家族经营的王万源百货公司。经营食品业发展较快的有祖籍同安的周子敬、周子汉兄弟经营的康元饼干厂和祖籍永春的原华侨银行副董事长李俊承之子李棕经营的大丰饼干厂。这两家以生产饼干、糕点为主的食品公司,在东南亚不少城市设有分厂或分号。

以经营酱油、罐头、饮料为主的杨协成公司,是以杨氏三代成员为主经营的家族集团。该公司在抗日战争中曾毁于炮火,战后重建,扩建厂房,更新设备,使这个生产单一品种酱油老字号发展成为经营多种饮料和罐头食品,并在东南亚、港澳及欧美设有多家分厂和分号的跨国企业,不仅为国家赚取大量外汇,也为当地民众提供了丰富的日常食

---

① 华侨经济年鉴编辑委员会:《华侨经济年鉴》,台北:华侨经济年鉴编辑委员会,1997年,第92页。
② 《南洋商报》,1976年3月4—6日。
③ 华侨经济年鉴编辑委员会:《华侨经济年鉴》,台北:华侨经济年鉴编辑委员会,1987年,第95页。

品。杨协成有限公司主席及董事经理杨氏第三代传人杨至耀曾荣获新加坡政府颁发的1987年度最佳商人奖。①

将单一企业发展为多元化经营的还有祖籍南安的洪恭兰。洪氏1948年南渡新加坡，创建了以经营麦面、淀粉、饲料、畜牧、植物油溶剂为主的裕成公司。20世纪50年代末，洪恭兰出任新加坡料糠面粉商公会主席、混合饲料厂商公会主席等职。以后该公司扩展业务至建材、钢材、外贸、航运、旅馆、金融等业，并于1959年投资创办了亚洲商业银行。该集团还在马来西亚、泰国、印尼、澳大利亚、香港、台湾设有分支机构，并参加创建了印尼环球银行。20世纪80年代初期，还投资文莱举办农场，形成地跨东南亚各国的裕成集团。

橡胶业原是闽商经营的传统行业，至20世纪80年代中期，新加坡44家规模较大的橡胶上市公司，全部由英美资本控制。但在这段时期，由于掌握现代化经营管理，向多元化、国际化拓展的过程中，李光前、陈六使两个家族经营的企业仍得到较大的发展。

李光前的南益橡胶种植有限公司，至20世纪70年代初期已拥有18500英亩的橡胶种植园，并在新、马设立15个加工厂和分号。此外，还开设了以"南益"命名的木材加工、棕油、印刷、食品、制造等有限公司。该集团还以投资控股方式参与原来以欧美资本为主的全马来西亚最大的大东方人寿保险公司，由于取得它过半的股份进而控制了这家公司。李光前于1967年去世后，其长子李成义接任新加坡南益集团董事主席。该集团目前仍以经营橡胶加工业出口和金融业为主，并在马来西亚的槟城、吉隆坡及泰国曼谷设有20多家加工厂和40多个转运站。

陈六使家族集团在战后也获得较大发展。1971年陈六使去世后，由其子、侄继承。陈六使的胞侄陈水和，原负责其家族集团在印尼雅加达和苏门答腊礼美巴号橡胶厂，后继任新加坡益和橡胶有限公司、协和橡胶有限公司董事经理，并曾任新加坡树胶公会主席、新加坡中华总商会会长。陈六使的侄儿陈永裕曾先后担任树胶公会主席、新加坡中华总商会会长。陈永和之弟陈永进则任新加坡联合橡胶有限公司董事经理。陈六使次子陈永义负责其家族集团在泰国的业务。

被香港《经济评论》列为亚洲1981—1984年度十大首富之一的丰隆集团董事主席郭芳枫、郭令灿叔侄，是战后由闽籍华商郭芳枫、郭芳来、郭芳改兄弟合营的丰隆（建材）公司发展起来的家族集团的主要成员。该集团在新加坡和马来西亚经营有丰籽金融有限公司、丰隆实业有限公司和丰隆贸易有限公司，其附属公司有：东方信贷实业（私人）有限公司、安顺贸易（私人）有限公司，以及占股权72％的有新加坡金融有限公司、新加坡信贷（私人）有限公司、新加坡信托（私人）有限公司（在马来西亚注册）。丰隆城市发展有限公司是丰隆集团属下的一家屋业发展、出租及投资公司，主要业务是配合新加坡财力雄厚的跨国财团之一。该集团在马来西亚投资经营丰隆工业有限公司，是当地有数的几大公司之一。到20世纪80年代，丰隆集团在东南亚及澳大利亚已先后设立了10多家子

---

① 新加坡《南洋·星洲联合早报》，1988年1月23日。

公司和分支机构,其业务已扩展到工商贷款、船舶、租赁、建屋、货仓、装修及家私的分期贷款业务。①

新加坡独立后,闽商经营的银行迅速崛起,经营的银行在新加坡最多,其规模、资产额及经营范围也较大,成为当地金融业的一支重要力量。被《世界银行》杂志列为1983年世界500家最大私人银行的新加坡四大银行集团中,除由政府投资建立的新加坡发展银行外,华侨银行、大华银行从创办人到股东几乎都是闽商。而另一家华联银行则是闽粤华资各占一半左右。其他还有崇侨银行、新加坡工商银行、亚洲商业银行、远东银行、达利银行的主要股东也是闽籍。

新加坡独立后,华侨银行仍由李光前及其子李成义和李俊承及陈振传等闽籍华人家族资本为主经营。随着资本额及存贷款能力的迅速增加,通过中长期贷款、参股、人事参与等方式,把经营范围扩大到保险、证券、信托、产业、黄金、锡矿、橡胶种植、贸易、旅游、地产、投资、制造业、服务业等经济部门。随着经济规模和经营范围的不断扩大,不仅通过投资、参股渗透到新加坡重要的经济部门和行业,掌握了一些大公司的控股权,而且逐步向国外延伸其业务。至1985年3月,华侨银行集团在国内已设有21家分行和44家附属公司,同时,设有44家国外分行和代理处,在上海、厦门也设有分行,在香港有2家分行,在英国、法国、日本、美国等地也有分行或代理处。1985年还收购了广东华商于1907年创建的四海通银行,至此其年净利已逾4亿新元。华侨银行也从1982年名列世界500家最大私人银行的190位,上升到1985年的160位。②

1986年2月,华侨银行集团成立一家名为华侨银行产业服务私人有限公司的子公司,负责管理该集团属下在新、马及海外拥有产业或与产业相关的公司,包括3家银行及东方实业、专业大厦和华夏(私人)有限公司在内的9家公司。③ 华侨银行集团于同年3月25日,以20股国际金融公司的股份换取一股华侨银行股份的比例,收购了53.8%的国际金融公司股份。④ 华侨银行董事长李成义于1986年被伦敦《金融》季刊列为世界最富有的12位银行家之一。⑤ 大华银行的前身是祖籍金门的土产商黄庆昌于1935年创办的华人联合银行,当时黄庆昌任董事长。1958年其子黄祖耀继承祖业参加董事会,10年后黄祖耀接替其父出任董事长。1959年,该行的股票在新、马的股票交易所上市,成为公共公司,在社会上广为吸收资金。1971年3月,大华收购了在新、马地区拥有17家分行的崇利银行,接着又将原有10家分行的利华银行收归为它属下的子公司,1984年6月又收购橡胶商黄桂楠、黄英杰叔侄在1958年8月注册创办的远东银行的50.13%的股份,在本埠已设有5家分行。⑥

---

① 香港《商报》,1985年5月6、10日;香港《信报》,1985年6月8日。
② 新加坡《南洋·星洲联合早报》,1985年10月4日。
③ 香港《大公报》,1986年7月9日。
④ 香港《大公报》,1986年4月12日。
⑤ 新加坡《南洋·星洲联合早报》,1987年7月18日。
⑥ 新加坡《南洋·星洲联合早报》,1984年6月19日。

大华集团于1987年8月收购祖籍安溪的木业富商陈锦章于1954年创办的工商银行属下的3家控股公司28%的股票,到11月便已拥有该行87.2%的股权。新加坡金融管理局及股票市场同意工商银行所辖的16家分行、联号、金融公司也一起并入大华银行集团。至此,该集团属下已拥有大华、崇利、利华、远东及工商等5家银行,它们在新加坡共拥有64家分行和办事处,在国外分行也增加到42家,其分支机构遍及吉隆坡、雅加达、首尔、东京、大阪、伦敦、纽约、洛杉矶、悉尼、北京及厦门。[1]

20世纪80年代初,大华集团的金融业务在新加坡率先实现"电脑化"后,进一步扩大经营范围,主要包括银行、金融证券、保险、信托、贴款、租赁、财务管理等项。据伦敦《金融》季刊1983年、1986年年底两次银行股东董事会公布的资本总额计算,在世界最大的500家银行中,大华银行从1982年的第128位升至1985年的123位。[2]

华联银行集团原是以粤籍华商连瀛洲家族为主经营的银行。20世纪60年代初期,陈六使、陈永和家族集团和祖籍永春的企业家郑棣先后投资该行,成为董事会主要成员。该集团于1982年收购了洪恭兰于1959年创办的亚洲工商银行,大大加强了自身的实力。1983年,该集团又收购了在亚洲及欧美拥有多家分行的新加坡国际银行。至此,华联银行在国内及在伦敦、东京、大阪、纽约、洛杉矶、多伦多、文莱、悉尼、香港、北京、深圳等地设有70多家分行,并从世界最大500家银行中的第393位上升至1985年的第301位,[3]与大华、华侨成为新加坡鼎足而立的三大银行集团。

在1986年东盟地区最大的10家本国银行中,除新加坡政府创办的新加坡发展银行名列第4位外,大华银行列为第6位,华侨银行则列为第8位。通过兼并,新加坡华资银行已分别归属大华、华侨、华联三大金融集团。

另外,闽商所经营的金融公司还有丰隆金融有限公司,其在当地具有举足轻重的地位。此外,还有祖籍南安的王振墙、王清安家族经营的芝加哥亚洲第一证券有限公司,祖籍金门的王济堂经营的新加坡金融有限公司、蔡普中经营的亚洲商业金融有限公司,以及祖籍同安的孙炳炎经营的森林金融有限公司和人民发展有限公司等。

三、新加坡闽商社团

早期从马六甲移居新加坡的华人中,有祖籍永春、出生于马六甲的陈金声,漳州府东山人薛佛记(字文舟)等一批商人。他们领头捐款兴建"恒山亭",作为福建同乡的联谊场所,还购置义山,作为漳、泉人的公冢,并选出董事会,由薛佛记任"恒山亭"大董事,当时该董事会成为"福建帮"的领导机构。1839年祖籍漳州海澄、出生于马六甲的商人陈笃生又集资兴建"天福宫",作为闽籍华人祭祀和聚会的场所。后来福建帮的总机构也从"恒山亭"迁到"天福宫"内,成为福建同乡社团的前身。19世纪中期新加坡福建同乡会

---

[1] 新加坡《南洋·星洲联合早报》,1985年3月4日、1987年11月29日。
[2] 香港《大公报》,1984年7月9日、1986年4月12日。
[3] 香港《大公报》,1986年4月12日。

馆建立之前,福建各州府的华侨为了保障各自的利益,在同乡结义的基础上也兴建了一些寺庙。如陈洽生、杨清海、许荣海等于1830年捐建的"金兰庙";1836年南安人王任癸等兴建的"清元真君寺庙(俗称长泰庙)";1876年金门人兴建的"浯江孚济庙"等,这些寺庙实际上起着联络、组织宗亲同乡的作用。

19世纪中期以后,以地缘、血缘与业缘的福建人社团开始出现。当时,福建人多从事零售业、种植业或当泥水匠,于是便按职业成立了行业公会,以保障同行业的利益,这些行业组织带有较浓厚的帮派色彩。

进入20世纪以后,祖国的政局发生变化,尤其是辛亥革命的发生和抗日战争的爆发,极大地激发了闽商的民族主义和爱国主义,他们积极参加和支持革命和抗日救亡运动,于是打破了以往那种地域和帮派观念,成立了新加坡"南洋各属华侨筹赈祖国难民总会"(简称"南侨总会"),还出现了以县、府为单位的同乡社团。

二战后,新加坡华人社会发生了新的变化,一个突出的现象是成立了宗族总会或联宗会。各宗亲组织纷纷联合起来组织总会,例如新加坡李氏总会、南洋郭氏总会、新加坡彭氏总会等。

新加坡在1959年取得自治,尤其是1965年脱离马来西亚联邦独立后,在政治方面有重大改革,经济上也突飞猛进,华侨落地生根成为当地国民。新成立的地缘性与血缘性团体已不多见。新一代华人的同乡、同族、宗亲观念日渐淡薄,大家都把新加坡看作自己的家乡,原来的华人社团虽然不少,但彼此互不联系,活动日趋减少,有的甚至解散。鉴于这种情况,福建会馆、潮州八邑会馆、广东会馆、南洋客属总会、海南会馆、三江会馆、福州会馆七大会馆共同发起,团结和联合了120多个全国宗乡会馆,于1986年1月27日正式成立"新加坡宗乡会馆联合总会",①从而揭开了新加坡华侨华人社团发展史的新篇章。以下介绍几个影响较大的闽商社团。

(一)南洋华侨筹赈祖国难民总会(简称"南侨总会")

1937年"七七事变"爆发后,新加坡陈嘉庚、菲律宾李清泉(晋江籍)、印尼庄西言(南靖籍)等爱国闽商倡议在新加坡成立一个组织领导南洋华侨抗日救亡活动的总机构。通过联络,香港和东南亚地区45个爱国团体和慈善机构共派出164人,②于1938年10月10日聚集在新加坡成立了南侨总会,会址设在新加坡。

该会宗旨为:"甲、联络南洋各属华侨研究筹赈方法,策动救亡工作;乙、筹款助赈祖国难民,并倡导集资发展祖国实业,以维难民生计;丙、积极劝募公债,推销国货。"会上推举陈嘉庚出任首届会长,庄西言、李清泉为副主席。李清泉去世后,由菲律宾杨启泰(海澄籍)接任副主席。

南侨总会成立后,积极投入募捐活动,仅1938—1940年间共募得捐款总数达3亿

---

① 吴华:《新加坡华族会馆志》第2册,新加坡:南洋学会,1975年,第213~219页。
② 《南洋华侨筹赈祖国难民会代表大会宣言》,http://www.tankahkee.cn/detail.aspx?newsid=600.

元。自1939年2月起,该会先后动员并组织了3192名机修工及汽车修理驾驶员,驾车沿滇缅公路回国服务,以实际行动支援祖国抗日。该会除通过各种方式声讨日军侵华罪行外,还公开揭露汪伪南京政权卖国投降活动,积极支持团结抗日主张。1940年5月,该会组织了"南洋华侨回国慰劳视察团",慰问抗战军民并赴重庆、西安、延安、福州等地进行实地考察。南侨总会自成立到抗战结束,作为南洋华侨抗日救亡团体的领导机构,为动员组织广大华侨投身抗日做出了重大贡献。[①]

(二)新加坡闽商同乡社团

新加坡宗乡会馆联合总会(简称"宗乡总会")。宗乡总会成立于1986年1月27日,是由福建会馆、潮州八邑会馆、广东会馆、南洋客属总会、海南会馆、三江会馆及福州会馆联合发起的,首届主席是祖籍金门的闽商黄祖耀。其主要宗旨是:加强华人宗乡会馆的密切合作,主办或资助有关教育、文化、社会等方面的活动,提高公众对华族语文、文化和传统的认识。

自成立以来,总会一直肩负着带动华人社会、推展华族文化事业、发扬华族优良传统的神圣使命,成为华人宗乡会馆的最高领导机构。

成立之初,会所设在直落亚逸街门牌137号福建会馆二楼。会员团体只有70个,至2012年1月,已增加到206个。

1989年,设立文史资料中心,藏书达2万余册,开放给公众人士及学者参阅。1990年,创办宗乡幼稚园,从小培养儿童认识华族的传统价值观。

1992年,与中华总商会联合创立华社自助理事会,以培养和发展华族社群的潜能。1993年,成立华文课外读物理事会,向学生推荐可读性高的健康华文读物。1995年,创设华裔馆,成为海外华人研究中心。同年,设立中文系高级学位奖学金,鼓励人们深入研究华族文化。2004年,与中华总商会联合设立"中华语言文化基金",推动和支持本地华文与中华文化的学习。

20多年来,总会举办过许多大型的华族文化活动。除每年农历新年的"春到河畔迎新年"外,也主办过研讨会及座谈会、华人传统展览、华族文化研习营、宗乡之夜等各类华文活动和比赛。此外,总会也出版了10余种书籍与刊物,其中包括喉舌刊物《源》季刊、《新加坡华人会馆沿革史》、《华人礼俗节日手册》、《华人传统》图片集、《向李光耀资政致敬》、《新加坡华人——从开埠到建国》、《新华历史人物列传》、《新加坡会馆书刊目录汇编》与华族文化丛书《新加坡的宗乡会馆》、《狮城史话》、《狮城庙宇走一回》等,以及《抚今追昔》录像带。总会也出版月刊《宗乡简讯》,及时报道会馆信息,加强会员团体间的了解与信息沟通,共促发展。

1997年5月1日,总会迁入大巴窑二巷门牌397号新会所。宽敞的场地及先进的设

[①] 蔡仁龙、郭梁主编:《华侨抗日救国史料选辑》,福州:中共福建省委党史工作委员会·中国华侨历史,1987年,第213～261页。

备,为举办各种大型活动带来方便,也更奠定了宗乡总会在新加坡华社的地位。①

新加坡福建会馆。其前身为1839年成立的"福建公司"。新加坡华人移民中以泉州、漳州、福州府属县之人士居多。1839年,闽人在侨领陈笃生、薛佛记等人的领导下,在直落亚逸街大兴土木兴建"天福宫",闽帮领导中心于1840年天福宫建成后迁移到该庙。

1860年成立初期的福建会馆,附设于天福宫内。1915年福建会馆获华民政务司署批准为豁免注册的社团,当时称为"天福宫福建会馆",第一届会长为陈金钟。1929年陈嘉庚当选为福建会馆总理(会长),他集中全力改组福建会馆,扩大组织,将会馆组织由董事制改为委员制,以使会馆能更全面地照顾闽人的福利。陈嘉庚领导下的福建会馆,会务进展迅速,总务、财政、教育、建设、慈善五科都能各尽所能,为闽侨做出贡献,特别是在教育方面,除了办好属下学校外,还津贴新加坡闽侨所办的其他学校。

二战后,会馆为了鼓励子女接受教育,于1947年复办前南侨师范为南侨女中,它是福建会馆所办五校中唯一的中学兼附设小学部。1937年会馆注册为非盈利有限公司,定名为"新加坡福建会馆"。1949年陈嘉庚离开新加坡定居中国。陈六使接任福建会馆第十届主席,直至1972年7月辞职为止,前后共22年。

1954年陈六使与李光前带头各捐献20万元,在天福宫对面戏台地段建福建会馆大厦。1955年福建会馆大厦落成,除了供会馆之用外,它亦为爱同及崇福两校的教学场所。

福建会馆又鉴于民间儿童失学情况严重,当时的主席陈六使大力发动,再加上常务委员李光前在经济上的大力支持,会馆于1953年5月又创立了光华学校。

陈六使在1953年1月16日福建会馆执监联席会议上,建议捐献云南园土地500英亩,以创办南洋大学。经过3年的积极筹办,南洋大学于1965年3月开学。陈六使于1972年辞职,时年76岁。黄祖耀于是年接任第二十一届主席。至今已蝉联十二任主席,在他任期内,福建基金于1977年7月2日正式成立,目前资金有1600万元。

从1986年开始,该会成立了"文化艺术团",有组织、有计划地培育更多富有文化艺术气息的新一代。1991年设立"新加坡福建会馆文化艺术奖学金",来赞助具有文化潜能及肯献身文化艺术的人士修读华族文化艺术课程,以培养文化、艺术人才。1994年设立"新加坡福建会馆会员子女奖学金",奖励品学兼优的会员子女。②

怡和轩俱乐部。成立于1895年10月,是由一批"福建帮"的领袖人物,如李清渊、陈若锦(福建永春人)、林文庆(福建海澄人)等人倡办的联谊性同乡组织,历史上曾为新加坡华社核心机构,会员均为新加坡福建籍侨领和商界领袖人物。

初期会员不多,1939年增至100多人。初为总理制,首届总理为林推迁。林氏于1923年去世后,陈嘉庚继任总理。1930年改主席制。该俱乐部本着"天下兴亡,匹夫有责"、"无党无派、关心民族、关心国家"的精神,积极支援祖国辛亥革命、抗日战争,参与区域性重大活动,开展禁毒、提倡卫生,赞助公益活动。1937年组织新加坡华侨筹赈祖国

---

① 《关于宗乡总会》,http://www.sfcca.sg/aboutus.
② 《新加坡福建会馆》,http://www.fjsen.com/y/2009-09-30/content_1127988.htm.

难民委员会及新加坡华侨自由公债劝募委员会。1938年建立马来西亚华侨筹赈会联合通讯处。同年发起组织以陈嘉庚为主席的"南侨总会",成为"南侨总会"总部。抗日战争胜利后,曾积极支持祖国的解放战争。新加坡独立后,主要开展推动新加坡经济建设和社区公益、慈善、教育文化事业等活动,积极促进中新两国友好交往和中国经济建设。①

新加坡永春会馆。由陈金声、李清渊、陈明水、陈若锦等创建于1867年,起初设在小坡的一间店铺里,作为家乡南渡谋生者暂时居住的地方。这些南渡的同乡都是贩卖布匹和家用杂物的,过着日出而作、日入而息的艰苦生活,大家聚集在一起,互助合作,疾病相扶。由于都从家乡来,承袭故乡的风俗,每年的佛诞节日都举行宴会,邀请同乡参加,借以联络感情,久而久之就沿袭成例。于是居住在大坡的商家也来参加。由于会务发展的需要,推选职员,负责处理馆务,为同乡排难解纷,代伸冤屈,抵御外侮,寻找职业,喜庆病亡相助。1905年,会址迁入大坡厦门街105、106号,并立碑留念。

进入20世纪,会馆创办鼎新学校,解决永春华侨子弟学习华文的需要。辛亥革命时,会馆捐资帮助推翻清王朝的革命活动。1928年成立救乡总会,派代表回国请福建省政府派正规军到永春剿匪,以安定地方。1933年,甘肃、陕西发生严重旱灾,会馆捐款救济。"九一八事变"与"七七事变"后,会馆参加救国运动。捐资捐物支援祖国抗战,组织技工到滇缅公路服务。

日寇占领新加坡期间,会馆停止活动,1945年秋新加坡光复后,筹募基金新币10余万元,动工兴建新会馆。会馆设互助部,参加互助部的部员先后丧亡600余人,发给互助金新币20余万元。

1962年马来西亚永春联合会成立,会馆曾一度成为联合会会员。②

新加坡漳州总会。1929年成立,由来自中国福建漳州龙溪、漳浦、长泰、南靖、海澄、诏安、平和、云霄、东山、华安10县同乡组成,初名"漳州十属会馆",二战后改名为"星洲漳州总会"。宗旨是:联络乡情,促进团结,共谋福利,服务社会。1935年购置新会所。下设:互助会,协助会员及家属办理丧事善后工作;慈善机构。每年颁发中小学奖助学金、老人度岁金。③

新加坡南洋东山会馆。成立于1938年,是福建省东山县移居新加坡乡亲的同乡团体。该会馆热心于公益事业,1962年会馆增设"互助部",为同乡谋福利。1970年,创办教学基金管理委员会,为同乡子女设立奖学基金。1976年,由当时的会长林喜藤倡议,成立"慈善基金委员会",赈助贫苦老人和残疾人。近年来,还组织会员回故乡参观会友。

新加坡安溪会馆。该会馆于1922年年底酝酿筹备。当时旅居缅甸的安溪闽商施明德到新加坡接洽商务,发现旅居的福建人中安溪人很多,认为应该组织会馆。于是他与

---

① 《新加坡怡和轩俱乐部》,http://news.xinhuanet.com/overseas/2005-01/18/content_2477406.htm.

② 《新加坡永春会馆》,http://www.fjsq.gov.cn/showtext.asp?ToBook=3203&index=905.

③ 《新加坡漳州总会》,http://baike.baidu.com/view/291604.htm.

槟城的安溪人李华春联合本地安溪人高铭壬、张培恭、胡绪省、白圻引、高水仙、林本道、傅添福等人共同发起筹组安溪会馆,于 1923 年春正式成立。宗旨是:联络乡情,敦睦宗谊,热心公益,服务社会。创会初期,该会馆即利用福建街 30 号会所的二楼,创办"作人学校",传播中华文化,给同乡及邻近子弟方便,及受教育的机会,培育英才。1942—1945 年日占时期,被迫停止一切活动,直至 1946 年始全面恢复活动。1948 年时任会馆主席柯进来正式发起筹建新会所。由于市场不景气、地点与地价不合等因素,筹建会所之议暂遭搁置。1955 年购得一块地皮,1959 年 7 月 4 层楼的会馆大厦竣工,1960 年 10 月举行落成典礼。设有教育股、互助部、慈善股和康乐股。1952 年首创小学助学金,后来对中学、大专各级学生亦予奖助学金及大学贷学金。曾支持创办励群(1927 年)、怀南(1933 年)、醒南(1936 年)、中立(1947 年)等 22 所学校。

1960 年 10 月 30 日由名誉主席林庆年剪彩主持新会馆——安溪大厦落成开幕典礼。进入 20 世纪 60 年代末 70 年代初,该会馆依然重视文教和福利工作,成立大专、大学贷学金。其中,中小学及大专、大学奖助学金,是其中最为突出的。

1977 年,商业巨子唐裕担任常务主席(第二十七届),在唐主席领导的数十余年,会务发展十分稳健迅速。

该会馆初期会员只有数十名,20 世纪 80 年代达 2020 余名。从创会开始,便本着联络乡谊团结乡亲,照顾会员乡亲福利,推动文教工作以及服务社会人群的宗旨,开展会务活动,取得可观成果,获得社会公众的推崇。①

新加坡福州会馆。创会于 1909 年,其创立与福州人笃信的天后妈祖有着密切的历史渊源。当时,南来的福州乡亲为了感谢妈祖的庇佑,便建了天后庙祭拜妈祖,同时天后宫也成了同乡叙旧及互通消息的地方。福州会馆便是在这样的基础上衍生发展起来。会馆主要的宗旨是:(1)联络感情,促进互助精神;(2)增进会员之道德,共谋同乡及国家社会之福利;(3)排难解纷,息讼止争,调停会员纠纷事件;(4)办理一切公益教育及文化慈善事业。

福州会馆创办初期,主要任务为联络乡人感情,排难解纷、恤孤济贫,进而推动教育公益与社会福利事业,为十邑同乡所称道。

福州会馆成立至今已一个世纪,以下是会馆在此悠长岁月中所经历的重要里程碑:

会馆早于 1925 年在会所内创办三山学校,两年后因故停办。1946 年,鉴于战后失学儿童甚多,本会馆毅然复办三山学校,为培育英才及民族教育贡献良多。

1948 年 6 月 18 日,福州适逢罕见大水灾,福州会馆情系桑梓,发动筹赈 6 万余元救济灾黎。

1951 年间中华总商会推动本坡立法市政议员选民登记,会馆予以响应及赞助。1957 年间本会馆扩大征求新会员,并申请政府公民注册局派队到会,为同乡办理公民宣誓注册。

---

① 《新加坡安溪会馆》,http://baike.baidu.com/view/289612.htm.

支持已故福建会馆主席陈六使所号召的,创办南洋大学。该会馆受邀参加为该筹委之一,并于1953年成立新加坡福州会馆联合福州属各团体筹募南洋大学基金委员会,分函各地福州同乡呼吁捐款,获得热烈响应,献金23000余元。

1962年,购置林厝港山地,共115亩,辟为福州冢山,但于1992年已完全被政府征用。这期间冢山收入皆拨为教育慈善用途。

1971年,本会馆联合福州咖啡酒餐商公会筹建福州大厦,新大厦于1977年11月20日建竣。

协助推动各项全国性活动。本会馆响应政府所倡导各项运动,如节约运动、守时运动、礼貌运动、敬老运动,参加中华总商会及七大会馆共同主办的推广华语运动等。

1990年5月,本会馆暨福州属社团同马来西亚福州社团联合创办第一届世界福州十邑同乡大会。近千名来自海内外各地的福州乡亲远道而来,聚首一堂,同欢共庆,并于是次大会中筹组世界福州十邑总会。

福州会馆极为重视维系海内外乡亲间的亲密情谊,同时也致力于促进与海内外各界的交流。许多海外福州名人曾亲临造访本会馆,其中为人津津乐道的是有"菩萨"之称的萨镇冰曾于1940年间莅临福州会馆,当时萨镇冰被派与福建省参议员一行南来宣慰华侨,下榻于会馆旧会所。此外,故国民政府主席林森、福州海军将领陈绍宽等名人皆先后在早期莅访会馆。由此可见,新加坡福州会馆自创会以来就与海内外十邑同乡维系友好交往。此外,会馆还出版《三山季刊》,并设立了网站以促进与各界的交流。①

新加坡晋江会馆。新加坡晋江会馆坐落于新加坡市中心的牛车水区,创立于1918年,迄今已有90多年历史。它经历了英国殖民地的统治时期,日军占领的沦陷时期,新加坡自治,新马合并、分家,到新加坡的建国。新加坡晋江会馆90多年的历史,是新加坡华人奋斗史的缩影。它见证了新加坡的发展,是新加坡建国历史的一环。

晋江会馆的创会宗旨是:敦睦乡谊,照顾会员乡亲的福利及弘扬优良的传统中华文化。晋江会馆90多年来,始终保持会务的蓬勃发展,实有赖于晋江会馆历届会长及领导层,在每个关键时刻,都能以宽大的胸襟、高瞻远瞩的眼光,大胆革新、奋发图强、与时并进,使得会务蒸蒸日上,永远充满活力。

2010年4月18日,晋江会馆第32届执委会举行就职典礼,新任会长庄镇祥在就职典礼致辞时,说道:"随着时代的变迁、社会的改变,年轻一代对会馆的活动兴趣不大。人口老化不但是新加坡政府面临的问题,也是目前新加坡宗乡会馆面临的严重问题。我会的前辈们很早就开始积极配合新加坡政府的移民政策,鼓励新移民加入会馆,成立青年团。我们非常高兴地看到本届的执委中,有9位执委是新移民,占执委会人数的百分之三十,平均年龄32岁。希望年轻的新执委能为会馆注入新活力。"②

会馆设有晋雅阁,以及教育股、福利股、互助部、妇女组、青年团,各组协调合作为会

---

① 《新加坡福州会馆》,http://www.foochow.org/.
② 《新加坡晋江会馆》,http://www.chinkang.org.sg/chinkang.Asp.

馆和会员做贡献。

新加坡南安会馆。新加坡南安会馆的发展历史是和凤山寺历史息息相关的。清朝道光十六年(1836年),南安人梁壬癸等兴建凤山寺于青山亭附近(中央医院现址)。同治七年(1868年),又由蔡鹏南、宋麒麟等发起重修,直到光绪三十三年(1907年),青山亭原址因受城市发展影响,获赔偿地价5万元,理事遂物色到现址摩哈末苏丹路建寺。

凤山寺还在青山亭附近,未迁徙之前即已成为南安邑人聚集地,迁址后又创办南明学校,参加的邑人更加踊跃。1926年,南安籍商人王加禄、侯西反、林水杺、林志伊、洪光腾等人发起倡立"南安会馆",并在安祥山购下5间两层店屋为会产,以1间为会址,而将其他4间租出去,以维持会馆的经费。当时出任会长的是王加禄,财政为洪光腾。

王加禄蝉联好几年会长,随后由梁少山前贤继任。后来会馆修改章程,改为委员制。在新制下侯西反出任主席,直到抗战时期受令离境为止凡十数年。之后,由周献瑞接任主席,继续协助筹赈抗战工作。当日军南下时,会址已成为抗日义勇军的总部。

1945年年末,梁后宙、周献瑞、林建达起而领导复兴工作,众人一致推选周献瑞为主席。翌年秋天,会所装修翻新,并于1946年发起组织马来亚南安总会,获乡亲热烈支持响应,都派代表出席在本会召开的大会,通过成立马来亚南安总会。周献瑞荣选为第一届主席。

1950年间,该会依法申请注册为非营业有限公司,获政府批准。到了1962年春天,主席林建达于第27届新职员宣誓就职典礼时再提重修会馆事宜,立刻获良好反应。1963年林建达在健康欠佳下提出辞呈,由卓金树前贤继任主席,并继续筹建新会所工作,初期拟在安祥山原址改建成4层楼大厦,然过后又议定在摩哈末苏丹的凤山寺前空地,兴建一座5层楼高的大厦。

在各方出钱出力、奔走筹措之下,筹得建厦基金数十万元之多。大厦图样在政府批准后招标承建,并于1970年1月10日举行隆重奠基礼,由名誉主席黄奕欢主持仪式。7年后,也就是1977年1月15日,借会馆金禧纪念之际,举行包括新厦落成在内的双喜庆典。

1994年第43届理事改选,由年轻企业家黄国庆接任主席后,立即着手进行重修凤山寺,增设多用途的南风阁会议厅,扩建礼堂大门;并于1996年领导会馆隆重举行五庆大典及成功举行世界南安同乡联谊会第三届恳亲大会。此外,也继续加强推展各项活动,为会馆奠定了更稳固的基础。①

(三)新加坡闽商宗亲社团

据《新加坡华族会馆志》记载,新加坡华人宗亲组织的姓氏共有102个,大小宗亲会有279个,以陈姓宗亲会最多,有22个,其次是林姓和黄姓宗亲会。据统计,在200所主要宗亲会中,1911年以前成立的有21所,占总数的10.5%;第二次世界大战结束后至20

---

① 《新加坡南安会馆》,http://www.lamann.org/jianshi.html.

世纪 60 年代成立的有 69 所,占 34.5%,其余约半数是在 20 世纪 20—30 年代成立的。①其中较重要的闽商宗亲社团有:

新加坡开闽王氏总会。1872 年,由王友海、王求和、王宗周三人合资为族人购地,从事种植,开辟荒地,建屋栖息,称为"姓王山",后来改为"太原山",以纪念王氏族裔之来源。1875 年为供祭祖宗,形成"闽王祠"。1944 年筹建闽王公会,1945 年成立新加坡开闽王氏总会,1970 年易为今名。宗旨是:团结联谊同族人,扶贫济困,继承中华传统文化。②

新加坡颍川公所。前身是保赤宫陈氏宗祠,是新加坡成立较早的血缘性宗亲社团之一,成立于 1878 年,由福建籍华侨陈金钟、陈明水等人创建。初成立时只限福建籍陈氏宗亲参加。1881 年后外省籍陈氏宗亲也可参加,保赤宫因而成为新加坡陈氏宗族人士的总组织。陈氏宗祠所奉祀的是"开漳圣王"陈元光。闽、粤、台人民和海外华侨对陈元光十分崇敬,因此海外陈氏都以他为荣。1937 年陈氏宗祠更名为新加坡颍川公所。③

新加坡张氏总会。新加坡张姓人士的总机构。1939 年成立。其前身为金鉴堂,由福建省安溪、金门、惠安、诏安等县张姓人士创立。宗旨是:奉祀祖先,联络乡情,举办慈善公益教育,共谋宗亲福利。④

林氏总会。创建于 1957 年,其前身为 1857 年由闽粤两省籍林姓族人创建的林氏大宗祠"九龙堂"。

(四)新加坡闽商经济和行业社团

新加坡按行业组成的社团达 370 多个,其中新加坡中华总商会是社团的最高组织。此外,还成立了各行业社团。主要的有:

新加坡中华总商会。其前身为 1906 年各省籍侨商联合组成的"华商务总会",首任主席为祖籍诏安的吴寿珍。1942 年新加坡沦陷后,会务暂停。战后恢复活动,由李光前任会长。其所属以福建人为主的团体会员有:新加坡金融公会、新加坡厂商公会、新加坡树胶公会、新加坡中国商品进出口会、新加坡茶商公会、新加坡福州咖啡酒餐商公会、新加坡布行商务局等。

新加坡中华总商会成立于 1906 年,是新加坡历史悠久的商业团体。总商会不但是本地华商华社的最高领导机构,在国际商业舞台上享有良好的信誉,同时也是世界华商大会的创办机构,并拥有广泛联系世界各地华人企业的商业资讯网站"世界华商网"(www.wcbn.com.sg)。在维护新加坡商家利益,推动国内外商贸、教育、文化与社区发展各个方面,都扮演着积极和重要的角色。总商会于 1995 年荣获 ISO9001:2000 国际标

---

① 《海外华侨华人宗亲会馆溯源》,http://www.lsw.cc/html/lyhd/2085.html.
② 《新加坡开闽王氏总会》,http://www.hudong.com/wiki/新加坡开闽王氏总会.
③ 《海外华侨华人宗亲会馆溯源》,http://www.lsw.cc/html/lyhd/2085.html.
④ 《新加坡张氏总会》,http://www.hxuc.com/hqst_show.php?c=22&sc=39&id=1902.

准证书,不断为会员提供国际水准的优质服务。2009年,总商会通过国际标准组织的审核,获颁ISO9001:2008国际标准证书。

新加坡中华总商会目前拥有超过140个商业团体会员和4000名商号会员,其中包括来自各行各业的跨国公司、政联机构、大型金融与商业组织和中小型企业。总商会为会员提供多种交流平台,以便分享丰富的资源和商机,并共同建设极具影响力的世界华商网络,为经贸、教育、文化和社会发展做出贡献。成为总商会的会员,不但能够分享彼此间强烈的归属感、认同感,而且可以享受多种服务、设施与活动优惠。①

1989年林荫华蝉联第45届会长后说:总商会将继续努力协助会员开拓新市场,利用华人分布世界各地的优势,加强与各国华埠、华商的联系,将新加坡中小企业的产品推销到世界各国。当年主办"工商展会1989",协助会员发展区域和国际贸易。1990年2月举办国际性的"世界华人商会研讨会",共同探讨华商的处境,策划未来的发展。1991年8月10—12日,发起主办首届世界华商大会,共有来自30个国家和地区的70个城市组团参加,800名华商代表与会。新加坡内阁资政李光耀应邀主持开幕式,并发表主题演讲,大会决定在新加坡设立永久联络机构,每两年轮流在各地举行一次大会。对总商会董事会按帮派选举的制度,自1929年陈嘉庚提出废除的意见后,是否废除的争论长达69年,尤以1965—1968年的争论最为激烈。1968年10月特别会员大会经激烈辩论后,在493名出席会员中,411人赞成通过章程修改小组所提章程草案,仍保留分帮选举。1993年新当选的会长郭令裕再次提出废除分帮选举,由于新加坡华人社会已发生根本变化,帮派的作用日益式微,这一提议获得曾任会长的黄祖耀、陈共存、林荫华、陈永裕等支持,终于在同年8月召开的特别会员大会获得通过。修改过的章程废除帮派选举制,但保留7个董事席位给7个方言群(帮);副会长增至3人;总商会的宗旨也改为:促进工商业发展、经济繁荣、文化教育活动与社会福利。②

新加坡工商联合总会。新加坡工商联合总会(SBF)是新加坡最大的商会,它是1978年5月5日由新加坡中华总商会、新加坡国际商会、新加坡印度商会、新加坡马来商会以及新加坡厂商工会五大团体联合组建的。其领导机构由各组织派出5位代表组成理事会,作为总会行政最高组织。然后从理事会中推举会长1名、副会长2名,执行总会日常事务,一般任期两年,由各组织推出的理事会成员轮流担任正、副会长职务。

工商联合总会现有会员公司超过15000家,海外内中小型企业、上市公司和跨国公司都是该成员。该会以维护新加坡商业团体在贸易、投资及行业关系等方面的利益为己任,搭建连接政府与商家的桥梁,协助营造更有利的商业环境,且在国际的双边、区域、多边场合中充当商业团体的代表,帮助商业团体扩大国际贸易,加强国际业务交流。

作为新加坡的最高商会,新加坡工商联合总会努力保护新加坡商业团体在贸易、投资及行业关系等方面的利益。在国内,商联会是连接政府与商家的桥梁,协助营造更有

---

① 《新加坡中华总商会》,http://www.sccci.org.sg/index.cfm?GPID=6.
② 《新加坡中华总商会》,http://baike.baidu.com/view/286474.htm.

利的商业环境。在国外,商联会则会在双边、区域、多边场合中充当商业团体的代表,帮助商业团体扩大国际贸易,加强国际的业务交流。①

第四节 文莱的闽商

一、文莱闽商发展的历史

文莱古称渤泥、浡泥。早在南北朝时就与中国有经贸往来。② 宋代太平兴国二年(977年),渤泥国王派遣使者向宋朝进贡,与宋建立了密切关系,此后又多次来贡。元丰五年(1082年),渤泥国王锡理麻喏"复遣使贡方物,其使乞从泉州乘海舶归国,从之"。③ 从此渤泥与泉州建立了正式的通航关系,渤泥的商船常到福建港口贸易,来自泉州的宋船也每年航抵渤泥。渤泥"俗重商贾",每当宋船抵渤泥港口,"其王与眷属率大人到船问劳",船人用锦藉跳板迎接,并献以酒食器皿。过了一段时间,闽商"方请其王与大人论定物价。价定,然后鸣鼓以召远近之人,听其贸易"。④ 宋船返国之时,渤泥国王还设宴欢送,赠以礼品。可见,福建与渤泥之间有着友好的通商贸易关系。宋末还有泉州人到渤泥居住,并卒于此,其坟与墓碑至今犹存。⑤

到了元代这种友好关系进一步发展,从泉州赴渤泥贸易的闽商很多,受到当地人民的尊敬。汪大渊曾到渤泥,见到当地人民"尤敬爱唐人,醉也则扶之以归歇处"。⑥

洪武四年(1371年),明太祖就曾派遣福建行省都事沈秩等人从泉州航海,出使渤泥,召其入贡。⑦ 永乐六年(1408年),渤泥国"王率其妃子及陪臣来朝。是年至福建,命中官往宴劳之"。⑧ 证明福建是双方往来的主要口岸,存在着经常性的海上交通。福建商人常到文莱经商,16世纪时,"在文莱城,居有许多中国商人,这些商人从事文莱和华南之间以及文莱与北大年之间的商货贩运"。⑨ 嘉靖末年,"闽、粤海寇遗孽逋逃至此,积

---

① 《新加坡工商联合总会》,http://www.sbf.org.sg/。
② 《梁书》卷五四,《婆利传》,北京:中华书局,1983年,第796页。
③ 《宋史》卷四八九,《渤泥传》,北京:中华书局,1977年,第14095页。
④ 赵汝适:《诸蕃志》卷上,《渤泥国》,北京:中华书局,1996年,第136页。
⑤ 《有宋泉州判院蒲公之墓》碑,见林少川:《渤泥"有宋泉州判院蒲公之墓"新考》,《海交史研究》1991年第2期,第57页。
⑥ 汪大渊:《岛夷志略·浡泥》,北京:中华书局,1981年,第148页。
⑦ 宋濂:《文宪集》卷四,《渤泥入贡记》,第45页,文渊阁《四库全书》,武汉大学出版社原文电子版。
⑧ 罗曰褧:《咸宾录》南夷志卷六,《渤泥》,北京:中华书局,1983年,第163页。
⑨ N.J. 赖安:《十六世纪的马来亚》,《南洋问题资料译丛》1983年第2期。

二千余人"。① 所谓海寇,其实是走私商人。开放海禁后的万历年间,"俗传今国王为闽人,随郑和征此,留镇其地,故王府旁旧有中国碑",说明文莱对福建商人持欢迎态度,故吸引了众多福建商船。"华船到,进王方物。其贸易则有大库、二库、大判、二判、称官等酋主其事。船既难出港,最宜密行。有时贸易未完,必先驾在港外。"②

在西方人入侵之前,文莱是一个相当繁荣的王国,领有现在的文莱、北沙捞越和沙巴,以及菲律宾群岛南部,闽商经济也甚为繁荣。据葡萄牙人的记载,"1520年,葡萄牙人初抵婆罗洲时,汶莱极为繁盛。沿岸地方,华人居住者甚多,产业旺盛,中国商船往来频繁"。③ 18世纪中叶,北婆罗洲(包括印尼属一部分)的福建华侨已达数万人之众,"闽粤人到此淘金沙、钻石及贸易、耕种者,常有数万人"。④

16世纪中叶以后,文莱国势日衰,属地纷纷独立,最后领土仅剩婆罗洲北部的一小块土地。

19世纪初英国殖民者侵入北婆罗洲,1888年,文莱沦为英国的保护国。1909—1910年,英国人到厦门等地招工前往文莱。1912年英国的香港华工移民专员李尔德又来厦门招工,招到100人,却因没有搞到船只运输而未成。除了契约华工之外,还有大批福州语系的福建人和金门县人移居文莱河两岸垦殖,同时大批以捕鱼为业的兴化人也移居文莱湾。1929年文莱发现油田,又有一批闽籍华人从沙巴、沙捞越等地移居文莱。早期福建移民的后裔至今仍居住在斯里巴加湾市,他们多数从事商业。据统计,1931年文莱总人口为30135人,华侨有2683人,其中客家人占31%,闽南人占28.5%,福州人占0.2%。⑤

二、文莱闽商社会经济

早期文莱的福建籍华人以经营中小商业和种植业为主,闽南人多经营土产收购、零售日用百货,福州人侧重于种植,兴化人大多从事捕捞业。现在文莱经济以输出石油和天然气为主,但均由外国大企业经营。而福建籍华侨华人仍多数以经营中小商业为主。如甲必丹林德甫,1910年生于金门,17岁去文莱,最初任职于经营土产杂货的隆顺商行,后与友人经营畜牧业,并创办美成商号,经营日用百货及建筑材料出入口贸易而致富。由于业务扩大,1953年开始创办轮船公司,20世纪80—90年代经营建筑业,发展较快,并不断向国外拓展业务。

曾任文莱中华商会会长的陈天振,1913年生于金门,18岁到文莱习商。1948年集资创办振成商行,经营橡胶、土产及五金、洋杂货出入口业。陈氏家族至今仍为文莱华人

---

① 《明史》卷三二五,《浡泥传》,北京:中华书局,1974年,第8415页。
② 张燮:《东西洋考》卷五,《文莱》,北京:中华书局,1981年,第104页。
③ 陈碧笙:《南洋华侨史》,南昌:江西人民出版社,1989年,第178页。
④ 谢清高著,冯承钧注:《海录注》,北京:中华书局,1955年,第51页。
⑤ 维·布赛尔:《东南亚的中国人》,《南洋问题资料译丛》1958年第Z1期,第96页。

望族。

在文莱的华侨华人中发展较快的多是20世纪20年代移居当地的金门人。如1916年随父兄前往文莱经营德源商行的林清注；1922年移居文莱的李仁义，先后创办经营杂货的联发公司、复发进出口公司、联丰发展有限公司、国民旅馆有限公司；1927年与其兄林壮移居文莱，先后创办美成商号、美成船务公司的林德甫等。据文莱中华商会统计，华人经营的商号连同零售业在内约有600家，除少数资力较强者经营金融保险、空运、仓储海运或投资炼油液化气、小种植园及承包工程外，经营传统的日用百货、土产杂货都有300家，经营鱼虾、瓜果、蔬菜、罐头业的约200家，经营旅游、餐馆、茶室、理发、照相等服务性行业的约50家。后来经营服务业的闽商很多人扩大发展为经营超级市场、旅游、餐厅、夜总会等。

文莱农业不发达，过去农、渔、牧业多由兴化人经营，有的以种植橡胶、胡椒、硕莪、花卉、蔬菜为业，也有以捕鱼为生。20世纪80—90年代后，他们开始转营小型畜牧场、养殖场，从澳大利亚、新西兰引进肉牛、乳牛良种，生产牛奶、禽蛋及乳制品。1974年，文莱政府拨出2000英亩文莱河沿岸的土地，给闽商举办农业公司，种植水稻、杂粮、饮料。其中比较成功的是李仁义，他与当地人士合营的联丰农业发展有限公司，除种植杂粮外，还建有规模较大的机械化饮料厂，厂房、设备及技术售货员均由台商孙功凯提供，作为投资股份。此外，还有一批由家庭经营的小规模农场和饲料场。

20世纪80年代以来，文莱政府推行多元化经济计划，以经营进口贸易为主的闽商开始投资设厂。他们与新加坡、香港、台湾的批发商建立联系，输入的货物占当地销售量的80%以上。同时也投资小型机械加工、汽车、机车装配及维修。由于他们与东南亚其他国家特别是与马来西亚、新加坡的华商联系较密切，除从国外进口一批汽车、家用电器等消费品外，还配合当地建设需要，输入机械工具、原料、交通运输工具。在餐饮服务业方面，20世纪90年代由华人开办的餐馆有30多家、电影院10多家，多由金门籍华商经营。转营工业的闽商多以小型修造业、海产轻工业为主，也经营家用电器修理和装配，如加工生活用品、银饰铜器等。全国由华侨华人经营的电子电器装配维修有40多家，维修约有30家，食品加工工业约10家。

1914年出生于福建莆田的方国珍，20世纪30年代末到沙捞越，以捕鱼为业，1946年移居文莱经商，后因经营与当地主要经济部门相关的石油及汽车行业，业务发展很快。1974—1978年两次出任文莱行政议员、立法议员，并担任过文莱卫生部长。

20世纪80年代以后，由于文莱政府加快建设公共设施及住宅，闽商经营的建材、建筑业成为新崛起的重要经济部门。由于当地缺乏生产水泥的石灰石原料，过去每年需要从国外进口10多万吨水泥，闽商在新加坡、印尼、台湾、香港等地投资水泥厂，改用海运散装水泥进口后，降低了成本，保证了供应，也减少了海运造成的损失。此外，改营砖、碎石的闽商也随着建设的发展而不断扩大经营规模。

为配合文莱政府20世纪70年代以来实施的五年经济建设计划，政府大力支持华商承包兴建公寓或住宅，以取代当地传统式的高脚栅屋，改善人民的居住条件。20世纪90年代有50多家当地华商与马来西亚、新加坡和台湾建筑商合营的建筑工程公司，其中资力比较雄厚的有钟拔卿、钟世平父子经营的土木工程结构私人有限公司。该公司的附属企业专门生产未建造海上采油用的浮台及架构,是东南亚第二大的海上工程承建商,也是全国最大的民营企业。还有专门生产烧焊切割等用途的液化氧、氢的"文莱氧气公司"。上述两公司在文莱工业上占有重要地位。祖籍福建的新加坡华商李金塔父子私人建筑公司,蔡世柑、蔡锦淞父子经营的建筑公司,马来西亚云顶集团林梧桐等经营的达发实业有限公司,都到文莱承包国家征战结构工程项目及城镇公用建筑和城镇居民公寓组屋。福州籍侨领甲必丹林德甫和林仁义、叶宗德等人联合创设的合顺窑业公司是当地最大的自动化砖厂。

此外,由华侨华人经营的金融、保险公司有 8 家,主要股东多为原籍金门的华商,资产及总资产均占这一行业的一半以上。

据文莱中华商会统计,20 世纪 90 年代,文莱华侨华人经营的大小商店约有 600 家,其中经营日用百货、土产杂货约 300 家,鱼虾、蔬菜、罐头业约 200 家,旅游、餐馆、茶室、理发、照相等服务性行业约 50 家,中西药业全由华侨华人经营,只有少数资本较雄厚者经营金融、保险、仓储、海运业。闽商主要经营商业和服务业,在这两个行业工作的华侨华人占整个旅游业人数的 60%。以福建人为主的 200 家中小商号,大多雇用本省籍华人。①

三、文莱闽商社团

文莱的同乡社团以金门会馆规模较大,宗亲社团则以林氏同乡会成员较多。

1998 年 7 月 1 日又成立了文莱福建会馆,是目前文莱华人社团中最晚成立的社团。但是,由于文莱华人中闽籍人士占多数,所以该会馆的成立在文莱华人中反响热烈。会馆成立的主要目的是联络乡谊,争取会员权益,促进老、中、青三代的联系和团结,促进会员福利和教育事业,加强同各华人社团的合作,为弘扬中华文化、促进文莱社会繁荣贡献力量。

其他经济和行业社团有:

文莱中华总商会。成立于 1964 年,为统领文莱整个华人社会的最高社团组织。该有近千名会员,首届会长林清注,因热心公益事业和为华侨社会服务,被文莱苏丹委任为枢密院议员兼顾问,并于 1952 年和 1966 年被苏丹授予拿督荣衔和最高勋衔。副会长林德甫也被委任为文莱官员委员会苏丹和交通部委员。继任会长李仁义和副会长陈天振等祖籍也都是金门人。现任文莱中华总商会执行副会长林伯明在 1998 年开始担任文莱中华总商会商务主任等要职,2003 年出任副会长,并于 2009 年担任执行副会长。与此同时,他也积极参与文莱福建会馆的工作,2001 年担任副青年团团长,2003 年为商务主

---

① 华侨经济年鉴编辑委员会:《华侨经济年鉴》,台北:华侨经济年鉴编辑委员会,1987 年,第 155~158 页。

任,2008年出任福建会馆副主席。①

文莱马来奕福州公会。为了加强同乡间的乡谊与联系,有识同乡于1949年发起成立建馆筹备委员会。不料1950年,诗里亚市镇惨遭火灾,化为废墟。

1953年,由公所永久名誉主席陈春生向政府申请建会土地,终获政府批准。1955年12月18日,会所终于宣告落成。公会成立之初,只有会员50余人,随着社会的发达、人口的增加,如今会员已增加至300余人,若计会员家眷及尚未加入为会员的同乡,总数当在3000人左右。该会宗旨在联系团结乡亲,互相守望乡梓情操,共谋同乡福利。1964年3月和1978年1月两次扩建会所。会所楼上为礼堂、会议室、办公室和客房,楼下则全部出租,租金成为会所的主要经济来源。1985年成立青年团(福青团),首任团长陈礼轩。1990年改福青团为榕青团,协助推动会务,开展各项文娱体育活动及敬老联欢晚会。每年除捐助全国8间华校办学经费外,还要颁发会员子女学业奖励金、老年乡亲敬老清寒学生助学金、困难会员援助会、助丧金等。至20世纪90年代初,会员已增至330多名。历届主席有:黄振明、黄保灿、刘人师、黄仁园、郑炳炎等。第33届(1991—1992年度)理事会主席郑炳炎。②

斯里巴加湾市中华总商会。成立于1946年,当时注册为"中华工会"。次年,在会员的志愿下,于1947年改名为"中华商会"。在2005年,鉴于本会会员来自不同领域,在大会许可下正式改名为"斯里巴加湾市中华总商会"。目前,该会是文莱最大的华人商会,与马来商会和国际商会并列为文莱三大商界组织。该会以维护会员利益,促进会员间的合作及各民族之间的感情,加强与其他商会间的商业联系,发展工商业、推进社会经济繁荣,资助社会福利和教育事业并与政府合作推行国家政策为宗旨。截至2006年7月31日,该会共有会员902名。会员经营的业务包括工商各业,有制造业、专业服务、保险、银行、旅游、进出口贸易、建筑业、交通运输、百货、批发零售、饮食业和服务业等。

在一般工商服务外,该会还为工商界提供工商资讯交流的机会,并促进国际工商界的沟通。该会与世界各地的工商会组织有密切的联系,并与政府各部门皆保持经常的联系,特别是有关经贸方面和国家庆典活动。该会自成立以来致力于推动本国的贸易与文教事业,并兼顾地方福利工作。③

马来奕诗里亚华人机器公会(简称"马诗华人机器公会")。马诗华人机器公会成立于20世纪30年代末,是文莱最早的业缘性社团,前身为"马乃益机器研究所",后易名为"马诗华人机器工会"。日军侵占文莱时,该会会馆被烧毁。现会馆是1976年所建。该会在保留业缘性团体的特点外,还积极开展文体康乐活动。由于该会的活动多样化,因而入会者已不限于技术人员。为增强该会的大众性,1984年更名为"马诗华人机器公会"。该会地处的马来奕县是文莱华侨华人聚居人数仅次于斯里巴加湾市的主要县区。

---

① 《文莱中华总商会执行副会长林伯明》,http://www.chinatradenews.com.cn/founder/html/2009-10/15/content_16979.htm.
② 《文莱马来奕福州公会》,http://baike.baidu.com/view/291659.htm.
③ 《汶莱斯市总商会》,http://www.bruneichinesechamber.org/intro.asp.

目前,该会是文莱华人社团中实力较强且十分活跃的社团。①

第五节　印度尼西亚的闽商

一、印度尼西亚闽商发展的历史

福建人移居印尼群岛始于唐末五代。② 到宋代,福建与群岛上的主要国家都有频繁的贸易往来,到了元代双方的关系又有新的突破。元代之前,福建与马来群岛的通商主要集中在爪哇以西的诸岛,现在则扩大到整个群岛,群岛东部也加入了与福建的交流,双方的联系更加密切。

宋时以苏门答腊巨港为中心的三佛齐领有苏门答腊东海岸和马来半岛南部,是东南亚的强国。由于它的地理位置重要,成为东南亚国际贸易的中心。周去非曰:"三佛齐国在南海之中,诸蕃水道之要冲也。东至阇婆诸国,西自大食故临诸国,无不由其境而入中国者。"③来自中国、东南亚、印度、阿拉伯、东非的各种商品多运到三佛齐集散中转,"故国之舟辐辏焉",东西方商人云集,吸引了众多的福建商人前往贸易。

福建海船往往"自泉发船四十余日,至蓝里(苏门答腊西北)博易住冬",待到第二年,再乘印度洋东北信风而至印度、阿拉伯诸国,④因此三佛齐成为福建商人海外贸易的中转基地。如南宋初,"泉州纲首朱纺舟往三佛齐国……舟行迅速,无有艰阻,往返曾不期年,获利百倍"。⑤ 宋人洪迈亦记载了泉州海贾前去三佛齐贸易的海上历险遭遇。⑥ 当时福建主要向三佛齐输出金银、瓷器、锦绫、缬绢、糖、铁、酒、米、干良姜、大黄、樟脑、铜钱等物,运回东南亚各地的产品,如"玳瑁、脑子、沉香、速暂香、粗熟香、降真香、丁香、檀香、豆蔻外,有真珠、乳香、蔷薇水、栀子花、腽肭脐、没药、芦荟、阿魏、木香、苏合油、象牙、珊瑚树、猫儿睛、琥珀、蕃布、番剑等,皆大食诸蕃所产,萃于本国"。⑦

然而到元代,三佛齐趋于衰落,双方关系不似宋代那么密切,但是闽商前往贸易仍较为频繁。由于双方海上交通的便利,从元代开始,福建人大批移居苏门答腊,因此三佛齐的旧都巴邻傍在元末明初成了广东、漳、泉人聚居之地,⑧遂改称"旧港"。

---

①　《文莱华人社团》,http://www.gdoverseaschn.com.cn/hrgj/stjs/200306220224.htm.
②　坎贝尔:《爪哇的过去和现在》,载李长傅:《南洋华侨史》,上海:国立暨南大学,1929年,第50页。
③　周去非:《岭外代答》卷二,《三佛齐国》,上海:远东出版社,1996年,第42页。
④　赵汝适:《诸蕃志》卷上,《大食国》,北京:中华书局,1996年,第89页。
⑤　《福建莆田祥应庙碑记》,《文物参考资料》1959年第9期。
⑥　洪迈:《夷坚甲志》卷七,《岛上妇人》,北京:中华书局,1981年,第59~60页。
⑦　赵汝适:《诸蕃志》卷上,《三佛齐国》,北京:中华书局,1996年,第135~136页。
⑧　马欢:《瀛涯胜览·旧港国》,北京:中华书局,1955年,第16页。

第四章 马来群岛的闽商

在爪哇,10世纪岛上的东爪哇王国兴起,这就是宋代史籍所称的"阇婆"。阇婆是当时东南亚最强盛的国家。周去非认为,"诸蕃国之富盛、多宝货者,莫如大食国,其次阇婆国",①阇婆经济繁荣,物产丰富,商业也很发达,吸引了许多中国商人,其中主要为福建商人。北宋初年,就有建溪"主舶大商"毛旭多次到阇婆贸易,并由于毛旭的鼓励和引导,阇婆统治者于淳化三年(992年)派遣使团前来宋廷朝贡。② 自此,福建与阇婆的关系不断发展,阇婆统治者为了促进对宋贸易,采取各种措施招徕宋朝商人,对于前来贸易的闽商"馆之宾舍,饮食丰洁",福建商人因而接踵而至。当时福建帆船"于泉州为丙巳方,率以冬月发船,盖借北风之便,顺风昼夜月余可到",③以故双方的海上交通呈一时之盛。福建商人贩运的商品以川芎、朱砂、铜钱为大宗,此外还有金银、金银器皿、五色缬绢、皂绫、白芷、绿矾、白矾、鹏砂、砒霜、漆器、铁鼎、青白瓷器等,用以交换阇婆的象牙、犀角、真珠、龙脑、玳瑁、檀香、茴香、丁香、豆蔻、荜澄茄、降真香、花簟、番剑、胡椒、槟榔、硫黄、红花、苏木、白鹦鹉、吉贝布等。

闽商与阇婆的属国苏吉丹之间也有大量贸易。在苏吉丹,中国的川芎、朱砂尤受欢迎,故福建商人"兴贩率以二物为货",苏吉丹则"厚遇商贾,无宿泊饮食之费"。④

元代史籍中,阇婆改称爪哇。元初与爪哇发生战争,曾"暂禁两浙、广东、福建商贾航海者"。⑤ 满者伯夷王朝建立之后,即遣使元朝修好,双方重建友好关系。满者伯夷为一强盛国家,"宫室壮丽,地广人稠,实甲东洋诸番",⑥对外贸易很发达,与福建的海上交通出现了空前的繁荣。据《爪哇史颂》记载,在满者伯夷港口,来自中国等国的商人络绎不绝,运来各种各样的货物进行交易,⑦市场上人们摩肩接踵,商品山积,交易使用中国铜钱。⑧ 因此,爪哇与福建的关系就更加密切了。《元史》说,中国商人赴爪哇,"自泉南登舟海行者,先至占城而后至其国"。⑨ 可见,当时福建与爪哇之间的海上交通非常繁盛,中国商人多经由泉州前往爪哇。

元代之前,闽商在马来群岛的贸易主要在爪哇以西诸岛,元代双方关系有了新的突破,交往地区扩大到整个群岛,群岛东部也加入了与中国的海上贸易。由于元代泉州海外交通的发达,以及福建人对海外认识的增多,福建商人活跃于整个群岛,与盛产香料的群岛东部也建立了较为密切的通商关系。其中文老古(今马鲁古群岛)所产丁香举世闻

---

① 周去非:《岭外代答》卷三,《航海外夷》,上海:远东出版社,1996年,第70页。
② 《宋史》卷四八九,《阇婆传》,北京:中华书局,1977年,第14092页。
③ 赵汝适:《诸蕃志》卷上,《阇婆国》,北京:中华书局,1996年,第54页。
④ 赵汝适:《诸蕃志》卷上,《苏吉丹》,北京:中华书局,1996年,第61页。
⑤ 《元史》卷一七,《世祖纪》,第363页。
⑥ 汪大渊:《岛夷志略·爪哇》,北京:中华书局,1981年,第159页。
⑦ Dr. Pigeaud, *Java in the Fourteenth Century*, Vol. II, The Hague-Martinus Nighoff, 1960, p. 18, p. 98.
⑧ Dr. Pigeaud, *Java in the Fourteenth Century*, Vol. IV, The Hague-Martinus Nighoff, 1960, p. 477.
⑨ 《元史》卷二一〇,《爪哇传》,第4664页。

名,使闽商趋之若鹜,从泉州运去银、铁、水绫、丝布、巫仑、八节那涧布、土印布、象齿、烧珠、青瓷器、埕器之属,深受当地人民欢迎,故"每岁望唐舶贩其地",①双方贸易关系之密切由此可见一斑。

而在位于马来半岛东部边缘的古里地闷(帝汶岛),出产的檀香很有名,因此福建商船经常往返于泉州与古里地闷之间,运去银、铁、碗、西洋丝布、色绢等,进行贸易。如泉州吴宅,"发舶梢众百有余人,到彼贸易"。古里地闷建有码头十二处,以供闽船停泊。②

元末明初,福建沿海长期战乱,加之明朝实行海禁,迫使商民以印尼各岛为逃亡渊薮。如苏门答腊的旧港,"国人多是广东、漳泉州人逃居此地,人甚富饶,地土甚肥",③闽广移民达"数千人"。④在闽广商民努力下,旧港重新成为繁华商港,其地"自泉州行月余可至,番舶辐凑。多广东、漳、泉人"。⑤据说,嘉靖末年海寇张琏为明军击破,也遁居旧港。"万历五年(1577年)商人诣旧港者,见琏列肆为蕃舶长,漳、泉人多附之,犹中国市舶官云。"⑥

爪哇"地广人稠,为东洋诸番冠",⑦是东西洋诸国商品集散地,爪哇的港口杜板、革儿昔、苏鲁把益(泗水)等地也是福建商人聚居之处,其中不少人还是穆斯林。马欢有如下记载:杜板居民"约千余家,以二头目为主。其间多有中国广东及漳州人流居此地,鸡、羊、鱼、菜甚贱。……于杜板车行半日许,至新村,番名革儿昔。原系沙滩之地,盖因中国人来此轫居,遂名新村,至今村主广东人也。约有千余家,各地番人多到此买卖。其金及诸般宝石一应番货,多有卖者,民甚殷富。自新村往南,船行二十余里,到苏鲁把益,番名苏八把牙,其港口出淡水,自此大船难进。用小船行二十余里至其地,亦有村主,掌管番人千余家,期间也有中国人"。爪哇,"国有三等人,回回人、唐人和土人。一千回回,皆是西番流落此地。……一等唐人,皆是广东、漳泉等处人,窜居此地,食用亦丰洁,多从回回教门受戒持斋者"。⑧

直至明中叶,福建与爪哇之间依然私市不止,如弘治十四年(1501年),有"福建人周程等私往海外诸番贸易,至爪哇,诱其国人哩亦宿等赍番物来广东市之"。⑨因商来爪哇居留的福建人日益增多,爪哇入明朝贡使臣亦时以闽人充任。如"正统元年(1436年),更有爪哇国入贡使臣,名财富八致满荣者,自称福建龙溪县人,姓洪名茂仔,取鱼为业,被倭虏去,逃至爪哇";"至正统三年(1438年),爪哇使臣亚烈马用良、通事良殷南、文旦奏,

---

① 汪大渊:《岛夷志略·文老古》,北京:中华书局,1981年,第205页。
② 汪大渊:《岛夷志略·古里地闷》,北京:中华书局,1981年,第209页。
③ 马欢:《瀛涯胜览·旧港国》,北京:中华书局,1955年,第16页。
④ 张燮:《东西洋考》卷三,《旧港》,北京:中华书局,1981年,第62页。
⑤ 罗日褧:《咸宾录》南夷志卷六,《三佛齐》,北京:中华书局,1983年,第147页。
⑥ 《明史》卷三二四,《三佛齐传》,北京:中华书局,1974年,第8408页。
⑦ 何乔远:《名山藏》,《王享记三·爪哇》,北京:北京大学出版社,1993年,第6193页。
⑧ 马欢:《瀛涯胜览·爪哇国》,北京:中华书局,1955年,第11页。
⑨ 《明孝宗实录》卷一七二,弘治十四年(1501年)三月壬子,第3127~3128页。

臣等俱福建龙溪人,因渔飘坠其国"。①

海禁开放以后,福建与三佛齐主要的交通贸易港口是詹卑,来自福建的海商"舟至,献果币有成数,詹卑人商量物价,虽议偿金多少,然非偿金,实偿椒也。如值金二两,则偿椒百石,其大较云"。② 三佛齐主要物产有:珠、金、银、珊瑚、犀角、象牙、猛火油,以及各种宝石、香料和药物。

苏门答腊西北的哑齐,"即苏门答剌国,一名苏文达那,西洋之要会也"。虽然"此国辽远",但"至者得利倍于他国",所以也吸引来不少福建商舶。"舶到,有把水瞭望报王,遣象来接。舶主随之入见,进果币于王。王为设食。贸易输税,号称公平。"③福建商舶到此贩运宝石、琥珀、玳瑁、犀角、象牙、鹤顶、琉璃、照身镜、天鹅绒、琐服、兜罗锦、驼毛缛面、花锦、西洋布、锡、宾铁、蜡、燕窝、胡椒、石蜜,以及各种香料、药物。

16世纪上半中叶,西爪哇的万丹(下港)成为独立国家后,作为胡椒贸易的集散地吸引来众多的外国商人,很快发展成为一个繁华的国际贸易中心,每年都有来自福建的商船到此贸易。据1527年曾到过此地的葡萄牙人弗朗西斯科(Francisco de Sa)的记事,"巽他(万丹)王国的主要港口万丹、雅加达等港口,每年自漳州有帆船20艘驶来,装载3万奎塔尔(quiutal,每奎塔尔约合59公斤)的胡椒"。④ 由此可知福建海商到下港贸易颇有规模。月港开禁后,每年分配给往下港贸易的商船商引4张,仅次于吕宋。张燮记曰:"华船将到,有酋来问船主。送橘一笼、小雨伞二柄。酋驰信报王。比到港,用果币进。王立华人四人为财副,番财副二人,各书记。华人谙夷语者为通事,船各一人。"不少闽人因商侨居于此,开设铺店,与其贸易的不仅有东南亚商人,而且还有来自欧洲的各国商人,"其贸易,王置二涧城外,设立铺舍。凌晨,各上涧贸易,至午而罢。王日征其税。又有红毛番来下港者,起土库,在大涧东。佛郎机起土库,在大涧西。二夷俱哈板船,年年来往。贸易用银钱,如本夷则用铅钱。以一千为一贯,十贯为一包,铅钱一包当银钱一贯云"。所以"下港为四通八达之衢,我舟到时,各州府未到,商人但将本货兑换银钱铅钱。迨他国货到,然后以银铅钱转买货物。华船开驾有早晚者,以延待他国故也"。⑤ 可见福建商人在这里的商业活动很兴盛。据英国东印度公司雇员的记载,在17世纪初,每年都有3~4艘的中国戎克来万丹贸易,载运来大量的生丝、丝织品、铜钱、瓷器,以及各种棉织品等货物。⑥ 1609年一位到过万丹的德国人约翰·威尔铿(Johan Uerken)也写道:"在万丹的中国人,在全印度也没有见过经营这样盛大的贸易,他们每年两次乘着自备的

---

① 沈德符:《野获编》补遗卷四,《外国·华人夷官》,《四库禁毁书丛刊》史部第4册,北京:北京出版社,1998年,第699~700页。
② 张燮:《东西洋考》卷三,《旧港》,北京:中华书局,1981年,第65页。
③ 张燮:《东西洋考》卷四,《哑齐》,北京:中华书局,1981年,第70~77页。
④ 岩生成一:《下港(万丹)唐人街盛衰变迁考》,《东洋学报》第31卷第41号,1948年。
⑤ 张燮:《东西洋考》卷三,《下港》,北京:中华书局,1981年,第48页。
⑥ Observation of the said Captain John Saris, during his abode at "Bantam from October 1605 till October1609", in Samuel Purchas, *Hakluytus Postumus or Purchas his Pilgrimes*, Glasgow, 1905, pp. 506-508.

中国帆船来航,带来中国出产的珍异物品和高价商货。中国人在万丹也有几千人住居,其中大部分是富裕的。"①另外,万丹的属地加留吧(今雅加达)也是福建商船常至之地。早在明代前期,"中国人的胡椒船就驶至此地"。1596年,当荷兰人第一次航抵加留吧,看到"中国人已在那里定居,设坊酿制亚力酒"。②

爪哇东部的思吉港亦为福建商船贸易的港口。"彼民出诣饶洞,与华人贸易。华人所泊者饶洞也。饶洞原野平衍,以石为城。""我舟到时,诸属国鳞次。饶洞以与华人贸易,虽在复邈,亦蕃盛之乡也。向就水中为市,比来贩者渐夥,乃渐筑铺舍。"③

加里曼丹南岸的文郎马神(今马辰),出产沙金、鹤顶、降香、蜡、藤席、科藤、荜拨、獐皮、血竭、肉豆蔻、犀、孔雀、鹦鹉等。该国原来社会经济落后,在明代与中国发生交流后,社会经济有了长足进步。如"初盛食以蕉叶为盘,及通中国,乃渐用磁瓷,又好市华人磁"。所以福建商舶来到文郎马神,国王"待贾舶大有恩信。王子三十一人俱不令外出,恐扰远人也";"其他女人悉荡小舟以饮食来市。至售货物,则男人司之。市用铅钱"。但此国王去世后,由于拖欠货款,"商人从此希造矣"。④

美洛居,又作文老古,"俗讹为米六合",都是马鲁古群岛的不同译称。该地因盛产丁香、豆蔻等香料,所以又称香料群岛,为"东海中稍蕃富之国也"。美洛居元时与福建有直接的贸易往来。明代双方关系更加密切,其"地有香山,雨后香堕,沿流满地,居民拾取不竭。其酋委积充栋,以待商舶之售",⑤故福建商人常到这里贸易,有的还"流寓彼中"。⑥海禁开放后,漳州月港每年发放的商引就有给去米六合的商船的,因此前来贸易的商船更多。据当时在该地传教的传教士西巴斯疆·丹克乐特(Sebastiaen Danckert)报告:"在当地城寨附近,还有若干中国人居住。他们当中,有的用帆船或其他船只从事贸易,有的为销售商品从事航行。其中也有一二船只,驶向中国本国和其他地方,但大多数都定居在安汶岛,或经营商业,或拖运木材,可作石工,或烧砖瓦,或捕鱼以及其他等等工作"。从1559年起,在菲律宾寄居三年的黑祀教团传教士加布里耶·德·桑·安多尼奥(Fr. gabril Quiroga de San Antonio)在1604年出版的《柬埔寨王国国情纪实》一书中也写道:"在摩洛加群岛中的帝多列岛(Tidore),中国船只以及东西方各国船只云集,他们是为着购买沉香而来的。"⑦但自葡萄牙、西班牙和荷兰殖民者相继入侵这一地区,不仅互相争夺势力范围,而且对华人的贸易活动横加限制、禁止,乃至抢掠华船,杀害华人,从此"商彼者亦难矣"。⑧

---

① 岩生成一:《下港(万丹)唐人街盛衰变迁考》,《东洋学报》第31卷第41号,1948年6月。
② 黄文鹰:《荷属东印度公司统治时期吧城华侨人口分析》,厦门大学南洋研究所,1980年。
③ 张燮:《东西洋考》卷四,《思吉港》,北京:中华书局,1981年,第85页。
④ 张燮:《东西洋考》卷四,《文郎马神》,北京:中华书局,1981年,第87页。
⑤ 《明史》卷三二三,《美洛居传》,北京:中华书局,1974年,第8374页。
⑥ 张燮:《东西洋考》卷五,《美洛居》,北京:中华书局,1981年,第101页。
⑦ 岩生成一:《论安汶岛初期的华人街》,《南洋问题资料译丛》1963年第1期。
⑧ 张燮:《东西洋考》卷五,《美洛居》,北京:中华书局,1981年,第102页。

迟闷，又作吉里地闷，即今帝汶岛，以盛产檀香闻名。"满山茂林，皆檀香树，无别产"；"商舶到彼，皆妇女到船交易"。① 元时与泉州港就有交通贸易，明代福建与迟闷的海上贸易兴盛，来自月港商船络绎，张燮曾描写道："市去城稍远，每贾舶至，王自出城外临之，妻子及姬侍皆从，防卫甚盛。日有输税，然税却不多。夷人砍伐檀香树，络绎而至，与商贸易。倘王归，则贸易者不得自来，虑有纷纭也，须请王更出乃至。"② 17世纪20年代，荷兰殖民者入侵迟闷，对于华人华船，"没收他们的货物，并且把他们加以驱逐"，③双方的贸易关系遭到破坏。

明朝中期，尤其是隆庆开放海禁后，私人海外贸易迅速兴起，福建沿海人民"走洋如适市"，④闽商足迹亦遍及印尼群岛。如万丹，"其国四乡富饶澹溢，闽粤西番人至，久贾长子孙"，⑤"王立华人四人为财副，番财副二人，各书记，华人谙夷语者为通事，船各一人"。⑥ 还出现了颇具规模的唐人街，如新村，"中华人客此成聚，遂名新村，约千余家"。⑦ 1596年曾到万丹的荷兰人霍特曼描写道：唐人街中央有着两列中国人的店铺，贩卖着各种各样的商品。⑧ 此外，"侨居当地的中国人多是向农民收购胡椒的小商贩，他们常手提一杆秤和两个布袋，深入到农村各地收购"。⑨ 雅加达：1619年荷兰人占领雅加达时已有华侨400余人。⑩ 马鲁古：亦有华人流寓彼中。⑪ 早期的印尼华侨以经商为主，但久居之后，也从事农业、手工业等，例如种植水稻和胡椒，以及冶炼、铸造、酿酒、制糖、养蚕和制绢等。

1619年荷兰殖民者占领加留吧，将其改名巴达维亚，作为其东方殖民帝国的总部和亚洲贸易的中心。为了把巴达维亚建成"亚洲贸易大帝国"的中心，荷印当局极力招诱中国帆船，"开拓与福建的贸易"，⑫招徕华人，"并大量发给华侨自由入境证，欢迎他们来巴

---

① 费信：《星槎胜览》后集，《吉里地闷》，北京：中华书局，1954年，第2页。
② 张燮：《东西洋考》卷四，《迟闷》，北京：中华书局，1981年，第88页。
③ 黄文鹰：《荷属东印度公司统治时期吧城华侨人口分析》，厦门大学南洋研究所，1980年。
④ 肖基：《东西洋考小引》，载张燮：《东西洋考》，北京：中华书局，1981年，第15页。
⑤ 何乔远：《名山藏》，《王享记·爪哇》，北京：北京大学出版社，1993年，第6129页。
⑥ 张燮：《东西洋考》卷三，《下港》，北京：中华书局，1981年，第48页。
⑦ 张燮：《东西洋考》卷三，《下港》，北京：中华书局，1981年，第44页。
⑧ 岩生成一：《下港（万丹）唐人街盛衰考》，《南洋问题资料译丛》1957年第2期。
⑨ J. C. van Leur, *Indonesian Trade and Society*, The Hague: W. van Hoeve Ltd., 1955, p. 376.
⑩ W. J. Cator, *The Economic Position of the Chinese in the Netherlands Indies*, Chicago: The University of Chicago Press, 1936, p. 11.
⑪ 张燮：《东西洋考》卷五，《美洛居》，北京：中华书局，1981年，第101页。
⑫ W. P. Groeneveldt, *De Nederlander in China*, The Hague, Bijdragen tot de Taal, Land, en Volkenkunde van Naderlandsch-Indie Sixth Sixth Series 4, 1898, Vol. 2, p. 559.

城";①此外还采取种种手段,诱使万丹、井里汶及爪哇各地华人移居巴城,甚至从福建沿海掳掠人口。1622年,东印度公司派遣舰队前往福建沿海,命令他们:"不惜采取任何手段,尽量掳掠中国沿海的居民,不论男女老幼,一概劫持南来,以填补巴城、安汶和班达人口之不足。"②于是,前往巴达维亚的中国商舶日益增多。

17世纪20年代平均每年5艘,到17世纪30—40年代,增加到每年6～10艘,其中多来自福建。由于福建与巴达维亚之间海上贸易的频繁,有些侨居巴城的闽商充当起中荷贸易的中介人,如华侨巨商杨昆于1630年受荷印公司的委托,将300担胡椒运往福建销售,并采购公司所需的货物。③

明末清初中国社会动荡,加上荷印政府的招徕政策,目的是"趁清兵入关,中国政局动荡之际,诱使华人到巴城种植大米和甘蔗"。④ 大量福建人被迫离乡背井到巴达维亚谋生。17世纪30年代,每年都有四五艘帆船从福建开往巴达维亚,每船载来数百名的乘客,如1625年从泉州抵达的一艘船,随货载有360人,"都是肩挑中国瓷器到处叫卖的小贩"。⑤ 仅1625—1627年的3年间,便有1280名中国人在巴城登岸,其中回国的不到三分之一。⑥ 清顺治年间,"福建同安人多离本地往葛喇巴贸易耕种,岁输丁票银(人头税)五六金"。⑦

据荷印巴城政府统计,1644—1661年,每年平均抵达巴城的华舶约2艘,每船平均载约400人,计有约5400人登记留居巴城。1675—1683年,往巴城的华船有38艘,⑧估计约有上万人留在巴城,这些移民大多来自闽南。因此巴达维亚的华人迅速增加。据估计,1628年巴城的华人人口已从9年前的约400人增至3000人。到1658年巴城市区的华侨人口达到5363人。⑨ 而据耶稣会士塔卡德于1684年在巴达维亚的估计,巴城及近郊中国人的人数在4000～5000人之间,其中多数是鞑靼人统治中国后不愿臣服者,到巴达维亚定居的。⑩ 日本学者福田省三则说,在台湾归附清朝时,逃到南洋一带的人很多,据说仅爪哇一地,华侨人数就增加到5万人以上。⑪

---

① Leonard Blusse, Chinese Trade to Batavia during the Daijs of the V. O. C., *Archipel*, Vol. 18, 1979, pp. 5-6.
② 李平等译:《红溪惨案本末》,雅加达,1961年,第7页。
③ 包乐史:《巴达维亚华人与中荷贸易》,南宁:广西人民出版社,1997年,第217页。
④ 《巴城布告集》卷二,第123页。黄文鹰等:《荷属东印度公司时期巴城华侨人口分析》,厦门大学南洋研究所,1980年,第73页。
⑤ 费缪伦:《巴达维亚的中国人和1740年动乱》,见《红溪惨案本末》,第6页。
⑥ 科尔哈斯(Coolhars)编:《官方文件》卷一,1628年2月20日信,第92页。
⑦ 《噶喇巴传》,载王锡祺辑:《小方壶斋舆地丛钞》第十帙,台北:学生书局,1975年。
⑧ 包乐史:《巴达维亚华人与中荷贸易》,庄国土等译,南宁:广西人民出版社,1997年,第119～120页。
⑨ 德·汉:《古巴达维亚》第1卷,第25、77页,转引自黄文鹰:《荷属东印度公司统治时期吧城华侨人口分析》,厦门大学南洋研究所,1980年,第38页。
⑩ 布赛尔:《东南亚的中国人》,《南洋问题资料译丛》1958年第Z1期,第116页。
⑪ 福田省三:《华侨经济论》,东京:岩松书堂,1939年,第18页。

1684年清朝政府开放海禁后,闽人赴印尼更出现高潮。1686年,来自厦门的8艘帆船和中国其他港口的3艘帆船载运了800多名苦力和中国商品,驶入巴达维亚。①1700—1717年间,每年驶抵巴城的中国帆船有12~16艘,②运来移民数量之巨可想而知。

由于来自中国的移民太多,从17世纪末荷印当局开始对华人入境采取限制措施,福建移民通过秘密入境,人数仍在不断增加。如1723年抵达巴城的中国船有21艘。③ 至1739年,巴城市区华侨有4389人,占市区人口的19.2%;乡区华侨有10573人,占乡区人口的15%。④ "此等人大约闽省居十之六七,粤省与江、浙等省居十三四。"⑤当时巴达维亚华侨主要是小农、手工业者和商人。

1740年"红溪惨案"中,罹难华侨达万人以上,经此浩劫,福建与巴达维亚之间的海上交通一度中断,荷兰东印度公司又派人到中国招诱商船,因此载有新客的福建船便很快恢复了航行。1743年从厦门开往巴城的商船有5艘,1744年有14艘,1745年有9艘,1748年有14艘,这种势头大致保持到18世纪80年代(见表4-5)。于是福建移民又源源不断地进入巴达维亚。如1760年有8艘来自厦门的帆船,载来新客1527人。⑥

表4-5 中国赴巴城帆船数量及起航港(每5年为一个阶段)

年　　份	总　　计	厦门	宁波	广州	其他
1721—1725	46	21	16	2	7
1726—1730	79	43	17	8	11
1731—1735	88	46	12	23	7
1736—1740	82	55	6	15	6
1741—1745	41	27	4	8	2
1746—1750	37	27	2	8	—
1751—1755	37	26	4	6	1
1756—1760	39	33	1	5	—
1761—1765	34	23	2	9	—
1766—1770	33	27	1	5	—

---

① 包乐史:《巴达维亚华人与中荷贸易》,庄国土等译,南宁:广西人民出版社,1997年,第114~117页。

② Glamann, *Dutch and Asian Trade*, The Hague: Martinus Nijhoff, 1981, pp. 217-219.

③ Glamann, *Dutch and Asian Trade*, The Hague: Martinus Nijhoff, 1981, p. 219.

④ 费缪伦:《巴达维亚的中国人和1740年动乱》,见《红溪惨案本末》,第16页。

⑤ 《硃批谕旨》第46册,雍正五年(1727年)九月初九日浙闽总督高其倬奏,光绪十三年(1887年)上海点石斋缩印本,第27页。

⑥ 温广益等:《印度尼西亚华侨史》,北京:海洋出版社,1985年,第91页。

续表

年份	总计	厦门	宁波	广州	其他
1771—1775	21	20	1	—	—
1776—1780	25	25	—	—	—
1781—1785	33	22	—	11	—
1786—1790	52	13	—	11	28

资料来源：包尔史：《巴达维亚华人与中荷贸易》，庄国土等译，南宁：广西人民出版社，1997年，第151～152页。

注：其中1746年、1747年、1763年和1772年无记载。

18世纪80年代，由于荷印当局加强了对华侨的限制和掠夺，导致双方之间的海上交通再度出现中衰，至19世纪方得以复兴。如厦门洋商李昆和（即李清恩）于嘉庆七年（1802年）成立昆和洋行后，"每年整发洋船兴贩"，派遣代理人管驾，通贩于噶喇吧、嘛六甲、槟榔屿、苏禄、吕宋、大泥等地，甚至贩运铜钱等违禁物品。① 嘉庆八年（1803年）厦门洋行商人李昆和致函巴达维亚当局：所发二船，船上搭客"人众繁多，不为不少，敝行知公班衙规定人数（荷印当局限制中国船运载船员和乘客入境人数，大船限额为250人——引者）。法律森严，理宜凛遵，但念远方搭客，微费跋涉，苟不姑泛，附载远者，费尽无归，进退两难，惨状百端。哀恳激切，殊有不忍之心，实有可悯之情，敝行无奈，附载是以有多百余人之数"。次年李昆和的信函又云："委因诸搭客半多穷乏不赡，临行私藏船上，时当开帆赶潮出担，无暇稽检，及至水途查单，即有出额，大洋之中，亦无小舟可以驳回，情属可怜，不得不曲从渡载。"李的信中说两船载有超额搭客100多人，但是据巴城港主的报告，仅其中一艘"荣发"号就载有998人入境，至少超载498人。②

1811—1816年英国占领爪哇，来自福建的移民更多。那时"每年有8～10艘叫作'艍'的船从广州和厦门开来……除了船货之外，这些船各自运载有价值的进口物，即200～500名勤劳的本国人。这些移民在他们初次抵达时通常都作为苦力或劳动者受雇于人；但是，通过他们所从事的商业活动，由于勤俭和不辞劳苦，他们很快便拥有一些资产，而且由于他们的精明和事业心增加了财富。他们之中的许多人经过一定时间获得足够的财富偿还债务而成为独立自主的人，而且使他们每年能汇寄相当的积蓄给他们在中国

---

① 包乐史：《巴达维亚华人与中荷贸易》，庄国土等译，南宁：广西人民出版社，1997年，第256～270页。

② 包乐史：《巴达维亚华人与中荷贸易》，庄国土等译，南宁：广西人民出版社，1997年，第263～265页。

的亲属"。① 1815 年,巴城华侨增加至 52394 人,整个则有登记的华侨 94441 人,②实际人数更多。闽商经济因而得到发展,尤其是在商业领域,"几乎所有的内地贸易即使是中级市场都是在中国人控制下进行的。他们……向当地农民购买主要的出口物品,然后转到沿海城市,而回来的时候给内地供应食盐及从附近岛屿或从外国输入的主要物品"。③但是,从事商业活动的闽商中,经营进出口贸易和承包税收的富商大贾只是少数,占大多数的乃是本微利薄的小商小贩。此外,闽商经营的种蔗制糖业也有相当的发展。

整个 19 世纪,华侨人口不断增长,到 1817 年已达约 26 万人。④ 闽商居住地也从大城市扩散到城乡各地,"他们主要住在巴达维亚、三宝垄和泗水三个城市,但是在所有较小城市都可以发现他们,而且散居于绝大部分的乡村"。⑤

1840 年鸦片战争以后,西方势力侵入福建,加速了自然经济的瓦解,越来越多的破产农民、手工业者出洋谋生,同时西方殖民者也在福建大肆拐卖华工到印尼当苦力,闽籍华侨的分布更加广泛。即使在一些偏远小岛也能见到他们的踪迹。如马鲁古的文丁岛,"华人千余,成小市面","斯处华人共十姓,潮籍者二,闽籍者八,皆种植烟草为生"。⑥ 据厦门《关册》统计,1875—1881 年从厦门口岸乘船去爪哇的移民便有 7898 名,仅 1895 年就有 1227 人从厦门乘船往苏门答腊,其中多数是被拐卖到种植园的契约华工。这些华工主要来自德化、大田和兴化地区。这时期印尼华侨人口快速增长,据荷印政府每 10 年所做的人口调查,1880 年华侨人口为 343793 人,1890 年为 461089 人,1900 年为 537366 人,1920 年增至 809039 人,1930 年达到 1233214 人。各省籍华侨中,以福建籍人口最多,为 554981 人,⑦约占总数的 46.64%,主要分布于爪哇与苏门答腊。

1930 年以后,荷印政府对华侨人口再未作过调查统计。据布赛尔《东南亚的中国人》一书分析,到 1938 年,印尼华侨人口中出生于当地的华裔约有 75 万,从中国移居的"新客"约 45 万,而在印尼出生的华人中,又有 50 万人的家庭已在印尼定居一代以上,新客中也可分为暂居或经常来往的华商及定居当地结婚传代的两类。华侨数量的增长,主

---

① Th. S. Raffles, *The History of Java*, Vol. I, London: Black, Parbury & Allen, 1817, p. 228.

② Th. S. Raffles, *The History of Java*, Vol. I, London: Black, Parbury & Allen, 1817, p. 70.

③ Th. S. Raffles, *The History of Java*, Vol. I, London: Black, Parbury & Allen, 1817, p. 222.

④ 温广益等:《印度尼西亚华侨史》,北京:海洋出版社,1985 年,第 180 页。

⑤ Th. S. Raffles, *The History of Java*, Vol. I, London: Black, Parbury & Allen, 1817, p. 82.

⑥ 阙名:《南洋述遇》,载王锡祺辑:《小方壶斋舆地丛钞》第十帙六,台北:学生书局,1975 年。

⑦ 荷印中央统计局:《1930 年人口普查》卷七,第 294 页,http://www.fjsq.gov.cn/ShowText.asp?ToBook=174&index=15&.

要是由于定居当地的人数增多，其中以原籍福建的较多。1940年华侨人口增至1430528人。①

印尼独立后，自1953年起严格限制中国移民入境。20世纪80年代后，绝大多数印尼华侨选择并加入了当地国籍，成为印尼籍华人。至此，印尼的华侨社会也随之转化为华人社会，开始了一个新的历史时期。

二、印度尼西亚闽商社会经济

早期印尼的闽商大多是从事中国与东南亚海上贸易而移居印尼。如在苏吉丹，福建商人兴贩到此，因苏吉丹"厚遇商贾，无宿泊饮食之费"，闽商遂有留居当地。② 在苏门答腊西北的蓝里，闽商"自泉发船四十余日，至蓝里博易住冬"。③

随着福建移民人数不断增加，元末明初，在印尼的新村、革儿昔、泗水、三宝垄等地已形成了颇具规模的华人居住区。他们"流寓彼中"，④多与当地妇女通婚，如万丹，"其国四乡富饶澹溢，闽粤西番人至，久贾长子孙"。⑤ 所生的混血儿称为"伯拉奈干"(Paranakan)。伯拉奈干原意为土生的人，后专指土生华人。女性土生华人已婚者称惹娜(Nyonya)，未婚者则称为诺娜(Nona)。⑥ 当时三宝垄华人首领孙龙即为一名混血土生华人。⑦ 明正统三年(1438年)，爪哇国使臣烈马团良、通事殷南、文旦，"本皆福建龙溪县人"，在当地均已有家属。⑧

闽商娶当地妇女不仅是为了生活和繁衍后代的需要，而且为了对他们的商业有所助益。据记载，在印尼，"市肆贸易皆妇女，以妇人计丁取赋，赋且重。呼中国人为唐人，女子嫁唐人，得免赋。故船至时，常有老媪携幼女，艳妆求售，所费甚廉，惟不许携归耳。取之后，不惟操作甚勤，即赴市交易等事，俱能任理"。⑨

在荷兰人殖民时期，闽商社会经济有较大的发展。当时印尼华侨主要是小农、手工业者和商人，闽商在当地经济中占有重要地位。巴城的商贸、税收等无不为闽商所办事，他们承建了几乎所有的城墙、城堡、运河，连主要建筑原料也由他们供应。尤其在商业领域，闽商更是执当地商业之牛耳，"内地几乎一切在市场以外进行的商务活动均操纵在华

---

① 原载雅加达《生活报》，1950年8月14日，转引自《印度尼西亚华侨问题资料》，北京，1951年，第3页。
② 赵汝适：《诸蕃志》卷上，《苏吉丹》，北京：中华书局，1996年，第61页。
③ 赵汝适：《诸蕃志》卷上，《大食国》，北京：中华书局，1996年，第89页。
④ 张燮：《东西洋考》卷五，《美洛居》，北京：中华书局，1981年，第101页。
⑤ 何乔远：《名山藏》，《王享记·爪哇》，北京：北京大学出版社，1993年，第6129页。
⑥ 廖建裕：《对印尼华人的分析》，《东南亚研究资料》1985年第2期。
⑦ 李炯才：《印尼——神话与现实》，北京：教育出版社，1979年，第127～135页。
⑧ 沈德符：《野获编》补遗卷四，《外国·华人夷官》，《四库禁毁书丛刊》史部第4册，北京：北京出版社，1998年，第699～700页。
⑨ 云庵著，颜森整理：《甲喇巴》，《南洋学报》第10卷第1辑，第10～11页。

人手里。他们拥有大量资金,并且进行大规模的投机活动,垄断了大部分批发商业,向本地生产者收购主要的出口物质,然后把这些货物运往各沿海城市,反过来再向内地供应食盐和从外国进口的各种重要物质"。① 主要是从爪哇输出粮、果、烟,再从中国输入茶叶、丝绸、鱼干、食品。零售商则走乡串村,赊售国外进口的布匹、小五金和日用百货,等农民作物之后,以烟叶、椰干、胡椒等土产。其中一些人则成为替荷印公司代为收购经济作物,推销工业品的中介商。在从事商贸的闽商中,富有的大商只是少数,大部分是零售小商贩,包括在市场上或者在街边摆小摊者、肩挑货物来往城乡的叫卖者,他们往往手持小铜锣或摇鼓,发出敲打声或叫卖声来招徕顾客,这种沿街、沿村叫卖的华人小贩称为克郎当(Kerongton),以及开设小店铺固定摆摊者,这种小商店称为"亚弄(Warung)店",往往不仅销售日用小商品,还兼收购当地土特产。当时在下港(万丹)第二市场上,"贩卖各种日常用品,在这里土人也把胡椒卖给中国人。这个市场一般进行交易到中午为止,有时也继续下去。下午市场就在唐人街内开市,也贩卖各种日用品,山羊和鸡也在这里出售。这个市场一起从下午开到夜半,中国人在这里勤勤恳恳地活动着"。② 据估计在18世纪中叶,巴城华侨从事商业者占华侨总人数的22%~26%,③而在爪哇乡村,几乎大部分乡村都有闽商小贩经营的小商店。闽商小商贩带有浓厚的乡帮色彩,一般闽南人主要经营与输出贸易、土特产、鱼产品有关的业务,而福清人以经营布匹为多,客家人大多数做与工业品进口有关的零售商品的生产。

但以人数来看,闽商中以从事种蔗制糖的人数最多,不少来自闽南的华工在契约期满赎身之后,都在当地垦荒种蔗,并开办小规模的榨糖作坊。据说巴达维亚"其国华人侨寓者数千人,皆种蔗做糖为业,择其能事者一人为首,名之曰唐大,唐人俱听其约束"。④ 闽人在"离城农圃不远……建蔗廍公司,有廍爹(即主任)、才副(即书记)诸名目"。⑤ 到18世纪中叶,爪哇的制糖业几乎全是福建华侨经营的,他们通过密布乡村的零售商业网点控制了全部蔗糖销售业,⑥并通过密布城乡的零售商业网点控制了全部的蔗糖销售。⑦ 其他住在巴达维亚城外的华侨则"大部分从事农业,一部分人经营饮食摊贩"。⑧ 在巴达维亚以外地区的闽人多从事开采锡矿和在胡椒、橡胶、烟草种植园里劳动。

---

① Th. S. Raffles, *The History of Java*, Vol. I, London: Black, Parbury & Allen, 1817, p. 224.
② 岩生成一:《下港(万丹)唐人街盛衰变迁考》,《南洋问题资料译丛》1957年第2期,第109页。
③ 黄文鹰:《荷属东印度公司统治时期吧城华侨人口分析》,厦门大学南洋研究所,1980年,第38页。
④ 顾森:《甲喇吧》,见王大海:《海岛逸志》附录,香港:学津书店,1992年。
⑤ 程日炌:《噶喇吧记略》,《南洋学报》1953年第9卷第1辑,第9页。
⑥ 韩振华:《荷兰东印度公司时代蔗糖业中的中国雇工》,《南洋问题研究》1982年第2期。
⑦ 韩振华:《荷兰东印度公司时代巴达维亚蔗糖业中的中国雇工》,《南洋问题研究》1982年第3期。
⑧ 费缪伦:《巴达维亚的骚动恶梦》,见《红溪惨案本末》,第16页。

早期闽商资本积累的另一个重要途径是承包税收。荷印政府最早是在巴城实行包税制度,举凡人头登记、市政工程、物资供应、烟酒销售、赌博、食盐、鸦片,乃至渔市、屠宰、市场管理等,大多承包给华商,①承包人大部分是闽商中的中上层人物,其中很多人担任过玛腰、甲必丹或雷珍兰等职务,也有一些是华侨秘密会社的领袖。1660年,巴城荷印总督把人头税、赌场税、市场营业税、猪羊屠宰税、捕鱼税、米票、酒票共7件税拍卖给华商,②中标者均为大华商,尤以甲必丹为多。19世纪20年代以后,随着荷印殖民地的领土扩张,包税制度亦随之逐渐施行于整个爪哇和外岛地区。1832年,鸦片承包税制已经覆盖整个爪哇。③ 1850年,据说仅爪哇内地,就有14000多华人充当各地税收承包商。④ 但由于承包费很高,承包者要承担很高的风险,经营稍有不善即有亏损乃至倾家荡产。1872年,三宝垄甲必丹陈宗淮第二次承包鸦片税,因爪哇经济萧条而巨额亏空,不得不拍卖地产清偿,最后连甲必丹的职位也丢了。⑤ 1894年,荷印政府开始废除爪哇与马都拉的包税制度,至1905年,荷属东印度全境的包税制度终于全部废除。⑥

　　荷兰统治时期殖民当局对华侨的管理,主要采取"以华制华"、"分而治之"方针,利用甲必丹制度加强对华人的控制。华人甲必丹是由荷兰殖民者从华侨的富商中挑选"有名望的人物"来担任。王大海于清乾隆时记曰:"华人并各种番人皆设以甲必丹,使其自申约束,惟大罪及命案皆送付和兰究治";⑦"华人或口角,或殴斗,皆质于甲必丹",不过"至犯法大罪,并嫁娶生死,俱当申报和兰"。⑧ "凡推举华人为甲丹者,必申详其祖家,甲必丹择吉招集亲友门客及乡里之投契者数十人,至期和兰一人捧字而来,甲必丹及诸人出门迎接。"⑨甲必丹除负责华侨社区治安,沟通与殖民当局的联系,处理民事诉讼外,还负责征收人头税、土地税以及铸造本地区流通的钱币,承包工程及物资供应等。甲必丹之下,设雷珍兰(Luitenant)一职,辅佐甲必丹;雷珍兰之下又设武直迷(Boedelmeester)、华人街长(Wijkmeester)和朱葛礁(Secretaris)等职。1742年建立甲必丹府,名曰华民政务

---

① 包乐史:《巴达维亚华人与中荷贸易》,南宁:广西人民出版社,1997年,第71页。

② 《公薄案》第4辑,厦门:厦门大学出版社,2005年,第395~396页。

③ James R. Rush, *Opium to Java: Revenue Farming and Chinese Enterprise in Colonial Indonesia*, New York: Cornell University Press, 1990, p.25.

④ Heiko Schrader, *Changing financial Landscapes in India and Indonesia: Sociological Aspects of Monetization and Integration*, New York: St. Martin's Press, 1997, p.202.

⑤ 林天佑:《三宝垄历史——自三保时代至华人公馆的撤销》,李学民等译,广州:暨南大学华侨研究所,1984年,第172页。

⑥ John Butcher, Howard Dick, *The rise and fall of Revenue Farming: Business Elites and the Emergence of the Modern State in Southeast Asia*, New York: St. Martin's Press, 1993, p.35

⑦ 王大海:《海岛逸志》卷三,《诸岛考略·和兰》,香港:学津书店,1992年,第51页。

⑧ 王大海:《海岛逸志》卷一,《西洋纪略·噶喇吧》,香港:学津书店,1992年,第4页。

⑨ 王大海:《海岛逸志》卷一,《西洋纪略·三宝垄》,香港:学津书店,1992年,第19~20页。

司,又称巴国公堂或公馆。"其组织一如中国旧式之衙门。"①1837年,巴国公堂增设一华侨玛腰(荷文 Majoor 的音译),总理其事,其下仍有甲必丹一人、雷珍兰七人、雷珍兰助理(协雷)二人、书记二人。以后几经变动,到最后一任玛腰许金安时(1925—1941年在任)只剩甲必丹、雷珍兰、朱葛礁各一人。

由于印尼华侨中福建籍占多数,其经济实力也较强,故甲必丹多由福建籍华侨担任。如巴城第一任甲必丹苏鸣岗即为福建同安籍。龙溪人颜二与其兄颜大于明万历(1573—1620年)年间先后到爪哇锦石(革儿昔)经营土产。后来颜二到巴达维亚开土产商店,兼营木材、橡胶园,1649年被任为巴城华人甲必丹;②还有"许芳良,漳郡人也,为吧甲必丹"。③ 1690年,巴城甲必丹、祖籍福建的郭训观创立了义学。三宝垄自17世纪末到20世纪30年代的18位甲必丹均为福建人。漳州人陈豹卿之堂兄陈映为三宝垄甲必丹,"映卒,遂袭其职,贾帆数十,发贩州府,所到则利数倍。不数年,富甲一方……吧中有大率一区,名三宝垄土库(印尼语 toko,即商行),唐帆初到,客有欲到三宝垄者,则进其土库……华夷均领其资本,经商者不知其数"。④ "黄井公,漳之漳浦人也……为三宝垄甲必丹"。⑤ 泗水、巨港、苏拉威西等地的华人甲必丹也多为福建籍。雍正十四年(1749年),旅居噶喇吧贸易20余年的原龙溪县民陈怡老"辞退甲必丹,携番妾子女,并番银番货,搭谢冬发船回籍,行至厦门盘获",以"照交结外国"等罪名,"发边远充军,番妾子女金遣,银货追入官,谢冬发照例枷杖,船只入官"。⑥

由于荷兰工业资产阶级的兴起,他们反对垄断制度,1870年,荷印政府开始推行"自由竞争"政策,废除强迫种植制度,颁布《土地法》、《糖业法》,准许向外国人租借土地,鼓励外国投资。

在这个历史时期,福建华侨经济发生了一些变化:(1)华侨零售业进一步发展。1870年荷印政府废除通行证及居住区域的限制,促进了华侨零售业的扩大和发展。1893年,华侨从事商业的人口占华侨从业人口的20.8%,到1930年增至36.6%,其中零售商占了大多数。⑦ (2)华侨中介商和批发商开始兴起。1870年荷印政府颁布土地法,禁止华侨在爪哇经营种植园,华侨的经营范围被限于中介商和手工业,并从中介商业逐渐发展到经营进出口业和批发业。⑧ 另外,19世纪末20世纪初,荷印政府取消了原先由华侨承包的专卖制,这些华侨转而经营批发业和进出口业。(3)华侨工业的变化与发展。19世纪中叶以前,华侨制糖业在印尼占有重要地位,但以后即开始衰落。特别是1870年糖业

---

① 黄栩园:《南洋》,上海:中华书局,1934年,第165页。
② 陈吴泉:《龙海侨史初探》,载《龙溪地区华侨史选辑》第1辑,1985年。
③ 王大海:《海岛逸志》卷二,《人物考略·许芳良》,香港:学津书店,1992年,第45页。
④ 王大海:《海岛逸志》卷二,《人物考略·陈豹卿》,香港:学津书店,1992年,第43～44页。
⑤ 王大海:《海岛逸志》卷二,《人物考略·黄井公》,香港:学津书店,1992年,第47页。
⑥ 《清高宗实录》卷三六四,第13册,乾隆十五年(1750年)五月乙巳,北京:中华书局,1986年,第1009页。
⑦ 温广益等:《印度尼西亚华侨史》,北京:海洋出版社,1985年,第384页。
⑧ 林端志:《爪哇华侨仲介商》,《南洋问题资料译丛》1957年第4期。

法颁布后,荷兰资本大举侵入,"吾侨糖业尽为其所夺,今已不复有糖业之地位之可言矣"。① 1922年,在中爪哇和东爪哇的40家糖厂中,华侨只剩14家。② 但华侨工业仍在其他方面得以生存,甚至大规模进入工业生产的一些领域。一战前,印尼华侨的工业,主要是农产品与出口作物加工工业,战后则逐步扩展到消费品,如碾米厂、卷烟厂、林薯粉厂、榨油厂、酱油厂、花裙业、蜡染花布厂等。在20世纪20—30年代,印尼碾米厂主要是华侨经营,厂主多为祖籍漳州和泉州的土生华侨。(4)华侨金融业的出现和发展。20世纪以前,华侨没有金融业可言。20世纪初,随着华侨工商业的发展,为了便于资金的周转和筹措,部分华侨实业家开始建立银行。

闽商投资的工业,除了制糖业外,还有:

卷烟业:19世纪60年代,荷兰及西方资本在印尼创办烟草种植园,并设大型出口制烟厂。在此之前,华侨经营的都是小型及家庭作坊式的卷烟厂。19世纪70年代后,闽商开始投资卷烟业,开办小型烟厂,主要集中在中爪哇的北加浪岸、文池兰、巴突、马吉冷、新埠头一带。

木材加工业:苏门答腊森林资源丰富,距新加坡又近,为闽商发展木材业及向新加坡出口木材提供了有利条件。早在1880年左右,在苏岛东岸的一些小岛如凌加新、孟加丽,华侨就创办了木材厂。仅在孟加丽一地,在1896年就有84家,1898年发展到131家,1913年又增加到216家,但业主资本多属新加坡华侨。1898年孟加丽131家木材厂中,仅有2家属于印尼华侨,其资本也是从新加坡获得的。③

纺织业:在印尼,闽商投资的纺织业主要是花裙制造业。花裙,印尼语称作"峇泽"(Batik),布面印有各种图案和色彩,深受印尼妇女的喜爱。19世纪末,闽商逐渐掌握了花裙手工业,④开设了花裙工场作坊和花裙厂。尤其是以巴城附近的加烈、红牌及巴同兰区为花裙厂的集中地,那里的150家花裙厂厂主多为福建籍华人。同时一些闽商为花裙业的手工业生产者提供原料,并购买成品,到印尼各地销售或出口国外。

银行业:1906年,祖籍福建同安的黄仲涵首先在三宝垄创办了第一家华侨银行黄仲涵银行,创办资本为400万荷盾,并在泗水设分行。该行主要是为了适应建源公司在东、中爪哇发展糖业和其他企业的需要。其后福建华侨纷纷建立银行等金融机构,1913年苏门答腊祖籍海澄的闽商商丘清和、约温发金、陈东和等27名侨商,联合创办中华商业有限公司,经营金融业,注册资本为100万盾。如1918年,著名闽商许金安集资1000万盾创办巴达维亚银行,这是荷印最大的华侨银行。1920年,坤甸闽商集资创办华通银

---

① 邱守愚:《廿世纪的南洋》,上海:商务印书馆,1934年,第22、183页。
② 《1922—1925年荷印制糖年鉴》,阿姆斯特丹,1925年,转引自卡德:《中国人在荷属东印度的经济地位》,《南洋年鉴》,新加坡:南洋报社有限公司,1951年,第145页。
③ W. J. 凯特:《荷属东印度华人的经济地位》,厦门:厦门大学出版社,1988年,第235页。
④ John Sydenham Furnivall, *Netherlands India: A Study of Plural Economy*, Cambridge: Cambridge University Press, 1944, p. 21.

行,资本100万盾,该行在巴城、新加坡和香港设有分行。① 闽商创办的银行还有泗水的中华银行,以及祖籍闽清的周继琳经营的雅加达大众福利银行等。

信贷业:在爪哇流行一种"贫苦还款"信贷。这种业务几乎全由福清人经营,它比正式的信贷机构办的信贷银行、政府办的当铺经营的信贷业要优越得多,因为它经营方式全,而且只由放款人和借款人个人之间进行接触。村民要的借款送到他们家里,贫苦摊还的款额到时也是登门收回的。这对村民非常方便,但同时也存在着一定的风险。这种属于职业性放款业的"贫苦还款信贷",其数额通常在1~30荷盾之间,很少有超出50荷盾。② 当地人所办的一些企业也经常或多或少地依赖于闽商的贷款。③

其他闽商投资的工业还有:木薯粉厂,集中在勃良安、梭罗、北加浪岸及其他地方;酱油厂,主要在巴达维亚、三宝垄、井里汶等地;木棉厂,遍及爪哇各地;榨油厂,在生产椰干的地区;碾米厂,在加拉横产米区的70家碾米厂中,有67家为华商所有,厂主多为祖籍漳州、泉州的土生华人;爆竹厂,主要在三宝垄、巴达维亚、井里汶;石灰窑,在谏义里、梭罗等地;肥皂厂、雪茄厂和香烟厂、面包饼干厂、汽水厂、锯木厂、制冰厂、印刷厂、癸醛厂、砖瓦厂等。

随着福建华侨经济的发展,印尼涌现出一批著名的闽籍华人实业家。最有代表性的人物是黄志信、黄仲涵父子。黄志信,原籍福建同安,1858年到三宝垄,开始做小商贩,后经营土特产,1863年以300万盾的资本创办建源公司,以经营蔗糖生产出口为主。黄仲涵生于三宝垄,1890年接手经营建源公司后,把家族公司扩展为在同乡中发行商业股票的股份有限公司,先后集资开办了5家糖厂,其中里约阿贡糖厂,年产量达35万吨,不仅是当时印尼最先进的电气化制糖厂,也是当时世界上最大的"碳化"糖厂之一。1926—1933年,平均每年出口糖33万吨,内销超过20万吨,占印尼砂糖总销售量的60%。他还承包三宝垄、日惹、梭罗和泗水鸦片税饷10多年,获利巨大利润,④并于1896年出任三宝垄甲必丹。黄仲涵还创办了东南亚最大的兼产酒精的木薯加工厂,兼营种植业、进出口业和金融业,于1906年创立黄仲涵联合银行有限公司。1914年投资航运业,创建了"协茂荣"、"顺美"轮船公司。1918年后又在国内投资,在厦门、上海等地开办企业。至20世纪初,黄仲涵的资产达数千万荷盾。1924年去世时,据说财富达2亿盾,⑤可以说是当时东南亚华人的首富。

另一位闽籍巨商黄奕住,出生于南安,19世纪末到三宝垄,由经营土产发展成为批发商。1910年创办日兴行,后在泗水、巴城、新加坡设分行,1914年开始专营糖业,后成

---

① 《南洋年鉴》第10篇癸,新加坡:新加坡南洋报社有限公司,1951年,第145页。
② W.J.凯特:《荷属东印度华人的经济地位》,厦门:厦门大学出版社,1988年,第88页。
③ W.J.凯特:《荷属东印度华人的经济地位》,厦门:厦门大学出版社,1988年,第124页。
④ 吉野久仁夫:《黄仲涵财团:东南亚第一个企业帝国》,周南京译,北京:中国华侨出版社,1993年,第6页。
⑤ 许天堂:《政治漩涡中的华人》,周南京译,香港:香港社会科学出版社,2004年,第232、237页。

为印尼四大糖商之一。

祖籍南靖的庄西言(1885—1965),少年时代到巴达维亚当店员,1910年与人合营三美公司,以销售土特产为主。几年后,独资创建三美有限公司,至20世纪30年代已发展成为巴城巨富。

祖籍福清的俞昌檀(1882—1957),于1918年南渡印尼,在泗水经营远和公司,经营土特产进出口贸易。仅10年间,已发展到开设多家分行。到20世纪40年代初,开始兼营房地产、糖厂、烟厂、织布厂,成为当地著名的企业家。

二战后,印尼于1945年宣布独立,鼓励华侨入籍归化,大多数华侨都加入了印尼国籍,华侨经济开始转变为华人经济,但印尼政府在20世纪70年代中期之前都对华人经济采取限制和排挤的政策。

苏加诺时期,把印尼公民划分为原住民和非原住民,排斥、限制、打击华人资本。如在商业方面,限制华商的进口配额、冻结华商资金、限制华商经营范围;在工业方面,限制华商经营米谷加工业和印刷业;在交通业方面,1951年,印尼政府对海上运输实行统一管制输入与岛际转运办法。对于陆上运输,1954年实行收回外侨运输准字办法,该办法规定自1955年起,货车运输企业实行民族化,等等。

但由于闽商经营的行业很多与国计民生关系密切,印尼政府只好在很多情况上采取观望态度。印尼独立后,从事种植业的闽商纷纷响应政府号召,大力种植木薯、玉米、高粱等杂粮和市场上畅销的草菇、芦笋、凤梨等,居住在郊区的则种植瓜果、蔬菜等。据印尼国家种植局统计,至1957年年底,由华人经营的中、小种植园共314座,占印尼全国种植园数的20%,总面积13.65万亩,约占全国耕地面积的10%。加上活跃在城乡市场的华侨商贩,既支持了当时印尼的国家经济,也给人民生活带来了很多方便。

由于荷兰资本在二战期间停止了活动,为闽商发展传统的蜡染、木棉和烟草业的小型轻工业带来了契机。据印尼政府1952年统计,349家全国主要私营工场,由华侨经营的有218家,约占62%强,印尼土著资本经营的仅有13家,占13%,其他均为外资经营。[①]

过去闽商经营小规模的食品、木材、橡胶、烟草、丁香等经济作物轻工业,在1953—1956年间,由于印尼政府忙于接管外交企业,无暇顾及轻工部门,闽商在原有基础上,发展了种植、椰油、木材加工、纺织、印染、针织及塑料、小五金、百货等业。有的行业将种植原料和加工以至产、供、销过程连成一体,使闽商的中小企业有了一定的发展。

但在苏加诺执政的后期和苏哈托执政之初(1958年8月至1977年3月),印尼政府实行一系列的排华政策,特别是1965年的"9·30"事件后,印尼掀起大规模的排华浪潮,甚至发生了各族暴乱。华侨华人受到迫害,人身安全受到威胁,生活也陷于困境,闽商经济受到了严重的摧残。

1957—1958年,印尼政府宣布把荷兰资本经营的种植园、矿山、企业收归国有,并宣

---

① 李国卿:《华侨资本的形成和发展》,福州:福建人民出版社,1985年,第175页。

布对外贸易由国家统一经营。1959年5月14日,印度尼西亚商业部颁布关于吊销县级以下地区华侨零售商业执照的决定。1959年11月18日,印尼政府颁布《总统第十号法令》,规定在第一级和第二级自治区和州的首府以外的外侨小商贩和零售商从1960年1月1日起停业。与此同时,还专门颁布了关于接管外侨零售商资产的条例。这项法令主要针对长期生活在农村乡镇的华侨小商贩,要求他们撤离原领地,迁往城市居住,把商店交给印尼当地人或合作商店经营。造成散布在全印度尼西亚各地的10万户50多万华侨小商贩和零售商因而丧失生计,有的甚至流离失所。① 中国政府对印度尼西亚的这些举动发出强烈抗议,经过双边交涉,约有11.9万华侨回国。这一措施严重打击了作为闽商经济基础的遍布乡村的商业网点。

1957年7月,印尼政府办理外资商业登记手续,按当时官方公布的统计,全印尼共有外侨商店114875家,其中属于华侨华人的109466家。1959年8月,印尼政府又发动所谓的"金融清洗运动",突然宣布降低印尼盾汇兑比价,同时冻结存款,接着又借违反外汇管理条例封闭并没收了黄仲涵家族财团所经营的全国最大的华资银行——黄仲涵银行。当时因这一法令损失较大的闽商银行还有黄奕聪家族经营的雅加达国际银行、陈江苏经营的宇宙银行、黄正泉家族经营的印尼国际银行、黄仲咸和黄仲伍兄弟经营的必达利银行、黄俊发等经营的印尼快捷银行、李文涛家族经营的印尼泗水银行和陈金伟父子经营的泗水爱国银行,而蒙受损失的其他中小金融机构和财务公司更是不计其数。印尼政府企图通过这些措施,切断华侨的现金储备,把作为华侨商业流通基础的金融网络连根拔掉。

在农村乡镇用武力强迫华商搬迁的同时,各大中城市也接连发生了暴力袭击、洗劫和捣毁华侨商店、住房,烧毁汽车的事件。黄仲涵家族以"建源"命名的一系列企业公司也遭到袭击,不得不停业,以至倒闭。一些闽商经营的运输、百货、餐馆、理发、食品加工,甚至牙科诊所等服务性行业,也未能幸免于难。一些经营小种植园的华侨也被迫迁离农村,把种植园转让给当地人出面经营。这就迫使数以十万计的长期定居在村镇的华商小贩丧失了生计,流离失所。当时爪哇的制糖业,由于华侨糖厂备受打击摧残,纷纷停产,以后统一由国营种植园企业接管。至1961年,全国糖业产量下降了60%,至1967年,印尼竟由东南亚最大的产糖出口国变成了糖进口国。②

1965年9月30日印度尼西亚爆发"9·30"事件后,印度尼西亚右派军人集团在消灭印度尼西亚共产党的同时,也对华侨华人大肆逮捕和屠戮。他们在全印度尼西亚大小岛屿的数百个城镇,进行野蛮迫害、蹂躏。他们调动军警,组织暴徒,对华侨任意逮捕,非法审讯,严刑拷打。他们焚烧华侨的房屋,抢掠华侨的财产,封闭华侨社团和学校,霸占华侨的商店,使无数华侨、华人倾家荡产,流离失所,陷于生存绝境。1966年5月,印度尼西亚政府下令关闭全印度尼西亚的667所华文中小学,之后,又相继关闭了全国所有的

---

① 谢益显主编:《中国外交史——中华人民共和国时期(1949—1979)》,郑州:河南人民出版社,2011年,第276~277页。
② 考特尼等:《东南亚系统地理》,福州:福建教育出版社,1983年,第130页。

华文报纸和华人社团。成千上万华侨遭洗劫一空后又被关进集中营或监狱,遭受百般虐待,有些则被集体驱逐出境。大批华侨惨遭杀戮,其中有数百人被残忍地挖心碎尸。据不完全统计,先后有 20 万人惨遭杀戮,约 30 万人被逮捕监禁。从 1967 年起,印度尼西亚政府基本上不再批准新的华人移民入境,并不允许华侨华人回中国大陆探亲旅游。20 世纪 70 年代中期,苏哈托政府连续颁布法令,对华人资本在企业中的股份比例及经营范围进行限制,禁止华人企业使用中文招牌。①

在大规模的反华浪潮中,闽商企业纷纷倒闭,蒙受巨大的经济损失。万隆近郊马查拉亚镇由闽商经营的 200 多家中小纺织印染厂先后停业、倒闭,雅加达市内华侨经营的 450 多家饲料商店也只剩下 59 家。② 日本学者游仲勋估计,由于实施《总统第十号法令》,受到影响的华商所损失的资本达 74 亿美元。据台湾方面的估计,仅 1967 年 3 月 21 日苏门答腊南部各地排华事件使华侨蒙受的损失达数亿美元。③ 而华侨实际上的损失远比报纸上披露的估计数字要大得多。

当时,因受迫害、洗劫而无法立足的华侨只好随中国派去的接侨船返回祖国,不少闽商企业主不得不廉价变卖产业,把资本转移到香港再转移至国外。在这段时间里,就有 50 多家中等资产的闽商把资产转移到香港、新加坡。当时一些华侨较多的城镇、商业和金融业陷入了严重瘫痪状态,全国物资普遍短缺,物价上涨,农村大片土地荒废,交通瘫痪,工业开工率仅 20%,卢比黑市比价急剧上升,外汇储备枯竭,政府不得不依靠通货膨胀来应付财政赤字。这次反华、排华的结果不仅使印尼闽商经济遭受空前的打击,同时也给印尼经济带来严重的恶果。

1977 年以后,苏哈托政府认识到华人资本在促进印尼经济发展方面具有不可替代的重要作用,修正了对华侨华人的政策,对华人资本采取了既利用又限制的方针,印尼经济也进入了快速增长的时期。在此背景下,闽商在金融业、商业,尤其是在工业方面有了较大的发展。大批闽商投资制造业,他们通过与东南亚其他地区华侨华人的关系,从国外积极引进华资、外资和技术设备,或采取与他们合作的方式办企业,获得较大的发展。一些在排华中逃离印尼的闽商也以外资的形态返回印尼投资办企业。

由于印尼政府禁止非印尼籍人从事外贸商业活动,但大批闽商已经加入了印尼籍,有些尚未入籍的闽商则让他们已入籍的亲属子女出面经营进出口贸易,有的采取与印尼人合营的方式,由他们领取营业执照。一些资力较雄厚的闽商一方面替政府购进国内需要的工业设备、器材,一方面推销印尼的工业产品。有的闽商还到东南亚其他国家设立机构,或与国外华商合作,因此印尼闽商的商业网络迅速扩展到国外。一些家族企业也逐步扩大集资范围,或与外资合作,或与当地官僚资本结合,获得某些经营专利,并突破了原有行业和国界,形成了一批垄断某一行业、经营多元化的华资跨国财团。④

---

① 梅显仁:《印度尼西亚排华问题探析》,http://blog.ifeng.com/article/2708351.html.
② 杨力、叶小敦:《东南亚的福建人》,福州:福建人民出版社,1993 年,第 121 页。
③ 游仲勋:《东南亚华侨经济简论》,厦门:厦门大学出版社,1987 年,第 119 页。
④ 杨力、叶小敦:《东南亚的福建人》,福州:福建人民出版社,1993 年,第 124 页。

当时印尼最大的华人企业集团当属福清籍企业家林绍良、林文镜的三林集团。林绍良，祖籍福建省福清市海口牛宅村，三林集团创办人。三林集团基本上是林氏家族事业，其他还包括林氏集团和第一太平洋集团。三林集团的大部分投资集中在印尼本土，直接控制的公司超过100家。林氏集团除林绍良外，还包括林文镜、苏哈托总统的义兄苏威卡多莫诺等人，但林绍良、林文镜两家族各占40%股权。三林集团是印尼最大的商业集团，拥有350家公司，1994年的营业额达16.63兆印尼盾(约合74.84亿美元)，约占印尼国内生产总值的5.04%。林氏集团及三林集团在印尼经营的事业，不少是属于专利经营性质，至今仍垄断着市场。集团在印尼上市公司只有3家，在香港、荷兰、泰国及菲律宾控有5家上市公司。以印尼水泥及第一太平洋两个控股集团来说，总市值就达55亿美元，林氏集团约占25亿美元，其中林绍良家族占10亿美元。另外，林绍良家族在印尼食品还有相当数量的持股，市值约12.26亿美元，并在阿斯特拉国际和新加坡联合工业分别持有市值1亿美元和3.14亿美元的股权。三林集团还有很多公司尚未上市。① 到20世纪90年代中期，林绍良已经建造起一个令人咋舌的企业王国：由其三兄弟(另外两人为林绍喜、林绍根)经营的三林经济开发公司拥有印度尼西亚中央亚细亚银行和华仁谊集团。前者是印尼最大的私营银行，林绍良本人占24%的股份；华仁谊集团则经营进出口贸易、制造业、建筑业；由林绍良与福清同乡林文镜共同合资组成的林氏集团专营金融业务，产业包括第一太平投资公司，业务跨越亚、美、欧、非各洲。两大集团下属200家公司，分布在印尼各个城市及世界上的一些国家和地区，涉及金融、地产、矿产、汽车制造、电子、交通、种植、木材、航运、建筑、旅游、保险等70多种行业。1994年5月《福布斯》杂志评选的10名世界最富有华人中，林绍良的个人资产高达60亿美元，1995年的数据则显示当时林绍良集团的总资产高达184亿美元，营业总额约200亿美元，所属公司多达640家，林绍良也被认为是"世界第六巨富"、世界12大银行家之一，雄踞世界华人第一大富翁的宝座，成为印尼乃至东南亚的首富。

20世纪70年代中期以来，发展较快的还有祖籍泉州的黄奕聪家族经营的金光集团(Sinar Mas Group)。该集团业务主要集中于四大核心产业：浆纸业、农业及食品业、金融业、房地产业。其属下的比莫利公司，在雅加达、泗水、望加锡等椰子产地建有10多座椰油厂，20世纪90年代时产品占当地食品市场份额的60%。1976年，黄奕聪又在泗水投资兴建文化纸品厂，设立了集伟华工纸业公司，至1987年，又收购永吉纸业公司，20世纪90年代产量达20多万吨，其生产规模在亚洲地区仅次于日本，占印尼纸品市场、文具市场的35%和45%。1983年，金光集团收购了印尼国际银行，这家银行进军租赁、证券、保险等金融业务，至1990年，集团总营业额达12.5亿美元。② 该集团于1994年10月在新加坡注册成立了浆纸业集团——亚洲浆纸业有限公司(Asia Pulp & Paper Co., Ltd.，简称APP)。经过20多年的不懈努力，APP现已发展成为世界纸业十强之一，总

---

① 《东南亚及港台地区华人富豪简介》，《东南亚南亚信息》1995年第19期。
② 《参考消息》，1992年4月6日。

资产达100多亿美元,年生产及加工总产能1000多万吨,拥有100多万公顷速生林。自1992年起,APP以长江三角洲、珠江三角洲为投资重点,先后斥巨资建立了以金东、宁波中华、金华盛、金红叶、海南金海等为代表的,具世界领先水平的大型浆纸业企业,以及大规模的现代化速生林区。其中,金东纸业是中国最大的造纸企业,也是世界上最大的单一铜版纸生产企业;宁波中华是中国最大的工业用纸企业;金华盛是中国最大的无碳复写纸企业;金红叶是中国乃至亚洲最大的生活用纸企业;海南金海是中国最大的制浆企业;亚龙是中国最大的纸制品加工企业。①

祖籍莆田的李文正的力宝集团。李文正,1929年出生于印度尼西亚东爪哇的玛琅镇,祖籍是中国福建的莆田,20世纪70年代后期创立力宝集团,是印尼最大的金融控股财团,旗下控有各国上市企业20多家。力宝集团投资领域包括商业银行、保险、房地产、百货超市、制造业、信息技术、基础设施、传媒、医疗及娱乐服务业等,投资区域遍及印尼、新加坡、美国、澳大利亚和中国等,企业总资产规模达200多亿美元。力宝集团是世界知名的华资跨国财团,以金融、房地产和商业流通为主要投资目标。

祖籍莆田的谢建隆的阿斯特拉集团。谢建隆(Tjia Kian Hiong),印尼姓名威廉·苏里亚查雅(William Soeryadjaya),其祖辈定居于印尼,到他已是第七代。他于1923年出生在西爪哇马雅连加镇(Majalengka)。他的父亲原是当地一名小商,曾经营汽车运输业,1952—1958年任沙纳(Sana)公司的经理。1957年2月20日,谢建隆和其兄弟谢建智(Tjia Kian Tie)、谢建鸿(Tjia Kian Hong)及友人林炳煌共同借贷筹集了100万盾,创办了"阿斯特拉国际贸易有限公司"。创办之初,该公司主要经营软饮料,收购出口椰干、香茅油、依兰香油等。1960年开始经营输入外国的一些机器产品。在他们兄弟的团结合作下,公司逐步得到一定发展。不过,还仍只是一家小型的进出口贸易公司而已。

1967年,印尼公共工程部在耶蒂鲁胡尔建设一个水力发电站,谢建隆争取到了为该工程提供运货卡车的供应合同。合同中还规定输入产品价格可随汇兑而变动。阿斯特拉公司获得政府批准进口800辆"雪佛莱"卡车,从中获得巨额利润。同时,该公司又从美国输入一批发电机设备,供应印尼政府有关部门,亦获得可观利润。

1969年2月,印尼政府鉴于与阿斯特拉公司合作的良好关系,将已收归国有的原美国通用汽车装配厂交给阿斯特拉公司主持策划经营。谢建隆即与印尼政府工业部共同组建了"卡耶汽车有限公司"(P. T. Gayamotor),注册资本为100万盾,印尼政府占40%,阿斯特拉公司占60%(后来阿斯特拉公司拥有了75.92%的股权),经营装配及销售各种汽车。谢建隆的阿斯特拉公司由于与印尼政府的合作关系及在汽车经营上的成绩,迅速赢得了信誉,请谢建隆及其公司独家代理销售其汽车等产品的外国企业纷至沓来。1970年,阿斯特拉公司组建了"慕尔迪法国汽车有限公司"(P. T. Multi France Motor),独家代理销售法国标致牌和雷诺牌汽车。1971年,组建了"阿斯特拉丰田汽车有限公司",独家代理销售日本丰田牌汽车。同年,还组建了"联合摩托车有限公司",独

---

① 《金光集团》,http://baike.baidu.com/view/132480.htm.

家代理经销日本本田摩托车。另外,阿斯特拉公司还独家代理经销日本"富士施乐(Fuji Xerox)公司"的复印机等机器产品。谢建隆及其阿斯特拉公司不仅从上述独家代理经销中获取了巨额利润,而且由于经营得法,生意兴隆,信用良好,在国内外经济企业界中提高了威望,并奠定了它在印尼汽车贸易中的地位。

随后,一些国外著名大厂商及企业集团也都委托谢建隆企业在印尼独家代理经销其产品。到了20世纪70年代末,谢建隆及其阿斯特拉国际贸易有限公司已成为印尼最大的汽车代理销售商。这为其后的发展打下了坚实的基础。

通过各种代理经销及生产活动,谢建隆的阿斯特拉国际贸易有限公司取得相当大的发展。到1981年"阿斯特拉集团"已生产了173297辆汽车,占印尼汽车生产总量的41.7%;营业销售额已增至9.86亿美元,获利0.54亿美元。经过10多年的艰苦奋斗,精心经营,谢建隆及其"阿斯特拉集团"已确立了在印尼汽车工业中的霸主地位,并被誉为印尼"汽车大王"了。这可说是阿斯特拉国际贸易有限公司发展的第一个重要阶段。

进入20世纪80年代以后,由于国际经济衰退,印尼国内经济环境恶化。从1982年起,印尼经济亦出现衰退和滑坡。这种经济环境的恶化也同样影响了谢建隆的企业集团。此时,"阿斯特拉集团"曾面临着扩展、竞争及萧条的错综复杂的形势。为了保持"阿斯特拉集团"的发展势头,克服资金不足、经营管理机制落后及经营单一化等弊病,谢建隆及其"阿斯特拉集团"先后采取了一系列重大调整革新措施。

1979年,以谢建隆长子谢汉石(印尼文姓名为爱德华·塞奇·苏里亚查雅,Edward Seky Soeryadjaya)的名义,组建了"苏玛国际金融有限公司",在香港、菲律宾、西德、卢森堡、马来西亚、新加坡及泰国等国家和地区建立了一系列以"苏玛"(Summa)命名的银行或投资有限公司,专门从事国际金融业活动。"苏玛集团"的建立,为谢建隆家族及"阿斯特拉集团"争取国内外贷款及融资、向外扩展增添了一座桥梁。

1989年,谢建隆将"阿斯特拉丰田汽车有限公司"加以改组,将它扩展为"阿斯特拉丰田有限公司"、"阿斯特拉慕尔迪有限公司"、"印多丰田汽车有限公司"及"印尼丰田发动机有限公司"等四家企业,还投入760亿盾资金进行扩建。同年9月,谢建隆又接收了日本丰田汽车集团主持的"阿斯特拉汽车经销公司"的经营权,并将其易名为"2000汽车有限公司",下属23家子公司及60家经销店。

1989年9月19日,谢建隆首次将"联合拖拉机有限公司"在雅加达挂牌上市。每股首发上市价为7250盾(票面价值1000盾),总计270万股。同年11月25日,又将"阿斯特拉格拉菲亚有限公司"的375万股挂牌上市,每股首发价为8550盾(票面价值1000盾)。谢建隆将这两家公司股票上市的主要原因,一方面是为集中资金,另一方面也希望减轻该企业集团被印尼社会指责不公开上市的压力,也为未来企业集团的股票挂牌上市取得经验。

通过以上调整,加上1987年以后印尼经济形势逐步好转,"阿斯特拉集团"的汽车营业销售总额也逐年有所增加。到1991年,其销售总额达25000亿盾左右,占印尼全国汽车销售总额的50%以上,从而保持了"汽车大王"的地位。

20世纪70年代以来,谢建隆在重点经营汽车业的同时,也重视不断地向多元化企业集团方面发展。阿斯特拉国际贸易有限公司积极参与了重型机械、不动产的经营及城市的开发建设。

在重型机器业方面,谢建隆除组建了"联合拖拉机有限公司"代理经销日本"小松制作所"的重型机车机械产品外,还组建了"印尼小松有限公司",组装生产由"小松制作所"提供零部件的推土机、挖泥机、拖拉机、装货机等。此外,还组建了独家代理经营加拿大"梅西—福格森公司"产品的"努桑塔拉拖拉机有限公司",组装生产各种矿业机械的"努山打拉·帕尔沙达巴玛有限公司",生产各种大型机械的"班都·达雅塔马·巴特里亚有限公司"等。

在森林工业方面,"阿斯特拉集团"曾先后在西伊里安省及苏门答腊地区向印尼政府承包租赁一批"森林租借地",从事木材及纸浆的生产经营。

在农产品贸易方面,"阿斯特拉集团"主要的分公司有15家,分别经营橡胶、棕榈油等农副产品的种植、生产、提炼及进出口贸易。

在电子电器工业方面,阿斯特拉格拉菲亚有限公司是谢建隆最早建立经销日本施乐公司各种办公电器用品、计算机、复印机等的公司。后来他又组建了生产计算机的"珍德奇亚雅有限公司",组装计算机的"慕尔迪马特拉普拉卡沙有限公司"及"格拉哈电器有限公司",组装生产通讯电器的"英德特尔·努沙·帕尔达玛有限公司"等。

在金融服务业方面,谢建隆的"阿斯特拉集团"在"苏玛集团"的金融企业中拥有一定的股权,并在"环球银行"(Bank Universal)中拥有51%的股权,此外还先后建立了8家金融融资服务企业。

阿斯特拉国际贸易有限公司已从一个单一的汽车企业发展为多元化企业集团。1991年总资产达46000亿盾,营业总额达117800亿盾(约合60亿美元),全企业集团职工总数也达30300人。在美国《幸福》杂志上,"阿斯特拉集团"被列为美国以外的世界500家最大企业集团的446位。据印尼《经济新闻》杂志社的调查统计,1991年东南亚地区最富有的50位大企业家中,谢建隆个人财富约有15亿美元,排列第5位。谢建隆个人资产或企业集团资产(包括营业总额)在印尼都仅居林绍良及其"三林集团"之后,排名第二位。

然而,1992年由于其长子谢汉石经营"苏玛银行"及"苏玛集团"不善,形成无法偿还的巨额债务,谢建隆家族被迫将其在"阿斯特拉集团"的绝大部分股票出售转让,从而走向衰败甚至濒临破产的境地。①

祖籍南安的吴家泰、吴家熊和祖籍漳州的庄南华等经营的印尼大马集团。吴家熊,1925年出生于泉州市鲤城区浮桥镇新步村。1948年,他在兄嫂的资助下往印尼谋生,从小商铺店员开始,转而到大商店当推销员,后来又到贸易公司代办处当买办。在经商实践中,他不断积累经营管理和商业运作的经验,于20世纪50年代末至60年代初与人创办公司,经营饲料与土产输出,后来又与他人合伙开设贸易公司、塑料包装品厂、饲料厂,

---

① 《谢建隆》,http://baike.soso.com/v43422845.htm.

最终选择自立门户,创立万顺公司,经营农产品,迈开了创业的步伐。1982年,大马集团正式成立,吴家熊出任董事长兼总经理,他以睿智的商业触角和精确分析市场行情的能力,使企业不断发展壮大。据《展览》双月刊报道,大马集团鼎盛时期,至少有11家企业,拥有100多家子公司及其联号,其中上市公司13家,并且在欧亚美各地立下据点,资产估计在数亿美元以上,成为一个著名的跨国公司、印尼十大华人企业集团之一。其经营范围涉及农场、农产品贸易、房地产、消费品、金融服务、电子制造、包装业、重型机械及建筑材料。吴家熊也先后被《经济新闻》杂志评选为东南亚50位著名大富豪及企业家,排名分别是21位及23位。中国改革开放初期,大马集团率先进驻中国市场,并很快打开局面。尤其令人敬佩的是在震荡整个亚洲的金融风暴中,他以独到的眼光和对祖国的坚定信仰,始终没有撤离大陆市场,而是继续在山东、黑龙江、北京、广东、天津、南京、苏州、无锡、厦门、福州、泉州、石家庄、成都等省、市投入巨额资金。特别应提及的是,他在自己的故乡泉州独资投建了东海滨城,总投资超过35亿元人民币。①

祖籍福清的蔡云辉和蔡道平、蔡道行的盐仓集团。盐仓牌丁香烟及企业集团是印尼最负盛名的丁香烟企业。1994年全年销售额已达47200亿盾(约合21.2亿美元),占全国丁香烟市场的44%。该厂职工达6万人,不仅成为印尼首屈一指的"丁香烟大王",也是印尼社会及朝野影响最大的华人大企业集团之一。在全印尼最大的200家企业集团中,其营销额被排列在第5位。盐仓香烟集团的创始人蔡云辉(Tjoa Jien Hwie),印尼姓名苏里亚·沃诺维佐约(Surya Wonowidjojo),出生于中国福建省福清县音西乡。4岁时,随母亲南渡到印尼马都拉岛的三邦(Pang)镇与父亲团聚。当时,其父在当地经营一家小土产杂货店。1932年,其父返福清家乡探亲,不幸因病在家乡逝世。20世纪30年代,蔡云辉随叔父蔡国强迁居东爪哇的谏义里(Kediri)市。日本占领时期,过了几年小商摊贩生涯。印尼独立后,曾一度与友人合作开办一家小家庭手工作坊,生产制造辣椒牌手卷玉米皮丁香烟。后来他参与了叔父蔡国强创建的九三牌丁香烟厂。曾担任采购员、推销员及管理员等工作,后升为部门的一名经理。在这期间,他不仅熟悉、钻研和掌握了丁香烟制作的一些配料秘方、生产全过程、工厂的经营管理等知识;也使他与社会各界、丁香烟原材料及销售市场网络及公司,建立了一定的关系,结识了一些丁香业商贸界的商友,了解营销市场的动向等,积累了一定经验。1958年6月26日,他在3位好友及亲友的协助下,创办了一家丁香烟厂。他租用了谏义里市杉曼比尔街一家堆放盐的旧仓库作为厂房,最初职工只有50人,厂房面积为1000平方米,以手工制作生产用玉米皮包装的手卷丁香烟(用简单的手卷烟机械),命名为"云辉牌"。不久,由于价格便宜,烟味香醇,甚得吸烟者的爱好,销售兴隆。他感到该厂是在一个旧盐仓中诞生的,这个厂址开始给他带来好运气,因此将其生产的丁香烟正式定名为"盐仓牌"(Gudang Garam),并组建了盐仓丁香烟厂公司。

烟厂创办一年后,产销量即达到5100万支,工人也增加了10倍,达到521人。1962

---

① 蒋贤花:《记大马集团董事长吴家熊》,《炎黄纵横》2010年第12期。

年,蔡云辉在原有丁香烟产品基础上,又推出黄盐仓丁香烟(Rokok Gudang Garam Kunmg),甚受消费者的喜爱,销路大增。当年产量即达23400万支,职工也增至800人。1963年产量再增至32000万支,职工为1027人。1971年,随着业务的发展,该企业正式组建成盐仓香烟有限公司(PT Rokok Gudang Garam)。1973年,产销量增至6亿支,职工达16703人。与此同时,盐仓企业重新购置了土地,扩建厂房。20世纪80年代,盐烟厂实现生产过程自动化,年产量达到125亿支,企业规模不断扩大。

1985年春,蔡云辉逝世后,由其妻陈淑贞,其子蔡道行、蔡道平接掌公司业务,改进生产工艺,主动扩展市场,大力促销,扩大业务,并使企业向多元化的方向发展。1991年盐仓集团在谏义里市郊西多阿尔佐地区(Sidoardjo)投资535亿盾,创建了一家包装纸厂及印刷厂。印刷厂承印其企业的香烟盒、包装纸箱、商标、广告及其他业务需要的印刷品。1992年,集团投资4000亿盾(约合2亿美元),在谏义里市甘奔格里佐地区(Gampengrejo Kediri)购置了一块40公顷土地,组建了一家苏里亚巴孟南造纸厂有限公司(PT Pabrik Kertas Surya Pamenang),年产量可达15万吨左右。

盐仓集团还在东爪哇泗水市创办了一个印尼哈林银行。主要是为了适应盐仓集团企业的营运,财务营业收支、转账及资金融通等。印尼哈林银行创办资金为100亿盾,而后逐年有所发展,但发展不快。1994年资金增至160亿盾,集团并没有把精力放在大力扩展经营银行金融业上,它只起到为集团企业经营财务服务的作用。1993年以资金排列在234家银行中的160位,并成立从事投资控股的子公司。苏里亚杜塔投资有限公司(PT Suryaduta Investama)集团拥有该公司66%的股权。实际上,这是将蔡道行家族成员个人分别所拥有的股份,变成一个企业集团所拥有的股份,仍属家族所拥有。进行这种股权结构的调整改组,既是为了使集团的经营更规范化,也可减少一些税收。该公司成立后,进行了一系列投资拓展企业活动。主要有1994年年初,投资15亿盾收购特里斯圣淘沙有限公司(PT Trias Sentosa)61.5万股股份。这是20世纪80年代初由盐仓集团和班贡电器有限公司(PT Panggung Elektronika)及阿尔塞托有限公司(PT Arseto)合资创办的,生产制造玻璃纸工厂。20世纪80年代末,年产量达到11500吨,成为印尼最大的玻璃纸厂之一。经过这次收购,该集团拥有大部分股权。两个月后,又收购了苏布拉慕克迪·艾尔哈苏里亚有限公司(PT Supranmkti Elba-gurya)的全部股份。这样,它就成为上述进行生产烟盒包装纸箱的苏里亚巴孟南限公司(PT Surya Pamenang)的唯一股东。1993年年底,该集团和日本的罗德食品有限公司(Lone Co. Ltd)及日本丸红有限公司(Mambeni Corporation)共投资250亿盾,在西爪哇勿加泗地区(Bekasi)兴建了一家橡胶糖(即口香糖)厂。1994年4月,盐仓集团的苏里亚因维斯印多帕尔加沙有限公司(PT Surya Investindo Perkasa)拥有这家糖厂45%股权。1994年7月,盐仓集团和印尼国营第三英胡达尼有限公司及芬兰的恩佐库泽特有限公司在西加里曼丹开拓植树造林业,并办了一家纸浆厂,总共投资6亿美元。此外,盐仓集团还投资80亿盾,收购接办了一家草药制造厂,特威布特里草药有限公司(PT Twi Putri)。在蔡道行领导主持下,经过10年的努力,盐仓集团取得了前所未有的发展,子公司从6家增至17家。① 目前,该集团已成为全球第10大烟草集团。

祖籍泉州的徐清华(Ir Ciputra)的芝布特拉(Ciputra)集团。徐清华,生于苏拉威西岛巴里基,20世纪70年代与原印尼雅加达市市长沙迪金中将联合经营"查雅建筑集团",负责雅加达市机关、公民的住宅建筑等,从而成为著名的华人企业家之一。所属查雅建筑集团拥有40个企业。曾任印尼房地产协会主席、亚洲太平洋房地产协会主席、世界房地产协会主席等职,被誉为印尼"房地产发展大王"。其家族在柬埔寨及越南拥有楼盘,在越南河内建设卫星市镇。目前正准备在中国开发3座楼盘。2010年印尼40富豪榜徐清华排名第27位,②估计其财富超过15亿美元。

祖籍同安的叶瑞基家族为主的布里奇斯通集团。主要与日本三井财团联合投资轮船公司、轮胎制造、造纸、金矿开采及森林采伐等。以其家族为主经营的布里奇斯通集团是目前印尼最大的轮船公司之一;布里奇斯通轮胎公司生产的轮胎质量优异,堪与美资老牌的固特异公司出产的轮胎争夺市场。1976年,该集团与台商合资,创办了日产道林纸150万吨的永吉造纸厂。1987年年底,金光集团收购了永吉造纸公司的全部股权。③ 20世纪80年代布里奇斯通集团在香港创办伟豪财务公司,叶瑞基担任董事主席。

祖籍福清的林文光的金锋集团。林文光,1951年9月24日出生于印尼泗水,现任印尼金锋集团董事总经理、加拿大驻印尼泗水名誉领事、世界福州十邑同乡总会名誉会长、世界福清同乡联谊会常务副主席、香港福建社团联合会永久名誉主席、香港福清同乡会名誉会长、印尼工商会馆中国委员会副主席、东爪哇印尼—中国经济社会和文化合作协会主席、东爪哇福清同乡会主席、东爪哇企业家慈善基金会董事会主席、东爪哇西河社林氏宗亲基金会主席、东爪哇华文教育统筹小组顾问、深圳市海外交流协会第二届理事会顾问、政协山东省委员会港澳台侨和外事委员会顾问等职。

1965年,林文光被迫辍学,进入其父林学善于1956年创办的"爪哇五金厂",随父创业。正是有了这段经历,创业成功后的他经常因此戏言说:"我可以说是第二代华族企业家,也可以说是第一代华族企业家。"进入工厂后,林文光既从实践中积累了丰富经验,在商场上长袖善舞;又通过自学,精通了印尼语,还掌握了英、日等语言,为其日后在商业上的成功奠定了基础。

从1971年金锋集团成立开始,经过两代人的艰辛拼搏,金锋已发展成了一个分支机构遍布新加坡、香港、中国内地、日本、加拿大等地,涉足工业、金融(银行)业、房地产等多个行业的多元化企业。在工业方面,金锋单在泗水就拥有5个工业区,占地750公顷,员工2万多人,产品8000多种,并吸引了诸如杜邦、三星等一批著名跨国公司入驻集团工

---

① 蔡仁龙:《蔡云辉家族与盐仓集团——印尼最大的丁香烟王国》,《南洋问题研究》1993年第1期。
② 《印尼40富豪榜》,http://hi.baidu.com/ksddsdt/item/bf7c95bba2e3f9f662388e8b。
③ 华侨经济年鉴编辑委员会:《华侨经济年鉴》,台北:华侨经济年鉴编辑委员会,1987年,第178页。

业园区,与之联营。同时还在雅加达设有工业园,在中国福建拥有多处投资。

对促进印中友好,林文光更是责无旁贷、以身作则,除在福建投资5个工厂和3个房地产公司外,他还多次陪同东爪哇省长、泗水市长以及组织回教长老们远赴上海、山东、福建、广东等地访问,成功地实现了东爪哇、泗水两地与上海、广州友好城市的建立,并促成了两地与山东、福建等省市的经贸合作。此外,他还多次率领印尼中青年企业家前往闽融地区考察并洽谈商务。①

此外,一些资力较雄厚的福建籍华人种植园主,从西欧、日本和台湾引进先进农业技术或机械设备,开办了作为农业加工业基地的大型农场。如经营木薯粉加工厂的黄印当家族经营的木薯种植场;原籍安溪的王金彩,在楠榜开办的为他的面粉加工厂提供原料的大面积农场。

祖籍福清的闽商早年开办的以手工操作为主的小型纺织厂,随着工业技术的发展和设备的更新,从20世纪70年代开始自动化。如郑年锦兄弟与日资合营的沙拉笛卡自动化的腈纶丝厂,该厂使用进口石油渣,由电脑控制,纺出腈纶丝。1978年又与日本红瓦财团共同投资兴办钢铁厂,采用日本电脑技术,以废钢铁为原料,自动控制炼钢。

祖籍莆田的黄文华于20世纪70年代末在雅加达、棉兰等地设厂,引进日本生产线,用日本零件组装家用电器,职工总数达3000人。

祖籍福清的陈德发、陈子兴父子,20世纪60年代初靠手工装配销售自行车。20世纪70年代中期以后,陈德发经营的金匙集团每年电动装配、经销日本川崎摩托7万辆、意大利三轮摩托2万辆。他还与日资合办印尼最大的模具厂,并引进英国技术生产平板玻璃。20世纪90年代,金匙集团通过在香港设立分支机构扩展海外业务,发展迅速。陈子兴则是1966年才获得装配日本雅马哈摩托的专利权,20世纪70年代初,成立了哈拉班集团,分厂遍布印尼各城市,每年产销40万辆。1974年,该集团在雅加达盖了17层高的总部,还兴建了全市最大的甘诺马达超级市场,成为印尼迅速崛起的新兴财团。20世纪80年代初,哈拉班集团移资新加坡经营地产置业,投下巨额资金建5座高层高级宾馆,因适逢旅游业不景气而蒙受巨大的经济损失。

伐木业是闽商经营的传统工业,经营木材加工业发展最快的闽商是原籍安溪的李尚大。他于1953年由香港到印尼创办和声木材有限公司,在苏门答腊承包了10多处山林伐木场,总面积达5万公顷,并就地开设三合板加工厂。此外,还利用竹木纸浆,兴办造纸厂,并创办和声轮船公司,以转运木材产品及其他土产。

渔业方面,原籍福清的林子金,在20世纪60年代印尼排华时将部分资金转移香港,20世纪70年代重返印尼投资捕虾业。他购置了渔船,聘用日本技术员组成捕捞船队,并在印尼10多个岛上建立了冷冻厂,冻虾运销日、美、欧洲,一年为印尼赚取上亿美元的外汇。祖籍泉州的陈金瑞也在巴厘岛开办沙丁鱼罐头厂和鱼粉加工厂,运销新加坡、香港。

---

① 《林文光》,http://baike.baidu.com/view/2123900.htm.

在金融业方面，20世纪70年代以来，随着闽商工商业的发展，闽商在经营汇兑业的基础上，发展了银行、证券、保险、信托、投资、外汇等业务，金融业得到了空前的发展。闽商华资银行中以根扎那集团经营的中亚细亚银行最大。该行原本隶属于印尼三林集团，成立于1957年。1974年，联合美国国际化学银行、苏格兰皇家银行和日本食用银行等成立多国金融有限公司，经营中长期借款投资业务，并增设了多家分行。同年，成立大中亚人寿保险公司。1977年，获准经营外汇业务，翌年收购了以华资为主的印尼商业银行股票，把它并入该行。1979年，在香港收购华联金融公司，后来改名为第一太平财务公司。1982年，又收购了香港海上地产置业公司和美国加州海巴尼亚银行80%的股权，翌年又收购荷兰一家财务公司51%的股票，同年8月在澳大利亚开设第一太平证券有限公司。至1984年6月，第一太平财务公司公开在香港证券交易所上市。稍后，该公司又与美国、日本、法国及香港、台湾银行界合作开设租赁公司。至1987年年底，中亚银行在国内外已开设了44家银行。① 后来，因为遭遇亚洲金融危机，中亚银行1998年被印尼政府接管，目前其60.3%的股份归印尼银行重组机构所有。

李文正家族的泛印银行，隶属于李文正的力宝集团。该行是以闽籍华人资本为主的繁荣银行、工商银行及泗水银行改组联合成立的。1972年，该获准经营外汇业务，成为印尼最早参加国际金融市场的华资银行。1973年，该行与外国银行及金融界合并了印尼私营开发金融公司及互惠国际金融公司，至1977年在国内增设了11家分行、3家支行。此后，与世界10家银行签订合约，承认外国来印尼投资及印尼工商界与外国财团的借款，并先后在国外建立了香港泛印国际财务公司、香港泛印保险公司、澳门国际银行、日本快捷财务公司、夏威夷中美银行。至1984年，该行收买了美国华通银行的大部分股份。同年，又与第一太平财务公司收购了香港海外信托银行88%的股份。② 1985年，泛印集团与福建省有关方面共同创办了厦门国际银行，注册资本8亿港元，首期实收资本4.02亿港元，其中泛印集团有限公司占49%，并在港澳设有香港厦门国际财务有限公司和澳门国际银行。该行经营中国人民银行和国家外汇管理局批准的外汇存、放、汇款、进出口贸易结算和押汇、票据贴现、外汇托收、信托投资、租赁和代理国际保险等13项业务，并与中国农业银行厦门市分行等13家金融机构建立了业务往来关系。③

力宝集团的业务除了金融业外，还包括制造业及采矿业。目前，在雅加达以东有占地2000公顷的力宝城，雅加达以西有占地500公顷的力宝乡，加上其他房地产发展计划，力宝土地开发公司已成为雅加达挂牌的三大房地产公司之一。李文正把向亚太地区扩展作为事业发展的更高目标。经过10年左右的努力，他成功地建立了他的亚洲——太平洋地区银行网，他拥有的银行机构计有：印尼商业银行、中央亚洲银行、BNP力宝银行、力宝金融澳洲公司、美国加州力宝银行、香港华人银行、东海力宝银行；金融领域方

---

① 华侨经济年鉴编辑委员会：《华侨经济年鉴》，台北：华侨经济年鉴编辑委员会，1987年，第179页。
② 游仲勋：《东南亚华侨经济简论》，厦门：厦门大学出版社，1987年，第160页。
③ 《厦门日报》，1987年12月25日。

面,有 BNP 力宝租赁公司、信孚力宝财务公司、大和力宝租赁公司、力宝太平洋财务、力宝新加坡私人有限公司、东方财务公司、力宝财务公司等。李文正不满足于这些成就,他又指挥力宝集团开始了向海内外多元化进军的步伐。在印尼,在香港,在美国洛杉矶,他大力发展房地产业务,短短几年时间,其房地产总值即超过 60 亿港元。李文正在我国大陆开拓的业务:在深圳有合资的华侨银行,在上海设立了华人银行分支机构,在山东签署了多项合作协议,在福建的大型实业项目投资总规模将达 20 亿～30 亿美元,在北京与市政府签署了发展王府井商业用地、建筑娱乐商业大厦的协议。

力宝集团已发展为东南亚地区最大的私人金融服务集团之一,也是印度尼西亚最大的金融机构之一。该集团的业务十分广泛,包括金融、贸易、电子、纺织、房地产、制造业、修理业及资讯业等,但仍以金融和房地产为主;其业务开拓的地域遍布香港、台湾、新加坡、澳大利亚、菲律宾、美国、泰国、日本、中国内地、西欧等国家和地区;其属下共有 100 多家分公司。李文正的中亚银行,在 1994 年亚洲 500 家大银行中排名第 178 位,资产总额达 46.14 亿美元,被认为是东南亚规模最大的银行之一。李文正也被人们称为"银行界的奇才"。据估计,李文正的个人财富超过 20 亿美元,在 1994 年印尼 42 名华人大富豪中排名第 8 位。①

1988 年,印尼经济部通过《经济新闻》披露的全印尼 40 家最大私营企业中,属于华人独资或合资经营的占 3/5。总资产和营业额最高的 20 家企业中,以闽籍华人为主的就有 7 家。②

三、印尼闽商社团

早期的华人组织主要是一些慈善福利机构和诸如"天地会"、"三合会"、"长老会"之类的秘密会党。19 世纪末 20 世纪初,亚洲各国民族主义兴起,提高了印尼华侨的民族意识,各类华侨社团应运而生。1900 年 3 月 17 日,在巴达维亚成立了"吧城中华会馆",是印尼具有近代意义的第一个华侨社团。③ 其后,爪哇各大中城市纷纷建立了类似的社团,有的成为"吧城中华会馆"的分支机构,各种社团组织遂遍布印尼。

由于印尼华侨经商者较多,20 世纪初各地华侨开始组建中华商会及各种行业社团,与此同时也出现了各省、市、县的宗亲、同乡团体。据国民政府侨务机构 1936 年的不完全统计,全印尼共有各种华侨社团 308 个,其中爪哇 170 个,苏门答腊 92 个,婆罗洲 28 个,其他各岛 18 个,④其中包括许多闽商社团。如 1911 年,雅加达福建会馆成立,办理福建同乡福利和教育事业,会员有福建籍华侨资本家和自由职业者等。会馆下设玉融

---

① 《李文正》,http://www.chinavalue.net/Wiki/李文正.aspx.
② 印尼《经济新闻》,1989 年 3 月。
③ 许云樵校注:《开吧历代史记》,《南洋学报》第 9 卷第 1 期,1953 年。
④ 台湾侨委会:《任务廿五年》(旧档案行政报告稿),1957 年,转引自杨力、叶小敦:《东南亚的福建人》,福州:福建人民出版社,1993 年,第 78 页。

(福清)、永泰、漳泉等地方同乡会组织。1912年,泗水玉融公会成立,为福清华侨同乡组织,办理福利事业。20世纪30年代,印尼福清籍华侨社团迅速发展,相继成立泗水东岚公会、万隆玉融公会、梭罗玉融公会、雅加达玉融公会等社团。

太平洋战争爆发后,日军占领印尼,所有华侨社团都被迫解散或停止活动,直到印尼独立才得以恢复,[①]并成立了很多新的闽商社团。1946年,雅加达福州会馆成立,开展同乡互助联谊工作,会员100多人,多从事商业和手工业。1947年雅加达金商公会成立,会员多为祖籍福州的华侨资本家。1949年,祖籍福清的华侨布商创办雅加达布商公会。20世纪50年代,印尼闽商社团进一步发展,相继创办三宝垄玉融公会、茉莉芬玉融公会、北加浪岸中华体育总会、玛琅玉融公会、任茉玉融公会、梭罗福州会馆、打横玉融公会等社团。1958年后,印尼政府对华侨华人社团采取严苛态度,限制他们发展组织和开展活动。1965年"9·30"事件后,当局查封了各地的华侨华人社团。1966年苏哈托军人政权执政后,对华人实行强迫同化的方针。1967年苏哈托签署了《解决华人问题的基本政策》的第37号法令,宣布取缔华人兴办的学校、报刊和社团。当局规定,只允许保留华人基金会、丧葬团体、姓氏团体和少数宗亲团体。至此,原有的许多华人社团被解散。接着,又下令取缔了所有华侨华人社团。[②] 20世纪70年代后期,对华侨华人社团的限制有所放松,闽籍华侨华人成立了万隆福华理事会、泗水仙蹊福利基金会等。1986年7月,福州籍人士成立了雅加达吉祥山基金会。

1998年苏哈托政府垮台。接任的哈比比政府解除了党禁,较为宽松的社会环境为印尼华人社团的复苏和发展创造了条件,各地华人社团如雨后春笋般涌现。随着印尼华侨华人经济的迅速发展,华侨华人社团会务也趋于活跃,组织也不断壮大。目前,印尼闽籍华侨华人社团主要有:雅加达吉祥山基金会、雅加达安溪福利基金会、雅加达水仙花福利基金会、棉兰三德慈善基金会、东爪哇福清同乡会(泗水玉融公会)、万隆福清同乡基金会(万隆玉融公会)、雅加达福清公会(雅加达玉融公会)、晋江同乡会、永春同乡联谊会等。

以省为单位组建的地缘性社团有:勿单洞福建公会、雅加达福建社团、苏北省丁宜市福建会馆。福建省与外省华人的跨省联合:印尼福建山东社团。

以府为单位组建的地缘性社团有:东爪哇福州十邑同乡会、福州印尼苏北同学联谊会、万隆福州同乡会(西爪哇)、东爪哇漳属同乡会、(雅加达)龙岩同乡会、雅加达福州同乡会、泗水东爪哇泉属会馆、兴安会馆、印尼苏南巨港漳属同乡会。

以县为单位组建的地缘性社团有:雅加达南安同乡联谊会、苏北南安同乡会、同安同乡联谊会、雅加达福建永春公会、雅加达永春互助会、西爪哇展玉永春公会、(雅加达)永春同乡联谊会、苏加巫眉永春会馆、茂物永春会馆、印尼雅加达永定会馆、印尼万隆永定会馆、井里汶永定会馆、日惹永定会馆、东加省三马林达市永靖公会、印尼晋江同乡会、东

[①] 杨力、叶小敦:《东南亚的福建人》,福州:福建人民出版社,1993年,第78页。
[②] 黄昆章:《印度尼西亚华人社团的现状和前景》,《世界民族》2003年第6期。

爪哇仙豁公会、印尼棉兰安溪会馆、印尼占碑安溪公会、印尼巨港安溪公会（同乡会）、印尼峇淡岛安溪会馆、印尼福清公会总会、印尼西爪哇省万隆市福清同乡会、东爪哇省福清公会、日惹特区福清公会、雅加达福清公会、中爪哇万由玛士州福清公会、东爪哇省梭罗市福清公会、茉莉芬州福清公会、东爪哇玛琅福清公会、中爪哇直葛福清公会、斗旺福清同乡会、井里汶福清公会、西爪哇展玉福清公会、西爪哇苏甲巫（亚）眉市福清同乡会、东加里曼丹省三马林达市福兴同乡会、西爪哇省井里汶县福清公会、南加里曼丹省马晨市福清公会、东加单曼丹省打拉根市福清分会、东加里曼丹麻里巴板福兴同乡会、西爪哇斗旺县福清公会、南苏门答腊省巨港市福清筹委会（分会）、印尼楠榜省福清分会、中爪哇省沙拉笛加县福清同乡会、中爪哇省马吉玲县福清公会、东爪哇多隆亚公福清分会、中爪哇省三宝垄市福清同乡会、东爪哇省谏义里市福清分会、印尼福清社团联合联络小组、印尼南苏拉威西省锡江市福清公会、印尼东爪哇省玛琅市福清公会、印尼东爪哇省福清公会等。

（一）同乡社团

福建会馆。较早建立的闽商社团是同乡社团。19世纪末，闽籍同乡组织福义兴公司，以"公司"名义进行洪门天地会帮会活动，开展反清复明。随后，印尼各地福建同乡社团多由"公司"改组成立的。清光绪六年（1880年）棉兰辟为商埠，到棉兰定居的福建籍移民及契约华工日益增多。由于华侨绝大多数是贫侨，死后办理丧葬困难，因此当地甲必丹向荷印政府申请成立了"福建公司"，主持办理丧葬等慈善事宜。当时的成员多为闽南籍织布、五金、土产、进出口贸易商。1906年，甲必丹苏保金等把福建公司改为"福建公所"，后改名为"新民学校"。1924年改组为"福建会馆"。各地的福建会馆多由类似的公司和公所演变而来。如巴城福建会馆，原名为"福安公司"，1911年改现名，主要办理福建同乡福利和教育事业，会员有福建籍华侨资本家和自由职业者等。会馆下设玉融（福清）、永泰、漳泉等地方同乡会组织。万隆福建会馆亦是如此。1966年，福建会馆被印尼政府封闭。

其他闽商同乡社团主要有：

东爪哇福清公会（泗水玉融公会）。印尼融侨的地缘宗乡社团最早在泗水市诞生。1912年，融侨薛其钿、郭传枝（亚士）、杨积山、林则煦等具名立案成立泗水玉融公会。公会成立初期，没有固定会址，到1927年才筹款购买龙街5号房舍做固定会所。泗水玉融公会以团结乡亲、立足海外、造福桑梓为宗旨开展会务工作。公会设执行委员会，领导人由选举产生。执委会首任会长是薛其钿。公会先后创办《融报》、《玉融周报》、《融声》月刊等，宣传公会宗旨，报道时事新闻、会务活动。

1942年，日军侵占印尼，公会会务停顿；1945年8月日本投降后，公会恢复组织活动，重点发展青年会员并设立青年部，增选执委委员。1948年，因国是日非，新旧执委意见分歧，争执激烈，导致青年部被迫退出公会，改称为融侨青年会，继续活动。1950年，执委会换届改选，高至荣、何希銮当选为新执委会正、副主席。新执委会修改公会章程，取消一切国民党标记，把活动重点放在教育、丧事、文娱、体育等方面。融侨青年会遂取消临时名称,回到公会,重新接受执委会领导。公会热心教育事业,1938年创办文华小学,1950年改名侨众学校。1951年俞昌檀献地皮、捐巨款,兴建侨众学校校舍和公会办公楼。1954年,校舍、礼堂、教师宿舍、公会办公楼全部竣工。公会搬迁新所,会务活动随之全面展开。1965年,公会会员增加到1600多人。"9·30"事件后,新会所、侨众学校校舍均被印尼当局接管,公会搬回龙街5号旧址,改为办理丧事机构,其他活动被迫停止。

20世纪60年代后期,印尼的政治风云变幻无常,公会改为料理丧事机构后陷入困境;但以张逸民为首的执委们不惧艰险,仍然坚持公会宗旨,在可能的范围内为乡亲们服务。1999年9月24日,在泗水玉融公会基础上扩大同乡会范围,成立东爪哇福清同乡会。大会推举林学善为永久名誉主席,张逸民、张中光为名誉主席,林文光为主席,王良强、杨运良、王玉祥、林朝兴分别为常务副主席和第二、三、四副主席。同乡会设置多位顾问兼监察,下设秘书处、政财处、文教部、讯息部、总务部、福利部、丧事部等。2004年拥有会员2000多人。①

泗水仙豀公会。1922年成立,为仙游、莆田两县华侨社团。会员5000人左右。1965年被印尼当局强行封闭,1979年又成立了主办侨乡福利事业的"泗水仙豀福利基金会"。

雅加达南靖公会。1924年成立,其前身为1824年兴建的南靖庙,当时公会设在庙内。

万隆玉融公会。20世纪30年代末成立,办有清华中学、小学各一所,设有闽剧组及"健华学习社"。1953年还筹款在家乡兴建"虞阳医院"。

雅加达玉融公会。二战前夕成立,为福清同乡社团,会员多数是织布、五金、土产、进出口贸易商,办有新民中、小学。

泗水泉属会馆。1945年成立,为晋江、南安、同安等县的同乡社团,有会员700多人,多数参加了洪门义顺会馆。

雅加达吉祥山基金会。1945年第二次世界大战结束,印尼宣告独立,当时雅加达福州人不多,有几位先贤认为有必要成立"福州同乡会"来团结同乡,联络感情,发挥互助精神。于是便在华人区班芝兰北达斯美兰巷租一会所,以方便乡亲聚餐评谈。历届主要领导人有方英洲、叶鸿宝、朱祥麟、郑成恩、魏寿祺等。至1966年,同乡会由于当地政府的社团条令而自动解散。

20年过去,社会环境变化巨大,福州同乡移居雅加达的人数逐年增加。在多次的喜丧事场面上,大家交换意见后,感到为适应形势需要,应向政府申请注册成立一个乡会组织,协助当地社会推动举办同乡福利暨公众慈善事业,遂于1986年7月12日宣告成立"吉祥山基金会"。吉祥山基金会成立后,持续三届在林绍良、黄双安、王德钦、洪文豪、曾振藩、林思明等乡长领导下,会务蒸蒸日上。自购地皮2040平方米,第一期建成一幢双

---

① 《东爪哇福清公会》,http://news.52fuqing.com/NewsShow-1152.html.

层、总面积15000平方米的崭新会所,于1989年7月14日双庆纪念日正式启用。日常工作设有面向大众服务的保健医疗中心,有乒乓球、象棋、台球等体育项目,还培训了文娱、歌舞人才。每逢民族传统佳节,都委派代表携带礼物、食品等慰问老人院、孤儿院,与老人、孤儿联欢,分发慰问品。

为了协助政府推动普及民间教育,基金会还建了一座高三层、总面积达1520平方米的教学楼,1993年7月先行开设幼儿园暨六年制国民小学。

目前,在雅加达的福州十邑乡亲在经济活动中多从事工商行业并趋向多元化,涉及行业有林产加工开发、纺织、国外产品独家代理、塑料机械制造、文具、电脑批发、电器音响、金银首饰、食品加工、经贸进出口、传统三刀工艺等。吉祥山基金会现有会员300多人,包括眷属4000多人。①

棉兰三德慈善基金会。成立于1991年5月,是统一、健全、纯粹的福州十邑同乡会的团体。它以联络感情、搞好福利、举办教育三大目标为宗旨。每逢印、中新年佳节,皆向当地老人院、贫民所、孤儿院等捐献钱财,分发礼物,表示关怀。新春佳节,举办联欢,演出文娱节目等,让广大乡亲欢度佳节。1994年,基金会名誉顾问:林绍良、黄双安、王德钦;主席张福开,副主席林文赞;名誉主席洪文豪、曾振藩。②

(二)综合性闽商社团

雅加达中华会馆。其前身为成立于1900年的"巴城中华会馆",是印尼第一个近代华人社团,会员多是华裔。主要活动是联络感情,举办婚丧事宜。成立后的第二年(1901年),创办印尼第一所华文学校"中华学校",还创设了图书馆以方便会员学习了解中国的文化、历史,中华学校推行祖国的"正音",即"普通话",用白话讲授中国历史、地理、文化道德、算术、商业簿记以及英语等。

巴城中华会馆成立后,印尼华侨纷纷仿效,建立同类性质的社团,或成立巴城中华会馆的分支机构。至1908年,遍布各地的中华会馆达50个左右,1911年增至93个,其中大部分在当地独立开展活动,有一部分则隶属于巴城中华会馆,成为它的下属机构。至1921年,先后隶属巴城中华会馆的分会共31个。后来演变成为各地中华会馆,独立开展工作,如筹办学校、医院、济贫院等福利活动。抗日战争爆发后,在各地中华会馆的领导、推动下,广大华侨不分地域、籍贯及行业帮派,联合起来成立了综合性的中华会馆。

荷属东印度中华会(Chung Hwa Hui Nederlandsch Indie)。印度尼西亚土生华人第一个政治团体。由当地出生且多数受荷兰文教育的华裔知识分子和商人组成。1928年4月8日成立于三宝垄,选出以简福辉为会长的中央理事会。章程规定:凡在荷属东印度(今印度尼西亚)出生的华人均可入会。出生于荷印之外的新客华人亦可入会,但无表决权。宗旨是:承认荷印国籍法,成为荷兰属民,通过恰当和合法手段改善东印度华人的

---

① 《印度尼西亚雅加达吉祥山基金会》,http://www.fjsen.com/fjxy/hrst/hrst224.htm.
② 《印度尼西亚福州社团》,http://www.fzdqw.com/showtext.asp?ToBook=807&index=133&.

状况,促进华人教育与商业的发展,并保持和巩固同祖国(中国)的亲属关系。1933年,在爪哇建立12个支部(分会),会员约300人。后成立东爪哇、中爪哇、西爪哇3个支部。1939年分会增加至22个。中央理事会出版中华会机关报和中华会杂志。实质上,该会代表华人地主、资产阶级和高级知识分子、自由职业阶层的利益。1942年日本占领印尼后,停止活动。① 简福辉也被日军拘禁于集中营,日本投降后获释,不再参加政治活动。

雅加达中华总会。印度尼西亚雅加达华侨社团、侨校的联合机构。由中国国民党支部筹组;成立于1945年12月26日(一说10月25日),宗旨在团结侨胞,维护权益。会址设在卡查马达街175号商联会大厦内。由侨团代表大会选举的执监委员主持会务,后改为理监事制。历任主席或理事长、副理事长计有丘元荣、章勋义、黄根源、王尚志、王亚禄、徐琚清、陈兴砚、张沾恩等。在印尼各地均有中华总会的组织,负责与当地政府联络接洽及交涉等事项。1949年中华人民共和国成立后,爱国华侨另立印度尼西亚中华侨团总会与之相抗衡。②

中华侨团总会。成立于1950年6月,其前身为"庆祝中印(尼)建交工作委员会",简称"侨团总会",同年10月改为"华侨团结促进会",1952年改现名。总会下辖100多个团体会员,曾领导当地华侨的爱国活动和兴办华侨文教等福利事业,并设有师资讲习所等。

万隆中华会馆。有五六十年历史,设有中华中、小学。1958年被印尼政府封闭,后重新改组恢复活动,但至1960年8月2日再度被印尼政府封闭。

万隆中华总会。成立于1946年,是万隆华侨社团及华校的总组织。该会平时负责代表华侨向当地政府交涉一切事宜,解决侨胞之间的纠纷,举办社会福利事业,开展文体活动,以及进行中印(尼)友好活动。有团体会员50多个,赞助会员900多名,至20世纪50年代中期解散。

日惹中华社团联合会。前身是1951年成立的"日惹华侨工作筹委会",1952年改名为"日惹华侨团结促进会",1955年改现名。该会附设教育基金会、篮球队、图书馆等。

三宝垄中华总会。成立于抗日战争爆发前夕,主要与当地政府交涉有关侨民的一些困难,争取华侨合法地位与利益,附设有新民夜校、新友社、中小学华文学校、印尼文补习班及疗所等10多个侨团组织。三宝垄中华总会属下现有福清公会、闽南公会、广肇公会、客家公会、兴华公会、中爪哇潮州乡亲公会、垄华福利基金会、华英基金会、新友基金会等9个团体。另外,还有以神缘、校缘、业缘为主的各校友会、基金会、协会等几十个社团。

棉兰苏东华侨联合会。1952年3月由棉兰苏东华侨总会和亚齐、打板努厘等地爱国的华侨总会联合组成,下属50个团体,主要是兴办华侨文教事务。

棉兰华侨总会。1946年由胡愈之、王任叔等发起组织的棉兰各爱国侨团的联合机构。该会平时主要是办理华侨福利、文教事业,领导华侨参加民主爱国活动,促进中印

---

① 《荷属东印度中华会》,http://baike.baidu.com/view/246320.htm.
② 《雅加达中华总会》,http://www.hudong.com/wiki/雅加达中华总会.

(尼)两民族的友好,并代表华侨与当地政府交涉办理税务、国籍等问题。有20多个团体会员,个人会员数千名,办有一所华侨中学、3所小学、幼儿园及老人收容所。

巨港华侨总会。其前身是1945年由当地40多个进步侨团组成的巨港中华总会,祖籍龙岩的王源兴被一致选举为总会主席,1951年4月改现名。除主持兴办福利文教事业外,还积极领导当地华侨开展爱国活动。

茂物华侨总会。1925年成立,是茂物拥有会员最多的团体,办有一所华侨公学。

古打拉夜(班达亚齐)中华总会。1953年3月由爱国人士发起组织,会员有1000多人。

(三)闽商行业社团

早期以福建籍华侨为主的商会主要有:

巴城华商总会。1902年成立,后改名为雅加达中华商会,会员多是中等华商。该会1958年被印尼政府封闭,1960年启封,至1965年"9·30"事件后,再度被印尼当局封闭。

巴城中华商会。光绪三十一年(1905年),印尼巴城华侨商人成立中华商会,为印尼华侨最早成立的行业及职业社团。由于当地闽商较多,参加该会的会员也较踊跃,而且各地各种行业组织的社团也参加该会成为其属下的团体会员。所以,它实际上是当地华侨商业社团的总机构,在各地的华侨商业界及商业社团中起领导作用。中华商会积极开展以下几方面的工作:

1. 团结广大华商,维护华商的正当经营权益,对荷印殖民政府及印尼当局有关不合理的及歧视华商的政策法令、禁令等进行交涉;

2. 与祖国工商界进行联系,举办国货展览会,推销国货,将当地较好的农业种植技术,如甘蔗种植法等介绍给国内,组织及促进华侨在国内投资,举办实业;

3. 组织并发动广大侨商捐献钱款和物资,救济祖国各地及当地受自然灾害的灾民,支援祖国的抗日战争;

4. 积极出资捐献,支持当地华侨文化教育及慈善福利事业;

5. 协助解决会员经营中的一些思想观念和问题,调解会员之间的纠纷,促进华商的团结和互助等。

荷属东印度中华商会联合会。荷属东印度(今印度尼西亚)各地中华商会的联合组织。1935年2月,中国驻荷印巴达维亚(即巴城,今雅加达)总领事宋发祥致函巴城中华商会倡议组织,以应付当时经济危机和国际商战,团结共济。巴城中华商会受各地商会委托进行筹备,组成以吴伟康为主任,宋发祥、梁炳农、洪渊源及李宗智为委员的5人筹委会,负责起草组织章程及召开大会事宜。同年8月28日,在巴城举行第一次会员代表大会,参加者有各主要城市的25个中华商会代表40人。会议通过联合会章程及促进中国统一、推销国货、振兴荷印工商业等决议,并发表宣言,呼吁全荷印华商救济当前危机,改进工商业状况及集中华侨资本,促进经济集团化等。并选出巴城、泗水、三宝垄、万隆、巨港及望加锡(今乌戎潘当)6个商会为执行委员,巴城中华商会代表、祖籍福建的富商简福辉任主席。日惹、井里汶及滨港3地中华商会任候补执行委员,坤甸中华商会任监委。但成立后,经费无着,组织松散,领导无力,没有开展多少工作,形同虚设。1942年日军占领荷印后,自行解体。①

印度尼西亚中华商会联合会。简称印尼商联会,印度尼西亚各种中华商会的联合组织。1947年8月据三宝垄、巴东、万隆等地中华商会建议,在雅加达成立印尼中华商会联合办事处,由巴城中华商会主席郭美丞任主任,筹划组建联合会事宜。并协助印尼政府调查华侨输入商的外汇分配、交涉农产品清理及买卖等。1948年6月4日,各地中华商会代表60余人在雅加达举行大会,通过成立印尼中华商联合会,郭美丞任理事长,洪渊源和徐华彰任副理事长。12月29日经当地政府批准立案。1949年,该会在雅加达卡查玛达(Gajah Mada)大街购置一所大厦作为会所。该会领导成员及各地中华商会成员在中华人民共和国成立后有所分化。1949年8月,该会创办印度尼西亚华侨公立高级商业学校(简称印华高商)。1953年创办《中华商报》,并曾出版《印尼商业年鉴》。1958年,该会及所属学校、报社均被印尼政府取缔。②

泗水中华商会。1907年成立,成员有布商公会、五金商公会、杂货批发商公会、百货零售商公会、亚弄商公会、金商公会及其他商业团体和各行业商家商人。1966年被印尼当局关闭。

万隆中华商会。1908年成立,日本南侵时停止活动,战后恢复活动。1952年曾组织"观光团"赴台献40公斤黄金。会员约150人,大部分是上层侨商。还办一些社会福利工作,附设有商业银行。

雅加达中华杂货商输入商公会。1926年成立,原名"华商贷商公会",成员多是福建籍杂货商,主要活动是团结同业,举办侨众福利。

雅加达侨商联合会。1939年成立的华侨中小商人组织,主要活动是团结同业,代会员办理交涉一般商务事宜。

雅加达金商公会。1947年成立,会员多为福建籍的华商,开展行业联谊、经营活动,维护同业利益。

雅加达布商公会。1949年由福清籍布商创办,会员多为福清籍布商,主要活动是联络同业,维护同业利益,劝告会员遵守当局法令、条例。

万隆中华药商联合会。1947年成立,会员多是福建永定县籍华商。

1965年"9·30"事件发生后,随着印尼华侨社团全部被取缔,福建籍华人社团绝大多数也被迫解散。1998年后,印尼新政府解除了党禁政策,允许华人组建政党和社团,福建籍华人社团纷纷重建并得到发展。闽籍华商领导的行业和经济社团主要有:

印尼工商会馆中国委员会。印尼工商会馆中国委员会从属于印尼官方组织印尼工商会馆,是以印尼华人企业家为主要成员,兼容其他印尼企业家而组成的经济组织。正如该会总主席、祖籍福清的闽商纪辉琦所言,"印尼工商会中国委员会的责任是介绍中国

---

① 《荷属东印度中华商会联合会》,http://baike.baidu.com/view/286440.htm.
② 《印度尼西亚中华商会联合会》,http://baike.baidu.com/view/246305.htm.

企业到印尼去发展,并帮助中国企业选择印尼合作伙伴,保障中国企业在印尼投资的利益。同时,要帮助印尼企业到中国投资,使中国和印尼企业家经常有机会相互接触了解,做到互赢互利"。① 该会实行门户开放,凡有意与中国企业界合作以发展印尼经济的企业家均可成为会员或理事。该委员会的包容性和开放性将其自身清楚地定位为提高印尼与中国商贸交流度与提高中国企业在印尼投资的信任度的桥梁,为印尼经济的发展吸引更多的外国投资。

印尼中国中小企业商会。印尼中国中小企业商会于2006年10月在雅加达成立,是以促进印尼和国外,尤其是与中国中小企业良好合作为目标的非营利性经济组织,章生耀、吴鸿宁等创办人将商会宗旨确立为促进中印(尼)两国的经贸往来,加强印尼和中国中小企业多方面的联系和往来。总体而言,在印尼工商会馆中国委员会主持该国大部分对外经贸活动的大背景下,商会被定位为协助中小企业的健全发展和与大企业间紧密合作的辅导机构。截至2008年,商会已相继在万隆、棉兰、梭罗、东加成立分会。目前,总主席由著名华人领袖章生耀担任,他同时还兼任印度尼西亚旅游协会主席、印尼客属公会永远荣誉资深主席、印尼—中国同业旅游防会总主席。②

印尼中国经济、社会与文化合作协会。成立于1992年7月,会员大多是印尼的企业家和知名人士,其宗旨是促进印尼与中国的贸易,加强投资及增加友谊和社会文化合作、交流。该协会是中国与印尼恢复外交关系后在印尼成立的第一个民间对华友好组织,在印尼经济界、政治界和文化界都有着很广泛的影响力。1993年中国—印尼经济、社会与文化合作协会成立后,双方在北京签署《中国—印尼经济、社会文化合作协会与印尼—中国经济、社会文化合作协会加强合作的谅解备忘录》。此后,双方一年一度互派代表团到对方国家访问,举行双边年会,制订新的工作计划,举行经济研讨会和商务洽谈等。③

印尼中国商务理事会。印度中国商务理事会是一个非营利性的商会,其工作为印尼工商会馆所认可,所以,印尼各省对其会务的开展均给予积极协助。目前,在印尼已有21个地方分会,1000多名会员。④ 印尼中国商务理事会以积极的态度参与印尼与中国之间的经贸活动。现任印尼中国商务理事会主席由著名华人领袖林文光(祖籍福清,印尼华企金锋集团董事长、东爪哇大企业家基金会主席、印尼中国经济社会与文化合作协会副总会长)担任。

印尼中华总商会。印尼中华总商会于2001年在印尼华企友光集团、大江集团、巴厘银行创办人陈大江的倡议下成立,是一个独立的民间商业机构,其使命是推动并配合海内外华商积极地发展实业,在印尼与中国的经贸往来中发挥中介桥梁作用。作为印尼工商会馆的补充,中华总商会在加强企业与政府沟通方面发挥了独特作用。印尼中华总商

---

① 《国际日报》,2007年9月4日。
② 江振鹏、丁丽兴:《试论后苏哈托时代印尼华族经济类社团与中国和印尼的经贸往来》,《东南亚纵横》2010年第7期。
③ 《国际日报》,2007年7月4日。
④ 张庆寿:《印尼华人政治经济文化之现状》,《八桂侨刊》2003年第10期,第30页。

会现任总主席为陈大江(Sukanta Tanudjaja)，执行主席为杨克林(Halim Yusuf)。

陈大江，1925年生于福建漳平，1930年随父母移居印尼雅加达。1957—1976年，在印尼分别创办"友光有限公司"、"大江集团"、"印尼石桥轮胎有限公司"（合资），至今仍担任名誉董事长一职。同时，他也是荣光有限公司董事长、印尼大华银行董事。

陈大江于2001年起任印尼中华总商会总主席，此外还先后出任印尼—中国经济社会文化合作协会副总主席、印尼工商部加强对中国促进贸易小组副组长、印尼纺织总协会辅导顾问、印尼工商总会辅导顾问、印尼企业家协会（APINDO）辅导顾问、印尼工商会馆中国委员会顾问、印尼华裔总会名誉主席、印华百家姓协会名誉主席、印尼客属联谊总会荣誉顾问、印尼闽南同乡联谊会顾问、印华儒商联合会名誉会长、第七届亚细安中医药学术大会荣誉主席。①

---

① 《印尼中华总商会简介》，http://www.gxfao.gov.cn/gxfaohtml/dmsq/143517975.html.

第五章

其他地区的闽商

第一节 美国的闽商

一、美国闽商发展的历史

据说中国人移居美国始于 1571 年,[①] 从 1571 年至 1746 年,常有中国人被雇往加利福尼亚造船。[②] 根据美国移民委员会记录,1820 年,有第一个中国人进入美国;1821—1840 年间,又有 10 个中国人到达美国。[③] 但中国人大批移民,则始自 1848 年金矿的发现。北京同文馆总教习美国人丁韪良约于同治末年撰《旧金山纪》云:"中国闽粤两省,附近海隅,其民习于水,多恃航海贸迁为业,而远徙外洋以谋生计者,亦复不少……其最众者莫如美国之金山","至华人之居斯土,亦始于道光二十八年(1848 年),有闽粤五六人,附海舶至金门"。[④] 1850—1870 年,有大批广东四邑人和少数福建人移居美国。1852 年从厦门运往美国加利福尼亚的华工有 410 名,其中一部分转至秘鲁。当时抵达加利福尼亚的闽籍华工大多从事开矿、垦荒、修筑铁路。漳浦县佛坛下坑村人杨鸟番于咸丰(1851—1861 年)年间,乘帆船出洋,到美国旧金山当淘金工,致富后回国。同时,夏威夷的甘蔗种植业和制糖业缺乏劳动力,檀香山农业公司派人到广东、福建招工。同年,英国三桅船蒂迪斯号从厦门记航,载运 199 名华工到檀香山。1852 年,该船又从厦门载运 101 名华工抵夏威夷。这些华工主要从事种蔗制糖和种植稻米、菠萝、咖啡等。再则,1872—1874 年,清政府派遣四批学生,共 120 人赴美留学,其中有福建同安人黄锡宝和福建漳浦人薛有福。

[①] 陈翰笙主编:《华工出国史料汇编》第 7 辑,北京:中华书局,1985 年,第 1 页。
[②] 刘伯骥:《美国华侨史》,台北:黎明文化事业公司,1982 年,第 32 页。
[③] 刘伯骥:《美国华侨史》,台北:黎明文化事业公司,1982 年,第 33 页。
[④] 刘伯骥:《美国华侨史》,台北:黎明文化事业公司,1982 年,第 102~103 页。

自1882年美国国会通过排华法案,移民情势为之一变,人数锐减。然闽人移居美国似未绝迹。清末秀才泉州人余子玉因支持戊戌变法受迫害,于1899年逃往美国,创办华文学校,自任校长。① 据1983年出版的晋江县《安海志》记载:"还有旅居夏威夷者,七十余年前有颜姓华侨,自夏威夷致函颜氏宗族,自谓先人由安海流寓该岛,乞抄族谱以为子孙溯源追本之据。"②

1911年美国用庚子赔款在中国创办清华学堂,作为留美的预备学校。第二次世界大战以前,除了用庚子赔款所派出的留学生外,也有数以百计的自费或公费留美学生,其中不少是福建人。他们大多是华侨子弟,一些是富家子弟,其中有的人毕业后留在美国。著名文学家林语堂是龙溪人,于1911年留美学成归国,又于1936年带妻儿赴美。祖籍闽侯的林家翘于1940年留学美国,获博士学位后留居美国从事教学和科研后,受聘为美国科学院院士。福州人林同炎、惠安人张文裕等都是著名的留美科学家。

1943年,美国废止排华法案后,福建人移居美国增多。抗日战争胜利后,中国政府派遣数百名在政府机关工作的大学毕业的科技和经济人员前往美国实习,后来这些人大多留美就业或进研究院深造。中国政府还举行两次自费留学考试,选派上千名大学毕业生赴美留学,另有一些人是获得教会奖学金赴美留学。据华美协进会统计,1949年在美中国留学生共有3797人,其中有不少福建人成绩卓著。如同安人蔡启瑞、莆田人黄维垣、闽侯人黄世真、将乐人廖瓴鹏等。在中华人民共和国成立后,许多人被限制出境而滞留美国。除了留学生之外,还有福建人以其他方式移居美国。1944—1952年来自中国的移民共有15689人,平均每年1678人。20世纪旅居美国的闽籍华侨的职业,除了留学毕业后,或在大学任教和在研究院从事科学研究,或做工程师、会计师、医师等,还有的是中餐馆或杂货店的店主,以及中餐馆、洗衣店的雇工。

中国改革开放之后,福州人是美国华人移民增长最快的群体。福州人具有冒险犯难、勇闯天下的传统,隔海遥望西半球,他们认定美国是"人间天堂",一旦经由各种合法或非法的途径抵达美国,才深切体会到置身异域背负地狱般精神枷锁的沉重。但是30多年来,他们凭借勤俭刻苦的努力,竟然拓展出一条曙光在前的"天堂路"。

早在20世纪80年代,偷渡来美的华人被称作"万八",因为他们必须交付1.8万美元的偷渡费给蛇头。1993年,满载286名福建偷渡客(其中大多数来自长乐)的"金色冒险号"(Gold Enventure)货轮在纽约皇后区海域搁浅,造成10名偷渡者溺水身亡,成为轰动一时的国际新闻。偷渡浪潮一波接着一波,使福建流传起一句话:"台湾怕平潭,日本怕福清,美国怕亭江,英国怕长乐,全世界怕福建。"其意是指:平潭人偷渡的目标是台湾,福清人偷渡的目标是日本,亭江人偷渡的目标是美国,长乐人偷渡的目标是英国。可是如今,时移势易,现在福建最新流传的一句话变成:"世界怕美国,美国怕长乐。"在美国的长乐人有20万之多,而在英国的长乐人估计不超过500人,说明英国早已被美国取而代

---

① 福建省地方志编纂委员会编:《福建省志·华侨志》,福州:福建人民出版社,1992年,第134页。
② 新编《安海志》卷一二,《侨外》,1983年。

之,成为长乐人偷渡的"最爱"。金色冒险号事件使福州长乐多了一个"偷渡之乡"的负面称号。可是时过境迁,美国的诱惑力正在减退,偷渡潮也放缓了冲击力,越来越多的福州人已经明显不像先行者那样迫不及待地冒着生命危险偷渡出国,不忍心再让"金色冒险号"惨剧重演,他们会选择安全可靠的途径,持合法证件,以商务考察或旅游探亲等名义进入美国。

到20世纪90年代初,偷渡要价升到3万美元,时至今日,偷渡费更高涨到六七万美元。6万美元折算成人民币约为50万元,而福建一个普通工人的月薪收入仅为40美元,6万美元就相当于一个工人工作125年工资的总和,为什么还要不惜背负巨债冒险偷渡来美呢?

因为向往富裕幸福的生活是人类与生俱来的本能。中国和美国的经济水平仍然存在颇大的差距,穷则思变,落后地区的劳动力向高收入的地区流动,是世界人口流动的基本趋势,也是偷渡现象持续不断的主要原因。

留守福州长乐等地区务农种田收益微薄,进城打工由于没有城市户口,只能从事低廉的繁重劳力工作,付出和收入难成正比,青壮年感叹待在长乐老家生活单调沉闷,从父辈的身上寻找不到希望之光,看到的只是日复一日过着毫无生气的日子。他们满怀对外部世界的无限憧憬,产生了强烈的移民冲动,便不管是合法还是非法手段,"八仙过海,各显神通"地奔赴美国,在天堂与地狱一线之隔的空间里拼搏求生。

福州人认为,华人初抵异邦,入境随俗从零开始,那么他们则是从负数起步,忍辱负重,埋头苦干几年,还清偷渡巨债,才是零的突破。一般来说,偷渡者必须经历艰辛困苦的"四部曲":第一阶段是拼命打工还债;第二阶段是快则两三年,慢则四五年,到了无债一身轻,就可以攒钱准备创业;第三阶段是如愿以偿新店开张,结束看人脸色的打工仔生涯;第四阶段是目光瞄准绿卡,争取合法身份,这时实现"美国梦"已指日可待了。

二、美国闽商社会经济

老一辈的福州人,移民美国后从事的职业主要是三把刀(菜刀、缝纫剪刀和泥水刀)。由于福州人移民大多数来自农村,文化知识水平较低,不懂英文,又没有专门的技能,在美国谋生,也离不开传统的三把刀。好在旅美福州人看重乡情,团结互助,先来的人创业有成,大多愿意聘用没有身份的同乡,受佣者亦知恩图报,任劳任怨地工作,形成了一个互惠双赢的供求纽带关系。为了偿还"猪仔债",他们便在乡亲们开的餐馆、衣厂或建筑工地起早摸黑地干活,每周工作6天,约70个小时,生活枯燥乏味,几乎没有娱乐,与家乡的妻儿团聚遥遥无期,精神上和肉体上的压力不言而喻,难怪在餐馆厨房里当"火头军"的福州人自嘲地说,他是属于生活在"两头"世界的人——白天面对"炉头",夜晚空抱"枕头"。

福州十邑的华侨,1975年以前,多数在纽约的中国城(唐人街)或纽约大都市地区的大餐馆里,为人打工,不然就在黑人居住区谋生。进入20世纪80年代以后,他们已进入唐人街的各行业。

福州人素以吃苦耐劳、谋生有道著称。刚抵纽约,当务之急就是打工挣钱,工作时间长,住宿条件极差,十几个人挤在一间没有"家"的感觉的房间内,大家采取三班倒,分租上下床,每人分租八小时轮流睡觉,节省不少租金,一心想尽早还清债务。

非法移民所需的偷渡费用大多不是自己的,一般都由亲戚朋友解囊相助,其中有相当一部分是来自海外亲友的借贷,也有偷渡成功后由海外亲友付钱给蛇头"赎人",再打工赚钱还债。如果留在家乡不愿来美,再穷也无人乐意借钱,担心有借无还。福州地区的居民都有盘根错节的海外关系,过来人帮助后来者,他们知道只要不偷懒,工作几年,欠款一定能够还清的。

福州籍华侨刚到美国时,由于时间短,经济实力有限,经营餐馆业的约占70%。一家普通餐馆年营业额可达60万美元,纯利占50%～60%。祖籍福州的美国华人陈霖,1936年毕业于福州英华中学,后考上燕京大学,抗日战争爆发后转入昆明西南联大经济系。1945年去美国留学,毕业后经营中国食品进口,开始时只有一张桌子、一部电话,他的夫人当他的助手。他现在是纽约"金门集团"董事长,他创办的金门集团是美国规模最大的中国式食品和杂货零售商,计有纽约的"金门"、"金国"、"金山",新泽西州的"金城"和华盛顿的"金都"。这些公司营业额每年都在3000万美元以上。1988年陈霖荣获"美国少数民族企业杰出奖",还获得纽约市颁发的"亚裔商人优秀奖"。

长乐市猴屿乡旅美侨胞有2000多人,大部分经营餐馆,有的人开了两三家餐馆。如郑德裕自己经营两家餐馆,又兼任一家西餐馆的经理。

也有一些闽商经营房地产业,如美国洛杉矶闽商黄惠珍,1938年生于长泰县,10岁时随父母移居台湾,与美国商人雷蒙·杰佛利结婚后定居美国,于1974年投身房地产业,已成为洛杉矶地产界名人。

在美国纽约的珠宝市场,原籍平和县的苏协民创建的纽约苏氏有限公司成绩显著。1974年,苏协民夫妇来到纽约,开办一个小的办事处,开始经营珠宝业;翌年首次参加珠宝首饰展览会。他在首饰设计上大胆创新,巧妙地进行"国际性组合",即在一条项链里装上来自台湾、泰国、印度和美国等地的宝石。1987年美国华人珠宝商会成立时,苏协民出任董事长。苏氏有限公司几乎垄断美国几千家百货商店和速销店的半宝石市场。

根据美国移民局统计显示,1998—2001年,中国人在美国移民榜上高居第三位(墨西哥和印度分列前两位),每年移民将近6万人。又据2000年统计,亚裔人口比1990年增长近一半,达到1020万人,其中华人有240万,比10年前增长了48%。而在移居美国的华人中,据福州市各级政府最新出炉的海外福州人口的统计数字,全美福州人达45万,仅纽约地区就约有30万(包括流动人口在内)。事实上,福州移民均集中在占福州不到10%的福建闽江口,包括福州市辖下的长乐、亭江、连江及琅岐,以长乐最多,约有20万,散居纽约地区的长乐人约为17万,远超过著名侨乡亭江的3万多人。此外,连江近3万,琅岐近2万,其他的旅美人口来自马尾、福清及闽侯等地。

福州人有90%居住在美东地区,包括纽约州、康涅狄格州、新泽西州及费城等地,目前有向中、西部扩散的趋势。另有10%分布在洛杉矶、圣地亚哥等地区。

新泽西州罗格斯大学(Rutgers University)华裔教授陈国霖著有《偷渡美国》

(*Smuggled Chinese*)一书,他在1993年曾经对福建省226名非法移民进行抽样调查,显示60%的男性受访者,都在餐馆打工,平均月薪约为1520美元;受访的女性百分之77%在制衣厂工作,平均月薪为1250美元;从事装修建筑行业的平均月薪为1740美元。在这226名受访者中,有105人当时已经还清了偷渡费,平均需时26个月,最快的仅用了半年时间,也有一些人要花去4年。无论他们是否还在负债,86%的人表示,他们在履行还债时,没有遇到任何困难。他们将偷渡当作是一种风险大但回报率高的"投资"。

多少年来,美国的华埠都是广东台山人的天下,但是近二三十年福州移民大量涌入,运用独特的生存模式扎根华人社区,胼手胝足,艰苦创业,迅速地建立起强劲的经济势力,逐渐取代了广东移民而占据主导地位,成为华埠至关重要的消费支柱,进而更改了华埠的经济结构。

福州移民身在异域,心系故园,他们节俭省用,不断寄钱回乡还债及养家,成为华资银行的大客户。根据纽约华埠中国银行等金融机构的统计,每年从纽约汇回福州的金额超过2亿美元,长乐地区收到全美各地的汇款高达3亿美元。长乐公会常务副主席高柱指出,这还不包括通过地下钱庄、黑市兑换或者亲友回乡探亲等各种途径带回的款项,应该是正常汇款的数倍。所以,在当地有"长乐市的年财政收入还不如美国乡亲年汇款的总数"之说。由此可见,拥有65万人口的长乐县级市,贫穷落后的面貌得到改观,在美长乐人的功劳不可低估。

福州非法移民熬过还清债务这一道难关以后,就可以放开手脚不懈奋斗。他们创业有方,自成一体,衍生出互相关联、同荣同枯的各行各业,形成在美华人独特的社区生活形态,采取各个相关行业产、供、销一条龙作业的模式,做到各种生意关照自家人,肥水不流外人田,这也为后来者提供了生存和发展的空间,所以有人说:"在纽约唐人街,只要会说福州话,就不怕找不到工,就不会饿死。"

到20世纪90年代,早期来的福州人积累了足够的资本,便想方设法"搞活经济",自力更生地转换经营跑道,仅10年时间,纽约市区的华人外卖餐馆就有1000多家,其中90%是由福州人开设的,完全控制了整个华人的快餐业,并带动了各项相关服务性行业的兴旺,例如银行储蓄和汇款、职业介绍所、长短途巴士、金银首饰店、理发美容店、会计、诊所、移民律师事务所、驾驶学校、手机电话卡、房地产、保险、旅游、家庭旅馆、婚纱礼服、九角九分廉价商店及大型自动餐厅等。据美东福建同乡会主席陈清泉估计,全美福建人开的餐馆有5万多家,创造了40万个就业机会。餐馆多,相关的食品批发、厨具加工、室内装潢,甚至餐馆新开张需要送的贺匾、镜框和花篮生意也随着兴隆起来。

旅居美国福建乡亲目前已达160万人,经过多年打拼,他们在经济实力不断增强的同时,不少人已经融入当地主流社会,有的成为杰出的企业家,有的成为科技翘楚,其影响日益深远。美国华人社团联合会主席陈清泉说,自2004年福建提出建设海峡西岸经济区战略至去年底,旅美福建乡亲投资家乡资金就达5亿美元,涉及化工、机械、建材、食品、房地产及基础设施等领域,并带动许多国外中小企业和一些国际财团到福建投资。①

三、美国闽商社团

在1949年之前,美国华侨大多数是广东籍,相对而言,闽籍人数较少,故福建人的社团建立较晚。1942年成立的美东福建同乡会是第一个同乡社团,会址设在纽约,是美国东部地区最大的侨团之一,有6000余名会员。象屿人陈永洽被推为永远名誉主席,猴屿人郑忠高、玉田镇曹洋村人刘文善均曾为该组织名誉主席,猴屿人郑德禄为主席。

1949年2月又在旧金山成立了美西福建同乡会,属下有闽南会馆、福州三山会馆。该会宗旨是团结同乡、增进乡谊,保护同乡合法权利。1988年长乐人蒋良模任该会理事长,刘敬芳任永久名誉会长。

1985年成立的美东福建商会,其中许多福州籍成员是来自台湾的专业人士。时任董事长的杨义金是连江县阳岐村人,创办"新闽江"制衣厂,担任过纽约侨团联席会议主席。

1998年美国世界福州十邑同乡会成立,是跨地缘、血缘和业缘关系的闽商社团。它是在总顾问、美国明报董事局主席张晓卿的关心下,于在美国纽约州注册成立。主要负责人:张晓卿拿督、郑忠高董事长、刘文善主席、林天欢、陈祥农等人。该会宗旨:推动中美两国人民友好关系,弘扬民族团结,联络乡情,增进侨谊。支持祖国四化建设,促进祖国和平统一,为家乡经济繁荣、科技兴国做出积极贡献。积极参选参政,尽力融入美国主流社会,为提升华人地位,争取正当权益而努力。现任会长林天欢,兼任世界福州十邑同乡会理事兼组织部长、纽约华人社团联合总会常务理事长、美东福建同乡会常务副主席、纽约中国和平统一促进会副秘书长、中美友好协会常务理事、美国福建总商会常务副主席等。该会积极组织会员回国投资,参加了福州、厦门、天津、杭州等地的招商活动,还组团出席世界福州十邑同乡会、世界福建同乡恳亲大会等。在美国,该会还组织会员,参加各种爱国活动,如抗议北约轰炸中国驻南斯拉夫大使馆,庆贺香港、澳门回归,积极为中华民族的腾飞贡献自己的力量。

祖籍为福建省的印支华裔难民到了美国后,由于自身的困难处境,迫切感到有团结互助的必要,组织了许多社团。在南加州和夏威夷都成立了福建同乡会。

其他闽商社团还有:美国旧金山八闽同乡会、美国福州总商会、美中工商联合会、美国纽约三山联谊会等。

---

① 《旅美闽籍华侨华人正积极筹备建立福建商会》,http://news.qq.com/a/20070301/002355.htm。

第二节 加拿大的闽商

据史料记载,1788年(乾隆五十三年),英国船长詹米·美尔斯(James Meares)和詹米·哥尔纳特(James Colnett)从加拿大到中国一口通商的广州做毛皮贸易,在回船经澳门出海时,招雇了66名广东的水手、舵工、木匠和铁工来到当时的英国殖民地,即今天的加拿大西部温哥华岛的努特卡湾(Nootka Sound),此是中国人来到加拿大之始。①

晚清时期,由于加拿大发现金矿,招募了很多华工开采金矿,至1865年,加拿大华人已增至16700人。② 在淘金和修筑太平洋铁路时期(1788—1885年),来加拿大的中国人绝大多数是广东省珠江三角洲的贫苦农民,他们是当作苦力被招雇而来打工谋生的。③ 但太平洋铁路建成后,加拿大政府开始限制华人移民,华人入境者大减,至1921年,加拿大的华侨华人总数只有39587人。④ 此后,由于中国北伐大革命、抗日战争等因素影响,华侨华人数量增加不多。直至1947年,加拿大国会废除《中国移民法案》和1967年实施《新移民条例》"以平等态度吸收新移民"以后,中国移民加拿大的人数才增加,特别是20世纪80年代以后,人数越来越多,全国各省和香港、台湾、澳门以及东南亚国家移民大量增加。2008年,加拿大的华侨华人达1216570人,占加拿大总人口的3.9%,仅次于英、法、欧裔人而居第4位。华侨华人主要居住在安大略、卑诗两省,合计983205人,占总数的80.8%,其中以卑诗省所占比例最高,占该省总人数的10%。而各省的华侨华人又集中居住在大中城市内,据2006年加拿大普查人口统计,居住在多伦多、温哥华、蒙特利尔等10个城市的华侨华人共计916455人,占总人口数的72%。

加拿大福建人是加拿大华人中比较大的一个群体,目前已有10万余众,分布在各行各业,尤以从事超市、餐饮、建筑、贸易业为多,已成为加拿大华人经济中一支重要的力量。"大多数福建移民在本地经商,都是靠艰苦打拼出来的,起步比较晚,而且很多都是股东制,与其他的一些有大财团支持的企业有所不同,所以我们并没有具体的商业拓展计划。"⑤

在华人最集中的多伦多和温哥华,福建人已垄断了超市业。1996年,福建福清人李

---

① Alexander Begg, *History of British Columbia from Its Earliest Discovery to the Present Time*, Toronto: W. Briggs, 1894, p.25.
② 《域多利中华会馆八十二年来之记录及档案》,转引自黄启臣:《中国人在加拿大(1788—2009)》,载加拿大《地产周刊》(Chinese Real Estate Weekly)第209—224期,2009年1月9日至4月24日。
③ 马青:《先驱者》,香港,1971年,转引自黄启臣:《中国人在加拿大(1788—2009)》,载加拿大《地产周刊》(*Chinese Real Estate Weekly*)第209—224期,2009年1月9日至4月24日。
④ 陈翰笙主编:《华工出国史料汇编》第7辑,北京:中华书局,1984年,第353页。
⑤ 《加拿大福建社团联合总会成立,冀为福建移民造福》,http://www.chinanews.com/hr/hr-st-mz/news/2010/04-28/2251834.shtml.

贵先与几位同乡开始筹办第一家大陆人的超市——华隆超市,随后几年,70多家大大小小的福清人超市和便利店相继开张,多少都与华隆有些渊源,更激发了后期福建移民创业开超市的斗志。2001年,李贵先从华隆超市带出一些骨干,开办了第一间华盛超市。现在华盛已经有8家,还有2家农场,约500名员工。这些超市多是福建福清人开设,最起码是老乡关系,有的甚至是亲戚关系,有的则是在店里打工然后独立创业,名号不同,但关系密切,而且形成了完整的上下游产业链,建立了自己的农场和食品加工厂,除一些国内的特色产品需从国内进口外,很多产品已经在本地生产,保证了产品的新鲜。福建人不只是开办华人超市,而且其他生意也做得好。在多伦多市中心有一家日式餐厅,实际上是福建人开的。老板很开明,店里有厨师或员工有了经验想开店,他就支持,入股扶持,几年的时间就开了8家,每家生意都好,来就餐的人要排队。

加拿大闽商社团主要有:

加拿大福建社团联合总会,有鉴于移民加国的福建人愈来愈多,感到有组织起来的需要,18个旅加福建人社团共40余名代表遂于2010年3月10日在多伦多举行联合会议,一致同意成立"加拿大福建社团联合总会",并正式定名。有17个社团以团体会员名义加入联合总会,成为首批会员,代表了占整个加拿大逾10万福建移民的九成以上。同时,会议还在列席媒体的见证下进行了民主选举,欧阳元森以92%的得票率高票当选加拿大福建社团联合总会首任执行主席。该会在团结福建乡亲、促进福建乡亲在事业和生活上更好地融入当地社会、丰富加拿大多元小区文化、推动中加贸易和文化交流,以及促进祖国统一等方面发挥了重要作用。

加拿大福建华联总会(Fujian Community Association of Canada),是加拿大政府批准成立的非营利机构,2003年3月16日向加拿大政府注册,2003年6月29日正式成立。该会是响应广大旅居加拿大福建籍乡亲团结各界力量、共谋繁荣的要求,由10多个福建籍社团共同参与组成。总会设在加拿大多伦多,并在中国福州设立分会。

该会宗旨是,广泛团结各界华人,加强旅加福建籍华人社区与各界侨社及家乡的交流;在加拿大多元化文化的精神下,弘扬中华文化;促进中加两国在经济文化等多方面的交流,在中加友好合作关系的发展中,起到桥梁作用。该会自成立以来,发展迅速,目前在多伦多地区,就有12个团体成员,会员人数3000多人。2009年时,该会理事会有共同主席14名,理事59名,执行主席由北美著名社会活动家、原美国美南福建同乡会会长、加拿大福州同乡会名誉主席林金龙担任。该会还聘请多名社会贤达人士担任名誉主席、会策顾问、法律顾问等职务。该会会员来自各行各业的成功人士,包括商界、法律界、学术界、金融保险界、文化界、餐饮界等。

该会依法维护福建籍华人、华侨的合法权利,致力于团结乡亲,凝聚侨心,提高华人的社会地位;注重与其他社团的联系,提倡各族裔人民和睦相处;积极参与国家政治、经济、文化和社会事务活动,积极反映华人、华侨的意见和建议。该会还参与开展中加文化、学术交流,协助华人、华裔在祖国兴办文教、卫生和其他社会公益事业。

加拿大华商联合会福建商会,2000年后成立,是海外重要的闽商团体。自成立以来,始终致力于积极引资参与祖国的各项事业建设。据统计,至2010年来,商会共在祖国投资达 500 亿元,投资领域涉及房地产、食品、钢铁等,项目遍布全国各地。商会还热心参与祖国的各项公益事业,仅"5·12"汶川大地震就捐款 100 多万元加币。

加拿大福清同乡会,作为一个社团组织,于 1998 年在多伦多注册,并于 2002 年 2 月正式建成会馆。参加同乡会的福清乡亲有 500 多户,有 3000～4000 人,其中 95%的福清人在多伦多留学谋生。在加拿大的福清乡亲身份多样化,有技术移民、投资移民,大部分是留学生。同乡会馆内设阅览室、棋牌室、活动室及住宿场所,供联络乡情和开展商贸交流活动用。在加拿大的乡亲一有空就会来会馆坐坐,品茗、打牌,说的都是福清话,每天这里都热闹非凡。初来乍到的留学生还可以到会馆寻求帮助,广觅务工机会,甚至能借宿。

加东福建同乡会,成立于 1984 年 5 月 26 日,以家庭会员方式组成,现有家庭会员 300 多名。会员来自越南、菲律宾、马来西亚、中国等,以越南华人、华侨居多。同乡会成立以来,坚持"联络乡情,增进友谊,发扬互助精神,共同谋求福利,协助社区发展,加入主流社会,培养子孙后代,继承发扬中华文化"为宗旨。积极开展各项公益活动,取得不菲业绩。该会设有康乐组、福利组、妇女组等,经常组织旅游、舞蹈、聚餐、卡拉 OK 娱乐活动。新老会员在活动中相识相融,互进友谊。经会员捐款,同乡会购置了新会所,并于 1998 年 7 月正式投入使用,成为会员之家。

加东福建同乡会还积极帮助大陆家乡的经济发展,每年都接待家乡来的各种代表团,把福建省的工业、科技、农业等产品介绍给加拿大工商界。1998 年加东福建同乡会加入了美国洛杉矶南加州福州同乡会发起的"松鹤相济会",成立了加东"松鹤相济分会",服务长者。同乡会还决意筹办中文学校,将中国传统文化传给下一代。

第三节 拉丁美洲的闽商

福建人移居拉丁美洲可追溯到 16 世纪,当时马尼拉的福建华侨曾沿着大帆船贸易航路,到达墨西哥和秘鲁侨居,在那里经商或做工。因这些旅菲华人是经菲律宾的马尼拉,搭乘墨西哥人称之为"中国之船"的大帆船抵达美洲的,因此被称为"马尼拉华人"。19 世纪初,英国和葡萄牙殖民者开始贩卖中国人到拉丁美洲的殖民地做苦力,其中一部分来自福建,后留居当地,成为早期的闽商。

中国劳工直接移入拉丁美洲则始自 1847 年。当时拉丁美洲各国严重缺乏劳力,贩运东方苦力遂成为西方殖民主义者和冒险商人牟取暴利的手段。当年 6 月 3 日,英商朱利塔公司的双桅船奥奎多(Oquendo)号悬挂西班牙国旗,从厦门运载 220 名契约华工(其中 6 名在途中死亡)驶进了古巴哈瓦那港。9 天以后,该公司的第二条苦力贸易船阿吉尔公爵(Duke of Argile)号,载着 420 名契约华工(85 名死于途中)从厦门驶入哈瓦那。1852 年和 1853 年,又分别有 2442 名和 2123 名华工同厦门运往哈瓦那。仅此三年从福建拐卖到古巴的契约华工就达 5214 名。

继古巴之后,1849 年,丹麦船费德里科·吉列尔莫号从厦门运载 70 名契约华工到秘鲁卡亚俄港。1852年,英轮额尔金公爵号从厦门运载154名契约华工到英属圭亚那德梅腊腊港。翌年又有格林丹拿号和山缪尔·波亭顿号从厦门共装载657名华工抵达德梅腊腊。此外,厦门的协记洋行也招募华工到特立尼达岛;1853年,苏里南的荷兰殖民政府在巴达维亚招募了福建籍契约华工18名。①

古巴、秘鲁和英属圭亚那契约华工的登岸,标志着拉美为时20年之久的"苦力贸易时代"的开始。根据中古双方海关资料统计,仅1848—1866年间,从厦门驶往古巴的苦力贸易船就达25艘,②华工在途中的死亡率高达17%。1853年从厦门开出的一艘苦力船载有250名华工,到达哈瓦那时竟只剩下98人了。20世纪初,拉美不少国家由于本国经济形势恶化等原因,开始严格限制华人入境。

20世纪70年代末以来,中国开始实行对外开放政策,批准国内一些侨眷到拉美继承或协助经营餐馆或其他企业。再加上有些拉美国家为发展本国经济,对包括华人在内的外国移民入境放宽了限制,如允许投资移民等,这使移居拉美国家的华侨人数逐渐增多。据中国有关方面的统计,到20世纪70年代末80年代初,旅居拉美国家的华侨及已取得当地国籍的华人总数达20万人左右(其中外籍华人占17万人以上),分布在拉美29个国家和地区。另据台湾华侨协会总会1986年统计,旅居拉美国家的华侨及华人已达32万多人。现在旅居南美洲的闽籍华侨华人,多是20世纪70年代后前往经商、投资的港台闽籍同胞,及中国改革开放后通过留学、婚姻等多种途径得以定居的闽籍人士。他们多分布于巴西、秘鲁、厄瓜多尔、阿根廷、委内瑞拉等国家。

一、古巴的闽商

1852年以前,西班牙殖民者主要是从福建招募华工去拉丁美洲,后虽逐渐转向广东,但在福建拐卖华工的活动仍持续进行。如华多普公司的第一艘船于1853年2月7日到达,第二艘于翌日到达。这两艘船从厦门起航时共载运华工803名,抵达哈瓦那时只剩408名。③ 1855—1860年,每年都从厦门贩运了大批华工去古巴。④ 清同治八年(1864年),厦门西班牙领事馆掳拐了696名华工,多被拘禁,待若奴隶。同治十三年(1874年),清政府派陈兰彬前往古巴调查契约华工的情况,他写给总理衙门的呈文中谈到,85%以上的华工,都是被殖民者开设的"卖人行"诱骗、拐卖甚至绑架而运走的。⑤ 华工到达后,受到西班牙殖民者的野蛮虐待,有的被打死,有的被迫自杀。据甘沙罗·奎撒

---

① 吴凤斌:《契约华工史》,南昌:江西人民出版社,1988年,第303页。
② 威斯敏斯德:《华工出洋编》,清外务部,中古关系,古巴招工案,同治十一年(1873年)同文译,案卷号3700,存中国第一历史档案馆。
③ 陈翰笙主编:《华工出国史料汇编》第1辑,北京:中华书局,1980年,第142页。
④ 吴凤斌:《契约华工史》,南昌:江西人民出版社,1988年,第244页。
⑤ 陈兰彬:《古巴华工事务名单》前言,转引自福建省地方志编纂委员会编:《福建省志·华侨志》,福州:福建人民出版社,1992年,第143页。

达估计,华工在古巴服役的八年中死亡率达75%。① 据谭乾初《古巴杂记》的统计材料,1846—1873年来古巴的华工"十二万余人,今则仅存四万有余,此外八万余人,曾经回国者不过为中一二,余皆殒身异域"。据陈兰彬调查一个700名华工的制糖厂,16年中除30人侥幸逃走外,仅存120人,死亡500余人。1800年统计,古巴有华侨43292人,其中福建人占9%。②

在1868—1878年和1893—1895年的古巴独立战争期间,在东部的10万华工几乎全部参加了起义队伍,起义军最高统帅戈麦斯率领的骑兵队里就有500多名华侨战士。他们作战勇敢,不怕牺牲,有的还被提升为指挥官。为了纪念在独立战争中牺牲的华侨战争,古巴人民在哈瓦那建立了纪念碑,在底座铜牌上刻着贡萨洛将军的赞词:"在古巴独立战争中,没有一个中国人是叛徒,没有一个中国人是逃兵。"

留居古巴的华工多从事种植园生产,其中不少华人因经营有方,日渐富裕起来,成为农场主。例如,1899年古巴就有华人农场主42个;③有的则进军城市,多数从事餐馆业,经营南北货为主,从商人口达到华人总口的17%以上,④甚至发展致富成为当地很有名望的商人。

1902年古巴宣布独立,但又沦为美国的保护国。在美国操纵下,1902年古巴政府下令禁止从中国移民。直至1942年11月,中古友好条约签订后,对华侨的歧视、虐待虽有所减轻,但对华侨入境限制仍很严格。

1953年,古巴尚有华人11826人,1959年古巴革命后,大批华人离开古巴,至1984年仅剩4000人。到21世纪初全岛华人只剩下400人左右,平均年龄高达79岁。⑤ 另有华裔3000余人,多数已不谙华语。

二、秘鲁的闽商

秘鲁是拉美地区华侨华人人数最多、移民历史最悠久的国家。据文献记载,明清时期就有中国商人、工匠、水手抵达秘鲁经商、做工,但大规模移居秘鲁是由19世纪中叶的契约华工移民开始。1849年,第一批来自中国广东、福建等地的华工来到秘鲁,主要从事农业种植和修筑铁路。自此之后,运载华工的苦力船川流不息地往返于中国海岸与秘鲁之间。1855年从厦门载运了450名华工,抵达者只有146人,死亡竟达312人。⑥ 据

---

① 科比特:《1847—1947年古巴华工研究》,载陈翰笙主编:《华工出国史料汇编》第6辑,北京:中华书局,1984年,第203页。
② 福建省地方志编纂委员会编:《福建省志·华侨志》,福州:福建人民出版社,1992年,第143页。
③ 陆国俊:《美洲华侨史话》,台北:台湾商务印书馆,1994年,第67页。
④ 陆国俊:《美洲华侨史话》,台北:台湾商务印书馆,1994年,第65页。
⑤ José Boltar Rodrígues, *Los Chinos de Cuba: Apuntes Etnográficos*, La Habana: Fundación Fernando Ortiz, 1997, p. 93.
⑥ 陈翰笙主编:《华工出国史料汇编》第4辑,北京:中华书局,1984年,第204~205页。

1889年奉命考察秘鲁华工情况的傅云龙统计,"华工之侨秘鲁,自道光十八年(应为道光二十八年,即1848年)始,计至光绪年间,无虑十一万有奇"。① 在19世纪60年代之前,契约华工大多被送往钦查岛从事开采鸟粪的工作,鸟粪开采场的条件极端恶劣,而且"秘鲁华工之工场,直一牲畜场,场中种种野蛮举动,残暴无复人理",②死亡率极高。据不完全统计,1860年前后,运往钦查岛的华工有数千人,不到10年,所存便不及百人了。③ 从19世纪60年代至1874年苦力贸易终止的时期,契约华工主要被分配给各大种植园主,从事繁重的农业劳动,种植棉花和甘蔗;还有一部分华工从事铁路、港口和公路建设,他们的命运比奴隶更为悲惨。④ 被贩运到英属圭亚那的契约华工则大部分分配在种植园中种植甘蔗。那里气候炎热,蚊蚋肆虐,疾病流行,"死亡率几近50%,一点也不亚于古巴和秘鲁的情况"。⑤ 直至19世纪70年代末80年代初契约华工制在拉丁美洲被废除后,华工才获得解放。此后,来自中国的自由华工和华人绝大部分是广东人。

早期福建华工多来自漳州、泉州一带的17个县,在国内多数是农民,少部分是手工业者、城市贫民和小贩,也有个别自由职业者。如咸丰二年(1852年)从漳州去古巴的华工陈升贤原是医生,到古巴后在工寮行医,受到工友尊敬。⑥

二战以后,秘鲁华侨华人人口稳步增多,1971年就有3万人。20世纪70年代后,秘鲁政府进一步放宽中国人入境限制,秘鲁华侨华人数量急剧增多。至21世纪初,秘鲁有华侨华人30万人,祖籍多为广东。而据台湾侨务委员会2005年的统计,则有130万。20世纪80年代中期,福清人开始涉足秘鲁。秘鲁方面资料显示,福清华侨华人总数约1500人;加上福州与莆田地区在内有2000多人。华侨华人大多居住在西部沿海地区,仅首都利马市聚居的华侨华人就占60%~70%,其余分散在奇克拉约、卡亚俄港等地。福清人到秘鲁,起先是在华侨开办的餐馆、超市务工;之后,自己开办中餐馆或超市。中餐已成为秘鲁民间餐饮文化一部分,成为华侨华人生存发展的经济支柱。

历史上的秘鲁闽商曾经成立过福建会、福州会馆和华安会馆等组织。但由于各种原因,这些组织未能延续。随着中国的改革开放,越来越多的福建人来到秘鲁寻求发展。2000年12月26日,以福建新侨为主体的秘鲁福建同乡会正式成立。

三、巴西的闽商

巴西是中国人移居南美洲最早的国家之一。1808年,葡萄牙殖民当局从澳门招募

---

① 陈翰笙主编:《华工出国史料汇编》第6辑,北京:中华书局,1984年,第236页。
② 容闳:《西学东渐记》,上海:上海书店出版社,1915年,第116页。
③ 李春辉:《拉丁美洲史稿》,北京:商务印书馆,1983年,第344页。
④ 瓦特·罗德里格斯:《秘鲁华工史(1849—1874年)》,北京:海洋出版社,1985年,第102~103页。
⑤ 罗荣渠:《十九世纪拉丁美洲的华工述略》,《世界历史》1980年第4期。
⑥ 陈兰彬:《古巴华工事务名单》第1册,第38~39页,转引自福建省地方志编纂委员会编:《福建省志·华侨志》,福州:福建人民出版社,1992年,第143页。

华工到巴西种茶,开启了中国人定居巴西的历史。他们主要从事开矿、修铁路、种茶、种棉等艰苦工作。之后,在苦熬撑过卖身契上的年限获得自由后,他们一般在当地靠走街串巷贩卖小商品为生。20世纪50年代后,巴西的华侨华人逐年增多,1967年达到1.74万人。20世纪70年代后,巴西经济起飞,东南亚华商及港台商人纷纷前往巴西发展。中国改革开放后,大陆有不少人通过留学、婚姻等途径定居巴西。福州市的福清人、连江人也在这段时期进入巴西。由于多种原因,目前对侨居巴西的华侨华人很难得出准确数字。据有关部门估计,目前在巴西生活的华侨华人在20万~25万之间,以台湾、广东、浙江等省籍人士为多。至2005年,在巴西福建籍华侨华人有1.54万人,主要来自福州市的连江、福清。在巴西还有不少漳泉籍人士,多为老华侨华人。在巴西的闽南籍人士多经营杂货店、百货店,也有人办企业。

在巴西的福州乡亲,大多从事商业贸易,一部分经营中式餐馆、百货店。祖籍福清的洪金栋,1985年赴日本留学,辗转玻利维亚后定居巴西,从小本经营开始,如今已拥有4家较大规模的超市。

福建人小谢,男,来巴西时候23岁,他是通过堂姐来巴西的。堂姐一家已经在巴西做了10多年生意,熟门熟路,把小谢带到巴西之后,小谢做了一年的跑货帮的伙计。一年左右就会葡语了。1999年坐汽车来到了巴西利亚。2000年巴西国家鼓励节约能源,所以他觉得机会来了,他的伯父在国内开节能灯管厂家,专门生产节能灯管。福建、广东生产节能灯管比较早,20世纪90年代就规模生产节能灯了,所以其伯父的公司在1999年时已经是南方比较大的节能灯生产商了。得知侄儿在巴西创业,为了鼓励侄儿在巴西发展,他利用自己的资源给侄儿提供了一个发展机会,即将一集装箱的节能灯管发到巴拉圭桥头市场的女儿公司,然后吩咐其女儿将这一集装箱的一半,约10万支节能灯管送到了巴西利亚,给小谢做本钱。小谢收到灯管后通过各种途径将节能灯管推销出去。因为节能灯管价格较低,一上市后订货量相当大,10万支的灯管不到两个月就全销售出去了,一下子就赚了40多万巴币,约20万美金。然后他就在市中心的商业地带买了个店面,把妹妹也接过来帮他开起了照明公司,现在在巴西利亚干得有声有色,成了到巴西发展的比较出色的一位华侨商人。

1996年,旅居巴西多年的闽籍侨胞何安、谢志荣、石长荣、林则鑫、林长朝等10余人发出组织巴西福建同乡会的倡议,获得广大乡亲的积极响应和支持。经过多次酝酿,于1997年1月在圣保罗市组成了巴西福建同乡会筹备委员会。1997年5月,近150名来自海峡两岸的闽籍乡亲举行巴西福建同乡会成立大会。大会选举产生由21人组成的第一届理监事会,林则鑫任会长,石长荣任监事长。1999年6月底,巴西福建同乡会进行换届,选出由42人组成的第二届理监事会。

该会章程和宗旨主要是:一、努力联络乡亲情谊,勉励他们发扬艰苦创业精神,走勤劳致富的道路;二、为新侨排忧解难;三、与祖国人民心连心,积极参与赈灾乐捐活动;四、积极参与侨社活动;五、加强同家乡各部门和世界闽籍社团的交谊;六、发挥牵线搭线搭桥作用,增进中巴人民的友谊和合作。在换届修改章程时,在宗旨中增加了促进祖国和平统一的内容。

另一个闽商社团是南美洲闽南同乡联谊总会,创立于2001年,是南美洲重要的华人社团。

四、阿根廷的闽商

中国人移居阿根廷始于19世纪末20世纪初,多为广东、山东、浙江籍人士。20世纪80年代后,阿根廷放宽移民政策,吸收亚洲四小龙的资本和人才,来自中国大陆、台湾、香港的移民大增。福建人也多是这段时期进入阿根廷。根据台湾"侨务委员会"年《2009年侨务统计年报》,在阿根廷的华侨华人有7万人,他们从事的行业多种多样,其中开设中小型超市成为华侨华人在阿创业的主要途径之一。

阿根廷是福州人移居海外创业的又一个重要国家。20世纪80年代后,连江人通过不同渠道陆续到阿根廷创业,20世纪90年代初,长乐人、福清人开始移居阿根廷。至2004年,阿根廷有福清籍华侨华人1.6万人,连江籍华侨华人5500人,长乐籍华侨华人3000多人。至2005年,阿根廷有闽籍华侨华人3.47万人。

多数闽籍新移民刚到阿根廷,由于语言不通,人生地疏又缺乏资本,都先到老华侨经营的超市理货和中餐馆打工,勤俭度日,以积累资金。有了积蓄,就开办餐厅和超级市场。1994年9月16日,在阿根廷首都布宜诺斯艾利斯,4个福清人合股投资开办第一家华人超市,营业面积130多平方米,投资金额6万多美元,生意兴隆。1年后,这4个人又各自在其他地段另开超市,其中1人拓展十几家分店。他们的成功为福清人以后在阿根廷超市业的发展奠定基础。到2003年年底,福清籍华侨华人开办超市的数量增加到近1300家,2005年,超市发展到3000家,占全国超市80%。

祖籍福清的王命达,在阿根廷创业多年,是阿根廷著名的餐饮大王,也是世界福清同乡会副主席、阿根廷福清同乡会副会长,他先后把300多名亲戚带到海外,由于他的带领和扶持,这些人都经营餐馆、超市,大部分人事业都有所成就。王命达1989年到阿根廷求学,1991年创办The Grant's集团,在当地从事餐饮业,经过几年发展,拥有12家大型连锁餐馆,当地大多数百货超市都属The Grant's集团名下或占有股份,集团员工800余人,年营业额上亿美元,成为当地的纳税大户。此后,集团开始多元化、多地区发展,公司业务涉及餐饮业、连锁百货业、房地产业、汽车业,公司属下的安第斯山矿业公司还拥有南美超大的钨矿和锡矿,占地面积3.4万公顷,公司经营范围也从南美扩展到北美、印尼等国家和地区,并在加拿大的温哥华开发房地产业。

福清市海口镇人陈金平,1995年赴阿根廷定居,创办福升贸易有限公司,开展进出口贸易和连锁超市,资产总额近亿元;他还在内蒙古包头市投资开发房地产。出任阿根廷华侨三福(福建、福州、福清)企业商会会长、阿根廷福清同乡会会长、世界福清同乡联谊会副主席。

福清市城头镇新桥村人陈瑞平,1994年赴阿根廷定居,经营4家超市和商场、酒店。1996年1月,发起成立阿根廷华侨三福企业商会,并任会长;同时创立阿根廷福清同乡会,任会长。2004年,出任中南美洲中国和平统一促进会副会长、阿根廷中国和平统一促进会常务副主席、阿根廷华侨福清同乡总会主席、世界福清同乡联谊会副主席。

长乐市首占镇珠湖村人陈佳振，1962年出生，年轻时从事过石匠、木匠、泥匠等工作。1993年7月，"技术移民"到大洋彼岸的阿根廷。初到阿根廷的陈先生吃尽苦头，已届而立之年的他，不通当地的语言，当时阿国的华人又不多，迟迟找不到工作，20多天后才终于找到了一份厨师的工作。找到工作以后，陈佳振依靠自己的勤劳和节俭，仅在半年之后就累积了一笔辛苦钱，开办了一家饮食厂。几年之后，从一家饮食厂发展成了"爱心超市"、"中华超市"、"新东方超市"等多家超市企业。事业有成的陈佳振，逐渐成为阿根廷华人的领袖。1996年，陈佳振参与创办了阿根廷华侨福建同乡会，1998年当选为第二届会长，并连任三届至今；2001年，他和一班志同道合的旅阿长乐乡亲发起建立了阿根廷长乐同乡会，应邀担任名誉会长。

莆田籍华人王庆苍，也是阿根廷闽籍华侨华人中的成功人士。1991年，王庆苍到阿根廷定居，先从事汽车修理业、餐饮业，进而成立宇宙超市集团公司，下辖10多家超级市场。同时，还购买和创办了一个占地750多亩的农场，并进行食品加工厂，生产兴化米粉、福州粉干和豆干等。1993年后，王庆苍父母、叔叔、兄弟姐妹及其年轻一代共50多人陆续来到阿根廷，与王庆苍一道拼搏。1998年，王庆苍当选首届阿根廷华侨兴化同乡会会长。1999年，当选福建总商会南美洲分会副会长；此后，又担任阿根廷华侨兴化同乡会名誉会长。

20世纪初期，阿根廷发生经济危机，政局动荡，特别是2002年发生的全国性骚乱，给当地华侨华人经济财产造成重大损失。据不完全统计，首都及毗邻的地区有1300多家华侨华人经营的超市遭劫，其中许多是福清人经营的超市，直接经济损失达数千万美元。骚乱使不少闽籍华侨华人离开阿根廷，迁徙别国谋生或返回中国。

闽商最重要的社团是阿根廷华侨福建同乡会。该会成立于1996年4月2日，宗旨是团结、联络侨居在阿根廷的福建乡亲，互相帮助，同心协力。现任会长陈佳振，名誉会长为陈金平。

其他重要的社团还有：

阿根廷福清同乡联谊总会，于2003年6月22日在阿首都布宜诺斯艾利斯成立。总会宗旨：发扬"三福"和"福清同乡会"的优良传统，为旅阿融籍乡亲福祉、为促进家庭经济发展和中阿两国经贸合作交流而努力。阿根廷福清同乡联谊总会是阿根廷华侨三福企业、阿根廷福清同乡会和阿中福清会馆即"两会一馆"的最高权力机构。其目的是要使两会会务发达、管理更加完善。总会首届主席和现任主席是陈瑞平，副主席林道伦、林文龙、严盛龙。

阿根廷三福企业商会，于1996年1月27日在阿首都由陈瑞平等人发起成立。其主要目的：打击敲诈勒索的不法分子，调解侨胞乡亲纠纷，参与爱国政治活动，接待国家领导人及参访团，帮助困难侨胞，回馈社会。第一届会长陈瑞平，副会长陈金平、何国平。本届(第四届)会长林文龙，常务副会长何亮，副会长陈大明、林华伟、严云祥、叶阁兴、倪政美。现任会长严云祥，名誉会长：陈金平；副会长：陈友龙、陈大明、何亮、林启福、林道洪、曾强。

阿根廷华侨福清同乡会,是由阿根廷华侨三福企业商会牵头,于2000年1月19日在阿首都成立。凡旅阿融籍乡亲均可参加,以便加强交流,互相提携,共同发展。第一届会长陈金平,常务副会长郑爱明,副会长王命达、余道华、高国成、陈国平。第二届会长严盛龙、常务副会长何传华,副会长林宝太、唐品霖、陈俊华、何文强、吴章耕。名誉会长:高国城。现任会长:林文龙、副会长:何传华、陈世金、何文强、吴章耕、林孝香。

阿根廷福州十邑同乡会,于2010年3月12日在福清会馆举行成立仪式,福清江阴籍华侨严盛龙出任首任会长。该会是全球福州十邑籍华人的国际性联谊组织。

五、委内瑞拉的闽商

中国人移居委内瑞拉始于1875年,由于当地生活条件艰苦,华侨人数很少。20世纪初叶,委内瑞拉发现石油,前来淘金的中国人开始增多。20世纪80年代以后,不少港、台地区同胞投资移民委内瑞拉,20世纪90年代后,大陆粤闽等省有许多人移民委内瑞拉。根据台湾"侨务委员会"《2009年侨务统计年报》,在阿根廷的华侨华人有7.8万人,绝大多数为广东籍。侨情调查显示,至2005年年底,在委内瑞拉的闽籍华侨华人有4200多人。

六、牙买加的闽商

1854年,267名华工乘着"伊普森"号从中国香港来到牙买加,加入当地的蔗糖种植业。3个月后,另外195名被迫到巴拿马修建铁路的华人建筑工人,逃离巴拿马来到牙买加。两批华工共同组成当地的第一个华人团体。这些华人中有90%是客家人,主要来自现今中国南方的繁忙都市——深圳周围的几个县城,包括惠阳、东莞和保安等。牙买加现有华侨华人约2万人,近年来新移民增长速度较快,其中有一些来自福建。

林君,20世纪90年代末由福建到牙买加,开始时在一家工厂打工,生活安稳。岂料工厂倒闭,他失业了。为生计四处奔波,却因语言不通,无法找到新工作。灰心之下,只有打退堂鼓。动身回中国之前向朋友辞行,被朋友劝阻而改变想法。之后凑钱从家乡买来一个集装箱的日用百货,在老城开起摊档来。当地人喜好中国货品,他生意出奇地好,于是货如轮转,生意越做越大。现在他已拥有百货店,继而置业,买了豪华别墅,是金斯敦老城的商人。

第四节 欧洲的闽商

历史上福建籍海外华人主要分布于东南亚,第二次世界大战以后,这种状况开始发生变化,在其流向和分布上,欧美的比例趋于上升。一些原先居住在东南亚的福建籍华人,由于种种原因,二次移民至欧洲各国,还有一些福建人则直接从中国大陆前往欧洲。

当然还有一些祖籍为福建的港、台居民也移居欧洲。这几部分人加起来,使得欧洲福建籍华人的数目有了显著的增长。据悉,欧洲华人华侨已达140万人左右,主要以浙江和福建籍为主,福建籍占欧洲华人华侨总数第2位。

福建人大规模直接移民欧洲始于20世纪80年代后期,其中以来自明溪县数量最多。明溪县最早移居欧洲的是沙溪乡沙溪村的胡志明。胡志明祖籍浙江温州文成,那里是欧洲华侨的重点侨乡,绝大多数人都有侨居欧洲的亲缘关系。1989年,胡志明受家乡改革开放后再度高涨的移民潮影响,在老家亲友的帮助下,出国到了意大利,后就留居当地,进了一家老乡开办的皮革厂打工。第二年,意大利对非法移民实施大赦,胡志明摇身一变成了一个名副其实的"意大利华侨",每月收入都有四五千元。消息传回明溪,小小的沙溪村就沸腾了,人们在村头村尾讨论着千里之外的胡志明,讨论着他的经历、他的收入、他的生活。面朝黄土背朝天的农人被异国他乡的"发财机会"深深吸引着,而在注重血缘、地缘关系的中国,可谓"一人得道,鸡犬升天"。在1990年这一年里,胡志明就大力"帮助"了16位沙溪人去了意大利。这批沙溪人到达意大利后都赶上意政府大赦,"幸运"地拿到合法的身份。"榜样的力量是无穷的",自从第一批人出国到达意大利并汇钱回家后,明溪人开始"八仙过海,各显神通",通过探亲、姻亲、留学等各种"借口"纷纷出国。从沙溪村到相邻的梓口坊村、永溪村、六合村,从沙溪乡到城关、胡坊、夏阳、翰仙等乡镇,再从周边乡镇逐步扩展到全县。出国的"雪球"越滚越大,后来与明溪交界的清流、宁化、将乐、泰宁等地也开始出现小股的出国潮。截至2005年12月,明溪县已办理出国护照18648本,实际在外8643人,约占全县总人口的8%。出国人员分布在世界五大洲中29个国家,主要集中在欧洲的匈牙利、意大利、俄罗斯等国家,其中匈牙利3500人、意大利3000人、俄罗斯850人、新加坡300人、保加利亚200人,占出国总数的90%,他们中90%获得身份,获得长期或永久居留权有4000余人,占总数55%;获得外国国籍的有60余人,明溪成为福建的"旅欧第一县"。① 还有少数则分别到了澳大利亚、南非、阿根廷等国。据明溪县侨联的登记资料,明溪县新移民务工经商的国家共计23个。②

由于出国人员众多,近年出国劳务收入成为明溪县经济的一个重要来源。据金融部门统计,至2005年年末,仅明溪银行的外汇存款余额就达638万美元,2005年出国人员汇回的外汇达3600万美元(其中明溪银行1200万美元、三明中行2400万美元)。明溪农民人均纯收入中,对外劳务收入占20%以上,县城正在建设中的雪峰新村、红岗新村、白莲新村、阳光新城等,其中80%的兴建资金是来源于外汇。还有不少人在深圳、厦门、福州、三明等地购置房产,部分出国人员在广东、上海办厂。除了具有一定规模的正式投资项目外,一些侨眷也把闲散资金投入再生产领域。例如,胡坊镇许多侨眷把国外汇回的资金投入厚朴中药材种植、肉牛养殖、速丰林基地建设等,有力地促进了当地农业的发

---

① 《明溪县出国人员、新华侨情况汇报》,明溪县统战部资料,2006年1月。
② 李明欢等:《一个旅欧新侨乡的形成、影响、问题与对策——福建省三明市明溪县新侨乡调研报告》,《华侨华人历史研究》2003年第4期。

展。① 还有罗国霖、叶福才投资150万美元,建设新型建筑材料有限公司;苏其金投资260万美元,建设科米型焦煤能源有限公司。

一、意大利的闽商

华人移居意大利始于20世纪30年代。据年近90的米兰老侨领胡锡珍介绍,最早踏上意大利的一批华人有100多人。他们是浙江泥瓦工和破产农民,从国内徒步穿越西伯利亚,然后经由法国等地辗转到意的。② 但人数增长缓慢,直至中国改革开放前的1975年,不过1000人左右。改革开放后中国新移民大量进入意大利,1985人年华人增加到5000人,1997年则剧增至10万人。③ 据民间估计,截至2001年年底,意大利有华侨华人16万~20万,他们中85%来自浙江,其次为福建、北京、东北三省和山东。侨情调查显示,至2005年年底,在意大利的闽籍华侨华人有1.54万人。

由于历史的原因,早期意大利的华侨华人主要是浙江籍。福建人大量移居意大利始于20世纪80年代后期。如上文提到的明溪县胡志明就是该县移民意大利的第一人,在他带动下,到2005年,该就有3000人移居意大利。受明溪县的影响,这股新移民的浪潮也波及附近各县市。

福建新移民初到意大利,多在浙江人开办的皮革作坊和餐馆打工,等赚了一些钱后也自己开作坊,或者有积蓄后向亲朋好友借一些,不够再向银行贷款,办了小餐馆。后来不少人也开设专营中国食品杂货的商行或开办服装厂,或经营进出口业务。目前,福建商人在意大利投资主要集中在佛罗伦萨、那不勒斯、罗马、都灵、米兰等地,从事服装、鞋业、餐饮、贸易、传媒等多个项目。但自从2010年下半年开始,经济不景气以及当地排华事件相继发生,不少华人投资的纺织厂受到冲击,陆续有几家福建商人办的工厂被迫关门。"除生活必需品以外,许多人对服装以及鞋包等非必需品需求下降,导致很多货物都积压在仓库中,有的福建商人就干脆把一些货物转到大陆销售。"

一对姓范的夫妇原都是福建的乡村中学教师,他们存了2万元又向亲友借了10万元,跟着成千上万的偷渡大军于1990年进入意大利,先到亲戚开的餐馆打工。吃尽苦头,忍受不了时便转到匈牙利摆地摊。

来自建阳黄坑镇新历村的林朱庆原是建阳农工商公司经理,1987年年底,29岁的他申请到意大利务工,本想去寻找意大利表舅亲,想不到他们拒不相认。无处投靠,他只好漂泊在米兰街头,由于不会讲意大利语,也不会说浙江话,找工作四处碰壁,好不容易有一个好心的华人收留了他,到一家服装厂做工,后又到一家中餐馆打杂洗碗,每天16个小时的辛苦换得一个月两三百美元的微薄收入。8个月后,他以省吃俭用积蓄的钱,买一张机票回国,带妻子到意大利,开创新天地。林朱庆决定向中西部纺织中心普拉托进

---

① 陈金平:《福建省明溪县新移民社会调查》,《东南亚研究》2007年第4期。
② 廖大珂:《意大利华人现状》,《八桂侨史》1995年第2期。
③ 李明欢:《欧洲华侨华人史》,北京:中国华侨出版社,2002年,第830页。

军,夫妻俩购买了4台缝纫机,雇了4个工人,开办服装厂,一年获利80多万元。第二年,工人增加到20多人,随后发展到60多人,效益节节攀高。1989年,当国人还不知移动电话为何物时,林朱庆在全意华侨中第一个拥有移动电话,开着大众轿车。他的成功经验引来华侨华人效仿,潮水般涌入普拉托,借鉴他的管理手段,投资办厂、经商开店,现有2890多家企业,仅集团公司就有80多家,普拉托一跃成为欧洲大陆华侨华人聚居地,仅唐人街就有二三公里之长。1999年意大利第三家华文媒体《欧洲侨报》成立,林朱庆是侨报的第一批参股侨领;2004年意大利《欧洲华人报》创刊,林朱庆再次参股报社兼任报社执行社长。今年10月,尚不到退休年龄的林朱庆毅然辞去了家族企业的所有职务,将企业交由子女经营,牵头组建了意大利欧洲华文电视台,并亲自出任台长。

游明瑞,1968年出生于福清县三山镇前薛村。1990年,他怀着去国外"淘金"的激情,到了保加利亚,后历尽千辛万苦绕道到了意大利。在意大利,他身无分文,白天找工,晚上躲进佛罗伦萨火车站过夜。在火车站,他度过了28个夜晚。1个月后,游明瑞遇到温州的老板林建国,给了他一份月薪50万里拉(相当于250欧元)并供给吃住的工作。游明瑞喜出望外,除了做好本职工作外,工余洗厕所、洗车,一刻也没让自己闲下来,这让林建国深受感动。1个月后,他让游明瑞干有技术性的削皮革工作,并亲自传授技术要领,没过多久,勤劳好学的游明瑞不仅熟练掌握削革技术,而且还带上了14名徒弟。1997年8月,游明瑞在意大利迈出了人生最重要的一步,他创建了自己的公司,先是只购买2台机器,租用别人的工厂生产加工,发展为后来的4台机器、8台机器,与别人合伙办厂。1998年1月,他不仅有了"老板证书",而且成了拥有12台机器和20多名员工的小老板,有了稳定的收入。但他不满足于现状,他决定离开佛罗伦萨,到没有中国人的意大利南部马德拉发展。2002年,他把意大利尼古拉蒂公司的亚洲生产线引进中国,落户福清,促成"尼古拉蒂—诚丰沙发公司"的成立,年产值达5亿人民币。他现担任由意大利内政部、中国驻意使馆和中国外交部批准的意大利福建商会会长。

陈铁群于1986年12月孤身一人从光泽赴意大利探亲,当时他已40岁,从此在异国他乡寻觅人生的新航向。刚到罗马时什么累活都干过,在服装厂、在餐馆拼命苦干,凭着一个信念拼搏创业,终于闯了出来。经过5年的打拼,他稍有积蓄,就到西西里岛西拉酷沙开办中餐馆,打出中国特色的招牌——长城饭店,当月扣除2万元租金,还有28万元收入。他购买了一辆小轿车,并把太太接到意大利,夫妻俩携手料理餐馆。1993年陈铁群重返罗马,投资500多万元开办东风大酒楼,接着富都、向阳、大运河酒楼相继开张,成为闽籍乡亲乃至华侨华人中餐馆业主中的佼佼者。现在一家人都到了罗马,三个女儿一个儿子都在开餐馆,特别是二女儿不仅开餐馆,还开办服装厂等,生意红红火火。在他及其家人帮助下,南平光泽一带已有200多人到意大利谋生。

意大利闽商社团主要有:

意大利福建华侨华人联谊会。该会成立于1999年8月1日,创会人陈铁群。该会宗旨:促进各会之间友谊,团结一致,互助合作,维护华侨社会的安定,促进华侨华人经济事业的发展,爱国爱乡,关心和支持祖国的建设事业,促进中意经济、文化交流。

意大利福建华侨华人中西部联谊会。意大利中北部城市普拉托是欧洲著名的纺织品集散地,现有居民约 18 万人,合法居住在当地的华人占该市总人口的 10% 以上,大约为 2 万人。对那些在中国大陆出生的移民的一项分析显示,他们中 83.35% 的出生地是浙江,13.21% 是福建,随后是上海,但仅有 0.38%。大约 25 年前,来自福建、温州的华人到这里做劳工。10 年后,这里的工人几乎全是中国人,普拉托也从纺织中心发展成服装加工中心。后来,福建人和温州人逐渐从给意大利工厂打工,变成收购意大利公司,自己当老板,创建自己的服装品牌,也有一些工厂给意大利名牌服装代工。目前,普拉托的华人公司近 5000 家,其中服装加工厂 3000 多家,还有华人的餐馆、家具店和鞋店等。为了维护闽籍华侨华人的形象和合法权益,联系福建同乡,保证人身不受侵害,并与浙江等地侨胞团结协作。闽商林朱庆等人发起,于 1999 年 5 月 30 日创建了意大利福建华侨华人中西部联谊会,现在发展到 500 多名会员,成为意大利有影响的侨团。

意大利福建华商会。2005 年 5 月 1 日在那不勒斯 Terzigno 市的 Elepoldo 大酒店成立。

二、荷兰的闽商

从 19 世纪末开始,福建籍海员相继受雇于欧洲各轮船公司,种种原因使其中一些人滞留于欧洲各国,就这样荷兰有了最早的福建人。19 世纪 80 年代一些来自前荷兰殖民地印度尼西亚的福建人来到荷兰,他们或从事于进出口贸易,或从事于一些如医生、工程师和科学家等行业,他们的祖先是为逃避太平天国战火在 1851—1864 年从福建来到东南亚一带的。在 1898—1940 年,还有一些福建人当水手而来到荷兰。[1]

第二次世界大战以后至 20 世纪 70 年代,从中国大陆迁往荷兰的人数极少。相反,香港则是当时中国移民的主要来源。这种状况自 20 世纪 70 年代末随着中国开始实行新的开放政策而发生很大变化。从那时起,尤其在 1976—1990 年期间,从中国大陆迁入荷兰的新移民人数明显增加,而从香港迁入人数的减少也相当明显。据荷兰内政部统计,20 世纪末荷兰有华侨华人 12 万,占总人口的 0.8%。侨情调查显示,至 2005 年年底,荷兰有闽籍华侨华人 1.54 万人,出国人员 0.47 万人。

大部分华人从事餐饮业及相关行业,目前中国人经营的薯条店有 1000 多家,中餐馆 2000 多家,遍布荷兰全国各地。3000 人以上的小村镇都能发现中餐馆。从 17 世纪至 20 世纪 30 年代,已有福建籍华侨在荷兰经营小商小贩。第二次世界大战以后,更多的福建人来到荷兰,并开始经营餐馆业。由于荷兰人没有经营餐馆的习惯,经营餐馆特别是经营中餐馆很快成为荷兰华人的主要行业,福建籍华人也不例外。[2] 福建人在荷兰华人社会中只处于边缘的地位。为了生存,许多福建人学会了广东话,因为大部分餐馆主是广

---

[1] Chenpah, *History of Overseas Chinese in the Netherlands*, an unpublished meavbcripi, Amsterdam, 1985.

[2] 华侨经济年鉴编辑委员会:《华侨经济年鉴》,台北:华侨经济年鉴编辑委员会,1977 年,第 56 页。

东人。

荷兰闽商社团主要是旅荷福建同乡联合会。当福建人的人数逐渐增多,经济实力逐渐增强,许多福建人也成为餐馆主之后,他们开始不满意自己所处的地位,因而出现了组织自己的地缘性社团的要求,最终导致了旅荷福建同乡联合会的成立,尽管它比荷兰最早的华人地缘性社团的建立迟了半个世纪。

1997年下半年,荷兰的福建人开始筹备成立同乡会。经过一些德高望重的长者的协商,确定了同乡会的名称,初步拟定了同乡会的领导机构组成人员,并草拟了同乡会的章程。1998年2月17日在阿姆斯特丹市召开了旅荷福建同乡联合会第一次会员大会,选举产生了理事会和会长、副会长等。4月,该会经华莱顿商会注册立案,4月20日正式宣告成立,并于鹿特丹市举行成立庆典。

旅荷福建同乡联合会首届会长为陈仕锦,常务副会长为杨金华,副会长为郑学志、陈文进、潘子宽、李从周、陈福官、池浩然、陈克志、池美贵、董承斌等9人,秘书长为曾招泉、林文辉。该会设有由66人组成的理事会,其中28人为常务理事。

陈仕锦生于1956年,祖籍福建省长乐市,1975年移居荷兰,1981年开设了以外卖为主的小餐馆,1988年在波斯怀德市(Bolsward)开设了中型餐馆——香港酒楼。陈仕锦热心社会活动,也是旅荷华侨总会常务理事会中唯一的福建籍常务理事。[①] 由于对家乡公益事业有巨额捐赠,陈仕锦多次受到福建省和长乐市政府的表彰。陈仕锦在荷兰也捐建了华文学校。为创建旅荷福建同乡联合会,他多方奔走,并捐资数万荷兰盾作为活动经费。

旅荷福建同乡联合会包括会长和副会长在内的常务理事是荷兰闽商社团的领导核心,其祖籍大部分为福州。其赴荷时间表明,这些人大部分为20世纪70—80年代出国的新移民。除了郑学志、陈勇之外,其余均为餐馆主,这是荷兰华人的行业结构所决定的。郑学志早年也开餐馆,而后则专门建餐馆卖给别人;陈勇则为餐馆经理。由于广东人和浙江人占据了阿姆斯特丹、鹿特丹等大城市的中餐市场,所以福建人只能避开这些有力的竞争对手,向中小城镇发展其餐馆业。幸而荷兰是高度发达的资本主义国家,地区差别不大,且交通极为便利,于是福建人开的餐馆便分布于全国各地,特别是拦海大坝以北的地区。从众多的餐馆主中选出理事会成员,显然也考虑到地区代表性问题,所以常务理事的居住地看起来是如此之分散。唯一的例外是斯涅克,那里集中了多家福建人开的餐馆,所以该同乡会的会所就设在那里。该同乡会的理事会成员中也有雇员而非雇主者,这在东南亚的华人社团中是十分罕见的,也许这是欧洲华人的经济实力较东南亚华人弱的反映。

旅荷福建同乡联合会理事会之下还设有秘书组、监察组、总务组、财务组、联络组、外务组、组织组、基金组、文艺组和妇女组,分管各方面的会务。该会还设名誉会长1名,常

---

① 胡允革、郭康强:《旅荷华侨总会五十周年纪念特刊,1947—1997》第十届理事会名单,阿姆斯特丹:旅荷华侨总会,1997年,第27页。

务顾问 6 人,顾问 12 人,特聘顾问 2 人。从组织结构来看,可以说是比较完善的。旅荷福建同乡联合会的宗旨是:一、团结乡亲,起联络枢纽作用;二、为乡亲服务,助其安居立业;三、促进与家乡的联系,为家乡建设做贡献;四、加强与其他华人社团的联系和团结,争取华人的正当权益;五、促进中荷友谊。①

三、英国的闽商

第一批永久定居于英国的华人是在 19 世纪初抵达的。当时主要在一些港口城市,比如伦敦的莱姆豪斯区(Limehouse)和利物浦。20 世纪初,有华侨 400 多人。此后,陆续有赴欧的华工,辗转来到英国。二战后,英国需要大量劳工,放宽了中国人的入境限制。最大的一次华人移民潮是在 20 世纪 50—60 年代,当时主要是来自香港及其周边广东省的农民工。他们来到英国,填补了当时战后劳动力短缺的状况,主要经营洗衣店和餐馆业。后来中餐在英国的逐渐流行,也使得华人饮食业出现增长,尤其是餐馆和外卖店。到 1970 年,英国的华侨华人有 4500 人。20 世纪 70 年代后,中国内地、香港居民移居英国的人数大增,越柬老印支华裔难民也大量来到英国。20 世纪 90 年代后,越来越多的中国大陆的非法移民进入英国,其中相当大部分来自福建。最初他们只有几十人,由于语言不通,在英国的工作机会很少,生存问题相当突出,90%的福建人充当廉价劳工,受雇于唐人街的主要餐馆,从事洗盘子洗碗、打扫卫生、帮厨等工种。做了 2～3 年,慢慢做到大厨,3～5 年后开一家自己的外卖店或餐馆,然后再图新的发展,这是大部分英国福建人发展的模式。目前在伦敦的福建人 80%仍然从事餐饮业,他们大部分聚集在伦敦市中心地带的唐人街,这些餐馆的主要食品也是卖给外国人吃。另有 10%～20%的福建人还从事贸易、装修、零售业。到 1997 年,英国的华侨华人有 25 万,②目前已增加到近 50 万,其中近 15 万是福建人,其中福清人超过 5 万人。闽籍华人主要居住在伦敦等地,他们中有的经商,但也有成功人士,如:

黄郁公,祖籍闽清县,于 1937 年随父黄炳武赴南洋,在新加坡南洋大学毕业后前往英国伦敦大学深造,而后在英国就业定居,从事文化教育事业 30 余载,在英国经营希平影业、作家出版社和艺星等 3 家公司,任董事经理之职,并被授予英国英纳邓普法学院院士。鉴于她出色的工作,2001 年被英国妇女联合会推选为英国最杰出女性,并受邀出席英女王御园国宴。

英国闽商社团主要有:

英国福建同乡会,1998 年 11 月 1 日,陈爱国、何家金、李光喜以及肖建震等人发起,在伦敦唐人街利口福酒楼成立,经投票选举由陈戴维博士担任代理会长并成立第一届同乡会理事会,2000 年陈爱国接任会长。同乡会以团结乡亲、服务乡亲、造福乡亲、树立福

---

① 陈衍德:《欧洲福建籍华人地缘性社团的个案研究》,《华侨华人历史研究》2000 年第 3 期。

② 李明欢:《欧洲华侨华人史》,北京:中国华侨出版社,2002 年,第 830 页。

建同乡在英国的社会形象和地位为宗旨,以安定团结华人社会、造福侨界为目标。该会有名誉会长5名,顾问8名,会长8名,副会长5名及12名常委组成。机构有海外联谊会、秘书处、业务处、人事处、财务处、劳工介绍处、宣传处、娱乐处等组成。同时并有法律顾问及英文教学班。

陈爱国,长乐市人。原是福建物资系统的一名员工,1988年,到英国伦敦就读于皇家语言学院,学的是经济管理专业,从而开始了他在海外留学的生活。为维持生计,他与其他海外学子一样,边读书边工作,并向香港师傅学习厨艺,终于熬过了艰难的时光。1992年,他顺利地毕业并获得了文凭。这时,由于他已学会一手好厨艺,为此,他与当地的一名香港人合伙开了一家餐馆。3年后,他创办了一个以经营粤菜为主的中型餐馆——伦敦悦庭轩酒家,渐渐地积累了资本。1996年,他又把投资国际贸易作为从事餐饮经营的辅助手段,主要从福建、上海进口草菇、马蹄、木耳等餐饮菜肴的辅助材料,销售给在伦敦开餐馆的同乡,既保证了自家菜肴的品质,又获得了一部分利润。紧接着,他的餐馆、酒楼、外卖店一家家开起来了,生意越做越红火。2000年,为回报故乡,他与别人合作,回福建故乡投资房地产开发,并取得成绩。作为英伦福建工商联合会长,他还积极联络乡亲回祖籍故地投资。英国福建同乡会成立后,他担任创会会长,并兼任英国福建工商联合会会长。

何家金,出生在福清江镜前华村一个华侨世家。1980年春节过后,18岁的何家金来到伦敦大学攻读商务专业。学业完成后,于1986年开始经营小规模的食品零售商店,从小规模的食品零售逐渐扩大到批发食品给餐饮业、超市。经过他的苦心经营,这个小企业已经成为今天有一定规模的 J. Brothers-Futura Management Ltd。业务已经遍布阿联酋、加拿大等地区,年营业额达30亿英镑。除了这个企业以外,何家金还先后创办了福清金融、福清房地产等企业。"福清金融有限公司"是英国合法注册的机构,并持有有关部门颁发的汇款准证,采用先进的电子银行汇款系统,专为广大华人、侨胞提供合法、可靠、快速、简便的汇款服务。他们在伦敦外也有代理机构办理相关业务。他还于2003年2月创办了《新欧侨报》,目前为半月刊。现担任世界福清同乡联谊会副主席、伦敦华埠商会副会长、英国福建社区中心创办人、英国福建同乡会有限公司董事长、英国福建同乡会会长。

陈成桂,长乐市人,1990年到英国。1995年开始从事餐饮事业,后从事贸易,拥有福华经贸有限公司及多家餐馆,并在四川省参与投资钢铁厂。2000—2003年,任英国福建同乡会副会长。2004年2月被推选为英国福建同乡会第五届会长。

林瑞友,出生在侨乡长乐。初到英国时只有17岁,当时,连英语都不会说的他只能靠去中餐馆打零工维持生活。1年多以后,他告别了"打工生涯",和朋友合开了一家小小的餐馆。发传单、送外卖,林瑞友的小餐馆渐渐红火起来,可他却选择了离开。"我对餐饮业没什么兴趣,就转去做贸易。"他租了一辆货车,开始一家一家地向餐馆推销从中国进口的快餐盒,几乎转遍了伦敦所有的餐馆。2006年,他发现葡萄酒贸易正逐渐在中国升温,就在福州开了一间酒庄,销售西班牙原瓶原装葡萄酒。然而,由于包装简单,看起来不够"有面子",这种酒起初并不被中国市场所接受。之后,林瑞友举办了几场品酒会,向客户和朋友证明了酒的品质,为自己的酒庄赢得了口碑。林瑞友现在是英国福建同乡会副会长。

英国福建总商会,成立于1998年,前任会长赵鹏超,从事律师行业30多年,长期为英国华人社会的福祉积极奔走。他说福建人目前在英国大约有10万人,不少人从简单打工,发展到自己开店办公司,在很多领域已取得了很大的成绩。他相信,在不久的将来福建人的影响力将会进一步扩展到英国的方方面面。他表示,年轻力壮的新一届理事将帮助更多的老乡在英国经商、起飞、壮大。

旅英福建同乡会,成立于1998年11月1日,依英国公司法注册为非营利机构。该会由名誉会长5名,顾问8名,会长1名,副会长5名及12名常委组成。机构由海外联谊会、秘书处、业务处、人事处、财务处、劳工介绍处、宣传处、娱乐处等组成。同时并有法律顾问及英文教学班。该会以服务乡亲、造福乡亲、树立福建籍乡亲在海外及英国社会地位为宗旨,以安定团结华人社会、造福侨界为目标。

英国福州十邑同乡会,主要由在英多年的福州籍老华侨、学术界以及工商界的华侨精英带领新生一代组成。

福清同乡会,创办于1996年,是依据英国慈善法案而登记注册的一家民间互助会。当时很多福清的同乡不断地涌入英国,刚刚来到异国他乡,举目无亲,生活困难。由于语言的障碍,找不到工作,与当地人无法沟通,承受着各方面的压力和歧视。同乡之间的纠纷及刑事案件不断发生。在这种情况下,旅英华侨何家金出资出力成立了英国福清同乡会,并被乡亲们推举担任会长。福清同乡会成立后,为乡亲们解决了生活中的很多问题,为乡亲找到了合适的工作并制止了多起老乡之间的内部纠纷,使他们在异国他乡感受到了温暖,在同乡会的带领下拉近了乡亲们的感情。

英国宁德商会、宁德同乡会,2010年7月14日在英国纽卡斯尔市成立,陈勇当选商会会长,曹金明当选同乡会会长。这是宁德市在海外建立的第一个商会,它以团结帮助、引导会员企业发展为宗旨,为中英两国经济合作发挥桥梁纽带作用。英国宁德商会是以宁籍工商企业家为主体的非营利性民间团体,是具有独立资格的社团法人,得到英国公司注册局的正式批准。商会(同乡会)现有会员670人,理事45人,聘请国台办副主任郑立中为名誉顾问。目前在英国宁德乡亲已知的约700人,服务于各行各业。

四、西班牙的闽商

中国人移居西班牙虽始于明末清初,但人数较少,到20世纪20年代留下的浙江青田籍华人凤毛麟角。20世纪60年代后有台湾同胞和东南亚华人移入;后又有印支华裔难民移入;1973年中西建交后,中国大陆移民激增。20世纪末,西班牙有华侨华人7万人左右,占当地总人口不足2‰,浙江青田、温州一带人占70%以上,其后依次为福建、广东、上海。跨入21世纪,旅西华侨华人以每年1万多人的速度递增。侨情调查显示,至2005年年底,旅居西班牙的闽籍华侨华人有2.94万多人。其中福州籍1.05万人,以连江人为主。到2010年3月31日止,西班牙华侨华人达到21万多人,其中华侨154056

人,华人23300人,留学生3800人,收养中国孩童10200人。旅西华侨华人群体,无论是人数的增长,还是华商的事业发展,以及在当地的影响等,在欧洲都是排在前位的。到2010年3月31日止,西班牙华侨华人达到21万多人,其中华侨154056人,华人23300人,留学生3800人,收养中国孩童10200人。旅西华侨华人群体,无论是人数的增长,还是华商的事业发展,以及在当地的影响等,在欧洲都是排在前位的。

旅西华侨华人以新华侨为主,并以浙江省青田、温州人为主,占51%,福建次之,目前已达2万余人,全国31省市自治区和港澳台地区都有侨胞在西。西班牙是欧洲各国中连江籍华侨华人聚居最多的国家。20世纪80年代后,通过旅游、探亲、劳力、考察、投资等出国赴西班牙谋生的连江人不断增多。旅居西班牙的连江人主要在马德里等地从事餐馆、小商贸等职业。其次是长乐人。

与青田籍、温州籍的华侨华人相比较,闽商的历史虽短了点、起步晚了点,但是凭借八闽子弟特有的干劲与闯劲,旅西闽商在当地华人社会已经崭露头角,生意涉及仓库、餐馆、百元店等各个行业。作为移民,旅西福建乡亲在创造经济效益的同时,积极热心侨界各项活动以及西班牙当地社会的慈善与公益事业,得到社会各界的充分肯定。

西班牙闽商社团主要有:

西班牙福建同乡会,自2000年成立以来,以共同推进世界福建乡亲大联合、大团结为宗旨,团结广大旅西乡亲,为居住地的社会、经济发展做出了重大贡献,并关心支持家乡经济社会发展。2006年闽东遇到"桑美"台风袭击,同乡会捐出24万多元善款。2008年又向福建大田贫困山区小学捐赠22万元人民币助学金。

长乐人蒋梦麟1980年到西班牙,主要经营餐饮业,在瓦伦西亚创办新加坡大酒楼。他热心社团活动,发起成立西班牙福建同乡会,曾任同乡会第一届会长。

长乐人蒋铜官,为蒋梦麟堂兄弟,1984年到西班牙,从事餐饮、服装、百货等行业。蒋梦麟曾任西班牙福建同乡会会长,其后由蒋铜官继任。

西班牙福建华商会,2005年成立。该商会是在西班牙的福建华商、企业单位和个人自愿参加组织的非营利社会团体。它的宗旨为整合在西班牙注册的福建华人企业,提升在西福建华商的整体水平及社会影响力,维护会员的合法权益,促进中西贸易的发展和企业间的交流,推动在西福建华商的事业发展。其任务是加强在西班牙的中资企业与华商企业间的交流与合作,共享资源;为会员在西开拓业务提供咨询和法律服务;加强与西班牙政府和商界的沟通,反映中资企业和华商企业的愿望和要求,发挥桥梁和纽带作用。

该首任会长王瑞富,1976年7月出生于潭头镇汶上村,1997年赴西班牙。开始先在建筑公司打工,半年后创办顺达装修公司,凭着在国内练就的一手精湛的装修技术及良好的服务,生意不断壮大,辐射到邻近的葡萄牙、荷兰等国,在华人圈内颇有名气。同时,也经营着多家超市。王先生虽身处异乡,却始终关心家乡的经济发展。2008年,牵头组织福建同乡会乡亲筹款20万元人民币帮助福建省寿宁县建设希望小学及140多万元人民币支援汶川灾区重建;家乡筹建华侨博物馆,他个人又出资5万元人民币。2011年,他回国投资兴业,与友人合资6亿元人民币在长乐空港区创立坤华针纺有限公司,任董事长。现兼任西班牙华人华侨协会常务副会长、西班牙福建同乡会常务副会长。

西班牙加泰罗尼亚福建工商会,2010年成立,是加泰罗尼亚福建籍华商和个人自愿参加的非营利社会民间团体。其宗旨是整合在加泰罗尼亚注册的福建华人企业,提升在加泰罗尼亚福建华商的整体水平及社会影响力,维护会员的合法权益,促进会员间团结互助、沟通信息、共同发展。现任会长陈庸光。

五、法国的闽商

中国人移居法国约开始于19世纪中叶,最早的是广东籍船员,还有浙江、湖北的手工艺人。20世纪初第一次世界大战期间,法国在山东、河北、天津、上海、福州等地招募了大批"参战华工"前往欧洲,其中14万人到了法国。20世纪20—30年代,来自浙江温州、青田的小商贩成为旅法华人的重要群体。第二次世界大战以后,华人移民基本上来自原法属印度支那。20世纪70年代,印支战火迭起,大约有12万印支华人难民定居法国,他们中很多人祖籍福建。20世纪70年代末80年代初,来自香港和台湾的华人亦移入法国。1980年法国的华人人口估计为15万～20万,其职业身份有贸易商、店主、餐馆主、工匠和成衣工等。法国华人最主要的方言群有:温州—青田、广州、潮州和华北方言群。[1] 法国现有华侨华人60多万人,主要来自浙江、上海、广东、福建和海南等省市。侨情调查显示,至2005年年底,在法国的闽籍华侨华人有1.13万人。80%以上的华侨华人聚居在大巴黎地区,其余散居在马赛、里昂、里尔、波尔多、南特、斯特拉斯堡等大城市,主要经营餐馆、皮革、家具、制衣、食品杂货、进出口等行业。

法国的福建人主要来自印度支那的越南、老挝和柬埔寨。1975年南越及柬、老政权易主引发的难民潮中,有大批华人涌入法国,其中大部分属广州、潮州、海南和客家方言群,属闽南方言群的只占少数。初到法国时,这些祖籍福建的移民几乎无一例外的都是难民身份,大约有数千人聚居于大巴黎地区。经过20年左右的奋斗,他们中的一部分人成了贸易商和餐馆主,并取得了法国国籍。但还有一些人仍然是难民身份,他们大都受雇于华人经营的一些行业。

法国闽商主要社团是旅法福建同乡会。1994年年中,以居住在巴黎第13区唐人街的餐馆主和贸易商为主的福建籍华人酝酿成立同乡会。是年9月,戴英泰等十数人前往美国洛杉矶参加首届世界福建同乡恳亲大会,返法后即开始同乡会的筹备工作。11月,同乡会向法国政府申请注册并获批准,同乡会的理、监事会也由选举产生。1994年12月4日,旅法福建同乡会正式宣告成立,[2]是日,同乡会会所亦告开张。该会宗旨:团结乡亲,联络乡谊,发扬中华文化,促进中法文化交流,参与各地社团活动,加强与世界各地的福建社团联系,共同推进世界福建乡亲的大联合、大团结。旅法福建同乡会理事会之下还设有财务组、公关组、总务组、耆老组、妇女组、康乐组、文教组、会计组、福利组,分管

---

[1] 卡琳·杰拉西莫芙:《法国移民政策与近五年华人移民》,陈欣译,《华侨华人历史研究》2000年第1期。

[2] 法国《巴黎龙报》,1995年12月1日。

各方面的会务。该同乡会还设有监事会,由监事长、副监事长和监事若干人组成。此外,同乡会还设有理、监事会顾问团,由最高顾问、名誉顾问、顾问、医学顾问和法律顾问若干人组成,组织结构的完善程度可以说更高了。

旅法福建同乡会首届会长为戴英泰,副会长为林峰、倪梅芝、陈及勋、黄威欢、郑建熙,秘书长为谢丕坚、叶永涌、林立铭。1996年选出了第二届理事会,会长仍为戴英泰,副会长除郑建熙外均连任,且又增选了周炳源、谢为平、李时、陈文忠、柯真珠、彭秋英、曾福财、杨坊朱、施朝坤为副会长,秘书长为谢丕坚,另设4名中、法文秘书。1998年选出了第三届理事会,戴英泰再次连任会长,副会长除黄威欢、陈文忠、杨坊朱外均连任,同时补选了郑美香、傅仰隽为副会长,秘书长为郑爵乐。

已连续担任四届会长的戴英泰生于1955年,祖籍福建南安,生于柬埔寨,1975年与家人一起从金边逃到柬泰边界,次年以难民身份来法,与父亲戴燕窝一起在巴黎从事餐馆业,是巴黎第13区新中国大酒家的董事长。戴氏父子热心社会公益,参与发起成立同乡会,是其活动经费的最大捐助者,颇受乡亲的拥戴。出任第三届理事会秘书长的郑爵乐生于1926年,祖籍福建同安,生于越南,早年赴法留学,之后成为法国公民,并被派往法国驻柬埔寨大使馆,任商务参赞。离任返法后又在法国教育部任职,现已退休。郑氏为人热情,与法国官方和民间均有广泛联系,在华人社会中人缘也很好,成为同乡会联络各方的中心人物。

六、德国的闽商

19世纪中期,就有山东的江湖艺人来到德国。此后,陆续有湖北、江苏、上海人移居德国。二战期间,华侨大多迁居他国,仅余200多人。20世纪70年代中期后,随着越、柬、老华人的涌入和中国留学生的到来,德国华侨华人人数激增。到20世纪末,德国有华侨华人15万人,绝大部分人来自广东和浙江,广东省籍和浙江省籍华侨华人各占40%,剩下20%的华侨华人来自福建、江苏、上海、东北等国内各个地区。闽籍华侨华人绝大多数是20世纪70年代末以后来到德国的,侨情调查显示,至2005年年底,德国有闽籍华侨华人4.01万人。

德国福建同乡联合总会,前身为1995年创立的德国福建同乡会,在德国各界福建华人华侨的努力下于2005年重组,是目前德国唯一的联系团结全德福建同乡的社团组织,其会员多为新侨人士。

七、匈牙利的闽商

据匈牙利官方统计,2006年在匈获得合法身份的中国人超过2万,是中东欧地区华人最多的国家。其祖籍分布:浙江40%、福建30%,其他省籍30%。侨情调查显示,至2005年年底,在匈牙利的闽籍华侨华人有0.41万人。他们中,以福州人、三明人居多。华人在匈牙利的奋斗史只有短短十五六年。这里没有唐人街,也没有华人聚居区,2万华人分散居住在布达佩斯的23个区,与匈牙利社会的接触面较广,客观上有利于华人融入当地社会。

大部分在匈华人的事业从布达佩斯的"四虎市场"练摊起步。该市场有3000多个露天摊位,其中90%租给华人,出售从中国进口的廉价服装、鞋帽等日用品,主要客户群是低收入阶层的匈牙利人、罗马尼亚人和乌克兰人。

经过10多年的发展,随着中国产品档次的提高,中国商品已从地摊走入大型连锁超市,摆上了环境幽雅的大型购物中心柜台。商品种类也从单一的服装、玩具发展到包括电脑零配件、通信产品等在内的上百种商品。现在,匈牙利几乎家家都有中国产品,人人都有中国服装。2003年相继竣工的中国商城和亚洲中心,更成为集中展示中国商品和服务的窗口。在匈华人不仅数量多且总体发展状况在中东欧地区也是最好的,他们借中国在世界上不断提升的影响力,积极全面地融入了当地社会,不断壮大自己的事业,也赢得了当地人的尊敬。

在匈牙利的三明人以经商与务工为主,有的涉足传媒业,创办报纸,为华社服务。明溪人纪洞天创办《欧洲导报》;三元区人刘文建、卢秀领夫妇创办《欧洲论坛》,发行量达到1500份。永安人柯雄,1993年只身前往匈牙利创业,历两年打拼,创办"柯氏国际贸易有限公司",并迅速向多元拓展。柯雄也因此成为匈牙利知名的华人企业家,他还热心参与发起成立匈牙利福建同乡会,被推选为副会长。

福建的黄先生1911年来到匈牙利时,人生地疏,两手空空。他从摆地摊干起,沿街叫卖,经常是半夜货柜车来了,他自己当搬运工,一人一干就是一整个通宵。如今黄先生已是4家公司的老板,他经营的打火机占据了匈牙利近三成的市场,还进入了麦德龙等大超市。

匈牙利还有不少莆田籍商人。郭加迪,忠门镇人,创办的郭氏集团,是一家颇具规模的跨国公司,在匈牙利周边国家、美国、英国及中国投资办厂。他与原炳华等人一同发起创办匈牙利福建同乡会,被推举为会长。他还是福建省八届、九届、十届政协委员。

郑春生,莆田市涵江区人,1993年到匈牙利,创建国际贸易有限公司——郑氏集团,1997年开拓南斯拉夫、克罗地区、波斯尼亚市场,分别创办了分公司,从事纺织品等贸易。曾任匈牙利中华总商会常务副会长、匈牙利福建同乡会会长。

魏翔,仙游县人,匈牙利福建同乡会名誉顾问。1992年年底创建Wink公司,总部在匈牙利,南斯拉夫、斯洛维尼亚、波斯尼亚设有分公司。2001年开始回国建立"思达路文化艺术中心",投资影视文化事业,已投资拍摄多部电视剧。

旅匈福建同乡会,筹建于1994年,正式成立于1995年5月,创会人为郭加迪等。现有会员2000多人,90%左右经商,小部分经营餐馆及服务行业,也有人办报及从事文化娱乐业。该会宗旨:加强旅匈福建乡亲的联谊,寻求福祉;促进旅匈乡亲与家乡的联系,为家乡的经济及社会发展做贡献;推动旅匈华侨华人团体及世界闽籍社团间的交流和团结。

福建同乡会创立后,积极开展会活动,每年祖国国庆节及中华民族传统节日,都举行庆祝和纪念活动,弘扬中华文化,增进情谊。在香港、澳门回归祖国时,都组织大型庆贺活动,在当地社区产生了广泛的影响。

八、俄罗斯的闽商

俄罗斯华侨华人有100多年历史,20世纪初期,人数曾达到15万多人。在十月革命、两次世界大战期间,华侨做出过重大贡献和牺牲,中苏分歧公开化后,华侨华人处境艰难,人数减少。苏联解体后中国人进入俄罗斯的越来越多。21世纪初,俄罗斯有华侨华人10多万人,来自中国大陆的各个省区。侨情调查显示,至2005年年底,俄罗斯有闽籍华侨华人0.12万人。

旅俄福建乡亲中,有许多是福清人。2004年有福清华侨100人、华人33人。福清乡亲事业有成者首推福清江镜南华村人何文安兄弟。1989年,何文安兄弟来到俄罗斯布拉戈维申斯克市,寻求新的发展空间,首先抓住两国边境贸易的有利商机,致力于黑河两岸边贸交易,取得较好经济效益,进而在布市开发房地产,从事副食品加工业、农业和大规模森林开发。1992年,何文安组建成立榕商贸易公司,1996年,发展壮大为中国在俄罗斯的独资企业——华富集团,拥有千万资金和数百名员工。公司先后独立承建高尔基大街87号有现代风格的居民住宅楼、阿穆尔州466个单元住宅楼和卫生防疫办公大楼、友谊公园和布尔汗诺夫卡河的河堤加固工程。1998年3月,又在布拉戈维申斯克市中心黄金地段自行独立投资建设附带商城的综合楼;同年6月,承建阿穆尔建二局多项工程。1999年,在俄罗斯购置400平方公里的红松原始森林,进行木材采伐、板材加工和木制品生产。其中木材储量逾300万立方米。21世纪初,在阿尔穆洲开发天然矿泉水资源,兴建疗养院和休养所,生产涂料和石材,加工黄豆制品,种植甜菜,兴办糖厂,向国际化、现代化集团迈进。

翁瑞龙,1968年生,福清江阴镇人。1992年,只身到俄罗斯经商。他从摆地摊做起,起早贪黑地踏实干活。工余刻苦学习,学俄语、学做生意。凭着一股年轻的拼劲,加上一个聪敏的脑袋,他摸出了一条自己的经营之道,两三年间,他经营的规模和范围越来越大,名下几家公司相继成立。后来,他把父母兄妹及亲戚一个个接到莫斯科一同打理生意。1998年,他积极倡导成立莫斯科福建同乡会,他多方团结联络在俄华侨华人,使彼此之间互相沟通,互相照应。同年,他发动创建俄罗斯旅俄福建同乡会,出任会长。2001年,他当选为旅俄罗斯福建同乡会会长。

旅俄福建同乡会,筹备于1998年年初,在中国驻俄罗斯大使馆原领事部许明星参赞及旅俄各界华人华侨的大力支持下,福建同乡会于2001年1月13日正式成立。翁瑞龙被选为同乡会会长。在这3年多的时间里,同乡会的工作开展顺利,并取得了一定的成果。

福建同乡会自创立以来,本着加强团结、互相帮助、密切乡情、共同发展的原则,积极响应党的号召:时刻谨记以国家、民族利益为重;坚决维护国家的统一;反对任何组织或个人以任何形式分裂祖国的行径。福建同乡会以团结福建同胞、维护同胞的合法权益、协调福建同胞之间的内外部矛盾、为同胞排忧解难为己任。福建同乡会从成立之初就组织会员积极参加华人华侨的各项有意义的活动。参加了分别在澳大利亚、日本、丹麦、莫斯科、北京举行的世界华人促进中国和平统一大会、欧华联会年会、世界南京华商大会及刚刚举办成功的第四届世界福建同乡恳亲大会、首届闽商大会。福建同乡会还积极开展公益事业。

九、丹麦的闽商

丹麦是北欧(丹麦、挪威、芬兰、瑞典)4国中华侨华人最多的国家。现在约有华侨华人1万人。福建籍华侨华人何时来到丹麦,目前难以考证。在丹麦的闽籍华侨华人早期多经营餐馆,也有人制作皮革制品、领带。20世纪60年代,大批闽籍人士从东南亚及港台移民丹麦。20世纪80年代后,又有福州、泉州、厦门、漳州一带民众,以各种形式移居丹麦。侨情调查显示,至2005年年底,丹麦有闽籍华侨华人0.21万人。

丹麦有福州籍华侨华人1000人左右,主要经营餐馆业。经济较强的有祖籍连江江南乡南塘村的林玉华,在哥本哈根经营面包店和酒楼,创办北欧JL有限公司,在中国成都、北京设有代表处,现任丹麦华人工商会会长。祖籍福清的曹燕灵,1962年出生于连江琅岐岛,10多岁到丹麦,开过烤鸡店、杂货店,并坚持读书。1986年她毕业于丹麦哥本哈根一所大学国际贸易系,后与丈夫蔡国清共同负责挪迪斯克(集团)股份有限公司、丹麦华丹国际技术有限公司、福建华丹国际信息产业有限公司业务,她任总裁、董事长。其公司主办欧洲各国观光旅游、商务考察、招商引资、咨询培训、展销策划及国际贸易和投资,并代理多项工农业产品销售,在上海设有办事处。她发起成立丹麦中华工商联合协会,并被推选为会长,为丹麦乃至欧洲许多国家工商业者传播商务信息。2001年10月,她当选由22个国家148个社团组成的第十届欧洲华侨华人社团联合会主席。2003年9月,中国邮政发行纪念邮票《世界百名优秀企业家曹燕灵肖像个性化纪念邮票·珍藏版》。2003年12月,被世界华裔联合会评为"全球十大最具影响力的华裔妇女"。

第五节 非洲的闽商

一、毛里求斯的闽商

1598年,毛里求斯沦为荷兰殖民地,为了从爪哇引进甘蔗良种和制糖技术,于1654年从巴达维亚招聘了3名来自闽南的华侨技工。1715年,法国占领该岛,继续发展甘蔗种植。1740年巴达维亚"红溪惨案"后,荷属东印度公司把捕捉到的华侨当作犯人,运往毛里求斯垦殖蔗园，其中有一些是祖籍福建的蔗农和技工。① 1815年法国将毛里求斯割让予英国，英国在该岛实行贸易自由，吸引了附近岛屿的一些华商和手工业者移居那里，并在路易港附近形成了一个华侨聚居的"中国村"。②

陆才新是19世纪初从外岛移居毛里求斯的闽商，在当地发展后创办了陆阿鑫股份有限公司。1821年，他得到毛里求斯政府的允许，返回家乡福建招聘雇工。1826年招到阿欣、海兴、吴兴、韩凯和黄宝5人，从新加坡乘船抵达路易港。③ 1831年，码头木工阿冈（Aquan）采用为船上干活以支付旅费的办法从福建家乡来路易港投靠亲戚陆才新。此后两年间又有15名原在船干活的木工和水手来到毛里求斯，并获准定居。每逢招募的新移民来到岛上，陆才新便把他们安排在马拉巴尔区为他们准备好的营房住下，然后介绍去华人商店或甘蔗园、糖厂当雇工。④ 直到1847年陆才新回国，他一直充当中国移居人移居该岛的担保人。

1840年10月至1843年7月，毛里求斯种植园主在新加坡和槟榔屿共招募了约3000名华工，他们大多是闽粤籍。到达路易港后，大都分配在造船厂和码头当工人。1843年，毛里求斯甘蔗园主英国巴克莱兄弟公司和法国吉魁特公司又通过槟榔屿的勃朗公司和新加坡的英国斯皮蒂伍德·康诺利商行，从厦门招来了838名农业契约华工。到1854年路易港已有华工1800人。此外也有一些福建华侨移居附近小岛寻求发展。1850年，有位名叫林伟的福建侨商，带领3名同乡从毛里求斯本岛移居罗蒂利岛，当时该岛只有3000居民，他在岛上开了一家出售自制面包、糕饼及食杂用品的小商店，其余3人则以农耕、畜牧为生。他们成家立业后，又吸引了一些侨商去那里谋生。如今罗蒂利岛有200多名华人，福建华侨的后裔多数仍是子承父业继续经商。⑤ 1860年，有379名中国移民来到毛里求斯，他们大多是客家人，其中一位化名为查可的侨商，是年仅22岁原籍厦门的妇女白文（Bway）。她是第一个移居毛里求斯的中国女性。⑥ 1892年，毛里求斯从厦门、汕头和香港招来几百名华工。1923年废除契约工制度。福建华侨以经商为主，他们的小食杂店分布在各地城镇，采取赊销的办法，在非甘蔗榨季给农工赊销食品，到收割时偿还。据1910年成立的华商公所（后改名为华商总会）时的统计，全岛3515名华侨中就有2858名经营小商店，占华侨总数的81.3%。但在毛里求斯87家大商号中，华侨只有5家。第二世界大战后，毛里求斯华人陆续加入英国籍。

1839年陆才新向当地政府申请在路易港为华侨修建一座中国式庙宇，获准后于1842年建成一座关帝庙，它不仅是华侨祭祀聚会的场所，也是调解仲裁华侨纠纷的机构

---

① 史诺：《非洲华侨史概况》，《华侨历史学会通讯》1982年第2期。
② 方积根：《非洲华侨史资料选辑》，北京：新华出版社，1986年，第41页。
③ 吴凤斌：《契约华工史》，南昌：江西人民出版社，1988年，第430页。
④ 方积根：《非洲华侨史资料选辑》，北京：新华出版社，1986年，第123～127页。
⑤ 何梓楠：《毛里求斯的华人统计表》，载方积根：《非洲华侨史资料选辑》，北京：新华出版社，1986年，第153页。
⑥ 方积根：《非洲华侨史资料选辑》，北京：新华出版社，1986年，第288页。

和救济中心。20世纪初,福建华侨在他们聚居的马埃堡修建了福建庙,作为同乡聚会、祭祀的场所,而李、吴、陈、林等大姓还建立各自的宗祠。这些寺庙和宗祠实际上起了同乡、宗亲社团的作用。

二、留尼汪的闽商

毛里求斯附近的留尼汪岛于1640年沦为法国殖民地。19世纪中期,殖民当局决定发展甘蔗和咖啡种植。1844年,留尼汪当局从槟榔屿招募54名契约华工,其原籍大多为福建、广东,被迫从事筑路、种植及养蚕等,其中有3名福建人在契约期满后获准留居下来,圣保尔和圣里尼地区有关于他们死亡后葬于当地的文献记载。①

1845年年初,留尼汪派人到厦门招工,由厦门德记洋行招到180人,用法船运往留尼汪。1846年年初又从厦门招来200名华工,他们在航途中因患瘴热病死亡颇多。这些华工被卖到蔗园和糖厂充当苦力,在契约期满后大都返回家乡,只有少数人留居当地,经营小商贩和务农。②

1901年,西班牙驻福州的传教士苏玛索通过西门堂神父江朗川,伙同法商魏池在福安等地诱招教徒顾鸿秀、张永禄等808人,乘法船埃利卡号到达留尼汪。这批华工分散各地,多数从事种蔗制糖,少数人种桑、养蚕、修铁路。殖民当局承认"在福州招募的农业工人是令人满意的,但因疟疾缠身,多人丧命"。③ 总之,留尼汪的闽商社会是在福建契约华工这核心的基础上发展起来的。④

1848年留尼汪废除了奴隶制,解除契约居留当地的福建人除少数暮年返乡外,大多数已与当地妇女结婚,建立家庭。起初他们大多做流动商贩,把生活必需品运到乡下,换回蔬菜和刷子、扫帚等手工制品,后乘船到外岛从事长途贩运。据港口登记表载,1852年仅有5名侨商到毛里求斯路易港运货,以后从事岛际贩运的侨商日增。据路易港船只登记表统计,1848—1860年间就有48名原籍福建的华侨从留尼汪抵达那里。到1897年有547名侨商外出采办货物,这时在圣·旦尼已有75家华侨开的商店。⑤

留尼汪的闽商曾组织华侨商会和福建会馆,但1952年被留尼汪政府解散。

三、马达加斯加的闽商

在马达加斯加,19世纪中叶已有零星中国人在此做生意。1888年,法国人从福建招来一批劳工。1896—1898年又从毛里求斯移来378名华工,其中不少是福建人。1901

---

① 方积根:《非洲华侨史资料选辑》,北京:新华出版社,1986年,第170、173、176页。
② 何静之:《留尼汪华侨志》,台北,1966年,第16页。
③ 何静之:《留尼汪华侨志》,台北,1966年,第12页。
④ 方积根:《非洲华侨史资料选辑》,北京:新华出版社,1986年,第475~476页。
⑤ 何静之:《留尼汪华侨志》,台北,1966年,第16页。

年,法国领事高井、法商魏池与福建洋务局在福州商订《马达加斯加招工契约公约》,主要内容为在福州设立招工所,先招1500名以3年为期的华工,其中1000名到马达加斯加,300名去留尼汪,并议定工资、生活待遇和不得责打、虐待等条款。塔马塔夫的法国商人吉凯尔通过魏池在法国驻福州领事和天主教会的协助下,诱骗一批农民、手工业者到马尾上船。华工发觉受骗群起哄散,后经清朝官吏调解才上了船。这批764名华工抵达塔马塔夫市后,319人被分配到木腊芒加修建铁路,其余分到各地从事公共工程建设和种植园劳动。在丛山野岭中抢修铁路的华工大多患了黄热病,仅10个月死亡率就达76.9%。在前往伏洛依纳公路工地劳动的120名华工,途中便死了33人;分在塔马塔夫的100名华工也是未达工地就死了24人。翌年,福州的华工家属"得虐待信,群起与法国领事反对,几酿巨祸"。① 华工契约期满大多数回国,只有少数留下。20世纪30年代后,原籍福建的华侨及其子女纷纷移居外岛。

四、南非的闽商

据资料记载,自18世纪葡萄牙以澳门为基地,荷兰人以台湾为据点,劫掠大量华人,贩卖到异国他乡为奴,足迹遍及南非等国。1740年印尼发生"红溪惨案"后,荷印当局把抓捕到的华人押送到非洲的一些国家当奴隶,其中有100名华侨被送到南非好望角,这就是南非最早的华侨。这批华侨中,有没有福建籍的,目前尚缺乏确切的资料供考证。此后两三百年间,有10多万华工被拐骗来到南非,他们中的相当一部分人后来留在南非,繁衍生息。二战后,南非实行种族隔离政策,华侨处境艰难,少有华侨入境,华侨人口的增长主要靠自然增殖。这段时间,生存在南非的闽籍华侨华人有多少,也缺乏可供考证的资料。

20世纪80年代,南非实施鼓励投资移民和技术移民政策之后,中国大陆和港台等地的移民者,以各种方式纷纷踏上南非之路,新一代移民已成了南非华人中的主流,其中以福建新移民最多。20世纪90年代,南非华人中,来自广东、台湾、福建三省的人口比例分别占总数的50%、20%、10%。而目前南非华人总数为20多万,来自福建、广东、台湾省籍人分别占35%、20%、20%。尤其是近年来,南非平均每年增加中国大陆新移民约1万人,新移民占南非华侨华人总数的80%,总数已经超过20万人。他们大都集中居住在商业中心约翰内斯堡、比勒陀利亚、开普敦、布隆方丹、德班、伊丽莎白港等地,其中又以商业中心约翰内斯堡最多。② 南非的福建人有6.5万余人,其中福州地区占有2万余人,主要以福清、长乐、连江人为主。

南非老华侨多采取传统方式经营杂货店或开设中餐馆。中餐馆散布各地,数目繁多,水平参差不齐。华人的商业活动一般从小生意做起,范围遍布南非的边远地区以及

---

① 陈翰笙主编:《华工出国史料汇编》第1辑,北京:中华书局,1980年,第244页。
② 《南非华侨华人概况》,http://www.chinanews.com/hr/2012/05-31/3929545.shtml.

所有农村地区和移民聚居区,经营手段灵活,实物交易亦普遍,各种货物基本能满足顾客的日常需要。华人从事的商贸活动,为搞活南非的国内外贸易、沟通南非城乡之间的联系做出了重要的贡献。

新移民的到来,使南非华侨华人经济有了明显变化。福建新移民亦然。福建新移民初到南非,为了求生存,他们苦苦挣扎,经历过打工、摆地摊,凭借吃苦耐劳、勤俭节约和拼搏进取的精神,摆脱了一无所有的局面。经过十几年的艰苦奋斗和发展,经济得到了长足发展,影响力开始突显。在南非的闽籍华侨华人主要居住在约翰内斯堡、比勒陀利亚和开普敦,多经营餐馆、超市,也有不少人兴办企业,涉及的产业包括服装、鞋帽、房地产、加工业、塑胶、矿产等。他们的店铺不但开进了黑人社区,华人聚集的商圈也逐步形成,昔日不景气的约堡西罗町唐人街(南非第二唐人街)聚集着许多"爱拼"的福建人,呈现出生机和活力,使店铺价格也随之攀升。

祖籍宁德市的新华侨华人叶北洋是南非知名华人企业家,他在南非投资酒店、茶叶城等,均获得成功。

祖籍连江的新华侨华人李新铸,20世纪90年代初期,来到南非寻找发展机会。他先是从经营超市开始,积累了原始资本,进而创办了远盛工贸公司、远东贸易公司,又开办了远盛鞋厂、恒隆塑料彩印公司以及经营钻石加工贸易的"喜彩飞临"公司,成为南非著名的华人企业家。

南非的闽籍社团主要有由新华侨华人创办的"南部非洲中华福建同乡会"和"南非全非洲中国和平统一促进会"。南部非洲中华福建同乡会创办于1997年6月29日,由20世纪80年代赴南非创业的叶北洋、陈依明、李新铸、陈荣、吴燕明、吴荣光等一批福建籍侨商顺应广大闽籍乡亲的意愿发起,原名"南非中华福建同乡会",当时有会员800多人,旅南闽籍商人、企业家、学者为主要成员,分布于南非各地。首任会长叶北洋,连任三届。第四届理事会于2003年6月成立,李新铸当选会长,连任至今。该会成立以来,在积极维护旅南闽籍乡亲的权益,协调闽籍乡亲在南企业的发展,鼓励闽籍乡亲回乡投资企业等方面做出建树。

21世纪以来,南非社会治安恶化,一些闽籍华侨华人的商店、企业遭到歹徒洗劫。为保障旅南闽籍乡亲的生命财产安全,李新铸筹资创办了南非华人警民合作中心,李新铸亲任主任。领导成员由各个侨团负责人担任,对涉侨案件及时反应,积极配合南非警方侦办各类案件。在配合我驻南非大使馆开展领事保护工作方面发挥了独特作用。警民合作中心卓有成效的工作,赢得了广大旅南闽籍乡亲的赞誉,中华福建同乡会因此声誉日隆,分会组织也向周边国家及国中国莱索托发展。为适应新形势的需求,2006年该会更名为"南部非洲中华福建同乡会"。更名后,会务进一步发展,影响进一步扩大,并在南非9个省份设立分会,到2009年会员已达1.4万余人。

全非洲中国和平统一促进会成立于2002年2月。成立以来,努力团结非洲各主要国家的"反独促统"组织,积极参与世界各地举办的各种"反独促统"活动,影响日广。

南非闽商事业有成不忘桑梓。如:莆田籍的郭顺元将集团公司的投资方向定位在国内,在家乡秀屿工业区投资办厂,并捐资为家乡修路建校;古田籍的叶东阳投资8000万元支援家乡的建设；宁德籍的杨天赐投资 200 万美元参与市政建设；厦门籍的沈雄生计划回乡成立钻石加工中心；泉州籍的王龙水先生创办双龙旅行社以来，接待了 300 多批国内考察团，为中南两国的交流和合作做出积极贡献。南非福建同乡总会还经常组团回国参加投资贸易洽谈会。

2008 年国内遭受冰雪灾害，福建同乡总会在新春晚会上由李新铸带头捐款 2.5 万兰特，并当场筹得捐款 14 万兰特；汶川大地震，南非福建同乡总会又一次发扬中华民族"一方有难，八方支援"的传统美德，筹集善款 100 多万兰特（1 万兰特约合 9500 元人民币），表示对祖国的眷念之情，为受灾同胞伸出了援手。

第六节　澳大利亚和新西兰的闽商

一、澳大利亚的闽商

福建人移居澳大利亚始于 19 世纪中期的契约华工。18 世纪末，英国在澳大利亚建立殖民统治时，从欧洲招来的雇工远不能满足发展养羊业的需要。鸦片战争后，英国把招工的目标转向中国。1848 年 7 月首批 120 名华工乘英船从厦门开往悉尼，其中有 21 名为儿童。1851 年维多利亚发现了金矿后，拐卖华工的规模越来越大。据厦门海关统计，仅 19 世纪中期从厦门运往悉尼的契约华工就有 3685 名（见表 5-1）。

表 5-1　1848—1853 年厦门至悉尼契约华工统计表

年份	1848	1849	1850	1851	1852	1853（1—3 月）	合计
人数	120	150	406	1478	1177	354	3685

资料来源：戴维斯·居里斯：《英国外资文件及公档汇编》，见《英国与中国丛刊》第 1 种，第 17 卷，第 47 号文件。

从 1848 年 7 月至 1853 年 3 月，开往悉尼运载契约华工的 14 艘船都是从厦门直接开往悉尼的。随着华工增加，前往经商的中国人也日渐增多，到 1891 年澳大利亚的华人华侨总数达 35821 人。

19 世纪中期以前，福建华工大都从事牧羊。自墨尔本发现金矿后，90%以上的契约华工被运往矿区，其余被运到内地养羊站牧羊。原来的船民、渔民则被分配下海采集珍珠，只有少数工匠被挑选去修建公路、铁路、桥梁及公共工程。契约华工在皮鞭驱使下，掘矿淘金或采珠。牧羊工则露宿荒坡郊野看羊。因此，从厦门去的华工大都死于贫病，只有少数活到契约期满。他们赎身后，有的种菜、捕鱼、制作家具、经营小摊贩或从事洗衣、理发等服务性行业。但自澳大利亚通过限制华工法案后，福建前往澳大利亚的移民大为减少。到 19 世纪末，"来自厦门的契约工人早已绝迹"。现在，契约华工的后裔仍有

20多万人,但许多人已说不清他们的祖先来自何处。澳大利亚历史上曾实行"白黑政策",限制中国人入境。1947年,在澳华人仅有1.2万人。

1973年澳大利亚政府实施新的移民方针,凡学有专长或有特别技能又是澳大利亚所急需的人才,或前来投资的企业界人士,无论何种民族,均可获准居留当地。受此新移民政策感召,大批华侨华人从印尼、马来西亚、新加坡和港台移民澳大利亚,其中不少人祖籍福建。20世纪80年代后,福建也有不少赴澳留学生学成后留居当地就业。这段时期,澳大利亚又陆续接受了7万多名印支难民,他们中祖籍福建的为数不少。至2005年,澳大利亚闽籍华侨华人8.51万人。

澳大利亚闽籍华侨华人早期多从事餐馆、商业零售和服务业。20世纪70年代中期来澳大利亚的闽籍华侨华人多是投资移民和技术移民,他们多进入实业界和知识界。而20世纪80年代赴澳留学后定居的闽籍华侨华人的职业就呈多样化,或为白领,或开设小公司,从事贸易、旅游、房地产中介,也有一些人成为医生、教师、律师。

在澳大利亚泉州籍乡亲3万多人。按县(市、区)籍分,南安人最多,其次为永春、惠安、鲤城、丰泽、晋江、石狮、安溪,其他县(区)人数较少。在悉尼的泉州人经济较为活跃,自营工商企业的人数较多,主要从事建筑装饰、家具制造与销售、建筑材料贸易与加工、旅游业、房地产业,以及日常消费品(如鞋类、服装)贸易和文化、出版、印刷业。亦有少数从医或在高校任教。由于不少人往澳时间尚短,在各类公司、企业打工者人数颇众。在经济上较有成就者多为来自东南亚和港澳台地区的商人。如新加坡南安籍华商邱德技,1983年以1.1亿澳币收购了澳大利亚最大的连锁酒店太平洋酒店后,又继续投资房地产,一度成为当地首富。祖籍南安的马来西亚华人企业家李明治,青年时代毕业于澳大利亚悉尼大学机械工程系,学成后回马来西亚担任李延年集团的总经理。20世纪70年代末,携带资本到悉尼创建阳光控股公司经营建筑地产业。1984年春,他又以其在新加坡的星马金属有限公司的股权参与澳大利亚意纳康建筑集团经营。他担任董事经理后,将集团业务从房地产业拓展到营建车场而迅速盈利。此后,阳光公司通过控股经营电脑、土木工程、金属等多种行业,并到深圳投资建筑业,使阳光公司迅速发展成为跨国的多元化集团。

此外在印尼经营盐仓牌丁香烟致富的福清籍华人企业家蔡云辉之子蔡道平、蔡道行,也于20世纪70年代末移资澳大利亚经营房地产。香港星岛报业集团有限公司董事主席、祖籍永定的胡仙也到悉尼投资房地产业,兴建数幢写字楼和酒店。还有邱维廉(永春人)、余斯濂、洪永裕(均南安人)等,在澳大利亚投资获得成功。新华侨华人中以陈振垣、陈展垣昆仲(南安人)和黄蕾斯(女,鲤城区人)、薛培森(惠安人)等较具实力。由于澳大利亚的市场容量远比不上中国,也比不上东南亚,不论新老华侨华人,目前均有不少人经济发展乏力。为突破经济发展的瓶颈,一些新华侨华人加强了在中国的投资力度。陈振垣在紧邻厦门的漳州龙海拿下35亩地拟投资办企业,还在惠安惠南工业区投资营建新厂房。

20世纪80年代后,迁居澳大利亚的福州华侨华人有的办企业,有的经商,也有的从事自由职业,主要居住在堪培拉、悉尼、墨尔本等地。澳大利亚是福清新移民较多的国家,绝大多数是1988年、1989年以后到澳大利亚。他们经历早期求生存阶段,凭着自强不息的精神,努力开拓,进行最原始的资本积累。之后,他们中一部分人不再满足于打工赚钱,开始利用积累的资本发展事业。其中多数人做生意,涉及的行业有:建筑业、进出口、家电等。进入20世纪90年代后期,在澳大利亚的福清人有的拥有自己的公司、工厂,有的开餐馆、商店,不少有才华的青年学子则获得高等学位,相当一部分人是高级管理人员和高级技术人员。新一代实业家、商人不断涌现。陈祖粤是福清江镜岸兜村人,1989年2月到澳大利亚悉尼,先在华人餐馆打工,后进入北悉尼Brookvalie木工厂。半年后,和两个合作伙伴以极为低廉的价格购买下这家工厂机器设备和厂房,于1991年8月办起一家小型家具厂,成为中国大陆赴澳留学生办厂的先驱。1994年,又在Padstow开办一家占地千余平方米、有20多名工人的木工厂。经过多年努力,陈祖粤成了悉尼有名的"家具大王"。福清宏路镇东坪村人郑长厚,1989年赴澳大利亚经营旅游和商贸业,任澳大利亚墨尔本福清同乡会会长、澳大利亚福建商会会长和世界福清同乡联谊会副主席。

祖籍连江的澳大利亚华侨华人,多属于开发性投资移民,也有部分是专业人员或知识分子。较知名的有1992年迁居澳大利亚的祖籍连江东岱镇山堂村的陈敏华,他在澳大利亚投资成功后,于1995年在福州创办新恒基集团公司。新恒基广告公司2000年名列全中国百强广告公司的第13位。2001年花巨资收购国家级风景名胜区泰宁金湖136平方公里大景区的30年经营权。新恒基集团公司致力于发展独具特色的文化产业,在福建、北京、上海、香港、澳大利亚等地均投资办企业,年营业额逾20亿元人民币。

祖籍闽清的黄乃裳裔孙黄贤曦任澳洲维省福州十邑同乡会会长、澳洲维省中医药学会监事长。祖籍闽清、在澳大利亚行医的陈绍和也是知名人士。祖籍平潭的澳大利亚华侨林辉源,经营房地产、金笔打火机、手表等产业,资产在数十亿元以上;华侨林锦珊经营钟表、珠宝、房地产等,产业亿元以上;华侨刘宏贺经营油轮运输业等,并在国内的福州、上海、南京投资渔轮业运输,资产也达数千万元。

在澳大利亚的龙岩籍华侨华人,多是20世纪80—90年代从中国大陆、港澳台地区及东南亚国家移居的新华侨华人,有5000多人,从事的职业范围较广,包括电脑软件、医疗、生化、转口贸易等。

澳洲福建会馆成立于1982年,发起人为杨坤钟、林思波、高荣富和林岩松,并向澳洲政府注册立案,随后举行会员大会,选举第一届理监事共21人;再由理监事推选主席。第一届至第五届主席为林思波,第六届至第九届(1998—2000年)主席为叶式礼。现有会员约500人。本会历届聘请的名誉顾问有:林梧桐、洪恭兰、雷学金、李明智、张泰煌、周金福、许灯、雷仲权、洪大伟、蔡松芳。宗旨是:联络同乡感情,发扬闽人固有之实事求是之美德,致力于促进会员的发展乃至信至诚之精神,为会员谋福利。目前会馆有会员800多人,设有高龄组、妇女组、青年组、少儿经典诵读中心,不定期开展活动。

澳大利亚福建总商会,2009年5月成立。澳大利亚福建总商会是在澳闽籍企业家为加强相互联系、团结互助,进一步拓展中澳经贸往来,参与家乡经济建设而成立的,现有会员企业100多家。宗旨是:促进中澳经贸往来,发挥在中国各级政府和机构交流中的桥梁和纽带作用,在福建省加快海峡西岸经济区的建设中为澳大利亚闽籍企业家的投资提供相应的信息平台。

澳洲福州同乡会是由旅居澳大利亚的中国福州籍人士组成,并在澳大利亚政府注册的一个民间社会团体。该会是非营利性、非宗教性和非政治性协会,最初成立于1994年3月,1999年3月重新恢复会务工作,现有会员近300人。本会的宗旨是联系乡情、同舟共济、互相扶助;提高福州籍乡亲们在澳洲的社会和经济地位;弘扬中华文化;加强与祖籍地福州之间在文化、经济等方面的合作和联系;为澳大利亚多元化社会做出贡献。该会"福州"涵盖的范围是:福州、福清、长乐三市及闽侯、闽清、永泰、平潭、连江、罗源、古田和屏南八县。凡祖籍源自上述三市八县或曾经在福州学习、工作和生活过的现在澳洲居住者,均有资格申请加入本会。

澳大利亚福建工商联谊总会,1999年6月12日,在接待家乡泉州市的访澳代表团的晚宴上,会长陈展坦宣布本会正式成立。该会宗旨是:谋求和维护新移民的福利和权益,促进和繁荣工商业,为发展中澳两国的各种友好交流,精诚团结,共创美好未来。

澳大利亚闽南同乡会,成立于2000年6月24日。宗旨是:团结在澳大利亚各地的闽南籍乡亲,加强联络,互助友爱,积极开展各种联谊活动,增进与澳、中两地各级政府机构以及各地民间团体的交往,发挥桥梁和纽带作用,谋求会员福利,维护乡亲权益,在融入澳大利亚主流社会的同时,秉承、传播和弘扬中华文化(包括闽南文化)。现有会员人数1200人。创会会长庄伟杰,第二及第三届会长施炯章,第四及第五届会长陈昕,现届会长黄永聪。

澳洲维省福州十邑同乡会,1996年3月15日,由拿督姚炳华及其他10位热心乡长发起,撰写了筹组澳大利亚维省福州十邑同乡会宣言,并在3月30日,召开首次筹备会议。同年7月10日敦请世界福州总会丹斯里拿督会长张晓卿驾临墨尔本,和中国驻墨尔本总领事梁健明为本会主持成立及首届理事会就职典礼。该会的宗旨是:联络各地的乡亲,发扬中华文化,让我们的乡音、乡俗、乡情、乡谊,得以在澳大利亚生根落户;使下一代能在我们源远流长的文化怀抱中抚育成长,保持我们的伦理道德;使孝顺父母成为子女应尽的天职,侍奉公婆成为儿媳应有的孝道;达到老吾老以及人之老、幼吾幼以及人之幼的理想境界;为弘扬中华文化而努力,为建设澳大利亚多元文化的社会而奋斗。成立以来,每逢华人佳节,该会都举办各种乡谊、敬老、品尝家乡口味等活动,以联络乡情,敬老尊贤,温馨乡音,增进同乡们的团结与合作,以保持与发扬固有的中华文化。

二、新西兰的闽商

清咸丰十年(1860年)新西兰南岛发现金矿,那时就有福建人到新西兰当矿工。后因新西兰限制华人入境,华人人数日渐减少。二战时和二战后,对华侨入境限制有所宽松。20世纪80年代中期,华侨华人仅有2万多人。此后,允许中国大陆学生自费到新西兰进修语文,不少福建人到新西兰留学深造;还允许投资性移民移居新西兰,东南亚国家的一些闽籍华侨华人也携资到了新西兰,华侨华人人数迅速增多。现在新西兰已有华侨华人15万人,约占新西兰总人口的3.6%。其中有11万多人居住在奥克兰,次为惠灵顿、基督城(克赖斯特彻奇)、罗托罗拉,均在1万人左右;其余分布在新西兰各地10多个市、镇,旅游胜地皇后镇(昆士敦)也有数百名华侨华人。至2005年,新西兰闽籍华侨华人有6.16万人,其中福州籍1万多人,泉州籍0.6万人,龙岩籍0.2万人。

新西兰华侨华人早期从事矿工,后转为经营农场和小商店。100多年过去,新西兰华侨华人仍以经营商业与农场为主。20世纪80年代后往新西兰的福建籍华侨华人多数从事教师、医生、律师、会计师、园艺师、工程师等职业,也有人投资经营小企业。

新西兰福州籍华侨华人主要聚居在奥克兰、惠灵顿、克赖斯特彻奇、达尼丁等城市,经营餐馆、茶室以及蔬菜农场。

新西兰的泉州人约有6000人,占当地闽籍人的比例尚不足1/3,远低于澳大利亚,更低于东南亚诸国。如果不计原印支华人难民中的泉籍人,其比例更低。

已定居新西兰四、五代的泉州人后裔和原印支华人中的泉州人有不少以经营小型农牧场、果菜园为业。由港台前往新西兰的泉州人则以经营果菜园为业。或与毛利人合作开设纺织、制衣及其他农牧产品加工厂,也有开设餐馆者。由东南亚前往的泉籍华人中不乏科技人员、学者,他们或从事科研、教育、医务工作,或供职于当地工商企业、政府机构。

泉州籍新华侨华人人数在千人以上,均为1988年以后由中国大陆、香港、澳门前往的新一代移民。在奥克兰有一定知名度的泉州人,除新西兰中国和平统一促进会副会长、新西兰中国团体联合会副会长李农外,还有往新西兰留学转定居的黄自力(南安人)、刘雪平(鲤城区人)、李力(晋江人)、庄国峰(惠安人),以及在泉州创业有成的一批民营企业家,如泉州安记食品的林肖峰、通信器材的黄水涌、开设服装专卖店的陈艺东、在泉港开蓄电池厂的黄建川(以上均鲤城区人),他们在新西兰均从事同类行业。惠安籍的郭伟山一家有4人在奥克兰经营大理石工业公司,并与友人合营一家建筑公司。

在新西兰的龙岩籍人士,多是新华侨华人,有2000人左右,他们大多数是通过技术、投资、婚姻等形式移居新西兰的,从事的职业较广,但多为白领,也有从事种养业及经商。

新西兰福建同乡会。1991年开始酝酿成立新西兰福建同乡会,1995年4月16日,300多位奥克兰的福建乡亲聚集在Auckland一树山公园,由卓荣代表筹委会向福建乡亲们发表热情洋溢的讲话,并由李农代表筹委会正式宣布成立新西兰福建同乡会。300多位奥克兰的福建乡亲加入福建同乡会。大会通过了同乡会章程,并由无记名投票方式选出第一届福建同乡会理事,由卓荣、李农、黄少麟、江美龙、尹峻清、黄清珊、刘建涛先生及孙斌组成,理事会选出卓荣担任第一届同乡会会长,李农担任副会长,黄少麟担任秘书长。大会通过同乡会的宗旨,并向福建乡亲们派发第一本新西兰福建乡亲同乡录。新西兰福建同乡会宗旨是增强联系,加深乡谊,互帮互助,共同发展。

新西兰福建同乡会成立以来,积极联络当地福建乡亲,举办多种多样的乡亲聚会,成立为乡亲找工作小组,为新到新西兰的福建乡亲提供各种各样的服务,并为在新西兰遭遇不幸的一位福建乡亲发动社会募捐。该会现任会长是高益槐,名誉会长李农,常务副会长黄少麟。

新西兰福建商会,成立于 2002 年 9 月 8 日。商会成立的目的是加强新西兰福建商家之间的协作、协助新西兰福建人建立商业企业,促进新西兰与福建的商业交流合作。新西兰福建商会有创会会员 27 个商家。创会会长李农。该会与福建省各级政府及民间商业机构建立联系,为发展新中贸易及文化交流做出积极的努力,与本地的其他福建协会配合,为本地福建人的联谊及慈善活动做出了积极的贡献。

后　记

2007年5月，在福州召开的第二届世界闽商大会发表的《闽商宣言》云："闽商之发祥，渊源而流长。缘起于汉唐，鼎兴于宋元；绵延于明季，式微于晚清；重振于开放，勃发于当今。……闽商之基因，乃蓝色文明。"的确，福建人海外经商有着非常悠久的历史，但是海外闽商的历史又充满曲折和压抑，内有封建政权的钳制甚至镇压，外有西方殖民者的压迫甚至屠杀，海外闽商始终在夹缝中顽强地生存、生长和发展，最终突破重围，成长为海外华商的第一商帮，对世界文明和经济发展产生了重要影响。海外闽商之所以能脱颖而出，创造了历史奇迹，究其原因，乃在于海外闽商是大海之子，是中国海洋文明的杰出代表，代表了那种勇于开放、富于冒险和善于开拓的海洋精神。

海外闽商的历史贡献早已为世人所公认，然而在闭关自守的年代，海外闽商曾经的辉煌却因鲜有人提及而湮没无闻。只是到了改革开放的年代，海洋文化作为一种先进文化而被人们赋予新的时代认识，海外闽商才被赋予政治上的含义，推向历史的前台。尤其是近年来，海外闽商成为学术界研究的一个热点，有关的论著层出不穷，其中在某个时期或专题上的研究也达到较高水平，但迄今尚缺乏一部比较全面系统地介绍海外闽商发展史的学术专著。

2012年，我受命撰写一部《闽商发展史·海外卷》，当时内心忐忑不安，充满了困惑。海外闽商的发展乃是一部厚重的历史，要将海外闽商活动辐射全球100多个国家的2000年历史浓缩成30多万字的小书，殊非易事。幸亏苏文菁教授及时给予我大力支持和鼓励，并不吝拨冗赐教。在初稿即将完成之际，徐晓望教授又认真审阅，提了宝贵的修改意见，书稿才得以完成。在此谨致以衷心的感谢！